*~ Programa práctico y probado
para tomar una de las decisiones más determinantes de tu vida ~*
ahora disponible en español

Ser madre, ¿es para mí?

Tu guía paso a paso hacia la claridad

Denise L. Carlini y Ann Davidman

....

Traducido por Edith Esquivel Eguiguren

SER MADRE, ¿ES PARA MÍ? Tu guía paso a paso hacia la claridad

Título original: *Motherhood – Is It For Me? Your Step-by-Step Guide to Clarity*

©2016, Denise L. Carlini y Ann Davidman

Originalmente publicado en 2016 por Transformation Books, USA; ISBN: 978-194-52-5216-7

LCCN (número de control de la Biblioteca del Congreso): 2016959637

Derechos reservados

© 2022, DLC Books
1807 Contra Costa Street
Sand City, CA 93955

www.SerMadreEsParaMi.com

Traducido por: Edith Esquivel Eguiguren

Imagen de portada: "Diverging Woodland Paths" por Tony Atkin, con licencia CC BY-ND 2.0. Para ver una copia de esta licencia, visite https://creativecommons.org/licenses/by-sa/2.0/deed.es. La fotografía fue tomada cerca de Colan en Cornwall, Inglaterra.

Diseño y maquetación del libro: Lighthouse24

ISBN: 978-1-7327733-2-5 (edición impresa)
ISBN: 978-1-7327733-3-2 (libro electrónico)
LCCN (número de control de la Biblioteca del Congreso): 2022912892

Los puntos de vista expresados en este libro por las autoras, ya sea de manera general o en referencia a personas específicas, representan únicamente sus opiniones personales. Este libro se publica bajo el entendido de que constituye una guía cuidadosa basada en la especialización de las autoras, pero no puede proporcionar atención individualizada. Si necesita recibir este tipo de ayuda, deberá consultar a un profesional competente. Las autoras de este libro no se hacen responsables por la salud mental de sus lectores.

Todos los derechos reservados. No se permite la reproducción total o parcial de este libro, ni su incorporación a un sistema informático, ni su transmisión en cualquier forma o por cualquier medio, ya sea este electrónico, mecánico, por fotocopia, por grabación u otros métodos, sin el permiso previo y por escrito de las autoras, exceptuando la inclusión de fragmentos en artículos o reseñas considerados de "uso legítimo".

Consulte el sitio web de este libro para obtener más información, recursos adicionales y acceso a los archivos de audio de las visualizaciones guiadas contenidas aquí. www.SerMadreEsParaMi.com.

Ser madre, ¿es para mí?

Tu guía paso a paso hacia la claridad

Opiniones del libro *Ser madre, ¿es para mí?*

"*Ser madre, ¿es para mí?* es una herramienta muy poderosa para aquellas mujeres que aún no han decidido si desean o no ser madres. Denise y Ann crearon una guía paso a paso muy completa, la cual incluye ejercicios que invitan a la introspección de manera empática, generando así la autoconciencia emocional necesaria para encontrar las respuestas que yacen en nuestro interior. La maternidad es una decisión que nadie más puede tomar por uno, y este libro seguramente será de gran ayuda para quienes aún tienen dudas".

—**Isabel Cortés**, coach de vida para mujeres que han decidido no tener hijos, fundadora y anfitriona del podcast *The Uprising Spark* (La chispa rebelde), cofundadora y anfitriona del podcast *Childfree Girls* (Chicas libres de hijos), y cofundadora del podcast *Nunca Madres*

"Este libro es una lectura esencial para cualquier mujer que esté pensando sobre una de las decisiones más importantes en la vida, la decisión de ser o no mamá. Habiendo leído una multitud de libros sobre este tema, descubrí que la metodología de Ann y Denise es realmente excepcional. Su método se enfoca en un descubrimiento gradual y humano de lo que esconde cada mujer en su interior sobre este tema. En mi caso fue como finalmente pude tener acceso a un laberinto de emociones, las cuales eran solo mías y de nadie más, y pude entender lo que se escondía detrás de ellas. Me di cuenta de que jamás iba a encontrar mi respuesta leyendo sobre las experiencias de otras personas. ¿Cómo podría ser de otro modo cuando mi historia, emociones, traumas y prejuicios son únicamente míos? Al terminar este libro tuve una respuesta muy clara sobre mi deseo de ser mamá o no. Encontré mi respuesta y esto trajo una paz infinita a mi ser".

—**Patricia H.**, originaria de Guatemala ahora residente en Estados Unidos

"Encontrar este libro fue como encontrar a esa persona amorosa, cálida y sabia que pudo tomar mi mano y mi corazón en mi dolorosa y solitaria búsqueda de claridad sobre convertirme en madre o no, ayudándome a fortalecer mi autoestima como mujer y esposa independientemente de ser o no mamá. Trabajar a través de los ejercicios me hizo sentir que alguien muy cariñoso y sincero estaba abrazando todo mi ser, haciéndome sentir segura, reconocida y adecuada mientras descubría una por una las muchas capas de autocrítica, dudas, emociones y limitaciones que me impedían tomar una decisión de vida tan importante. Basada en la comprensión de mí misma, la conexión con mi verdad y un trabajo de exploración muy riguroso y profundo, reafirmé mi deseo y decisión, y finalmente pude reconocerla, expresarla y deshacerme de la costosa y pesada carga que había estado llevando durante los últimos 5 años. Recomiendo encarecidamente este libro no solo a cualquier mujer, sino a cualquier hombre que desee tomar una decisión consciente y fundamentada para convertirse en padre o no. Leí el libro y participé en el grupo de apoyo con mi esposo y fue uno de los trabajos más profundos en este tema que hemos realizado. ¡Gracias a Ann y a Denise por tan increíble trabajo!"

—**María M.**, coach ontológica certificada, originaria de Colombia ahora residente en Estados Unidos

"Gracias a este libro pude tomar una decisión clara y consciente sobre ser mamá. Los ejercicios me fueron guiando hacia la claridad que necesitaba. Ha sido mi más grande herramienta durante esta difícil etapa. Definitivamente uno de los más bellos trabajos que encontré sobre este tema".

—**Michelle**, de México

"Este libro me ayudó a contestar una pregunta que llevaba evitando por mucho tiempo, a la cual le tenía mucho miedo tras un diagnóstico médico. Los ejercicios y el programa también me ayudaron a entenderme, quererme y aceptarme. Identifiqué y empecé a sanar viejas heridas que ni siquiera sabía que tenía. Le recomiendo este libro a todas las personas que se estén preguntando si quieren ser padres. El libro y programa no tienen agenda, simplemente ayudan al lector a encontrar una respuesta interna. El libro me permitió dar un paso importante en mi vida".

—**María**, del Ecuador

Opiniones del libro *Ser madre, ¿es para mí?*

"Cuando cumplimos la treintena y tenemos un trabajo y pareja estables, empezamos a sentir presiones para ejercer la maternidad. Nuestros amigos de siempre empiezan a tener hijos y parece que es el paso más 'normal' en nuestras vidas. Ahí es cuando surge la pregunta: *Ser madre, ¿es para mí?*

Denise y Ann nos acompañan y guían en este camino. A través del libro nos hacen reflexionar sobre distintas cuestiones que nos tenemos que plantear para tomar una decisión responsable.

Habiendo leído el libro teniendo ya dos hijos, *Ser madre, ¿es para mí?* me ha hecho reflexionar sobre la decisión que en su día tomé y sobre sus consecuencias. Me hubiese gustado haber leído el libro cuando decidí ser madre. Probablemente habría tomado la misma decisión, pero lo habría hecho de una forma más responsable".

—**Rosa Pérez Ferrero**, de España

"La mayoría de las mujeres que luchan con la elección de tener o no un hijo toman esta decisión a solas. Es raro que compartan sus dudas y temores debido a la vergüenza y la ansiedad que suscita el mero hecho de considerar la maternidad como algo facultativo y no obligatorio. Ahora pueden encontrar los consejos sabios, considerados y sin prejuicios que necesitan en el libro *Ser madre, ¿es para mí?*, un programa sistemático diseñado para ayudar a cualquier mujer a elegir la forma de vida correcta para ella".

—Doctora **Jeanne Safer**, autora de *Beyond Motherhood: Choosing a Life without Children* (Más allá de la maternidad: elegir una vida sin hijos)

"En *Ser madre, ¿es para mí? Tu guía paso a paso hacia la claridad*, veo una de las mejores muestras de cómo guiar la lectura con destreza para facilitar una experiencia profunda. De vez en cuando, los libros de psicología también lo hacen, pero nunca me he encontrado con algo tan completo que proporcione tal sensación de ser cuidada durante el proceso. Me recuerda a un libro que consulté sobre cómo trabajar con los sueños, pero este libro hace hincapié en principios femeninos, muy adecuado teniendo en cuenta el tema de la obra".

—**Carol Shoopman**, psicoterapeuta matrimonial y familiar

"¡Bienvenidas a esta guía contemporánea para la mujer contemporánea! Ya no se debe asumir que existe algún 'instinto maternal' dentro de un marco de juicio moral. En este libro, el conflicto y la incertidumbre son reconocidos como un rito de paso normal para la aceptación de una misma. Desde un punto de vista enriquecedor y sin juicios con respecto a su decisión final, las autoras brindan un formato elegante de doce semanas que permite a cualquier mujer un encuentro consigo misma. La narrativa es fácil de entender y las técnicas relevantes, siempre con el propósito de facilitar el descubrimiento paulatino de partes inconscientes y ocultas de sí misma, ecos del pasado que cuando se integran en su sentido actual de sí misma pueden ayudarla en su propia elección sobre la maternidad. Este libro ofrece una guía muy recomendable para cualquier mujer con dudas".

—Doctora **Phyllis Tobin**, autora de *Motherhood Optional: A Psychological Journey* (Ser madre es opcional: un viaje psicológico)

"Tener un hijo o no tener un hijo, esa es la cuestión. Este libro perspicaz y valioso ayuda a las mujeres a decidir sobre posiblemente la elección más importante de su vida. Siempre estaré agradecida con Denise y Ann por guiar a todas sus lectoras de una manera tan pensada y fácil de usar".

—**Henriette Mantel**, actriz y cineasta; autora y editora de *No Kidding: Women Writers on Bypassing Parenthood* (Sin bromas: escritoras sobre el tema de saltarse la maternidad)

"A medida que la maternidad pasa de ser algo automático a ser una decisión consciente, es importante que te tomes un tiempo para reflexionar, lejos de toda la cháchara externa, para entender tus motivos, narrativa familiar e historia personal, para así decidir por ti misma si ser madre biológica o madre adoptiva es un papel apropiado para ti. *Ser madre, ¿es para mí?* te invita a convertirte en una tomadora de decisiones independiente, y a ser la creadora y enriquecedora de tu propia experiencia al hacer la elección de convertirte en madre o de quedarte sin hijos, pero contenta".

—**Laura S. Scott**, autora de *Two Is Enough: A Couple's Guide to Living Childless by Choice* (Ser dos es suficiente: Una guía para la pareja que elige no tener hijos), y directora de la asociación Proyecto Sin Hijos Por Elección

Opiniones del libro *Ser madre, ¿es para mí?*

"Recomiendo de todo corazón el enfoque sabio y acertado de *Ser madre, ¿es para mí?* Las autoras exploran con delicadeza las varias capas y causas de incertidumbre acerca de la elección de ser o no ser madre. Las lectoras disfrutarán de ejercicios que son accesibles y verdaderamente útiles; las historias personales abren el corazón y aportan claridad a la mente. Una verdadera joya".

—Terapeuta **Linda Graham**, autora de *Bouncing Back: Rewiring Your Brain for Maximum Resilience and Well-Being* (Recuperándote de un revés de fortuna: cómo reconfigurar tu mente para optimizar tu resiliencia y bienestar personal)

"Me alegro de ver publicado este excelente programa de autoayuda. Lo conozco desde que se desarrolló hace más de veinte años y sé cuánto ha ayudado a la gente. Mi expareja y yo elegimos conscientemente adoptar a una niña hace más de dos décadas, y hoy soy el orgulloso abuelo de dos nietos. Trabajé durante muchos años en servicios de protección infantil y tuve contacto directo con muchas familias, a menudo siendo testigo del dolor que producen la negligencia y el abuso. También he visto a padres con pocas habilidades interpersonales que se volvieron más capaces a medida que desarrollaban estrategias para cuidar mejor a sus hijos. *Ser madre, ¿es para mí?* es una contribución valiosa hacia un mejor futuro para todos. ¡Gracias, Denise y Ann!"

—Terapeuta **Peter Barrett**, funcionario jubilado de Servicios de Protección Infantil, padre y abuelo

"Convertirte en madre es una transformación radical. Si es tu vocación, si sabes que necesitas tener un hijo, entonces hazlo. La crianza de un hijo es una de las cosas más creativas que jamás podrías emprender. Pero si no estás segura de que la maternidad sea tu camino, este libro, lleno de sabiduría y compasión, es una guía confiable hacia la claridad. Las historias y los ejercicios invitan e inspiran por su perspicacia. Cada palabra de este programa cuidadosamente elaborado iluminará tu camino hacia la vida correcta para ti y para los tuyos".

—**Shoshana Alexander**, autora de *In Praise of Single Parents* (Elogio para las madres solteras) y coautora con James Baraz de *Awakening Joy: 10 Steps to Happiness* (Cómo despertar la alegría: 10 pasos hacia la felicidad)

"*Ser madre, ¿es para mí?* es un libro que ayudará a muchas mujeres a encontrar su camino hacia la paz sobre el tema tener o no hijos. Es muy relevante ya que aborda uno de esos tabúes sociales fundamentales que hacen tan difícil el tener un diálogo abierto sobre el tema de la ambivalencia. De entre las mujeres que acuden a *Gateway Women*, una red de apoyo a mujeres sin hijos, muchas llegan a la dolorosa conclusión de que una de las razones de no haber considerado antes en serio la posibilidad de convertirse en madres fue debido a una incertidumbre inexplorada –a menudo causada por experiencias de la infancia que las dejaron confundidas sobre lo que significa 'la maternidad'.

Creo que la ambivalencia es bastante normal, sin embargo, el pronatalismo predominante de la sociedad hace que la gente suponga que las mujeres 'simplemente saben ' que serán madres. Este prejuicio no reconoce que la vida y las oportunidades de las mujeres hoy en día, incluso el acceso a métodos anticonceptivos, admiten otras opciones: el 'simplemente saber' es ya una cosa del pasado, si es que alguna vez existió.

Como sociedad, apenas estamos comenzando a crear un ambiente y un lenguaje que nos permite navegar por estas nuevas posibilidades. Este libro minucioso, inteligente, empático y sin prejuicios representa un gran paso hacia adelante. Ya sea que quieras explorar y estar segura de tus razones para elegir vivir sin hijos, o solo comprender mejor qué es lo que te impide avanzar activamente en el camino hacia la maternidad, este libro será tu amigo y tu guía.

Conozco a muchas mujeres que desearían que hubiese existido este libro hace veinte años, y estoy agradecida con Denise y Ann por haberlo puesto ya a disposición de las generaciones de hijas que vendrán después de nosotras".

—**Jody Day**, autora de *Living the Life Unexpected: How to Find Hope, Meaning, and a Fulfilling Future Without Children* (Vivir lo imprevisto: cómo encontrar la esperanza y una vida plena y satisfactoria sin niños)

Opiniones del libro *Ser madre, ¿es para mí?*

"¡*Ser madre, ¿es para mí?* es el primer libro de su tipo! Te ofrece un proceso manejado por ti misma y enfocado en tu interior. Está diseñado para dejar de lado las influencias externas, trabajar en esos rincones escondidos que quizás obstaculizan el conocimiento interno y revelar tus verdaderos deseos sobre el convertirte o no en madre. Esta valiosa herramienta de Denise L. Carlini y Ann Davidman te ayudará con destreza a descubrir las raíces de tu incertidumbre y te guiará hacia el camino a la claridad correcto para ti".

—**Laura Carroll**, autora de *The Baby Matrix* (¿Y el bebé para cuándo?) y *Families of Two* (Las familias de dos)

"Cuando me convertí en papá hace 35 años, hice una lista de los argumentos a favor y en contra de ser padre. Aunque *Ser madre, ¿es para mí?* está escrito para mujeres, desearía haber tenido esta obra cuando intentaba decidir si tener un hijo era para mí. Este es 'el libro' para una pareja que quiere explorar la ambivalencia 'normal' con la que toda persona lucha al considerar esta decisión fundamental de convertirse o no en padre. El planteamiento de corazón abierto y sin prejuicios que han desarrollado Ann y Denise ofrece el camino más íntimo hacia sus propios sentimientos más profundos, para descubrir si ser padre o no es lo adecuado para ti. Al leer este libro sabrás, por el resto de tu vida, que hiciste la debida diligencia alrededor de la pregunta: ¿Ser padre, ¿es para mí?"

—Doctor **Bruce Linton**, fundador del Foro de Padres, autor de *Finding Time for Fatherhood: Men's Concerns as Parents* (Cómo prepararse para ser padre: lo que le preocupa a los hombres) y de *Becoming a Dad: How Fatherhood Changes Men* (Convertirse en padre: cómo cambian los hombres con la paternidad)

Opinión de los participantes del programa
Ser madre, ¿es para mí?

"*Ser madre, ¿es para mí?* me ayudó entender que no poder saber lo que quería no tenía nada que ver con la cuestión de si deseaba tener hijos o no. Una vez liberada de ese patrón de pensamiento paralizante, pude buscar lo que era verdadero para mí en medio de toda la confusión, una experiencia que cambió mi vida para bien y me ayudó a obtener claridad en muchos niveles".

"El programa me ayudó a comprender qué había causado mis dudas a lo largo de la vida. Conocer a otras mujeres que luchaban con el mismo problema fue un gran alivio, ya que siempre me había sentido muy sola con esto. Mi pareja me dijo que me volví más tranquila durante el transcurso del programa, cosa que consideré como el primer paso de un proceso".

"El programa fue un poderoso recordatorio de quién soy en medio de toda la incertidumbre y las complicaciones de la vida. En vez de centrarme demasiado en las cosas que no puedo controlar, he descubierto que realmente disfruto dar rumbo a mi vida y agradecer por los dones que eso conlleva. Ya no estoy a merced de mis sentimientos, porque tengo herramientas nuevas para comprender, compartir y avanzar hacia lo que quiero".

"Después de pasar por el programa, tuve un sentido interno de orientación muy claro. Me gustó sobre todo el enfoque que reconocía que todos hemos probado un método analítico de resolución de problemas mediante argumentos 'a favor' y 'en contra' para responder a la pregunta, y que eso no suele funcionar. Este proceso fue muy valioso y me ayudó a descubrir y superar ciertos temores sobre convertirme en madre que ni siquiera sabía que tenía".

Opinión de los participantes del programa *Ser madre, ¿es para mí?*

"Adquirí una perspectiva y una comprensión de mí misma de valor incalculable, y comencé un camino hacia la cicatrización personal que iba mucho más allá de la decisión de convertirme en madre. Me di cuenta de que mi incertidumbre y mis dudas están profundamente arraigadas en cuestiones de autoestima y confianza en mí misma, lo cual fue una revelación".

"La revelación y bendición más grande que recibí fue el darme cuenta de que, en el fondo, efectivamente ya sabía la respuesta. Pero había algunos obstáculos en mi vida que tuve que superar para alcanzar la claridad y la sabiduría que ya estaban allí".

"Fue para mí un viaje personalizado, nutritivo y espiritual, donde no solo descubrí mis verdaderos sentimientos sobre la maternidad, sino también quién soy como mujer en un nivel más profundo".

"Estaba dividida por la mitad y no podía decidirme. El programa de 12 semanas me ayudó a sanar las heridas de la infancia y a establecer mis verdaderos deseos a pesar de vivir rodeada de expectativas de la sociedad, esperanzas, temores, deseos y necesidades que podrían confundirme. Mi decisión me parece buena y correcta, y he recuperado mucha energía emocional que iba despilfarrando en el vaivén diario sobre este tema".

Sumario

Opiniones del libro *Ser madre, ¿es para mí?* v
Opinión de los participantes del programa *Ser madre, ¿es para mí?* xii

El camino no tomado, por Robert Frost xvii

Prólogo por Mardy S. Ireland... 1

Introducción 3
Información sobre las autoras 5
Cómo usar el programa *Ser madre, ¿es para mí?* 7

EL PROGRAMA
Semana 1: Preparación para el viaje 19
Semana 2: Tu viaje comienza – ¡Empaca y prepárate para salir! 47
Semana 3: Un encuentro sorpresivo 67
Semana 4: Define el rumbo y calibra tu brújula 91
Semana 5: El diálogo 115
Semana 6: ¿Qué tan bien conoces a tu madre? 141
Semana 7: Sí, no, quizás 167
Semana 8: Ser decidida 191
Semana 9: Cómo lograr una mejor perspectiva 209
Semana 10: Una mujer sabia 235
Semana 11: Preparándote para la llegada 259
Semana 12: El fin de este camino 289

Apéndice I: Tu lista para reflexionar 313
Apéndice II: El Mantra... 315
Apéndice III: Herramientas para compartir el proceso.. 317
Apéndice IV: "¿¡Todavía no lo sé!?" – Los siguientes pasos................................. 325
Apéndice V: Índice de visualizaciones guiadas 331

Referencias 333
Glosario 335
Agradecimientos.. 339
Sobre el proceso de traducción 343
Índice general.. 345

El camino no tomado

Dos senderos divergían en un bosque amarillo,
y, triste al no poder unir los dos
en un solo viaje, largo tiempo me quedé parado
mirando uno de ellos tan lejos como pude,
hasta donde doblaba en la maleza.

Entonces tomé el otro, por ser igual de atractivo
y quizás la elección más acertada,
pues era herboso y solitario;
aunque, de hecho, ya el paso de otros
los había desgastado a ambos igual.

Y esa mañana estaban igual cubiertos
de hojas sin manchas negras de pisadas.
¡Pues, nada! ¡Dejé el primero para otro día!
Sabiendo bien cómo un sendero conduce a otro
dudé si después podría regresar.

Esto lo contaré con un suspiro
en un lugar y tiempo lejos de aquí:
Dos senderos divergían en un bosque, y yo...
pues yo elegí el menos transitado,
y eso lo ha cambiado todo.

—Robert Frost[1]

Prólogo

Como mujer, hay muy pocas cosas que -sin importar si *suceden* o *no suceden*- influyen y matizan tan profundamente el resto de tu vida adulta. Creo que la primera de estas "pocas cosas" es la determinación de las metas de tu vida y de la actitud que tendrás hacia la "maternidad". No importa si te conviertes en madre o no, la decisión en sí cambiará tajantemente la trayectoria de tu vida. Es una elección tan importante que algunas mujeres simplemente le dan la espalda y pretenden que no deben enfrentarla, puesto que las circunstancias externas decidirán por ellas. Sin embargo, no hay forma de escapar a las consecuencias de esta decisión que marcará el rumbo de tu vida, porque la "maternidad" –incluso en pleno siglo veintiuno– sigue siendo un factor determinante de lo que la sociedad entiende por ser mujer. Así que, si eres del sexo femenino, tarde o temprano serás juzgada por tu decisión o falta de ella. Francamente dicho, como mujer puedes elegir activa o pasivamente, pero no puedes evitar que esta cosa llamada "maternidad" le dé forma a tu vida –ya sea que decidas ser madre o no serlo. ¡Y es por eso que este libro es tan importante para ti si todavía no has establecido las metas de tu vida y tu relación hacia la maternidad! Déjame decirte por qué.

En primer lugar, incluso si lees este libro sin la compañía de otras personas, no sentirás que debes tomar una decisión tan monumental completamente sola. Las autoras, ambas psicoterapeutas, han trabajado durante más de dos décadas para crear este programa. Tejieron en el contenido una red de apoyo emocional que abarca todo lo que es importante considerar al tomar esta decisión tan íntima. Puedes sentir su presencia contigo mientras te van guiando paso a paso por los temas principales de cada capítulo.

Estos temas se despliegan a lo largo de doce semanas, proporcionándote una estructura y tiempo adecuados para que descubras paulatinamente qué es lo correcto para ti. En cada capítulo, las autoras te ayudan a aprender a confiar en tu propio proceso de descubrimiento y a valorarlo. En el primer capítulo crearás un espacio de trabajo interior, dibujarás tu árbol genealógico y construirás una "zona de confort" que podrás visitar para poder sentirte segura en cualquier momento. Esta obra no es un simple análisis y lista de los elementos cruciales al considerar si optarás o no por la maternidad. En cada capítulo tendrás la oportunidad de explorar a fondo por ti misma lo que intuyes y sientes, en lugar de simplemente pensar. A través de las visualizaciones guiadas, poco a poco sondearás tu yo más profundo y capturarás esa experiencia al anotarla (yo considero que te servirá más si escribes a la antigua, ¡en lugar de hacerlo en una computadora!).

El cuidado de ti misma es fundamental y se considera en cada capítulo, desde la pequeña niña que habita en tu interior (Semana 3) y sus preocupaciones, hasta reunirte y hablar con tu madre y padre (Semanas 5 y 6) para buscar cosas que posiblemente te hayan transmitido tus antepasados. Entonces, gracias a los hallazgos revelados por la acumulación de tus experiencias, las visualizaciones, tu escritura y tus proyectos artísticos, aprenderás de qué lugar en tu interior podrían provenir tus primeras inclinaciones hacia el sí o no a la maternidad. Durante un tiempo te "probarás" sin reservas tus reacciones ante cada decisión, y así descubrirás dónde podrían estar las fallas en tus comprensiones de la maternidad y de ti misma. Al llegar a la Semana 10, la acumulación de tus experiencias durante las diez semanas de trabajo permitirá que la "mujer sabia" en tu interior esté más dispuesta a darte consejos. ¡Y quizás tu creías que no había una "mujer sabia" ahí dentro!

Si puedes leer este libro con otras personas hazlo, pues esto, sin duda, aumentará tus descubrimientos y experiencias emocionales; sin embargo, no es necesario que así sea. Podrás experimentar todo este viaje sola o acompañada, puesto que las autoras, en su escritura y su forma de guiarte durante el programa, han creado un ambiente bien pensado, sensible y empático donde podrás realizar una de las elecciones más importantes de tu vida como mujer. *Ser madre, ¿es para mí?* es el libro que recomiendo para toda mujer que esté haciéndose esta pregunta.

Mardy S. Ireland

Autora de *Reconceiving Women: Separating Motherhood from Female Identity* (Repensar a las mujeres: separando la maternidad de la identidad femenina)

Introducción

Hay pocos lugares donde las mujeres pueden explorar su ambivalencia sobre la maternidad sin ser juzgadas y sin que les digan qué hacer. ¿*Quieres ser mamá*? Es una pregunta muy sencilla, a menos que no lo sea. Si experimentas incertidumbre acerca de esta elección, las causas podrían ser muchas y variadas, y estar indecisa puede ser una lucha muy solitaria.

¿Estás en conflicto por no saber si quieres tener hijos? ¿Te parece que todos los demás *simplemente saben*, y tú no? ¿Necesitas una respuesta desde hace tiempo? ¿Deseas tener claro de una vez por todas si ser madre es tu vocación en la vida?

Si contestaste que sí a cualquiera de estas preguntas, el libro: *Ser madre, ¿es para mí?* fue escrito para ti. Te lo ofrecemos como un oasis y un santuario, un sitio donde puedes explorar, descubrir y conocer tu más profunda verdad, sin que importe tu situación: soltera, con pareja o casada de cualquier edad, cultura u orientación sexual. Quizás ya estás intentando quedar embarazada. O tal vez estás pensando adoptar, ser madre biológica, soltera, de medio tiempo, en copaternidad o ser madrastra. Es posible que tú o tu pareja ya sean padres y estén considerando tener otro hijo. Tal vez ya se decidieron, pero aún persisten sentimientos encontrados que quieren explorar.

¿No sería genial no tener que resolver esto tú sola? ¿Qué tal si pudieras obtener la respuesta que buscas y estar en paz? ¿Qué pasaría si fuera posible tomar tu decisión sin tener que impresionar ni hacer feliz a nadie?

No importan las circunstancias que te tienen vacilando entre el *sí* y el *no* ser madre. Sabemos que tu indecisión es compleja y probablemente viene acompañada de sentimientos intensos como el miedo, la ambivalencia, la duda, la confusión, la tristeza y la vergüenza. La experiencia nos ha enseñado que primero debes *saber* a profundidad lo que realmente *deseas* para poder después tomar una decisión clara e informada.

Estamos seguras de que el método que detallamos paso a paso en este libro te permitirá llegar al otro lado de la ambivalencia, al igual que lo han hecho ya muchas mujeres gracias al programa *Ser madre, ¿es para mí?*

Probablemente alguien te ha dicho: "¿Cómo puede ser que no lo sepas?" con un tono de incredulidad que te hizo sentir enojada o mal contigo misma. Sin embargo, decidir tener o no un hijo es un tema complejo. La mayoría de las sociedades tienen visiones colectivas inflexibles y marcadas con respecto a la maternidad; las mujeres que cuestionan o rechazan este camino pueden ser juzgadas duramente. Es posible que tus amigos y familiares no comprendan tu necesidad de encontrar una respuesta a través de una exploración de tus miedos y deseos alrededor de la maternidad.

Ten por seguro que no hay un solo lugar en este libro que te diga lo que debes o no debes hacer. No tenemos ninguna intención más allá de ayudarte a encontrar la claridad que buscas. *Solamente tú puedes saber lo que es verdadero para ti.* Tú eres quien define quién eres. Tú eres la experta en ti misma.

Apoyamos una elección consciente porque creemos que es la base de la libertad personal. Queremos que tengas esa libertad interior que viene gracias al conocimiento verdadero, y te ofrecemos la confianza de explorar y hacer descubrimientos sin presiones ni juicios. Este es un programa único, porque te ofrece un refugio donde puedes realizar una exploración profunda de todos tus sentimientos y reflexiones sobre la maternidad. Queremos que te sientas aceptada y segura a cada paso del camino.

Presentamos nuestro programa en un formato fácil de seguir. En él hallarás explicaciones y orientación probadas por nuestra experiencia, además de ejercicios divertidos y creativos diseñados para identificar dentro de ti lo que esté bloqueando el camino a la claridad. Si quieres herramientas valiosas para sanar y mejorar tu vida, este libro es para ti. Si buscas una guía para resolver la incertidumbre y la confusión y obtener así la claridad que te falta, este libro también es para ti.

Con el corazón abierto y la mente clara será más fácil tomar las decisiones vitales que quieres ser capaz de tomar. Así que, sin importar donde te encuentres ahora en el amplio espectro entre el *sí* y el *no*, te deseamos un viaje fructífero.

Información sobre las autoras

Denise L. Carlini cofundó el programa *Ser madre, ¿es para mí?* hace tiempo. Aunque se ha jubilado como psicoterapeuta, sigue comprometida con apoyar a las personas a tomar esas decisiones conscientes que les ayudarán a ellas y a la sociedad en general. Tanto el libro original, que se publicó en inglés en 2016, como esta versión en español, replican con fidelidad e integridad el programa que creó al lado de su coautora Ann Davidman. Este proyecto, emprendido junto a la traductora Edith, fue un pasatiempo durante el confinamiento de la pandemia que se convertirá en un regalo duradero: Denise dona una parte de los ingresos del libro a organizaciones internacionales que trabajan para ayudar a las mujeres y niñas mediante la educación y el fomento de la autosuficiencia. Poder compartir este programa con el mundo de habla hispana pone una sonrisa en su rostro y en su corazón.

Ann Davidman es terapeuta matrimonial y familiar, mentora de la claridad y autora. Durante treinta años ha trabajado con mujeres y hombres para ayudarles a tener claridad sobre la decisión de convertirse en padres, vivir libres de hijos o tener más hijos. En su papel de *Parenthood Clarity Mentor* (Mentora de la claridad sobre la maternidad y la paternidad), Ann considera que cada persona tiene el derecho de explorar esta pregunta y de encontrar una respuesta auténtica. Su único propósito es que sus clientes se liberen de la confusión y encuentren la paz interior. Su pasión por este trabajo continúa creciendo y se ha sostenido desde 1991, cuando ella y Denise crearon los programas *Motherhood-Is it for me?* ™ (Ser madre, ¿es para mí?) y *Fatherhood-Is it for me?* ™ (Ser padre, ¿es para mí?). Ann ofrece *Parenthood Clarity Courses* ™ (Cursos de claridad sobre la maternidad y la paternidad) privados y en línea. Su experiencia en el proceso de elección la ha llevado a explorar su siguiente campo de interés, *The Art of Decision Making* (El arte de tomar decisiones). Ya sea que lo convierta en un libro o en un curso en línea, dejará claro que los malos tomadores de decisiones no existen. Ann se graduó de la maestría en la Universidad Estatal de San Francisco, y es miembro de la Asociación de Terapeutas Matrimoniales y Familiares de California (CAMFT).

Cómo usar el programa *Ser madre, ¿es para mí?*

Resumen

Estás a punto de embarcarte en un proceso único que casi con seguridad transformará tu vida. En vez de escarbar o darle demasiadas vueltas al tema, prometemos un proceso de revelación gradual para obtener lo que necesitas. Este programa trata de desacelerarte internamente para poder alcanzarte emocionalmente; trata también de permitir que la información adecuada caiga en su lugar como las piezas de un rompecabezas. El programa te apoya y con gentileza te anima a tomar riesgos; está basado en la premisa de que tu claridad ya está ahí, pero sencillamente está enterrada. Estamos seguras de que así es. *Confiar en tu proceso es esencial.* Sabemos por experiencia que no puedes hacerlo mal.

Distintas maneras de trabajar este programa

Trabajo individual

La mayoría de las lectoras trabajarán de forma individual y el programa está especialmente diseñado para ello. Puedes avanzar a tu propio ritmo en la seguridad y comodidad de tu hogar. Si en algún momento de tu vida has realizado algo de trabajo introspectivo, recibido ayuda profesional o terapia, quizás descubras que eso te ayuda con este programa, pero de ninguna manera es necesario que tengas esas experiencias previas.

Trabajo con otra mujer

Puede ser muy eficaz compartir tus descubrimientos con otra mujer que también quiera seguir este programa. Al elegir a esta persona, asegúrate de que sea alguien que te permita explorar sin juzgarte y que te dé el espacio que necesitas cuando lo necesitas. ¿Ella respetará el hecho de que tienes tu propio camino por recorrer? ¿Es lo bastante buena escuchando? Aunque puede ser alguien que ya conoces, quizás te sientas menos limitada si trabajas con una persona desconocida o que no conozcas muy bien. Lo más importante es que puedas seguir *tu propio* proceso sin censura.

Trabajo con un grupo de mujeres

Muchas mujeres se sienten aisladas en su lucha por no saber si quieren o no tener un hijo o hijos. Trabajar el programa con un círculo de mujeres que estén explorando este problema puede ser un apoyo valioso. Si tienes suerte y consigues reunir un pequeño grupo de mujeres con intereses afines (de tres a seis personas funciona mejor), pueden juntarse semanalmente en un grupo dirigido por ustedes mismas.

Trabajo con un profesional

Si ya estás trabajando con un consejero, psicólogo o psicoterapeuta, puedes llevar este libro a tus sesiones ordinarias y pedir apoyo con el material de cada semana. Puede ser muy terapéutico recibir apoyo y compañía de alguien que ya tiene tu confianza y quiere lo mejor para ti.

Conforme avanzan en el programa, algunas mujeres que no están recibiendo ayuda de un profesional sienten que es momento de buscarse uno. El programa está diseñado para ser un espacio "contenedor", es decir, un lugar donde puedas sentirte segura y apoyada, con orientación a cada paso del camino; sin embargo, a pesar de ello es posible que estés inundada de emociones o que experimentes un nivel de dificultad mayor al anticipado. Si sucede esto, te recomendamos que consideres buscar un profesional competente para que te apoye mientras terminas el programa.

Trabajo con tu cónyuge o pareja: no se recomienda

Si tienes pareja es posible que se te ocurra que trabajen el programa juntos, sobre todo si ambos tienen dudas sobre si desean o no convertirse en padres. Sin embargo, compartir con tu pareja íntima los detalles del proceso puede complicar la experiencia de maneras inesperadas. Descubrir tu verdadero deseo es una experiencia profundamente personal y es muy fácil autocensurarse de forma inconsciente si debes enfrentar las opiniones o temores de tu pareja.

Sin embargo, sí puede funcionar que cada uno de ustedes trabaje el programa por separado pero simultáneamente *sin* compartir entre ustedes los detalles de su avance. Cuando ambos hayan terminado el programa, usen como apoyo los modelos en el Apéndice III para compartir las experiencias que tuvo cada uno durante el proceso. Por favor toma en cuenta que este libro está escrito para mujeres, así que si tu pareja es un hombre tendrá que adaptar los ejercicios para que encajen con una perspectiva masculina.

Para no repetir "cónyuge o pareja" en este libro, cada vez que hablemos de tu compañero o compañera usaremos el término *"pareja"* para referirnos a la persona con la que estás compartiendo tu vida íntima.

Otras circunstancias especiales

Aunque la mayoría de las mujeres que han usado este programa a lo largo de los años estaban tratando de descubrir si deseaban o no tener hijos, también hay mujeres con una gran variedad de circunstancias personales que han encontrado este programa muy benéfico para su toma de decisiones. El programa es tan adaptable que se puede usar incluso si ya estás recorriendo el camino de tu elección. Si sientes que este camino o lo que te llevó a él no está resuelto todavía, este proceso es una manera sencilla y eficaz para examinar y reconocer lo que todavía debe resolverse. Si ya eres madre, puedes usar el programa para mirar hacia atrás y considerar si tu deseo personal corresponde a la decisión que tomaste. También puedes usarlo para ayudarte a decidir si quieres un segundo o tercer hijo. Si vas a convertirte en madre y no fue tu primera elección, este programa puede ayudarte a aceptarlo y embarcarte en la aventura. ¡En serio!

Cómo sacar el mayor provecho al programa

Un enfoque cuerpo-mente para el descubrimiento y la curación

El programa *Ser madre, ¿es para mí?* usa un enfoque experiencial cuerpo-mente que lleva al descubrimiento y curación conforme van pasando las semanas. El programa es *experiencial* en el sentido de que las experiencias con sensaciones o sentimientos que despierta el programa pueden provocar un pensamiento en tu mente, o un pensamiento de tu mente puede evocar una emoción (usamos las palabras *emoción* y *sentimiento* indistintamente). Algunas emociones se sienten enormes, mientras que otras se sienten pequeñas o sutiles; de cualquier modo, las emociones se dejan sentir en todas las células de tu cuerpo. Cada uno de los ejercicios en estas páginas está diseñado para ayudarte a entrar en contacto con tu experiencia al tener pensamientos y emociones, para así acceder a la información crucial que tal vez no descubrirías de otro modo. No puedes llegar a la claridad *pensando,* pero podrás *sentir* cuál es tu camino un paso a la vez hasta conocer tu verdadero deseo. Si primero te centras en el descubrimiento de tu *deseo,* después podrás ponderarlo cuidadosamente en el contexto de tus circunstancias personales, lo que hará más fácil alcanzar tu *decisión.*

Puede ser confuso distinguir entre pensamientos y sentimientos, y quizás te costará trabajo encontrar el término correcto para nombrar lo que sientes. Si ponerles nombre a tus sentimientos es nuevo para ti, considera usar el acrónimo META que significa: con Miedo, Enojada, Triste o Alegre (feliz). Estos cuatro sentimientos cubren las categorías de sentimientos más amplias y, por supuesto, pueden ampliarse todavía más. Pero si ponerles nombre a tus sentimientos es nuevo para ti, este atajo puede serte útil.

Si has tenido una historia personal difícil algunas emociones pueden sentirse peligrosas o atemorizantes. Tal vez creas que, si liberas un poco de emoción, esta no dejará de salir y te abrumará. Aunque este miedo es común, no es lo que sucederá. De hecho, es todo lo contrario: al igual que sucede cuando se destapa una olla a presión, el acto de liberar emociones contenidas te ayuda a sentirte más a gusto en tu cuerpo, más emocional y cognitivamente receptiva, con mejor capacidad de respuesta y menos reactiva.

"Tener hijos" y "convertirse en madre"

A lo largo del programa usamos las expresiones *tener hijos* y *convertirse en madre* de manera indistinta. Es importante que sepas a qué nos referimos. La respuesta breve es esta: cualquier cosa que se te ocurra. La respuesta larga incluye la adopción, la maternidad subrogada, la crianza compartida o ser madrastra y concebir a través de una intervención médica reproductiva. Para los propósitos de este libro, "tener hijos" y "convertirse en madre" son expresiones que no se limitan a sus significados más estrechos.

Circunstancias externas

Para que puedas enfocarte exclusivamente en tu proceso interno, te pedimos que por el momento dejes de lado todas las circunstancias externas actuales que parecen estar relacionadas con tu decisión. Recibirás una guía precisa para ayudarte a lograrlo. Algunas de ustedes están pensando en las finanzas, la carrera, las relaciones personales, los problemas de salud, las presiones familiares, los mensajes culturales y más. Sin importar cuáles son tus *circunstancias externas*, estas son reales y no deben descartarse o minimizarse. Sin embargo, durante el tiempo que te tome terminar el programa, necesitarás dejarlas de lado y, hasta donde te sea posible, pretender que no existen. Aunque esto podría parecer una tarea imposible, te pedimos que de todas formas lo intentes. Tus circunstancias externas no juegan ningún papel en el primer paso, que es descubrir lo que realmente quieres para ti misma. Considerar tus circunstancias externas de manera seria y realista cuando tomas tu decisión es parte del segundo paso.

Contención del proceso

Contener tu experiencia del programa dentro de un periodo específico te ofrece los mismos sentimientos de predictibilidad, apoyo y seguridad que cultivaríamos presencialmente si estuvieras haciendo este trabajo de introspección con nosotras. Te recomendamos apartar un momento el mismo día de la semana y a la misma hora para terminar tu lectura y los ejercicios relacionados. Para trabajar en este libro escoge un espacio físico calmado y libre de distracciones del exterior. Asigna al menos entre treinta y cuarenta y cinco minutos para cada sesión con este libro o tu diario. Si inviertes más tiempo obtendrás más beneficios, incluso si usas el tiempo adicional solamente para descansar. Tú y tu mente se acostumbrarán a esta rutina y su ritmo te ayudará.

Existe otro aspecto de la contención óptima del proceso que es sumamente importante. Te pedimos que mientras estés trabajando en el programa te abstengas de discutir con cualquier persona –en especial con tu pareja, si la tienes– los detalles acerca de lo que te está sucediendo. Por supuesto que puedes comentar con otros que estás en un programa que te ayudará a comprender mejor lo que quieres, solamente aclárales que con gusto les compartirás detalles *después* de que lo termines. A este aspecto de la contención le llamamos *respeto de tu proceso*. Si estás trabajando con un grupo, esto significa respetar la privacidad de los demás evitando discutir su proceso con ellos o con otras personas fuera de la reunión grupal.

¿Por qué te pedimos que "contengas" tu experiencia estableciendo un horario para ella y absteniéndote de dar detalles? La razón más importante es que estás comprometiéndote con un proceso que despierta aspectos sensibles e íntimos de tu vida interior. Esto merece y necesita protegerse, principalmente en las primeras etapas. A veces un dato importante necesita tiempo para revelarse por completo, y compartirlo de manera prematura puede interrumpir esta revelación. Además, incluso los comentarios mejor intencionados de otros pueden descarrilarte al perturbar la sensación de seguridad que has estado creando para ti.

Si crees que te será difícil no contarle cosas a tu pareja, pídele que te ayude a mantener un *muro de contención*. Si te gustaría saber más sobre cómo hacer esto, puedes usar la plantilla en la parte trasera del libro que sirve para estructurar una conversación al respecto. Por supuesto que puedes compartir todos los detalles una vez que hayas terminado el programa, pero por ahora tienes el derecho de proteger tu privacidad.

Motivación cuando el camino se torne difícil

Acabamos de hablar acerca de los beneficios de no compartir los detalles de tu proceso mientras estás viviéndolo. Eso no significa que no puedes decirle a un amigo de confianza o a tu pareja que te sientes ansiosa o triste debido a algo que surgió durante un ejercicio. Desde luego no queremos que te sientas aislada. Siempre es mejor pedir apoyo cuando estás abrumada por sentimientos incómodos. Sin embargo, si compartes los detalles específicos existe la posibilidad de que los sentimientos de preocupación o juicios involuntarios de ajenos estorben el camino de lo que está revelándose para ti. Si buscas apoyo emocional, basta describir tus sentimientos de forma generalizada, por ejemplo: "Lo estoy pasando mal, necesito un abrazo por favor".

Es muy probable que durante tu recorrido encuentres algunos obstáculos en el camino. Es natural sentirte ansiosa, con miedo de que no llegue la respuesta, desalentada, aburrida, triste, desconsolada, desesperada, enojada, ilusionada o entusiasmada, y todo lo demás que se te ocurra. También es natural que en algunos momentos tengas más cansancio físico del que tendrías si no estuvieras en el programa. Duerme más tiempo por la noche y descansa durante el día si te es posible. Recuerda apartar un tiempo para nutrirte. Usa las sugerencias de cuidado personal que se presentan al final de cada semana del programa.

También es posible que experimentes lo que algunas personas describen como *sentimientos enormes*. Su intensidad puede sorprenderte y suele estar en proporción a cuánto han sido ocultados o bloqueados. De ser posible, trata de dar la bienvenida a estos sentimientos cuando se presenten. Procúrate un lugar seguro y tiempo especial designado solamente para *sentir*. Si los sentimientos surgen cuando estás en el trabajo o atendiendo asuntos importantes de tu vida, puede que sea suficiente darte una pausa de cinco minutos en privado para permitirte sentir lo que pide ser sentido. Cuando dispongas de tiempo podrás dedicarte más de lleno a tus emociones.

Al llegar a tres cuartas partes del proceso, algunas mujeres tienen la sensación de saber menos de lo que sabían cuando empezaron. Lo hemos presenciado una y otra vez. Cada semana ocurre una cantidad significativa de exploración. Para cuando vayas por las semanas 8, 9 y 10 habrás removido tanto en tu interior, que tal vez sentirás que hay demasiado por resolver, dejándote un poco intranquila y preguntándote si alguna vez hallarás claridad. Si esto sucede, no te rindas. También es normal que no suceda. Aún estás acomodando todas las piezas del rompecabezas que volteaste. *Estás progresando. Sí solucionarás* los problemas que salen a la superficie y puedes tener confianza de que la claridad está en camino. Te recordaremos esto cuando sea apropiado.

Algunas mujeres consideran que no pueden pasar por las doce semanas sin la ayuda de un consejero profesional o psicoterapeuta. El buscar ayuda no significa que has fracasado, sino todo lo contrario. Pedir apoyo puede ser la decisión más sabia y solidaria para ti misma cuando sientes que tienes problemas con lo que está emergiendo. Es natural y normal que surjan sentimientos intensos. Si a menudo te ves inundada por tus emociones o experimentas niveles altos y constantes de sufrimiento que no aminoran y fluyen, te sugerimos encontrar un consejero o psicoterapeuta competente en tu localidad para que te ayude mientras continuas con el programa.

Marcando el ritmo

Este programa se diseñó cuidadosamente para que dure al menos doce semanas, y podría tomar unas semanas más sin ningún problema. Es necesario el paso del tiempo para apoyar el proceso. Tratar de apresurarlo simplemente no funciona. Piensa que al comienzo tú eres como el capullo cerrado de una rosa que con el tiempo y bajo las condiciones correctas se abre hasta convertirse en una flor completa y gloriosa. La belleza de ese florecimiento jamás debe apresurarse.

Te pedimos que durante todo el tiempo que estés realizando este programa pongas en pausa cualquier decisión acerca de tus circunstancias de vida. Ir más lento puede sentirse incómodo al principio, pero hemos aprendido que darte tiempo y espacio para examinar y percibir apropiadamente los diversos aspectos de tu vida es mucho más eficaz que generar esas listas de argumentos a favor y en contra que solamente te mantienen atorada en un ciclo interminable de indecisión. La recompensa por ir más lento es grande: ¡la claridad!

Aunque la presentación del programa está muy estructurada, es probable que tu experiencia interna no tome un camino lineal. Conforme pasan las semanas, es posible que te encuentres por todas partes con muchos tipos de sentimientos y pensamientos. Pero sin importar cuan sinuoso parezca tu proceso, *es realista* esperar que al final del programa sabrás más de lo que sabes ahora. Aunque la conclusión del programa podrá no parecer tan grandiosa como un final con fuegos artificiales (pero también es posible que sí), al menos habrás acogido muchos cambios internos sutiles que con el tiempo se sumarán hasta constituir algo considerable.

Nuestro objetivo: ¡tu claridad!

Nuestro único objetivo es ayudarte a pasar de la confusión a la claridad, del agotamiento al alivio, de la lucha interna a la ligereza interna. No adoptamos una postura acerca de si debes o no tener hijos, convertirte en madre o participar en la crianza de la próxima generación. A fin de cuentas, solamente tú puedes descubrir y saber lo que es correcto para ti.

Qué esperar cada semana

A excepción de la Semana 1, cada semana tiene una estructura similar. Comenzamos con una breve presentación con el objetivo de aterrizarte y prepararte para las actividades de la semana.

Después te pedimos que participes en una actividad experiencial, ya sea leyendo una visualización guiada o grabándola para que puedas escucharla más adelante con los ojos cerrados. Otra opción es que alguien de tu confianza te la lea o la grabe para ti. También hay grabaciones disponibles en el sitio web del libro: www.SerMadreEsParaMi.com. Las visualizaciones guiadas son la columna vertebral del programa. Su elemento sorpresa es tan importante para el proceso que no damos muchas explicaciones previas. Sentirás que algunas visualizaciones son más útiles que otras; tu respuesta a una puede sentirse simple mientras que otra puede sentirse poderosa y con el poder de transformarse en algo "revolucionario" para ti. En el transcurso del programa las actividades en su conjunto conformarán un panorama más completo del que tienes ahora.

Posteriormente te solicitamos que escribas. Los ejercicios de escritura permiten una mayor integración de tu experiencia. Si te parece difícil manejar tu estado emocional después del ejercicio por escrito, incluimos pasos fáciles de seguir para ayudar a reconectarte con el momento presente y a aterrizarte.

A continuación tratamos los temas que corresponden a las actividades de la semana, seguidos por tareas adicionales, muchas de las cuales son ejercicios por escrito. Algunas prefieren hacer sus tareas justo después de terminar la visualización guiada, y a otras les gusta realizarlas más adelante durante la semana. Lo importante de las tareas por escrito es que *de verdad escribas*, y hacerlo a mano es preferible que usar un dispositivo electrónico aunque, si así lo prefieres, siéntete libre de usarlo para escribir un diario y organizar tu trabajo. Esto no significa que te perderás de algo si usas tu computadora o tableta, y si eso es menos exigente físicamente por supuesto que puedes hacerlo. Sin embargo, la intimidad con tus palabras que surge de escribir a mano puede añadir una dimensión a tu experiencia. Incluso puedes experimentar usando tu mano menos dominante y agregar con esto otra dimensión por explorar.

Con los años hemos escuchado lo siguiente: "Oh, no escribí, pero lo pensé mucho". Pensar es bueno, por supuesto, pero sucede mucho más cuando escribes. La escritura misma da giros y vueltas de una forma que los procesos mentales no pueden igualar, creando un ambiente fértil para que surja más y más. No podemos contar las veces que hemos escuchado a las mujeres decir: "No tenía idea de que escribiría *eso*".

Si descubres que tienes una resistencia a hacer los ejercicios por escrito puedes pensar que no estás haciendo el programa correctamente, o incluso que estás fracasando en general. Este no es el caso. Si te parece que un ejercicio por escrito quiere abrirte a un sentimiento para el cual no estás lista, escribe acerca de eso, anota cómo se siente estar en *ese* punto. Escribe desde el lugar en el que te encuentras y date permiso de estar precisamente donde estás en ese momento. Conforme te sueltes con la escritura, esta comenzará a fluir más fácilmente.

Después de las tareas hay una sección que te ayudará a explorar a profundidad lo que descubriste. Esta sección comienza con la lectura de lo que hayas escrito, y te recomendamos encarecidamente que lo hagas en voz alta, lentamente, notando todos los cambios en tus sensaciones corporales físicas y emocionales. Obsérvate a ti misma para ver qué frase, sección o enunciado se siente cargado, jugoso, pesado, o con más energía. Leer en voz alta lo que escribes verdaderamente lleva la experiencia a otro nivel; sabrás a qué nos referimos cuando lo intentes.

A continuación te ofrecemos ejercicios opcionales para satisfacer tu curiosidad particular. Muchas de estas actividades son divertidas y te llevan a profundizar en tus sentimientos, pero si no las haces de todas maneras obtendrás los beneficios del programa. También te sugerimos algo para pensar o mantener presente durante la semana, por ejemplo: "Date cuenta de cómo te sientes cuando le dices que no a alguien". Estas sugerencias te ayudan a establecer una intención y a seguirla.

Y en último lugar, pero no menos importante, te recordamos que hagas algo para cuidarte a ti misma esa semana y te damos sugerencias en caso de que necesites un poco de ayuda para acordarte de lo que te da placer, alegría y tranquilidad.

Trabajar con las herramientas que te proporcionamos en cada capítulo –visualizaciones guiadas combinadas con la escritura y otros ejercicios creativos– te ayuda a desbloquear los mensajes inconscientes y los sentimientos enterrados muy hondo a los que no tienes acceso en tu día a día. Te beneficiará mucho tener un diario personal a la mano, porque cuanto más escribas más pensamientos y sentimientos vendrán a ti, revelándote más piezas del rompecabezas.

Es posible que en algunos momentos te preguntes qué tiene que ver un ejercicio en particular con decidir si tener o no hijos. Te pedimos que no escuches a ese juicio y confíes en que hay un método en nuestra locura. Cada una de las actividades de este programa ofrece una pieza esencial del rompecabezas, y cada una se construye sobre lo que ha sucedido antes. Hay algo útil en cada reacción o respuesta que tengas, incluso cuando un ejercicio es difícil o parece malograrse. Pon atención a tu proceso al tiempo que ignoras todo juicio y confíe en que algo está pasando en un nivel más profundo. Con el tiempo, cada esfuerzo que hagas ayudará en tu camino a la claridad.

Las semanas 2 a la 11 terminan cada una con las historias de dos mujeres que lucharon en su camino por tomar una decisión. Ellas contestaron largos cuestionarios con el objetivo de hacerte saber que no estás sola. Leer las historias puede hacerte sentir aceptada y alentada, o puede que lo sientas como una distracción de tu camino, en cuyo caso puedes elegir leerlas después de que hayas concluido la Semana 12. Tú decides cómo hacer que te sean útiles y provechosas.

¡Este programa funciona! Comprendemos que puede ser muy difícil en ciertos momentos, y que requiere de constante valentía. Aunque nos referimos al programa como si fuera un proceso pasivo –uno que solamente requiere de que sigas la guía– tienes que estar activamente comprometida para permitir y presenciar la revelación conforme esta ocurre. Es un poco como enfocar tu atención en la relajación: por un lado puede parecer que no está sucediendo mucho; pero por otro lado está emergiendo un estado de conciencia totalmente diferente y ¡puedes perderte los matices del proceso si no prestas atención! Cuanto más intencionalmente involucrada estés y cuanto más presente te encuentres, más descubrirás.

Buena suerte y ¡que comience el viaje!

Semana 1

Preparación para el viaje

"En el centro de tu ser tienes la respuesta:
sabes quién eres y qué quieres".
–Lao Tzu[2]

Presentación

Has decidido que este programa de eficacia comprobada es para ti. ¡Bienvenida! En la introducción describimos detalladamente cómo sacarle el máximo provecho a este programa. Consúltala cada vez que lo necesites. Vamos a comenzar después de hacer hincapié en estos recordatorios importantes:

- Si confías en tu proceso obtendrás más beneficios. Permite que existan pistas a medias y piezas perdidas del rompecabezas incluso si no comprendes lo que representan. A veces su significado no quedará claro hasta el final.

- El ritmo es importante. El programa está intencionalmente diseñado para que dure un mínimo de doce semanas. Esto incluye el tiempo para asimilar el contenido. Tu psique y tu corazón necesitan de ese tiempo. Te perjudicará tratar de apresurar las cosas. Podrías perder terreno en vez de ganar tiempo. El programa también funciona perfectamente si decides trabajarlo durante más de doce semanas.

- Haz tu mejor esfuerzo por abrirte a la incertidumbre. Permítete estar cómoda con no saber lo que decidirás al final. La mayoría de las mujeres descubre que cuando se dan permiso de no saber se sienten menos cansadas y tienen más energía para explorar. Leerás más acerca de esto durante la Semana 2.

- Recuerda que es importante no compartir los detalles con otras personas hasta que concluyas el programa. Aunque esto suene insólito y quizás no sea a lo que estás acostumbrada, es por tu protección. Contener tu proceso dentro de ti lo mejor que puedas te permite cosechar mayores recompensas. Si tienes pareja es especialmente importante que esperes hasta el final para compartirle tu experiencia, pues esto evitará que choques contra sus sentimientos o planes sobre este tema; esto podría perjudicar tu proceso o llevarte en una dirección encauzada más por esa persona que por ti misma.
- En algunos momentos del programa el contenido se duplica. Esto es intencional y también inevitable. Queremos asegurarnos de que todo se cubra a profundidad ¡y así obtendrás la claridad deseada para tomar una decisión con la que te sientas bien!

Qué sucederá en la Semana 1

Resumen

Esta semana inicial prepara todo para una travesía exitosa y fructífera. Se presenta información importante que necesitarás en las semanas posteriores. Está en un orden ligeramente diferente que las semanas siguientes. Por ejemplo, solamente aquí se incluye esta sección "Qué sucederá…" con el propósito de orientarte. Si sientes que dos semanas son un plazo más realista para terminar el trabajo preparatorio de la Semana 1, desde luego que puedes tomarte ese tiempo. Es más importante que estés en sintonía contigo misma a que te sientes presionada por el calendario.

Primero hablaremos sobre tu diario y veremos por qué necesitas uno. Después te daremos instrucciones para la creación de un mapa familiar. Te presentaremos a cuatro mujeres cuyas historias de vida servirán como ejemplos, y te invitaremos a identificar aquello a lo que llamamos *circunstancias externas* de tu vida. Cada semana incluye una visualización guiada y en esta primera semana hallarás dos diseñadas especialmente para asegurarnos de que tu experiencia inicial con el proceso sea lo más suave posible. Después de las visualizaciones guiadas siguen las tareas y los temas para escribir. En esta primera semana la escritura te ayudará a identificar los miedos que puedan estar estorbando tu decisión.

Tu diario

Encuentra un cuaderno para escribir o embárcate en el ritual esmerado de comprar y seleccionar un diario especial. Aquí date permiso para mimarte un poco. Quizás encuentres algo que ya es perfecto o un diario con una cubierta en blanco que se pueda adornar con imágenes y palabras que te hablen a ti en lo personal. Sabemos que es muy conveniente usar una laptop o tableta, y puedes utilizarlas si eso es lo que prefieres.

En las próximas semanas usarás tu diario de diferentes maneras. Cada semana, después de las visualizaciones guiadas te solicitamos que concluyas las tareas básicas de escritura. Te pedimos también que crees una sección en tu diario llamada: "Cosas para revisar más tarde". Sin duda surgirán cuestiones que no se procesarán por completo en el momento en que emergen. Es muy probable que necesiten de tu atención en otro momento. Te invitaremos a repasar esas cosas más adelante, y las encontrarás más fácilmente si las tienes anotadas en un solo lugar. Mantén tu diario cerca de ti para apuntar en él los pensamientos y sentimientos que surjan inesperadamente durante el día.

Para crear el movimiento interno que lleva a la claridad, el programa usa una combinación de actividades auditivas, emocionales, experienciales y de escritura, aunque el método se inclina más hacia la escritura. No tenemos dudas de que se puede descubrir mucho pensando bien las cosas, pero eso no se compara con aquello a lo que puedes acceder cuando estás escribiendo en tu diario o tecleando en la computadora. Al reflexionar, nuestros pensamientos pueden dar vueltas en círculos. Cuando escribimos suele surgir información nueva. Cuanto más escribas, más material inédito emergerá.

Además de usar un diario para escribir, también puedes hacer dibujos, garabatos, despotricar, desvariar, describir sueños o incluso tus fantasías diurnas. Pon especial atención no solamente a la trama de tus sueños, sino también a sus emociones y tono. Además de escribir, puedes trabajar en tres dimensiones haciendo collages, dibujos, pinturas, caricaturas o garabatos. Los únicos límites son tu tiempo y tus ganas. Usa tu imaginación y ten a la mano imágenes, crayones, pinturas, lápices y papel. Si trabajar así es nuevo para ti, recuerda que cada niño es un artista y todos tenemos un niño dentro que anhela jugar. Se revelarán más piezas del rompecabezas a través de la escritura, el juego creativo y el trabajo con imágenes. Ya sea que escribas o dibujes, asegúrate de usar el diario para apuntar tus experiencias de manera física y concreta en vez de simplemente pensar, imaginar o meditar.

Es posible que te sorprendan las ideas que llegan cuando rellenas las páginas de tu diario. Las mujeres suelen decirnos: "No tenía idea de que iba a escribir esto, no es lo que me proponía decir". Quizás sientas que las ideas te vienen de la nada, pero no es así: vienen de un manantial que emerge de tu deseo personal. Al final del programa puede que te parezca interesante, revelador y útil volver a ver todo tu proceso, desde la ebullición de los primeros pensamientos y sentimientos hasta el desenlace final que lleva a la claridad. Tu diario te ayudará a lograrlo.

Tu mapa familiar

Sabemos por experiencia que crear un mapa familiar te traerá enormes beneficios, y te recomendamos encarecidamente que completes este proyecto usando las instrucciones que se mencionan abajo *antes* de comenzar las semanas siguientes. Tu mapa familiar es un *genograma* –un árbol familiar con detalles adicionales– que incluye atributos psicológicos y emocionales de los miembros de tu familia. Puedes encontrar mucha información sobre mapas familiares disponible en internet si decides adentrarte aún más de lo que indican las instrucciones que te damos.

Cuando tu mapa esté terminado tendrás una imagen pormenorizada y minuciosa de tu familia de origen, que revelará las conexiones entre los miembros familiares y sus posibles influencias sobre ti. Ver la dinámica familiar representada en papel puede ayudarte a apreciar cuántas personas están involucradas, a nivel consciente o inconsciente, en tu decisión de tener o no hijos. Es probable que descubras más influencias durante las próximas semanas, así que también podrás agregarlas a tu mapa familiar más adelante.

Para crear tu mapa reserva entre cuarenta y cinco y sesenta minutos, según la complejidad y tamaño de tu familia. Será más fácil cuanto más grande sea el papel que uses, sobre todo si tienes una familia grande o si incluyes a muchos miembros de la familia extendida.

Las instrucciones te indican cómo crear un mapa de tu familia de origen. Si no estás segura sobre algunos detalles, bastará con incluir lo que puedas y fijarte en qué sabes y qué no sabes sobre la historia familiar. Las preguntas tienen el propósito de ampliar tu conocimiento sobre los miembros de tu familia.

Antes de comenzar consulta la ilustración de muestra en la página siguiente. Es la familia de Elena; ella es un miembro en el grupo de cuatro mujeres de quienes hablaremos en el transcurso del libro. Te la presentaremos dentro de poco.

Semana 1 – Preparación para el viaje

Aquí el enlace para descargar una versión de tamaño completo de este mapa:
https://www.sermadreesparami.com/_files/ugd/760870_ca398a5801bc4334862af5be9a0b55eb.pdf

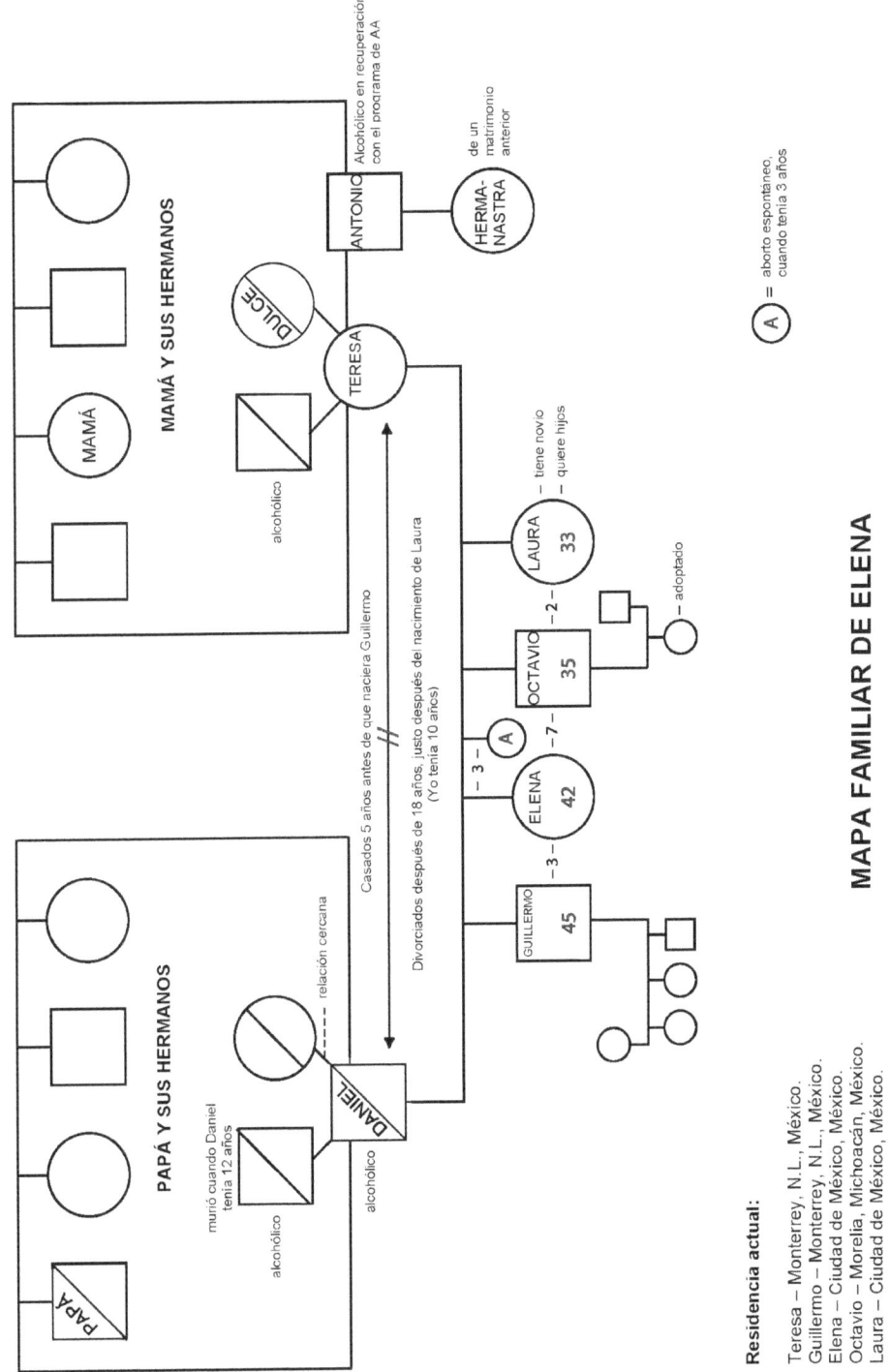

El mapa familiar de Elena es solamente uno de muchos posibles estilos de mapa. Puedes ver que Elena tiene cuarenta y dos años de edad. Sus papás se divorciaron cuando tenía diez años. Ella es la segunda de cuatro hermanos, al igual que su madre, Teresa. Y también como su madre, tiene un hermano mayor, un hermano menor y una hermana menor (los cuadrados son varones y los círculos son mujeres). Teresa tuvo un aborto espontáneo cuando Elena tenía tres años de edad (el círculo pequeño con la A adentro) y estuvo muy deprimida durante cerca de nueve meses. Cuatro años después del aborto, Teresa dio a luz a Octavio. Alrededor de dos años después y con la esperanza de salvar el matrimonio concibieron a Laura, la hermana de Elena; sin embargo, los padres de Elena se divorciaron poco después del nacimiento de Laura (las barras entre Teresa y Daniel representan el divorcio). Elena agregó una lista de dónde viven actualmente su madre y sus hermanos. (Las líneas diagonales dentro de los cuadrados y círculos indican a las personas que han fallecido).

Elena pudo haber incluido otros detalles en su mapa familiar. Por ejemplo, los nombres y edades de sus tías, tíos y respectivos hijos, así como si estos tuvieron hijos o no. Cuantos más detalles agregues a tu mapa, más probable será que descubras las emociones que podrían jugar un papel en tu proceso de toma de decisión. La meta no es agitarte sin motivo, sino avisarte si tienes emociones sin resolver para que puedas atenderlas y comenzar a sanar. Crear tu mapa familiar puede revelar algo que ha estado obstaculizando tu claridad, o podría destapar conexiones que no habías identificado anteriormente.

Creación de tu mapa familiar

1. Dibújate a ti misma y a los hermanos o hermanas que tengas (usando como plantilla el mapa familiar de Elena).

    - Comienza poniendo el papel de forma horizontal.

    - Dibuja una línea horizontal de lado a lado de la página, situándola a un cuarto de altura si mides a partir de la parte inferior de la página.

    - Bajo esta línea, en el extremo izquierdo, escribe el nombre y la edad del primogénito o primogénita de los hermanos o hermanas. Si eres hija única, simplemente escribe tu nombre en medio de la página debajo de la línea. Continúa añadiendo los nombres y las edades actuales de tus hermanos o hermanas, de izquierda a derecha, siguiendo el orden de nacimiento desde el mayor hasta el más joven. Incluye a hermanastros y hermanastras o medios hermanos y medias hermanas. Haz todo esto de manera que tenga sentido para ti.

- Ahora dibuja círculos alrededor de las mujeres y cuadrados alrededor de los hombres. Cuando termines el mapa, estos círculos y cuadrados te ayudarán a identificar patrones.

  Nota: El símbolo frecuente para las mujeres es un círculo y para los hombres un cuadrado, pero puedes identificar el sexo de una manera que tenga lógica para ti. Muestra en tu mapa si tú o alguien en tu familia está cuestionando su género, está en transición o es transgénero. Dos opciones para designar a una persona transgénero son dibujar un círculo dentro de un cuadrado o un cuadrado dentro de un círculo. Recuerda que este mapa es para tu beneficio y únicamente necesita tener sentido para ti. Solamente sé consistente para que puedas identificar patrones.

- Si alguien ha fallecido, dibuja una línea diagonal cruzando su círculo o cuadrado. Anota el año de su muerte o su edad al morir, así como la causa de muerte, si se conoce.

- ¿Estás o estuviste casada? ¿Tienes pareja o a una persona especial en tu vida? Para representar a esa persona, dibuja un círculo (para mujer) o un cuadrado (para hombre) al lado de tu nombre. Haz las mismas preguntas para tus hermanos y hermanas, y dibuja a un lado de sus nombres a las parejas o exparejas en sus vidas. Agrega los hijos e hijas que tenga esta generación. Te darás cuenta de que en el mapa de Elena, su hermano Octavio está casado con un hombre y su hermano Guillermo está casado con una mujer.

- Dibuja líneas verticales cortas para conectar los círculos y cuadrados con la línea horizontal.

2. Dibuja a tus padres.

    Arriba de la línea horizontal escribe los nombres de tus padres y sus edades actuales. Tradicionalmente se pone al hombre a la izquierda y a la mujer a la derecha. Anótalos en los extremos opuestos de la línea con el fin de darte espacio para lo que viene. Dado que hay muchos tipos diferentes de familia –por ejemplo, padres del mismo sexo, familias uniparentales, familias combinadas, tutores y familias adoptivas y de acogida con muchos padres involucrados– dibuja la configuración de tu familia de una manera que funcione para tu caso. Dibuja círculos alrededor de las mujeres y cuadrados alrededor de los hombres. Pon la indicación correspondiente si alguien ha fallecido. Siguiendo el ejemplo de Elena, dibuja líneas conectoras conforme sea necesario.

3. Dibuja a tus abuelos.

- Escribe los nombres de cada pareja de abuelos arriba de los nombres de tus padres. De nuevo dibuja círculos alrededor de las mujeres y cuadrados alrededor de los hombres, e indica a los que hayan fallecido.
- Dibuja líneas para conectar a tus abuelos con tus padres.

4. Dibuja a tus tías y tíos.

- Dibuja líneas horizontales sobre cada uno de los nombres de tus abuelos, sitúalas a un cuarto de la página midiendo a partir de la parte superior de la página. Aquí es donde pondrás los nombres de tus padres y de sus hermanos o hermanas.
- Debajo de esa línea, en el extremo izquierdo, escribe el nombre y la edad del mayor de los hermanos o hermanas del lado de tu padre (si dibujaste a tu padre a la izquierda de tu madre como se sugirió arriba). Si tu padre es hijo único, simplemente anota su nombre a la mitad de la línea.
- Continúa añadiendo los nombres y edades actuales de los hermanos o hermanas de tu padre, de izquierda a derecha, siguiendo el orden de nacimiento desde el mayor hasta el menor. Incluye a los hermanastros y hermanastras y a los medios hermanos y medias hermanas.
- Sigue estas instrucciones con tu madre u otro(s) padre(s) y sus hermanos o hermanas. Repite tantas veces como sea necesario con cada persona que identifiques con el papel de padre o madre.
- Dibuja círculos alrededor de las mujeres y cuadrados alrededor de los hombres. Indica con la línea diagonal a cualquiera que haya fallecido y dibuja líneas conectoras como se observa en el mapa de Elena.

5. Agrega detalles para ti, tus hermanos o hermanas.

   Debajo de tu nombre y de los nombres de tus hermanos o hermanas, escribe los nombres de sus hijos y sus edades actuales de izquierda a derecha, siguiendo el orden de nacimiento desde el mayor hasta el menor. Incluye a hermanastros, hermanastras, medios hermanos y medias hermanas. Dibuja círculos alrededor de las mujeres y cuadrados alrededor de los hombres. Indica quiénes han fallecido y usa líneas para conectar a los hijos con sus padres. Si es importante para ti, anota el nombre del lugar donde reside cada hermano o hermana. Puede que quieras añadir estos detalles a un lado, como en el mapa de Elena. Quizás la geografía juega un papel importante en la dinámica de tu familia. También puedes incluir la preferencia sexual de cada persona si lo consideras relevante.

6. Agrega otros detalles importantes.
   - Si tu madre tuvo otros embarazos, anota cuándo ocurrieron y lo que sucedió (aborto espontáneo, interrupción del embarazo, nacido muerto, etc.) en la línea que te conecta con tus hermanos o hermanas.
   - Anota la misma información sobre embarazos en tu nombre, el de tus hermanas, tus abuelas y las hermanas de tu madre y padre.
   - Apunta si han existido embarazos no planeados o hijos producto de embarazos inesperados.

Ahora dale un vistazo a todo lo que llevas de tu mapa. Al hacerlo, es posible que notes que emergen ciertas emociones, o puede que descubras una conexión profunda gracias a algo en tu mapa que no habías notado antes. Este es un buen momento para escribir lo que suceda en tu diario.

Como apoyo para seguir desarrollando tu mapa familiar, contesta las preguntas a continuación pues esto facilita el análisis, y la introspección te ayudará a pintar un cuadro más profundo de tu familia de origen. Mientras exploras las preguntas, agrega a tu mapa toda la información que puedas y anota los detalles de manera que tenga sentido para ti. Usa como ejemplo el mapa de Elena y apunta las respuestas en tu diario. Algunas de estas preguntas no aplican si fuiste criada en un hogar uniparental o por padres del mismo sexo.

Ser madre, ¿es para mí?

1. Si analizas detenidamente a tus padres:
   - ¿Estaban casados entre sí? ¿Siguen casados? ¿Cómo calificarías la calidad de su matrimonio, alianza o relación?
   - ¿Sufrieron una muerte, divorcio o separación? De ser así, ¿qué edad tenías cuando sucedió? ¿Alguno se volvió a casar o volvió a tener pareja?
   - Si tus padres se divorciaron o separaron, ¿cómo te impactó esto y cómo impactó a cada uno de tus hermanos o hermanas?

2. Si te analizas detenidamente a ti misma y a tus hermanos y hermanas:
   - Si tienes hermanos o hermanas, ¿tienen el mismo par de padres?
   - Si tus hermanos o hermanas tienen relaciones de pareja, ¿cómo calificarías estas relaciones? Considera cómo impacta a sus relaciones el tener o no hijos.
   - ¿Conoces las opiniones de tus hermanos o hermanas acerca de si deberías o no tener hijos?
   - ¿Con cuál de tus hermanos o hermanas te sientes más cercana? ¿Con cuáles hermanos o hermanas no eres cercana? ¿Algunos de tus hermanos o hermanas son cercanos entre sí?
   - ¿Tienes recuerdos cómo era la vida antes de que llegara al mundo el hermano o hermana menor que te sigue en el orden de nacimiento?

3. Si analizas detenidamente a tu madre:
   - ¿Qué edad tenía tu madre cuando te tuvo? Si tu madre es posmenopáusica y sus síntomas ya desaparecieron, ¿qué edad tenía cuando dejó de tener síntomas?
   - ¿Con cuál de sus hermanos o hermanas es o fue más cercana? ¿Con quién era cercana cuando eras pequeña? ¿Dónde viven sus hermanos o hermanas? ¿Tu mamá juega o jugó un papel importante como tía en la vida de sus sobrinos y sobrinas?
   - ¿Conociste a los hermanos o hermanas de tu madre mientras crecías? ¿Te agradaba cada uno de ellos? Si los conoces ahora, ¿ha cambiado tu aprecio por ellos?

- ¿Te agradaban o agradan los padres de tu madre? ¿Tu madre se lleva o se llevaba bien con sus padres? ¿Hay algo especial que quieras anotar acerca de esas relaciones, ya sea negativo o positivo?
- ¿Tu madre tuvo más o menos hijos de los que quería? En tu opinión, ¿hubo consecuencias derivadas de esto?

4. Si analizas detenidamente a tu padre:
   - ¿Conociste a los hermanos o hermanas de tu padre mientras crecías? ¿Te agradaba cada uno de ellos? Si los conoces ahora, ¿ha cambiado tu opinión de ellos?
   - ¿Tu padre juega o jugó un papel importante como tío en la vida de sus sobrinas y sobrinos?
   - ¿Te agradaban o agradan los padres de tu padre? ¿Tu padre se lleva o se llevaba bien con sus padres? ¿Hay algo especial que quieras anotar acerca de esas relaciones, ya sea negativo o positivo?
   - ¿Tu padre tuvo más o menos hijos de los que quería? En tu opinión, ¿hubo consecuencias derivadas de esto?

5. Analiza las influencias y patrones familiares:
   - ¿Eras cercano con alguno de tus primos primeros o segundos o primas primeras o segundas en cualquiera de los lados de tu familia?
   - ¿Tu familia de origen era religiosa? ¿Cuáles son tus creencias o prácticas religiosas actuales y cómo se comparan con las de otros miembros de la familia?
   - ¿Qué persona de tu mapa familiar tiene o ha tenido más influencia positiva en ti? ¿Quién ha tenido la mayor influencia negativa?
   - ¿Había o hay alguien en tu familia que consuma drogas o alcohol? ¿Había alguien identificado como adicto o con problemas de alcoholismo? ¿Te consideras a ti misma como la hija adulta de un alcohólico? ¿Consumes o abusas del alcohol o drogas con propósitos recreativos o de automedicación?
   - ¿Sabes de la existencia de abuso emocional, físico o sexual en tu familia mientras crecías o en las generaciones anteriores?

- ¿Hay algo que no se ha preguntado todavía o que no se ha incluido en el mapa familiar y que lo completaría más en tu caso? Algunos ejemplos serían: logros importantes, cambios grandes de carrera, discapacidades físicas y de aprendizaje, enfermedades y hospitalizaciones, problemas socioeconómicos, anomalías educativas, homofobia en la familia, suicidios o intentos de suicidio, enfermedades mentales y hospitalizaciones por su causa, miembros de la familia internados en hogares de protección social, histerectomías, depresiones posparto, secretos familiares, muertes repentinas, lesiones, accidentes graves, empleos o profesiones que consideres importantes. Piensa sobre estos temas y escribe sobre ellos o sobre cualquier otra cosa parecida que afecte a tu familia.

¡Felicidades! Has superado las largas instrucciones para crear tu mapa familiar.

¿Cómo te sientes ahora? Tu mapa es una herramienta valiosa, aunque pueden emerger muchas emociones que incluso podrían abrumarte un poco. Si esto te ha afectado, respira profundamente en este momento, al tiempo que pones una mano en tu corazón y la otra en tu estómago. Cierra tus ojos y siente los movimientos de tu cuerpo al respirar. Antes de continuar, relájate todo el tiempo que quieras.

Ya es hora de darle un vistazo a tu mapa completo. ¿Qué resalta? ¿Notas algunos patrones? ¿Hay algo que te sorprenda? ¿Reconoces algo que te haga sentir orgullosa? ¿Percibes algunas emociones enterradas que estén comenzando a salir a la luz? ¿Adviertes algo que te haga sentir triste? ¿Qué otros pensamientos y sentimientos afloran? ¿Estás en contacto con las cosas que se sienten bien? ¿Detectas algún enojo nuevo u olvidado hasta ahora?

Te presentamos una muestra de algunos temas y tendencias adicionales que puedes observar: Considera el número de hermanos o hermanas y el orden de nacimiento de cada generación. Identifica la edad que tenían las madres cuando nacieron sus hijos primogénitos. Determina si cambiaron las relaciones familiares después de eventos importantes positivos o negativos. Advierte si ciertos comportamientos particulares se repiten de generación en generación. Busca cualquier otra cosa que tal vez no hayas notado previamente. ¿Hay relaciones que te gustaría que fueran mejores de lo que fueron o son, ya sea tuyas o de otras personas?

Permanece tan abierta como puedas contigo misma y con la información familiar representada en tu mapa. Algunas veces, al mirar a tu familia representada de esta manera puedes encontrar información que antes no era obvia. Por ejemplo, como verás en el mapa de Elena, ella se dio cuenta de que cada uno de sus padres tenía un total de cuatro hijos en su familia. Eso posiblemente contribuyó a la decisión del matrimonio de tener su cuarto hijo, la hermana menor de Elena, Laura. Elena también detectó un patrón generacional de dependencia alcohólica en ambos lados de su familia que no había notado antes. Así mismo, recordó que la hermana de su madre tuvo un aborto (ilegal en aquel entonces) cuando era joven.

No te desconciertes si notas que tus sentimientos o pensamientos te toman por sorpresa. Usa tu diario para registrarlos. Es perfectamente normal sentir más emoción o sensibilidad después de crear un mapa familiar. Si te sientes abrumada, haz lo mejor que puedas para absorber tus hallazgos gradualmente guardando el mapa por ahora y consultándolo de nuevo más adelante.

Vuelve a recurrir a tu mapa mientras avanzas con las actividades de este programa y descubres nueva información sobre tu familia. Con el tiempo es posible que quieras añadirle reflexiones, nuevos patrones o influencias que detectes. Guarda el mapa con el resto de tu material del programa para que te sea fácil usarlo como referencia.

Conoce a las cuatro mujeres

Ahora presentaremos a cuatro mujeres que encarnan las características que tienen las mujeres promedio con quienes hemos trabajado durante años. Así como la familia de origen de Elena te ayudó a demostrar la construcción de un mapa familiar, a veces también recurriremos a las experiencias de Sandra, Beatriz y Eva para ayudarte a comprender algunos temas o actividades.

Elena, soltera y heterosexual de cuarenta y dos años, se está inclinando a no tener hijos. Es feliz, equilibrada y su vida no tiene problemas serios. Pasó un tiempo realizando introspección personal a través de programas de 12 pasos y psicoterapia individual. Su mapa revela que ha habido alcoholismo en su familia y se identifica como la hija adulta de alguien alcohólico. Es la segunda de cuatro hijos y sus padres se divorciaron cuando tenía diez años de edad.

Sandra tiene cuarenta y cuatro años, está en una relación con un miembro del mismo sexo y se está inclinando a querer tener un hijo. Ella y su pareja Elisa, de cuarenta y cinco años, tienen una relación estable y comprometida desde hace nueve años. Sandra se siente un poco presionada por el tiempo para tomar una decisión. Tiene un hermano mayor con quien no se siente emocionalmente cercana. Sus dos padres han fallecido. Su madre era bipolar, pero su condición todavía no se diagnosticaba cuando ella y su hermano eran pequeños, así que no recibió los medicamentos que pudieron haber moderado sus cambios de humor. Sandra percibió a su padre como emocionalmente inaccesible. Para Sandra, la oveja blanca en su familia de origen es su tía Fabiola, porque siempre la amó y la trató como a una queridísima hija. La pareja de Sandra, Elisa, también trabajó con el programa *Ser madre, ¿es para mí?* un poco después de Sandra.

Beatriz, heterosexual de treinta y tres años, lleva seis años en un matrimonio estable. Su esposo, Alejandro, dice que cualquier decisión le parece bien y quiere que Beatriz determine lo que es importante para ella. Él dice que es feliz siendo el padre de sus dos perros raza labrador retriever. Beatriz se ha enfocado en desarrollar su carrera y se está inclinando hacia no tener hijos. A los treinta y un años de edad tuvo un tratamiento exitoso para un cáncer de seno. Tiene dos hermanos, uno mayor y otro menor, ninguno de los cuales tiene hijos. Los padres de Beatriz viven cerca de su casa y no se han guardado en secreto el hecho de que quieren convertirse en abuelos. Como resultado, tanto Beatriz como su esposo sienten algo de presión.

Eva, soltera y heterosexual de treinta y siete años, está en busca de un amor duradero. Se inclina hacia querer tener hijos, pero quiere compartir la experiencia con una pareja en vez de ser madre soltera. Eva es la única hija de padres que eran mayores al promedio cuando la tuvieron. Su padre murió cuando era una joven adolescente pero su madre todavía vive. En la generación de sus abuelos hubo alcoholismo en ambos lados de la familia. La madre distante de Eva puede haber tenido un desorden de personalidad que le dificultó ver a su hija como un ser aparte con necesidades y deseos propios.

Un poco más sobre las circunstancias externas

A las condiciones actuales de tu vida –finanzas, salud, edad, estado civil y demás– les llamamos *circunstancias externas*. Para que este proceso funcione bien, es importante que hagas tu mejor esfuerzo para poner estos factores de lado mentalmente durante el tiempo que estés dedicada al programa. Queremos que te esfuerces lo más posible para imaginar que tus circunstancias externas simplemente no existen.

Por supuesto que te estamos pidiendo hacer lo imposible mientras enfrentas las realidades diarias de tu vida. Poner de lado tus circunstancias externas puede sentirse contraintuitivo porque los problemas financieros, la falta de una relación de pareja o una en conflicto, los retos de tu estilo de vida, las preocupaciones de salud, la edad, carrera o temores de todos tipos pueden percibirse como la razón misma por la cual no puedes decidir si quieres tener hijos.

No estamos diciendo que tus circunstancias externas no tienen importancia, sino que no son importantes en este momento. Primero debes saber lo que quieres para ti misma *sin importar las circunstancias* de tu vida. Cuando tengas claro lo que quieres y sea tiempo de pensar sobre lo que decidirás para tu futuro, algunos detalles de tu vida serán relevantes y otros ya no jugarán un papel activo en tu decisión. Mientras tanto, tratar de tomar una decisión considerando al mismo tiempo tus emociones internas y las circunstancias externas de tu vida creará todo tipo de presiones. Dicho de otro modo, tratar de determinar tu *deseo* y tu *decisión* al mismo tiempo provoca parálisis.

En este punto por favor deja de leer, ten una conversación franca contigo misma y ve por tu diario o lo que estés usando para escribir. Haz una lista de todas las circunstancias externas en tu vida que te preocupan o acerca de las cuales sientes conflicto. Puede que no las tengas muy claras, y eso está bien. Simplemente anota aquellas que dan vueltas en tu cabeza. Guarda la lista por ahora. Se te pedirá consultarla más adelante en la tarea de esta semana.

Durante las semanas siguientes sigue alejando de tus pensamientos las circunstancias actuales de tu vida. Es probable que sea necesario hacer esfuerzos frecuentes y conscientes para lograrlo. Aunque se vuelve más fácil con el paso de las semanas, para ayudarte con esta tarea que parece ahora tan difícil te ofreceremos herramientas esta semana y en la Semana 2.

Trabajo con visualizaciones guiadas

Cada semana se presenta una visualización guiada, y no necesitas experiencia previa para aprovechar sus beneficios. Basta con permitir que ocurra lo que tenga que ocurrir. Confía en que tu mente enfocará su atención donde sea necesario y en que descubrirás la información que debe surgir. Te recomendamos tener a alguien que te lea las visualizaciones para que puedas beneficiarte del elemento sorpresa, o pide que te las graben. También puedes bajarlas de la página: www.SerMadreEsParaMi.com. Si esto no es posible, grábalas tú misma para que puedas escucharlas con los ojos cerrados y profundizar la experiencia del lugar adonde te llevará el ejercicio. Cerrar tus ojos activa una parte de tu cerebro a la que no se accede fácilmente cuando tus ojos están abiertos. Si lees las visualizaciones para ti misma, hazlo cuidadosa y muy lentamente, y al menos cierra tus ojos después de algunos enunciados para asimilar la experiencia. Dicho esto, no hay forma incorrecta de practicar las visualizaciones. Lo más importante es que hagas lo que te funcione mejor.

Si después de experimentar una visualización guiada sientes que no te ha pasado nada, es posible que esta sensación sea engañosa. La mente es muy poderosa. Con tiempo y un poco de asimilación algo saldrá a la superficie, si no esta semana entonces la próxima o la que sigue. Confía en ti misma y en el proceso, incluso si no experimentas nada inmediatamente. Algunas visualizaciones guiadas se sienten más intensas que otras, pero cada una es importante.

La Semana 1 tiene dos visualizaciones, ambas importantes para darte apoyo en el comienzo de tu viaje de descubrimiento. La primera "Crea bienestar en tu interior", te ayuda a crear un ambiente en el que te sientas segura, protegida y nutrida, un lugar adonde puedes elegir regresar una y otra vez. Conforme cultivas la práctica de regresar a este sitio, fortalecerás tus recursos internos y resiliencia.

"Crea tu círculo de apoyo" es la segunda visualización que te permitirá, en tu imaginación, invitar a otros a ofrecerte aliento conforme lo vas necesitando. Ellos serán tu consuelo y tus consejeros; siempre estarán presentes para ti tras bambalinas. Te apoyarán y tal vez, en momentos, te ofrecerán un consejo muy concreto. Llámalos en cualquier momento o simplemente descansa sabiendo que tienes refuerzos que se preocupan profundamente por ti y que quieren solo lo mejor para ti.

Primera visualización guiada de la Semana 1

Estas visualizaciones son como joyas, y su función es llevar a tu consciente información de tu subconsciente que a la larga te ayudará en tu viaje de descubrimiento.

Con todas las visualizaciones guiadas hay dos cosas por recordar: lo que más importa es la vivencia que tengas y no hay una forma incorrecta de realizarlas. Ten a la mano tu diario y pluma para que puedas apuntar inmediatamente tus impresiones e imágenes.

Para prepararte, elige un lugar tranquilo y sin ruido donde la gente no te distraiga ni moleste. Escoge un momento en el que no tengas nada más que hacer y cuando nadie necesite de tu atención; este momento es única y exclusivamente para tu beneficio. Siéntate cómodamente en una silla o, si lo prefieres, acuéstate en el suelo.

Crea bienestar en tu interior

Ahora que ya estás lista, hazte consciente de tu respiración. Deja que tus ojos se cierren suavemente conforme respiras profundo y exhalas. Inhala y sostén tu respiración mientras cuentas hasta cinco. Luego exhala hasta que la mayor parte del aire haya salido de tus pulmones. Vuelve a inhalar y exhala lentamente, dejando salir un suspiro por tu boca mientras cuentas en silencio del diez al uno. Continúa respirando lenta y profundamente. Conforme respiras, te relajas. Permite que tu respiración natural te dé una sensación profunda de paz y bienestar. Siente la relajación de tu cuerpo y deja que tu mente flote libremente. R-e-s-p-i-r-a.

Este es el momento perfecto para crear en tu mente un lugar que se sienta seguro, protegido y donde puedas ser completamente tú misma. Aquí te sientes desinhibida, totalmente relajada y, lo más importante de todo, libre de cualquier juicio, ya sea tuyo o de otras personas. Este es un lugar que puedes visitar en cualquier momento que lo necesites o cuando quieras descansar, renovarte, reorganizarte o nutrirte profundamente.

Ahora visualiza tu lugar. Puede ser un sitio donde hayas estado antes o uno sacado de tu imaginación. Este lugar toca tu corazón y tu alma. Puede ser una playa calurosa, un jardín soleado en primavera, una montaña hermosa o algo totalmente distinto. Contempla lo que se te presente y confía en eso. Este es un lugar donde puedes decir "Sí, sí. Aquí es donde mi corazón y mi alma pueden descansar".

Usa todos tus sentidos para explorar tu lugar y descubrirlo por completo. Si estás en una playa, escucha las olas. Si estás en un campo de flores, absorbe por la nariz su delicado aroma. Si lo deseas, encuentra un espacio donde puedas acomodarte durante un rato. Ya sea que continúes explorando o te establezcas en un sitio, sigue disfrutando de un estado profundo de relajación y bienestar. Permite que todas las sensaciones agradables se extiendan por todo tu ser. Disfruta de la serenidad que se genera.

Dite a ti misma: "Estoy abierta a establecer una zona segura, un lugar de confort en mi interior. Puedo regresar ahí cuando lo desee". Con cada nueva respiración, lleva estas palabras a un lugar profundo en tu corazón, tu mente y tu cuerpo. Ahora haz una pausa durante el tiempo que desees para disfrutar del lugar y de la oportunidad de empaparte en cada gota de nutrición disponible para ti. No hay prisa.

Ahora di adiós al *confort interior* que te alimenta y recuerda que está disponible para ti en cualquier momento.

Mantén los ojos cerrados mientras regresas lentamente a tu lugar y momento presentes, dándote algunos momentos para detenerte en tus sensaciones emocionales y físicas. R-e-s-p-i-r-a.

Cuando estés lista, abre tus ojos lentamente y comienza a escribir en tu diario. Apunta los primeros pensamientos, sentimientos, intuiciones y cualquier otra cosa que desees plasmar acerca de tu experiencia.

Primeras reflexiones después de la visualización guiada

Es importante que escribas inmediatamente después de una visualización porque esto ayuda a concretar tu vivencia. Documenta todo lo que surja de la experiencia –sin censura– sin importar si tiene sentido o no. Este programa facilita un proceso que se desarrolla con el tiempo y las piezas de información que llegan a ti no siempre tienen significado si se consideran individualmente. Es por ello que mientras avanzas en el programa no debes esconder nada bajo la alfombra ni desecharlo por ser poco importante. ¡Anótalo todo! Tómate todo el tiempo que desees. Continúa leyendo solamente cuando termines de escribir en tu diario. Si prosigues con la lectura sin haber escrito nada, parte de tu experiencia se desvanecerá y no estará disponible más adelante, como sucede cuando sueñas y te despiertas por la mañana demasiado rápido antes de tomar nota de lo que soñaste. En casos así, el contenido del sueño y su esencia se evaporan y son irrecuperables.

¿Te llegó inmediatamente la imagen de un lugar o no pudiste imaginar nada? ¿Te sorprendieron tus pensamientos, imágenes o sentimientos? ¿Hubo detalles abundantes y, de ser así, los describiste? Si no tuviste imágenes claras durante esta visualización inicial no te sorprendas ni decepciones. Creemos que vendrán. Mientras tanto, simplemente describe lo que te ocurrió. El propósito de las visualizaciones es provocar recuerdos, pensamientos y sentimientos.

Sé curiosa: tareas para la Semana 1

Tu primera tarea de escritura está diseñada para ayudarte a identificar los miedos que viven en tu interior. La segunda está pensada para ayudarte a acceder a las suposiciones subyacentes que tienes sobre el futuro. Conforme escribes, deja que tu mente asocie libremente. No es imprescindible que la escritura tenga sentido u orden cronológico, ni tampoco es forzoso que incluya enunciados completos. Tu escritura puede parecerse más a dibujos o diagramas. Escribir dejándote llevar por tu flujo de conciencia permite desatar tu subconsciente. No hay una forma equivocada de escribir tus tareas. No solamente eso, te sorprenderá lo que emerge conforme contestas las preguntas que te presentamos.

Te damos una explicación detallada de cada tarea, pero la ejecución depende de ti. Si necesitas ajustar el ejercicio para sentirte más atraída a él, por favor hazlo, aunque nosotras te alentamos a que primero intentes realizar la tarea sugerida. Te pedimos que cuando haya múltiples tareas de escritura sigas el orden en que se presentan. Cuando comiences a escribir, deja que tu escritura fluya sin censura.

1. Es útil reconocer los miedos, porque cuando no han sido identificados suelen ser quienes dirigen el espectáculo tras bambalinas. La pregunta de abajo es intencionalmente vaga. Interprétala como lo necesites. Confía en eso. No hay miedos apropiados o inapropiados. Solamente hay miedos que viven en tu interior por una buena razón. Este es tu momento para darle voz a lo que son y dejar que salgan. Escribe desde la perspectiva de cualquier periodo de tiempo de tu vida. Resiste la tentación de cuestionar lo que te estamos pidiendo.

*Cuando enfrentas la toma de esta decisión,
¿cuál es tu mayor miedo al decidir?*

Continúa cuando hayas terminado de escribir tu respuesta.

2a. Considera el próximo ejercicio desde la perspectiva que tendrías en cualquier etapa de tu vida. Podrías completar la oración como si estuvieras en diferentes periodos de tiempo para que consideres tus cambios de visión. Enfócate en lo que te venga primero a la mente. No hay forma de hacer esto de manera equivocada.

Siempre pensé que en este momento mi vida se vería...

Después de que hayas terminado el ejercicio 2a, aléjate de ella. Tómate un tiempo que puede ir desde una hora hasta un día o dos y luego vuelve a leer lo que escribiste y pasa al ejercicio 2b.

2b. ¿Cómo se siente leer lo que escribiste? El tema de escritura en 2a es acerca de tus pensamientos. Ahora pon atención a tus sentimientos y escribe acerca de ellos.

Conforme leo lo que escribí, los sentimientos que tengo son...

3. Comienza a recabar palabras e imágenes de varias fuentes como revistas o el internet. Puede que te sientas atraída a ellas, ya sea porque te hacen sentir bien o porque provocan sentimientos incómodos. Sea cual sea el caso, no pienses mucho al respecto. Confía en que te llaman la atención por algo. Comienza cortando palabras e imágenes y poniéndolas en una caja o folder. Si te sientes dispuesta, lleva tu móvil contigo y saca fotos de las cosas que te impresionan, ya sea positiva o negativamente. Usarás todas estas cosas más adelante en el transcurso del programa para realizar otros ejercicios.

Exploración adicional y descubrimientos

En esta sección te ayudamos a llevar lo que has escrito al siguiente nivel, que implica profundizar en el significado de lo que escribiste. Lee en voz alta las respuestas que anotaste. Puede que te sientas rara o incómoda cuando no hay nadie escuchándote, pero intenta hacerlo de todos modos. Leer en voz alta tus palabras puede darles un nuevo significado. También puede conectarte emocionalmente con el contenido. Cuando trabajamos con mujeres individualmente o en grupo, hacemos que lean en voz alta lo que escribieron. Otra sugerencia es grabar un audio y luego escuchar las palabras que escribiste. Mientras escuchas podrías oír algo que no notaste mientras grababas.

Tu lista para reflexionar (abajo) contiene preguntas diseñadas para ayudarte a considerar más a detalle lo que has escrito. Usa esta lista durante el programa únicamente como guía. No te limites a estas preguntas, sobre todo si te sientes inspirada para formular preguntas propias.

Tu lista para reflexionar

- [ ] ¿Qué siento cuando leo en voz alta lo que escribí?
- [ ] ¿Me sorprende algo de lo que escribí? ¿Qué información nueva emergió?
- [ ] ¿Escribí sobre un tema y me gustaría extenderme un poco más en él? (Si es así, ¡no lo dudes y adelante!)
- [ ] Cuando releo lentamente lo que escribí, ¿noto sensaciones emocionales y físicas o cambios en mi cuerpo? ¿Qué frases o enunciados se sienten más cargados, jugosos, pesados o con más energía que los otros?
- [ ] ¿Hay algo que no tenga sentido para mí y que podría tener más sentido después?
- [ ] ¿Algo de lo que escribí me avergüenza?
- [ ] ¿Escribí algo sobre lo cual no había pensado en mucho tiempo?
- [ ] ¿Hay algún tema que podría querer platicar con un psicólogo, consejero, *coach*, mentor, asesor espiritual o amistad de confianza?

Si hay una tarea específica que te cuesta trabajo realizar, sé amable contigo misma. No te presiones de más para hacerla si se siente demasiado difícil. Tu incomodidad puede estar relacionada con una experiencia olvidada que puede resurgir más adelante en el proceso. El mejor modo de avanzar es ser paciente y compasiva contigo misma. Dicho esto, puede que a veces quieras motivarte para sobreponerte a una ligera resistencia, y esto te permitirá acceder a los sentimientos que se encuentran del otro lado. Idealmente queremos que logres el balance entre retarte a ti misma y retrabajar creativamente un ejercicio si esa es la única manera en que puedes cumplirlo.

Ahora miremos más de cerca tu primera tarea de escritura: tus mayores miedos para decidir. Los humanos no andamos por ahí con miedo solamente por diversión. Puedes dar por hecho que tus miedos existen por una causa. Suelen ser reacciones a algo que pasó hace mucho tiempo. Pueden continuar o persistir si cuando surgieron no hubo nadie que te ayudara a darle sentido a lo que pasó, provocando que lo ocurrido se hundiera en tu subconsciente.

Solemos creer que nuestros miedos son racionales y razonables. Los miedos ciertamente se sienten reales, así que quizás no se te ocurra cuestionarlos o examinarlos. Tal vez digas: "Por supuesto que tengo miedo de tomar la decisión equivocada y arrepentirme, ¿quién no se sentiría así?" o "Por supuesto que tengo miedo de no ser una mamá lo suficientemente buena. Tengo toda la razón en sentirme así". La mayoría de las personas tenemos la impresión de que necesitamos vivir con nuestros miedos y que lo mejor que podemos hacer es dominarlos o hacerles frente.

La realidad es que el miedo es un sentimiento. Los miedos no son hechos. Durante este proceso continuarán emergiendo sentimientos y miedos cada semana. Esto es natural. En vez de tratar de descubrir cómo no tener tus miedos o cómo dominarlos, por ahora simplemente observa cómo es tenerlos. Ve si puedes respirar en ellos y sentir que existen. Gózalos si puedes. Observa si experimentas tristeza o enojo por tenerlos. Haz tu mejor esfuerzo por percibirlos sin juzgarlos.

Abajo verás algunos miedos comunes que hemos escuchado repetidamente. ¿Alguno te suena familiar?

"Temo que el tiempo se me escape sin que haya podido tomar una decisión consciente".

"Temo que le tenga resentimiento a mi pareja si me dejo llevar por lo que quiere".

"Temo que diga que sí (o no) a la maternidad sin saber perfectamente por qué, para después darme cuenta de que fue por la razón equivocada".

"Temo que mi tiempo libre desaparezca".

"Tengo tanto miedo del embarazo y de dar a luz, que temo que mi deseo de ser madre no prevalezca ante él".

"Amo a mi perro más que a nada. Este amor es espontáneo. Temo que amar a mi hijo no surja con naturalidad".

"Temo que sea percibida como no-femenina y no maternal si decido no tener hijos. No quiero ser marginada socialmente".

Ahora puedes anotar todos los miedos que surgieron en tu lista de circunstancias externas. Una vez que hayas identificado tus miedos, queremos que hagas tu mejor esfuerzo para no tomarlos en cuenta durante el proceso. Varias actividades del programa te ayudarán a superar tus miedos, sobre todo aquellos que obstaculizan tu camino para decidir sobre la maternidad. Pero al final del programa es probable que te des cuenta de que has dominado y minimizado en gran manera tus mayores temores.

Aquí te damos una sugerencia que te ayudará a mantener un poco más alejadas tus circunstancias externas y aquellos miedos en los que no quieres pensar por ahora. Busca en tu cocina un frasco con una tapa muy hermética o compra una y decórala para este ejercicio. Diviértete mientras lo haces. Escribe un miedo en un trozo de papel y ponlo en el frasco. Continúa haciendo esto con cada miedo y luego con cada circunstancia externa. Incluye todo lo que quieres dejar de lado por ahora. Luego cierra la tapa y pon el frasco fuera de tu vista. Durante el transcurso del programa, siéntete libre de agregar más papeles en el frasco, pero cada vez que lo hagas vuelve a guardarlo fuera de tu vista. Esta actividad física te ayuda a seguir adelante con menos dificultad.

Ahora analiza más a fondo lo que escribiste en los ejercicios 2a y 2b, *Siempre pensé que en este momento mi vida se vería...* y *Conforme leo lo que escribí, los sentimientos que tengo son...* Visualizar la vida que creíste que tendrías, ¿fue fácil o difícil? Algunas mujeres descubren que nunca han pensado acerca de su futuro. Otras sienten que toda su vida está en orden y la única excepción es la decisión acerca de tener hijos. Algunas veces hacer este ejercicio te revela que tu vida no es para nada lo que creíste que sería – para bien o para mal. Es muy importante no evaluarte a ti misma, sino simplemente observar cómo te sientes. Ten curiosidad sin juzgar qué o cuánto escribiste. Puede que experimentes tristeza o desánimo. Cada semana queremos que estés más y más cómoda desenterrando todos tus sentimientos. ¡No te rindas! Las respuestas vendrán y tu carga se hará más ligera.

Segunda visualización guiada de la Semana 1

Esta es otra oportunidad de entrar en contacto con tus recursos internos, lo cual te ayudará a sentirte en equilibrio mientras trabajas en este programa.

Como ya se mencionó, hay dos cosas que se deben recordar: que la experiencia que *tú* tengas es lo que más importa y que no hay una forma incorrecta de realizar la visualización. Ten a la mano tu diario y pluma para que puedas apuntar inmediatamente tus impresiones e imágenes.

Para prepararte, elige un lugar tranquilo y sin ruido donde la gente no te distraiga ni moleste. Escoge un momento en el que no tengas nada más que hacer y cuando nadie necesite de tu atención; este momento es única y exclusivamente para tu beneficio. Siéntate cómodamente en una silla o, si lo prefieres, acuéstate en el suelo.

Crea tu círculo de apoyo

Ahora que ya estás lista, hazte consciente de tu respiración. Deja que tus ojos se cierren suavemente conforme respiras profundo y exhalas. Inhala y sostén tu respiración mientras cuentas hasta cinco. Luego exhala hasta que la mayor parte del aire haya salido de tus pulmones. Vuelve a inhalar y exhala lentamente, dejando salir un suspiro por tu boca mientras cuentas en silencio del diez al uno. Continúa respirando lenta y profundamente. Conforme respiras, te relajas. Permite que tu respiración natural te dé una sensación profunda de paz y bienestar. Siente la relajación de tu cuerpo y deja que tu mente flote libremente. R-e-s-p-i-r-a.

Visualízate en un lugar acogedor y pacífico, real o imaginario, que sea diferente del lugar de confort interior que creaste en la visualización previa. Ese primer sitio es un lugar únicamente y exclusivamente para ti. En este nuevo lugar invitarás a otros a reunirse contigo.

Una vez que tengas un lugar en mente, permítete disfrutar las sensaciones de calma y comodidad antes de invitar a otros a unírsete. Estos invitados pueden ser humanos, animales, reales, imaginarios, ficticios, míticos, vivos, muertos, jóvenes o viejos. Puedes elegir exactamente a quién y cuántos convocar. Invita a seres que agreguen valor conforme avanzas en tu exploración. ¿Quién te aceptará y apoyará sin reservas? ¿Quién te dará el espacio para encontrar tu verdad? ¿Quién te alentará a siempre ser fiel a ti misma?

A fin de cuentas, el número de visitantes que reúnas es tu decisión. Incluso puedes decidir quedarte sola en tu lugar. Tómate algunos minutos para invitar precisamente a quien quieras que esté contigo.

Este es tu *círculo de apoyo*. Permítete disfrutar su presencia. Imagina que cada miembro de tu círculo de apoyo te dice lo que aprecia de ti. Puedes también sentarte en silencio con ellos y disfrutar de su compañía tranquila. Si elegiste estar sola, siente el apoyo que tienes por ti misma conforme te embarcas en este viaje.

El único propósito de este ejercicio es sentir que recibes apoyo con cuidado, respeto y amor. Puedes llamar a tu círculo de apoyo en cualquier momento durante el programa. Siempre está tras bambalinas dándote ánimos. Puedes regresar en cualquier punto del camino para convocar o despedir invitados.

Mantén los ojos cerrados mientras regresas lentamente a tu lugar y momento presentes, dándote algunos momentos para detenerte en tus sensaciones emocionales y físicas. R-e-s-p-i-r-a.

Cuando estés lista, abre tus ojos lentamente y comienza a escribir en tu diario. Apunta los primeros pensamientos, sentimientos, intuiciones y cualquier otra cosa que desees plasmar acerca de tu experiencia.

Primeras reflexiones después de la visualización guiada

En este mismo instante escribe tanto como puedas para ayudarte a asimilar la experiencia que acabas de tener y para que puedas acceder a ella cuando quieras. Hazlo ahora, antes de continuar la lectura.

¿Te sorprende quién apareció en tu círculo de apoyo o quién no estuvo ahí? Aunque haya terminado la visualización, puedes agregar o quitar invitados o recrear cualquier cosa de tu círculo de apoyo hasta que se sienta adecuado para ti. El objetivo de tu círculo de apoyo es tener un recurso interno cuando lo necesites. Puedes invocarlo con la mente en cualquier momento en que te sientas sola o necesites ayuda. Repetimos, no tiene que ser racional o tener sentido; si se siente bien y es útil, vas por el camino correcto.

Sé más curiosa: ejercicios opcionales

Si te detienes aquí habrás concluido las actividades básicas para la Semana 1. Sin embargo, si tienes el tiempo y te sientes motivada para hacer más, abajo encontrarás algunas tareas adicionales que te ayudarán a sacarle todavía más provecho a la primera semana. Puedes realizarlas en cualquier momento del programa.

1. Examina tu vida desde el nacimiento hasta ahora y crea una cronología de eventos significativos. Incluye nacimientos, muertes, divorcios, separaciones, matrimonios, comienzos y finales de relaciones, mudanzas, cambios de carrera, éxitos y fracasos (emocionales y físicos), embarazos, abortos voluntarios y espontáneos, etc. Conforme creas esta línea de tiempo, señala en tu diario dónde detectas cargas emocionales.

2. Realiza una línea de tiempo que solamente contenga los momentos más maravillosos de tu vida y ponla en un lugar accesible. Cuando te sientas poco capaz, atorada o desesperanzada, podrás usar esta línea de tiempo para redirigir tu atención a los momentos en que las cosas han ido bien.
3. Usa tu diario para describir tus sueños. Los sueños pueden ayudarnos a comprender mejor lo que se está gestando en nuestros cuerpos y mentes. Sus historias generan imágenes y emociones que pueden abrir una ventana a nuestros verdaderos deseos. Ponerles atención es otra herramienta poderosa para sacar a la luz tu verdadero deseo. Posiblemente notarás que tus sueños cambian conforme trabajas en este proceso.
4. Observa lo que escribiste con respecto a tus mayores miedos. ¿Hay algo ahí que puedes dibujar o convertir en una imagen? Dibuja o pinta tu(s) miedo(s).

Esta semana quédate con esto

Ten curiosidad e interés por todos tus pensamientos y sentimientos, sin importar lo que sean. No descartes nada. Confía en que hay mucho sucediendo en tu interior. El haber escrito poco no significa que haya poco progreso. Este método ha probado su eficacia una y otra vez. Nosotras confiamos en él y tú también puedes confiar. Todo lo que ha estado pasando en tu interior se revelará a su tiempo.

Observa cómo se siente no compartir con otros los detalles de tu viaje. Es importante que mantengas tu propio proceso contenido, privado y sin censura.

Pon atención a tus pensamientos y sentimientos acerca de tu mapa familiar. Agrega información nueva conforme se te presente.

Mantén cerca de ti un diario para escribir los pensamientos y sentimientos que surjan durante la semana. No menosprecies lo que ya ha sucedido ni lo que se ha atizado en tu interior. Sé amable contigo misma.

Si te das cuenta de que no has pensado acerca de nada de esto hasta que te vuelves a sentar para comenzar las actividades de la Semana 2, no te preocupes por eso. Incluso puede resultar benéfico. Olvidarse de los ejercicios después de terminarlos está bien. No hay una forma equivocada de seguir este proceso.

Semana 1 – Preparación para el viaje

Cuidado de ti misma

El cuidado personal es una práctica que la mayoría debemos enseñarnos a nosotras mismas y cultivar con el tiempo hasta que se convierta en un hábito. Pocas personas lo hacemos de manera natural, sobre todo las mujeres, pues estamos entrenadas por la cultura para pensar primero en los demás y a menudo dejamos el cuidado de nosotras mismas al último, si es que le damos un espacio. Más aun, para muchas mujeres es difícil darse *permiso* para cuidarse. Cultivar un cuidado personal bueno y regular es tan importante como lavarse los dientes. ¡En serio! Cada semana encontrarás ideas y recomendaciones sobre cómo cuidarte mucho a ti misma.

Para apoyarte durante este proceso, es muy útil apartar aunque sea algunos pocos minutos, si es un día ocupado, para ir más lento, equilibrarte y reconectarte contigo misma. El buen cuidado de ti misma te ayuda a mantener la salud mental y física en general al tiempo que nutres tu alma. Al menos adopta las sugerencias de autocuidado que se te ofrecen; puede ser cualquiera, desde algunos pocos minutos para respirar con conciencia, hasta un día en la naturaleza o un spa. Haz un compromiso para hacerte "tiempo-para-mí" *todos* los días. Es de ayuda programarlo a la misma hora diariamente, cuando sea menos probable que te lo saltes; quizás cuando te acabas de levantar por la mañana o al último por la noche antes de dormir. Cuánto tiempo te tomes no es tan importante al principio como hacer el cambio del mundo externo a tu mundo interno. El "tiempo-para-mí" *no* es egoísta, sino esencial para sostener tus relaciones y para mantenerte conectada a pesar de los retos de un día atareado. Construye un repertorio de prácticas de cuidado personal que sea relevante para ti y que beneficie tu exploración al tiempo que enriquece tus actividades diarias regulares.

¿Por qué no preparas tu platillo favorito una tarde de esta semana y lo comes a la luz de las velas? Disfruta.

El cuidado personal que hice para mí misma esta semana fue…

Ya sea que sigas nuestra sugerencia o que se te ocurra algo más a tu gusto, apunta en el diario tus rituales de cuidado personal. Puede que al terminar las doce semanas completas una lista maravillosa.

¡Felicidades! Has llegado al final de la Semana 1.

Analiza cómo estás en este momento. ¿Cómo te sientes mientras te embarcas en este viaje únicamente enfocado en ti misma? Abre tu diario ahora mismo y escribe algunos enunciados sobre esto. Puede que al final del programa te parezca interesante releer tus pensamientos y sentimientos iniciales.

Que la buena fortuna te acompañe en tu viaje hacia la revelación de tu propia verdad.

Semana 2

Tu viaje comienza – ¡Empaca y prepárate para salir!

Estás en el camino para descubrir tu verdad

Presentación

Respira profundamente. Piensa sobre qué ha salido bien durante la última semana conforme salías de tu rutina para comenzar este proceso. Menciona un momento en que te hayas sentido bien contigo misma. ¿Tuviste algún logro en particular? Por otro lado, ¿te sucedió algo que fuera particularmente difícil? Es posible que a veces sientas que algo anda mal pero no puedas identificar la causa. Analízate a ti misma de vez en cuando para enfocar tu atención de manera equilibrada. Anota tus descubrimientos en el diario.

En la Semana 1 creaste un mapa familiar para identificar a la gente que puebla tu psique y que también puede jugar un papel en la toma de tu decisión. Recuerda que siempre puedes integrar nueva información conforme vas obteniéndola.

También identificaste las circunstancias externas de tu vida. Recuerda dejarlas de lado por ahora. Aquí volvemos a mencionarlas porque es importante. Es muy difícil encontrar una solución mientras estás atorada en ellas. Cuando termines el programa y hayas volteado más piedras de las que creíste posible, estas circunstancias se verán y sentirán diferentes aunque no hayan cambiado. Eres *tú* quien habrá cambiado.

Te recomendamos que por ahora evites compartir detalles con otras personas, sobre todo con tu pareja, si tienes una. ¿Cómo te ha ido con esta petición? Examinaste tus miedos y luego los dejaste a un lado al igual que con tus circunstancias externas. También creaste la imagen de cómo creías que sería tu vida para este momento. Es posible que brotaran algunos sentimientos mientras completabas esos ejercicios.

Realizaste tus dos primeras visualizaciones guiadas. Esperamos que esos dos lugares que creaste en tu mente –tu lugar de confort interior y tu círculo de apoyo– aparecieran de vez en cuando para serte útiles. ¡Tu mente es poderosa! Si en cualquier momento necesitas retirarte a un lugar pacífico o consultar con tu círculo de apoyo puedes cerrar tus ojos, respirar algunas veces y evocar esas imágenes.

Comenzaste tu diario para apuntar sentimientos, imágenes, pensamientos y reflexiones. Vale la pena escribirlos inmediatamente porque contienen información valiosa y pueden desaparecer tan pronto como emergen. Sé una detective curiosa y guarda estas pistas en tu diario aunque todavía no comprendas su significado.

De nuevo te invitamos a confiar en que tu mente y cuerpo te están ofreciendo información que merece tu atención.

Visualización guiada de la Semana 2

Como mencionamos la semana pasada, debes confiar en que tu mente enfocará su atención en donde sea necesario. Cerrar tus ojos hace funcionar una parte de tu cerebro a la que no se accede fácilmente cuando tus ojos están abiertos. Pídele a alguien que te lea la visualización o grábala para que puedas escuchar con los ojos cerrados, pues su eficacia también requiere del elemento sorpresa. Si esto no es posible, grábala tú misma para que puedas escucharla con los ojos cerrados y profundizar la experiencia del lugar adonde te llevará el ejercicio. También puedes bajarla de la página: www.SerMadreEsParaMi.com. Si lees la visualización para ti misma, hazlo cuidadosa y muy lentamente para darte el tiempo suficiente de saborear la experiencia. De vez en cuando cierra los ojos y ábrete al poder de tu imaginación.

Recuerda que la experiencia que tengas es lo que importa y no hay forma incorrecta de hacer el ejercicio. Ten a la mano tu diario y pluma para que puedas apuntar enseguida tus impresiones e imágenes.

Semana 2 – Tu viaje comienza – ¡Empaca y prepárate para salir!

Para prepararte, elige un lugar tranquilo y sin ruido donde la gente no te distraiga ni moleste. Escoge un momento en el que no tengas nada más que hacer y cuando nadie necesite de tu atención; este momento es única y exclusivamente para tu beneficio. Siéntate cómodamente en una silla o, si lo prefieres, acuéstate en el suelo.

Que comience el viaje

Ahora que ya estás lista, hazte consciente de tu respiración. Deja que tus ojos se cierren suavemente conforme respiras profundo y exhalas. Inhala y sostén tu respiración mientras cuentas hasta cinco. Luego exhala hasta que la mayor parte del aire haya salido de tus pulmones. Vuelve a inhalar y exhala lentamente, dejando salir un suspiro por tu boca mientras cuentas en silencio del diez al uno. Continúa respirando lenta y profundamente. Conforme respiras, te relajas. Permite que tu respiración natural te dé una sensación profunda de paz y bienestar. Siente la relajación de tu cuerpo y deja que tu mente flote libremente. R-e-s-p-i-r-a.

Imagina que estás preparándote para una travesía. Estás comenzando un trayecto que implica viajar a un lugar donde se aclararán tus deseos acerca de la maternidad o de tener hijos. Visualízate en el entorno donde comenzarás este viaje. Puede ser un lugar que ya conoces. Puede ser real o imaginario, actual o del pasado, cercano o lejano. Ahora visualízate en el lugar desde el cual te embarcarás hacia tu travesía. Observa todos los detalles que rodean este lugar. Tómate tu tiempo, no hay necesidad de apresurarte.

¿Qué ves? ¿Qué sentimientos estás teniendo en estos momentos? ¿Te sientes emocionada? ¿Temerosa? ¿Confundida? ¿Abrumada? ¿Enojada? ¿Inquieta? ¿Triste? ¿Esperanzada? ¿Impaciente? ¿Entusiasmada? ¿Con curiosidad? ¿Aburrida? ¿Asustada? ¿Dubitativa? ¿Tranquila? ¿Tienes algún otro sentimiento que no se haya mencionado? Este es el momento de darse cuenta de cualquiera y todos los sentimientos, incluso si son contradictorios. Hay espacio para experimentarlos todos. Observa estos sentimientos y dales la bienvenida sin juzgarlos. R-e-s-p-i-r-a.

Ahora vuelve a fijarte en los detalles de tu entorno. Tómate tu tiempo al considerar cada una de las siguientes preguntas: ¿Dónde estás? ¿Qué significado tiene para ti este lugar en particular? ¿Estás sola o hay alguien ahí contigo? ¿Qué piensas o sientes que es importante preparar antes de salir de viaje? ¿Hay algo que quieras llevar contigo? ¿Cómo quieres viajar; qué medio de transporte utilizarás? ¿Qué esperas descubrir en este viaje? Obsérvate a ti misma y hazte consciente de qué emociones tienes.

¿Qué sensaciones físicas estás experimentando en tu cuerpo? ¿Te sientes abierta u oprimida? R-e-s-p-i-r-a. Sea lo que sea que estés notando es justo como debe de ser.

Reserva un momento para asimilar este lugar de comienzo, incluyendo todos los sentimientos que has experimentado. Por ahora despídete de él. Volverás a visitarlo más adelante en el programa.

Mantén los ojos cerrados mientras regresas lentamente a tu lugar y momento presentes, dándote algunos momentos para detenerte en tus sensaciones emocionales y físicas. R-e-s-p-i-r-a.

Cuando estés lista, abre tus ojos lentamente y comienza a escribir en tu diario. Apunta los primeros pensamientos, sentimientos, intuiciones y cualquier otra cosa que desees plasmar acerca de tu experiencia.

Primeras reflexiones después de la visualización guiada

Escribir inmediatamente te ayuda a concretar la experiencia de la visualización guiada.

Si tienes problemas para decidir qué escribir, piensa en lo siguiente: ¿Adónde fue tu mente? En general, ¿qué te pasó? Puede que quieras describir por dónde comenzaste o identificar los sentimientos que tuviste durante la visualización guiada. ¿Qué necesita atenderse antes de que comiences tu viaje? ¿Acaso tiene algún significado el modo de transporte que elegiste? ¿Había alguien contigo? Teniendo en cuenta que más adelante volverás a esta visualización guiada en particular, te será útil apuntar ahora mismo lo más posible acerca de tu experiencia interna por si acaso más adelante no puedes recordarlo todo. Escribe todo lo que quieras anotando todos los detalles que puedas recordar.

Una vez que hayas plasmado por escrito tu experiencia inmediata, la visualización guiada habrá cumplido con su propósito: despertar recuerdos, pensamientos y sentimientos.

Qué sucederá en la Semana 2

Resumen

Esta semana tu viaje consciente comenzará en serio. Estás en el camino para descubrir tu verdad. Nosotras seremos tus guías y te presentaremos El Mantra®, una herramienta que esperamos te proporcione alivio inmediato y apoyo constante durante tu travesía en las próximas semanas. Este gran proyecto de averiguar lo que quieres no necesariamente precisa de un gran esfuerzo. Simplemente requiere que te comprometas con el proceso y que nos dejes a nosotras el trabajo de dirigirte. También comenzarás a definir y redefinir la maternidad, y se te pedirá dar un breve vistazo al pasado para recordar tus experiencias con adultos cuando eras pequeña.

A partir de ahora y semanalmente hasta llegar a la Semana 11, al final de cada capítulo compartiremos contigo las historias de dos mujeres que te hablarán con sus propias voces. Todo el contenido es real salvo sus nombres. Las historias se basan en un cuestionario minucioso que hemos elaborado con este fin. Esperamos que las palabras de estas mujeres te ayuden a reconocer que no estás sola, sino que formas parte de una comunidad más grande de mujeres que han estado en tus zapatos. Esperamos que ellas te animen a relajarte y confiar en que las respuestas llegarán. Tal vez sientas que leer las historias en el orden en que se presentan te afectará o estorbará tu proceso; de ser así, siéntete libre de no leerlas hasta que hayas concluido el programa. Tú decides lo que es mejor para ti. Usa las historias de la manera en que más te ayuden.

El Mantra

Te invitamos a leer, respirar y vivir este mantra durante el programa. Su propósito es aliviar inmediatamente cualquier presión que sientas para resolver tu incertidumbre.

> *No lo sé.*
> *No sé por qué no sé.*
> *No es mi culpa no saber.*
> *Está bien no saber.*
> *Hay muchas cosas en la vida que he tenido bien claras.*
> *Es importante comprender lo que en verdad deseo y nadie lo puede*
> *descubrir mejor que yo.*
> *Yo me defino a mí misma.*
> *Las respuestas vendrán a mí porque nunca se fueron.*
> *Solo yo puedo saber lo que es verdad para mí… todo está en mi interior.*

No lo sé

El mantra comienza con *No lo sé* porque el *no saber* está justo ahí, en la superficie de tu consciente, es la preocupación principal que te está causando angustia. Tenemos buenas noticias para ti: durante el programa tienes todo el permiso de no saber. De hecho, es imprescindible que *elijas* deliberadamente no saber para que el proceso haga su magia.

A menudo escuchamos que las mujeres dicen: "Un minuto puedo ver por qué quiero ser mamá y al instante siguiente no comprendo cómo es posible que pueda serlo". La naturaleza humana nos obliga a buscar respuestas activamente. Puede ser insoportable no saber, y vacilar entre respuestas crea la ilusión continua de que en cualquier momento llegará la solución correcta para darte alivio. Sin embargo, defender el *no* y luego defender el *sí* para nada te acercará a salir del hoyo; solamente servirá para aliviar temporalmente tu ansiedad, nada más.

Cuando te encuentres oscilando en un sentido o el otro, lleva tus pensamientos de vuelta al centro: el *no lo sé*. Puede ser de ayuda imaginarte a ti misma trazando la trayectoria de un ocho horizontal o el signo del infinito, donde *No lo sé* está en el punto central. Cuando te deslices hacia cualquier dirección, permítete volver fácilmente a ese punto central. Trata de ser flexible y suave en vez de rígida; no hay necesidad de aferrarte a los extremos.

Puede que te tome algunas semanas sumergirte con comodidad en ese estado de elegir expresamente no saber. A veces puedes sentir dolor, desesperanza o miedo. Si ya estás inclinándote hacia una dirección o la otra, regresar al *No lo sé* puede sentirse como un paso hacia atrás. Confía en que *no saber* está libre de riesgos. No puedes perder tu verdadero deseo. Tu verdad se aclarará solamente cuando te des permiso de explorar más sin presiones.

Te invitamos a definir tu experiencia del *No lo sé* como algo liberador. Afloja tus hombros unos centímetros, respira profundamente un par de veces y di *No lo sé* sin ningún juicio; hacer esto puede ser un descanso que te permita estar más presente y más dispuesta a recibir respuestas auténticas.

No sé por qué no sé

Muchas mujeres creen que si tan solo descifraran *por qué* no saben, automáticamente obtendrían claridad y todo estaría bien. Pero en realidad todo está bien ahora mismo. Incluso si sospechas por qué no sabes todavía, permítete creer que no tienes acceso a todas las piezas del rompecabezas de tu verdad, y confía en que no necesitas tenerlo. Por ahora simplemente no sabes. Los detalles de *por qué* no son importantes en este punto, y tratar de descubrirlos antes de tiempo solamente te distraerá de tu meta que es obtener claridad.

Puedes estar segura de una cosa: *Si no sabes es por una buena razón*. Puede deberse a muchas cosas, incluyendo la presión social, problemas de la infancia no resueltos u otras heridas, la creencia de que no eres importante, un sentimiento general de vergüenza, o posiblemente una combinación de factores. El dolor o incomodidad que experimentas cuando no estás en armonía con tu yo verdadero te aleja aún más de la claridad.

No es mi culpa no saber

Todos tenemos nuestros retos, y mientras seamos responsables por lo que hacemos, no somos culpables por lo que nos pasó. No es tu culpa si pasó algo doloroso durante tu niñez y como resultado se ha generado una lucha personal. Tampoco es tu culpa si adquiriste una valoración incorrecta acerca de ti misma debido a eventos del pasado. Ciertamente es tu deber sanar la herida que causó la lucha o dificultad; sin embargo, eso no significa que debes culparte por el problema que te ha mantenido atorada. Esperamos que puedas dejar de culparte a ti misma en el curso de este viaje.

Está bien no saber

Esta afirmación tiene el propósito de suavizarte internamente y hacerte sentir más ligera. Queremos que experimentes más amplitud alrededor del concepto de no saber.

La sociedad en su conjunto quiere que sepas si serás mamá o no, pero la realidad es que no sabes. Tu vida interna no cumple con las expectativas impuestas por tu vida externa. Y eso se siente mal. Juzgarte a ti misma –esa voz interior crítica que insiste que *deberías* saber– puede aumentar tu incomodidad.

La afirmación *Está bien no saber* te ayuda a mirar la situación desde lejos. Date permiso de estar precisamente donde estás, sin juzgarte a ti misma. Cuando te relajas hasta lograr la aceptación de ti misma, lo que resulta es una sensación de amplitud. Desde ese lugar es más fácil acceder a las respuestas que ya están ahí. Trata de sentirte en paz. Sé amable contigo misma.

Hay muchas cosas en la vida que he tenido bien claras

Esto te recuerda la verdad: has sabido y todavía sabes muchas cosas. Has tenido claridad en el pasado y, del mismo modo, puedes estar segura de que la volverás a tener en el futuro.

El conocimiento de tu verdad llegará con el tiempo. No tienes que ir buscándolo. Conforme realices las actividades en las secciones "Sé curiosa" de cada semana, te sumergirás en un proceso de desarrollo que ayudará a proporcionarte nuevas perspectivas y, a la larga, claridad personal.

Haz una lista de tres momentos precisos de tu vida en que hayas tenido las cosas bien claras, y léela cuando quieras reconectarte con esa hermosa sensación de saber. Confía en que experimentarás en el momento oportuno la misma absoluta claridad con respecto al tema de la maternidad.

Es importante comprender lo que en verdad deseo y nadie lo puede descubrir mejor que yo

Es fundamental reconocer esta verdad. La sociedad, familia y amigos quieren decirte cómo pensar y sentir, sobre todo con respecto a esta decisión. Las mujeres son bombardeadas con juicios de valor acerca de la maternidad:

"Por supuesto que deberías tener un hijo, es lo más gratificante que existe".

"Serías muy egoísta si no tienes [o si tienes] un hijo".

"No tienes lo que se necesita para criar a un hijo".

Interminables comentarios como estos o parecidos de hecho revelan más acerca de la gente que los hace de lo que revelan sobre ti. No puedes pedirle a nadie que te diga lo que es mejor para ti.

Creemos que conforme vayas realizando los ejercicios en estas páginas, la afirmación *Es importante comprender lo que en verdad deseo y nadie lo puede descubrir mejor que yo* tomará un nuevo significado y describirá cada vez mejor tu forma de pensar.

Yo me defino a mí misma

¡Esto sí hay que reconocerlo! Tú te conoces a ti misma mejor que cualquier otra persona.

Si creciste en un ambiente familiar difícil donde aprendiste que no debías o podías confiar en tus pensamientos o sentimientos, es posible que te cueste trabajo reconocer y aceptar el mensaje *Yo me defino a mí misma*. Cuando te enseñan, ya sea intencional o involuntariamente (sin malas intenciones), a enfocarte en las necesidades de otros en lugar de las propias, es fácil que se desdibuje dónde terminas tú y dónde comienza la otra persona. Los límites personales se hacen borrosos. ¿Cómo podrías saber que tú te defines a ti misma si no sientes una conexión clara con la persona que eres?

Si trabajas en este programa del modo en que se presenta, serás capaz de experimentar con profundidad cuan cierta es la frase *Yo me defino a mí misma*.

Las respuestas vendrán a mí porque nunca se fueron

Con esta afirmación reconoces que este programa *no* es una estrategia para llegar, a través del razonamiento, a una respuesta que todavía no existe. No se trata de tu carrera, tu cuenta bancaria, tu pareja, o lo que te pudiera hacer falta. En tu interior tú ya sabes lo que deseas; sin embargo, no tienes acceso a tu deseo porque encima de él hay capas y capas de heridas, incertidumbre y confusión.

Solo yo puedo saber lo que es verdad para mí... todo está en mi interior

Es tiempo de mirar hacia el interior. Por eso te pedimos que, al trabajar las doce semanas del programa, dejes de hacer listas de argumentos a favor y en contra, y pongas de lado los detalles externos de tu vida. También por eso te recomendamos no compartir tu proceso con otras personas hasta que hayas concluido el programa. La profunda ansiedad que sienten muchas mujeres por no saber se debe en parte a que su enfoque está en las influencias y circunstancias externas, la mayoría de las cuales están fuera de su control. Todo lo que necesitas para acceder a tu verdad se encuentra dentro de ti misma.

Durante las semanas siguientes, repite El Mantra tan a menudo como sea necesario para ayudarte a sentirte relajada dentro del *No lo sé*:

> *No lo sé.*
> *No sé por qué no sé.*
> *No es mi culpa no saber.*
> *Está bien no saber.*
> *Hay muchas cosas en la vida que he tenido bien claras.*
> *Es importante comprender lo que en verdad deseo y nadie lo puede descubrir mejor que yo.*
> *Yo me defino a mí misma.*
> *Las respuestas vendrán a mí porque nunca se fueron.*
> *Solo yo puedo saber lo que es verdad para mí... todo está en mi interior.*

Es un gran proyecto, pero no un gran esfuerzo

El programa *Ser madre, ¿es para mí?* es una travesía relativamente pasiva. Queremos que realices las visualizaciones guiadas y tareas semanales lo mejor que puedas, que termines los ejercicios opcionales si lo deseas, e incluso podrías estar inspirada para crear tus propios ejercicios adicionales; pero no necesita suceder mucho más que esto. Lo esencial es invitar a la información para que llegue a ti en vez de que tú corras detrás de ella. Cada actividad está diseñada para extraer y liberar material de tu inconsciente. Esto sucederá sin que lo fuerces.

Sé curiosa: tareas para la Semana 2

Recuerda que el único objetivo es permitir que tu mente haga asociaciones libres para que observes lo que sucede. Es posible que al realizar estas tareas escribas acerca de cosas que no habías pensado en mucho tiempo.

1. Redefiniendo la maternidad

El rol de la maternidad está en constante cambio. Es influenciado por la moda actual, la evolución de nuestra conciencia colectiva, la continua emancipación de las mujeres, las fluctuaciones de la economía, entre otras cosas. Algunas mujeres tienen miedo de la maternidad porque suponen que únicamente puede ser de un modo que está estrechamente definido por las normas sociales actuales. Mucha gente siente que solo hay una manera en que puedes ser madre.

En este ejercicio explorarás tu visión de la maternidad actual, imaginarás cómo la habría entendido tu madre y considerarás tu interpretación ideal. Resumir la maternidad es una tarea subjetiva y cada persona contestará de manera distinta a las preguntas de abajo. No hay respuestas correctas o incorrectas, solamente existen tu percepción y tu experiencia.

Sé curiosa:

   a. Define *maternidad* con tus propias palabras. No describas lo que crees que debe ser o se supone que sea, sino cómo se ve desde donde tú estás en este momento cuando miras a tu alrededor.

   b. ¿Cómo te imaginas que tu madre define o habría definido la maternidad? Basa tu respuesta en lo que presenciaste y experimentaste mientras crecías.

En otras palabras, esta pregunta no se refiere a cómo define tu madre su experiencia, sino cuál es tu suposición o intuición acerca de cuál fue su experiencia. Si tu madre vive todavía y está disponible para una conversación, es posible que en algún momento quieras hablar con ella sobre su definición de maternidad, pero no lo hagas para esta tarea de escritura.

c. Si tú fueras quien define la maternidad o si tuvieras la última palabra acerca de cómo debería definirse, ¿cómo te gustaría definirla hoy? ¿Cómo te gustaría que se viera y sintiera? ¿Cómo difiere esto de la forma en que la definiste en la pregunta 1a?

2. Tu juventud

Tu experiencia de juventud fue fundamental para formar tus ideas acerca de cómo funciona el mundo y cómo se comportan otras personas. Puede ser útil "desempacar las maletas" de estos primeros años y ver lo que encuentras.

Sé curiosa:

a. ¿Qué te gustó acerca de tu niñez o de ser joven?

b. ¿Qué fue difícil durante tu niñez o juventud?

c. ¿Qué te gustaba de los adultos? ¿Qué te agradaba cuando pasabas tiempo con ellos?

d. ¿Qué no te gustaba de los adultos? ¿Qué era difícil cuando pasabas tiempo con ellos?

Exploración adicional y descubrimientos

Para explorar aún más lo que escribiste durante las tareas de esta semana, revisa las preguntas en "Tu lista para reflexionar" situada en el Apéndice I. Tómate el tiempo de escribir más mientras avanzas en la lectura de la lista. Al hacer esto cada semana, notarás que hay temas que emergen una y otra vez. Continúa siendo incansablemente curiosa.

Al leer en voz alta tus definiciones de la maternidad, ¿obtuviste información o definiciones adicionales? ¿Desarrollaste una mayor conexión emocional con lo que escribiste?

Observa qué creencias tienes sobre la maternidad y pregúntate a ti misma si corresponden con lo que piensa la mayoría de las mujeres o solamente son verdaderas para ti. ¿De dónde vienen estas creencias? ¿De un conocimiento profundo, del instinto, de tu madre o de alguien más? ¿Siempre has pensado de esta manera sin cuestionártelo? Ten curiosidad acerca de las ideas previas sobre la maternidad que tal vez hayas asimilado involuntariamente.

Si descubriste que las preguntas de la lista o las de arriba son difíciles de responder, date cuenta de que no estás sola. Es importante que ponderes las preguntas incluso si todavía no sabes con precisión cómo quieres contestar cada una de ellas.

Conforme leías en voz alta tus respuestas a las preguntas sobre ser joven, ¿fue cómodo o incómodo dar un paseo por tus recuerdos? Algunas mujeres sienten que ya pasó tanto tiempo, que no quieren pensar en eso. También existe una tendencia a realizar suposiciones apresuradas acerca de cómo eran las cosas en el pasado. ¿Ir más despacio para escribir las respuestas te permitió pensar las cosas de manera diferente?

Este es un buen momento para echarle un vistazo rápido a tu mapa familiar y ver si ahora lo percibes de manera distinta, o si hay algo que quieras agregarle.

Sé más curiosa: ejercicios opcionales

Aquí te damos algunas ideas en caso de que desees seguir explorando. Estos ejercicios son totalmente opcionales y no son imprescindibles para obtener todos los beneficios del programa.

1. Continúa recolectando fotos, imágenes y palabras. Tendrás la oportunidad de usarlas para un proyecto creativo casi al final del programa.

2. Sigue observando y anotando tus sueños. Si se te presenta una imagen en particular, escribe sobre ella. ¿Qué podría estar diciéndote? Dibuja la imagen.

3. Haz una lista de cosas que te nutren o recargan. Consulta esta lista más adelante, sobre todo si te sientes abrumada por más emociones de las que puedes manejar.

Esta semana quédate con esto

La clave es no tratar de *pensar* para lograr tu objetivo, sino enfocarte en invitar y dar la bienvenida a la información que vaya llegando sin que te esfuerces por encontrarla. No estás realizando una excavación arqueológica. Céntrate en *permitir* que cada actividad se asimile. Empeñarse demasiado para que suceda algo impide el descubrimiento.

Puede que en algunos momentos tengas sentimientos incómodos. Esto es de esperarse. Haz tu mejor esfuerzo por respirar, valorar tu fortaleza y permitir que el programa te "suceda" por sí solo. No dejes de involucrarte sin reservas en las actividades. Trátate con delicadeza y confía en que tu mente y cuerpo trabajarán bien a tu favor.

Ten siempre a la mano tu diario para apuntar los pensamientos y sentimientos que surjan durante la semana.

Usa El Mantra con regularidad, sobre todo cuando te des cuenta de que estás usando argumentos para defender el sí o el no. Regresa tranquilamente al *No lo sé*.

Sigue guardando en tu interior tus pensamientos y sentimientos. Si te parecen difíciles de contener, usa tu diario para escribir acerca de estas dificultades.

No menosprecies lo que ya ha sucedido, incluso en este corto periodo.

Tómate tiempo para simplemente ser. Date permiso de abrir más espacio en tu interior para dar cabida a sentimientos nuevos.

Cuidado de ti misma

A veces, agitar las emociones puede ser agotador, así que un buen cuidado personal es importante durante estas doce semanas, y también después. La sugerencia para cuidarte a ti misma esta semana es alejarte un rato de tu rutina usual y disfrutar una pausa para tomar tu bebida favorita, considerando ese momento como un ritual. Los rituales son formas sagradas de cuidado personal porque ayudan a trascender lo mundano para conectarse con lo divino en cada momento presente. Los rituales crean un efecto de elixir, son curativos y restauradores.

Elabora tu bebida favorita y viértela en tu vaso o taza preferida. Prepárala moviéndote lentamente y con intención, como si fuera parte de un ritual sagrado. Recibirás tu recompensa. Sorbe con serenidad. Silencia tu mente. Conforme disfrutas tu bebida, date una palmadita en la espalda y siéntete orgullosa por estar encaminada hacia el descubrimiento de tu verdadero deseo.

El cuidado personal que hice para mí misma esta semana fue…

Si no seguiste nuestra sugerencia, escribe lo que hiciste en su lugar.

No estás sola

Como ya se dijo, empezando por esta semana y hasta la Semana 11, incluimos dos historias verdaderas de mujeres que amablemente se tomaron el tiempo de compartir su viaje hacia la claridad, con el afán de ayudar a otras mujeres que están luchando por encontrar la suya. Solo se cambiaron los nombres para proteger su privacidad.

Pon atención a tus emociones mientras lees las historias que siguen. Si detectas una conexión contigo misma (o con ellas) y te ayuda conocer sus experiencias, sigue leyendo. Sin embargo, si te sientes saturada de cualquier modo o distraída de tu propio proceso, te animamos a que dejes estas historias para más adelante.

La historia de Sofía

Aunque siempre supuse que algún día tendría al menos un hijo, un par de años después de mi primer matrimonio (tenía alrededor de veinticinco años) me di cuenta de que tener un hijo con ese esposo sería un absoluto desastre. Veía cómo mi esposo interactuaba con mi sobrinito, el único hijo de entre todos mis hermanos. Quedó claro que a mi esposo no le gustaba la competencia, sin importar cuan tierno fuera el niño. Él creció sintiéndose el centro del universo como hijo único de padres que fueron también hijos únicos, y no estaba dispuesto a compartir el centro del escenario con un niño intruso.

Al mirar hacia el pasado, fue una sabia decisión no tener un hijo con ese esposo. Para cuando logré liberarme de ese matrimonio y comencé a salir con mi esposo actual, ya estaba a finales de mis treinta. Él es diez años mayor que yo y padre de un hijo adulto que es doce años menor que yo; tener una segunda familia no era una opción.

Así que para cuando llegué a principios de mis cuarenta necesitaba elegir, o quedarme en la relación o bien buscar a alguien que estuviera interesado en tener un hijo.

Al iniciar mi relación con mi actual esposo, estaba consciente de que efectivamente estaba eligiendo no ser madre. ¿Me sentí desilusionada? Sí y no. Creo que habría disfrutado ser madre, pero no creo que tuviera ese impulso fuerte de tener hijos sin importar el precio. El costo habría sido perder una relación que apreciaba.

No me sentí emocionalmente atormentada, desesperadamente infeliz, ni terriblemente arrepentida cuando tomé la decisión. Hay un cierto grado de tristeza y pesar, pero no es algo con lo que lucho en lo más mínimo. Sentí y sigo sintiendo que la vida de mi esposo, y también la mía, habrían sido enriquecidas de distintos modos si hubiéramos tenido un hijo.

Soy asiática americana de tercera generación. Describiría a mi familia como culturalmente asiática. Es una familia cariñosa y sumamente leal, pero reservada – no demuestra mucho afecto si se compara con los estándares norteamericanos típicos. Recuerdo que mi mamá me consolaba cuando me lastimaba, pero no recuerdo que nos abrazáramos cuando era una niña pequeña. Siempre sentí que mi mamá me amaba y siempre supe que daría su vida por mis hermanos o por mí, pero siempre había un cierto nivel de reserva. Simplemente era el patrón familiar y nada fuera de la norma en familias asiáticas, a pesar de que esas familias hayan estado en este país por varias generaciones. Si fuera mamá, esperaría ser mucho más cariñosa.

Creo que mi mamá era más capaz de relacionarse con sus hijos como adultos que cuando eran niños. De varias maneras, conforme envejecía parecía quitar algunos de los filtros y expresarse, de verdad decirnos lo que pensaba. Hoy mi mamá está a mediados de sus ochenta años, y a veces su salud se tambalea. Esta condición le ha quitado aún más su lado reservado. Es mucho más abierta con sus hijos que nunca antes.

Creo que mi decisión puede describirse mejor como algo que pensé cuidadosamente en vez de algo que sentí detenidamente. Fue un proceso paulatino, no hubo un momento ¡Eureka! que pueda identificar como el instante en que tomé una decisión firme.

Amo la relación que tengo con mi esposo. ¿Habría cambiado de varias formas si nos hubiéramos convertido en padres? Tenemos nuestro tiempo personal y disfrutamos la independencia que no creo que hubiéramos tenido si existiera un hijo.

Sofía está a principios de sus cincuenta años, trabaja como profesional independiente en los medios de comunicación y está felizmente casada. Es la menor de tres hermanos, hija de una mujer superinteligente y con formación académica superior. Sofía cree que su madre se habría sentido más satisfecha con la vida si hubiera trabajado fuera del hogar, al menos en un empleo a tiempo parcial. Los hijos podían ver el aburrimiento y frustración de su madre. Aunque no todas las mujeres de la generación de su madre eran amas de casa, la mayoría sí lo eran. Su mamá obviamente quería dar a sus hijos las mayores oportunidades posibles, e hizo su mayor esfuerzo para lograrlo.

El padre de Sofía también es inteligente, con educación superior, y además tuvo una carrera exitosa. Cuando Sofía estaba creciendo él cumplió el rol de proveedor. Aunque le faltaba energía durante la semana, pues estaba cansado después de trabajar todo el día, los fines de semana dedicaba mucho tiempo a los proyectos con sus hijos. Él era el divertido y le dejó el papel de estricta a la madre de Sofía.

El plan de la familia era tener un total de cuatro hijos, con los primeros dos y los segundos dos bastante próximos en edad. Pero se detuvieron después de que nació Sofía. Ella no tiene el hermano menor que habían planeado y sospecha que para entonces su mamá ya había tenido suficiente. Tiene una hermana y hermano mayores, y solo este último tiene un hijo. Esta es una familia que se ha reducido considerablemente en cuatro generaciones.

Sofía adora la relación que comparten ella y su esposo. Habiendo dicho esto, hay momentos en que su libertad personal se ve empañada por las necesidades del hijo adulto de su marido, quien durante casi dos décadas ha luchado con los pasos de desarrollo personal necesarios para convertirse en adulto. El hijo es agradable, inteligente y gracioso. Ha tenido más de una novia de largo plazo, pero le falta la confianza, motivación y autoestima necesarias para cobrar impulso y avanzar en la vida. Sus problemas le pesan mucho al marido de Sofía y, por lo tanto, también a ella. Sofía se involucra mucho para dar apoyo –práctico y emocional– a ambos. ¿Será posible que a veces ella también se sienta frustrada? Sería normal sentirse así cuando se enfrenta una sensación de impotencia para ayudar a un ser querido que aparentemente no puede o no quiere ayudarse a sí mismo.

Para encontrar amistad Sofía solía dirigirse hacia otras mujeres sin hijos. Muchas de sus amigas de la escuela, incluyendo a aquellas que conoció en la universidad, se dedicaron primero a sus carreras. Algunas de esas mujeres tuvieron hijos más adelante, pero muchas de ellas siguen sin hijos hoy en día. Casi ninguna de sus amigas actuales tiene hijos. Además de sus amistades personales, Sofía comparte muchos de los amigos en el amplio círculo social de su esposo. La pareja pasa el tiempo en actividades familiares con el hijo de su esposo, quien ahora vive cerca. También convive con su hermana y hermano, la familia de este último y otros familiares. Los padres de Sofía viven muy lejos, pero ahora que la salud de su madre está mermando, Sofía y su esposo los visitan más a menudo. La vida de Sofía no carece de apoyo personal y familiar.

La historia de Gabriela

¡No recuerdo haber pensado jamás acerca de mi elección! Supe desde muy joven, cuando era una adolescente, que tenía contratos con almas para que fueran mis hijos y para ser su madre. Simplemente dije "sí" a lo que mi alma ya había decidido. Saber que tendría hijos no estaba, en mi opinión, relacionado con mi cónyuge. Mi esposo y yo nos convertimos en pareja cuando yo ya sabía lo que quería. A él le sucedió algo similar. Yo sabía que él era mi hombre para esta vida y que sería el padre de mis hijos.

Era de esperarse que tuviera hijos. Tenerlos precisamente cuando yo quería fue otro asunto. Sin embargo, yo daría a luz a mis hijos cuando yo quisiera y ni un momento antes.

Es probable que mi esposo y yo habláramos sobre nuestro deseo de tener hijos. No recuerdo ahora por qué salió el tema. Quizás fue cerca de la época en que alguien me preguntó cómo estaba mi hijo mucho antes de que tuviera uno, o cuando me dijeron que era egocéntrica y que quizás por eso no quería tener hijos. En ese tiempo, cuando mi marido y yo estábamos a principios de nuestros años veinte, la mayoría de la gente joven, sobre todo quienes tenían pareja, se casaban y tenían hijos siendo muy jóvenes, como lo hicieron mi hermana y hermano. Aunque sabía que tendría hijos, no tenía ninguna prisa. Esto era atípico y mi familia extendida lo encontró difícil de comprender.

Ser madre, ¿es para mí?

> Recuerdo que pensé que tener hijos podía no ser una buena idea en el mundo como yo lo conocía (y con seguridad el mundo como es hoy en día) y concretamente en el país -Israel- en que vivimos, donde los chicos entran en el ejército o en algún otro servicio civil. Tenía estos pensamientos, pero en realidad nunca tocaron el saber de mi corazón.
>
> Quizás mi caso no es muy común, y no me queda claro si puede ayudar a alguien más. Yo sé que si mi saber interior hubiera sido que no tendría hijos, habría sido más difícil seguirlo. La percepción en mi familia era que una mujer no es mujer si no tiene hijos. Soy afortunada porque tenía claro el tema de tener hijos y sabía que solamente debía cuidarme de no sentirme presionada por el cuándo. A diferencia de mis amigos y la gente de mi edad en Israel, di a luz tarde, después de los treinta. Esto es común hoy en día, pero no lo era en aquel entonces. Así que soy muy afortunada y solamente puedo desear que más gente, sobre todo las mujeres, tengan la suerte y la fortaleza de seguir lo que es correcto para ellas sin importar nada más.

Gabriela está más ocupada que nunca en esta etapa de su vida (principios de sus sesenta años), compartiendo como docente su vocación de enseñanza con estudiantes de todo el mundo. Es talentosa, trabajadora, y siente una realización profunda en su trabajo. Su marido y compañero de vida desde hace más de cuarenta años la respalda y mantiene el hogar mientras ella viaja mucho por trabajo. Tienen dos hijos grandes, un hijo y una hija, ambos casados y establecidos en sus vidas adultas.

El padre de Gabriela murió antes de que ella diera a luz a sus hijos. Ella describió su relación con él cuando ella crecía como muy cariñosa. Tiene dos hermanos mayores, una hermana y un hermano. Gabriela sabe que fue una hija deseada cuando sus padres la concibieron, dado que su madre abortó en otras ocasiones cuando así lo deseó. La relación de Gabriela con su madre no es para nada tradicional. Cuando Gabriela tenía catorce años las dos intercambiaron roles emocionales, su madre se convirtió en la hija y Gabriela en la adulta. Gabriela nos compartió que su madre es divertida, el tipo de divertido de alguien que es siempre joven de corazón. La familia extendida disfruta de la actitud algo despreocupada de su mamá, y han llegado a aceptar que no puede dar lo que no tiene: las cualidades que hacen que alguien sea confiable, cualidades que uno esperaría en una madre.

Su madre siempre alentó a Gabriela a seguir sus sueños y ser independiente. Gabriela dice que sus hijos adultos son más emocionalmente maduros que su abuela. Gabriela ama a su madre y le tiene compasión.

Gabriela habría deseado poder apreciar en su juventud cuan afortunada era de saber con claridad lo que quería en estos dos puntos de inflexión que definen la vida: su elección de pareja y su decisión de ser madre. Supo con claridad que se casaría y sería la madre de dos hijos. Ella reconoce que sus mayores luchas vienen cuando no escucha con atención su *clarividencia*, algo que ella considera como más un sentimiento que un pensamiento. ¿También podríamos llamarle intuición –la guía que permite a una persona seguir con claridad lo que es verdadero para ella en cualquier momento? El mensaje de Gabriela para una mujer que está enfrentando la pregunta de si convertirse o no en madre es: "Yo la animaría a escuchar su corazón y alma y a hacer caso a lo que escucha sin importar lo que pase".

Semana 3

Un encuentro sorpresivo

"No soy un pájaro y ninguna red me atrapa:
soy un ser humano libre de voluntad independiente".
–Charlotte Brontë[3]

Presentación

¡Bienvenida a la semana 3! ¿Has tenido nuevas ideas esta última semana? Cuando miras una situación con nuevos ojos o una mente fresca, el cambio sutil en tu perspectiva puede tener un impacto no tan sutil. ¿Hay algo que te venga a la mente?

La semana pasada comenzaste a explorar las definiciones de maternidad. Sin importar adónde te haya llevado esta tarea de escritura, lo más probable es que estés mirando el mundo a tu alrededor con mayor curiosidad. Es posible que ahora observes más a las madres mientras interactúan con sus pequeños. Tal vez estés recordando más acerca de tu madre. También volviste a visitar recuerdos de tiempos buenos y difíciles de tu niñez. Todo esto es inspiración y material para reflexionar.

Has estado tratando de convivir más con el no saber, y esta suspensión de la certeza puede despertar emociones. Si es así, lo único que debes hacer es tomarlas en cuenta. Cuando vengan a ti pensamientos, imágenes, sentimientos e ideas, recuerda apuntarlos en tu diario tan pronto como puedas.

Visualización guiada de la Semana 3

(Adaptada de "Walking Along the Shore of the Beach" por John O. Stevens en el libro *Awareness: Exploring, Experimenting, Experiencing.* [El darse cuenta: sentir, imaginar, vivenciar]. Boulder, Colorado: Real People Press, 1971).

La visualización de esta semana es un poco diferente porque tiene dos partes. Te pediremos que te detengas a la mitad para escribir sobre tu experiencia, y luego podrás continuar.

Confía en que tu mente enfocará su atención en donde sea necesario. Cuando tus ojos están cerrados funciona una parte de tu cerebro a la que no se accede fácilmente cuando tus ojos están abiertos. Pídele a alguien que te lea la visualización o grábala para que puedas escuchar con los ojos cerrados, pues su eficacia también requiere del elemento sorpresa. Si esto no es posible, grábala tú misma para que puedas escucharla con los ojos cerrados para profundizar la experiencia del lugar adonde te llevará el ejercicio. También puedes bajarla de la página: www.SerMadreEsParaMi.com. Si lees la visualización para ti misma, hazlo cuidadosa y muy lentamente para darte el tiempo suficiente de saborear la experiencia. De vez en cuando cierra los ojos y ábrete al poder de tu imaginación.

Recuerda que la experiencia que tengas es lo más importante y no hay forma incorrecta de hacer el ejercicio. Ten a la mano tu diario y pluma para que puedas apuntar de inmediato tus impresiones e imágenes.

Para prepararte, elige un lugar tranquilo y sin ruido donde la gente no te distraiga ni moleste. Escoge un momento en el que no tengas nada más que hacer y cuando nadie necesite de tu atención; este momento es única y exclusivamente para tu beneficio. Siéntate cómodamente en una silla o, si lo prefieres, acuéstate en el suelo.

Un encuentro sorpresivo

Ahora que ya estás lista, hazte consciente de tu respiración. Deja que tus ojos se cierren suavemente conforme respiras profundo y exhalas. Inhala y sostén tu respiración mientras cuentas hasta cinco. Luego exhala hasta que la mayor parte del aire haya salido de tus pulmones. Vuelve a inhalar y exhala lentamente, dejando salir un suspiro por tu boca mientras cuentas en silencio del diez al uno. Continúa respirando lenta y profundamente. Conforme respiras, te relajas. Permite que tu respiración natural te dé una sensación profunda de paz y bienestar. Siente la relajación de tu cuerpo y deja que tu mente flote libremente. R-e-s-p-i-r-a.

Imagina que estás en la playa más hermosa, con una arena muy suave y agua transparente. Quizás ves algunas formaciones rocosas y conchas marinas espectaculares, posiblemente las aves se divierten volando en el aire. Estás en uno de los lugares más exquisitos que has visitado en toda tu vida. Ponte cómoda. Si llegan a tu mente pensamientos no deseados, déjalos pasar como las nubes que se mueven por el cielo. Con tu próxima respiración inhala tranquilidad y serenidad. Mientras exhalas, suelta cualquier tensión corporal y mental que tengas. Estás tranquila y en paz. Estás disfrutando el entorno. R-e-s-p-i-r-a.

Enfoca la atención en tu corazón y respira profundamente. Recuerda un momento en que hayas sentido el amor incondicional de otra persona o animal muy amado. Inhala, llevando ese sentimiento de amor a tu corazón. Acepta este amor incondicional y date cuenta de cómo tu corazón se abre más. Hazte consciente de las sensaciones emocionales y físicas que surgen en tu cuerpo conforme experimentas el sentimiento de ser amada. R-e-s-p-i-r-a.

Ahora recuerda un momento en el que hayas sentido amor incondicional *hacia* otra persona o animal. De nuevo, siente cómo tu corazón se abre con ese recuerdo. Quizás sucedió ayer o hace mucho tiempo. Lo que importa es experimentar ese tipo de amor por alguien más. Date cuenta de las sensaciones emocionales y físicas en tu cuerpo. R-e-s-p-i-r-a.

Vuelve a enfocar tu atención en la playa. Obsérvate caminando por tu costa privada. Mientras paseas por la arena, siente el sol tibio en tu piel y la brisa suave besando tu cara. Oye a las gaviotas volando sobre tu cabeza. Percibe el olor del agua. Escucha el sonido de las olas y siéntelas cubriendo tus pies. El aire y el agua están precisamente a la temperatura que te gusta. Incluso el ángulo del sol es perfecto. Absorbe la belleza y calma a tu alrededor.

En la distancia alcanzas a ver a una niña pequeña construyendo castillos de arena. Parece tener tres o cuatro años de edad. Conforme te acercas ella te ve, se emociona y se levanta. Corre hacia ti y al mirarla de cerca notas que la niña ¡eres tú cuando tenías su edad! Inmediatamente te das cuenta de su inocencia y vulnerabilidad. Sus ojos cálidos se encuentran con los tuyos. Ella está contenta de verte. Sabes que esta niña pequeña no le desea mal a nadie. Lo único que quiere es amar y ser amada, jugar y divertirse. Date cuenta de cuáles son tus sentimientos inmediatos. ¿Qué sensaciones hay en tu corazón? ¿Quieres abrazarla, tomar su mano o cargarla? ¿Quieres guardar tu distancia? Adelante, identifica todos los sentimientos que tengas hacia ella, cualesquiera que sean.

Toma su mano con suavidad y caminen juntas hacia una roca cercana donde ambas se puedan sentar juntas. Percibe su energía junto a ti. ¿Esa energía es inquieta, callada, pacífica, animada, preocupada o calmada? ¿Cómo te parece su energía? Pregúntale a la niña lo siguiente: "¿Qué necesitas?" "¿Qué deseas?" ¿Cómo te contesta? ¿Qué te dice?

Haz una pausa durante algunos momentos. Abre tus ojos y apunta en tu diario lo que ha ocurrido hasta ahora. Sigue escribiendo hasta que sientas que has formulado todos tus sentimientos y pensamientos.

Ahora cierra tus ojos y continúa con la visualización guiada.

Regresa tu imaginación a la roca donde las dos estaban pasando un rato juntas. Vuelve a conectarte con la niña. Estás a punto de escuchar o leer detenidamente una lista de mensajes que todos los pequeños necesitan oír para sentirse seguros y conectados con otras personas. Estos mensajes son universales y necesarios para todos los niños sin importar su origen o cultura. Conforme escuchas estas palabras de amor y cuidado, imagina que se las dices a esta pequeña niña y date cuenta de cómo te sientes diciéndoselas. Identifica cuáles mensajes sí escuchaste cuando eras niña y cuáles no.

Mi hija, tú eres importante, ¡y eres importante para mí!

Te amo mucho y siempre te amaré.
Eres deseada.
Te veo y te escucho.
No necesitas portarte de cierto modo ni hacer malabares para tener mi amor.
Te amo por quién eres y no por lo que hagas.
Yo te cuidaré.
Te amo y te doy el permiso de ser totalmente diferente de mí.
Puedes confiar en mí.
Puedes confiar en tu voz interna.
No tienes que ser perfecta; te doy el permiso de cometer errores.
Tus pensamientos y tus sentimientos son importantes para mí.
Cuando estés lista podrás tomar tus propias decisiones y yo te apoyaré.
No tienes que ser como ninguna otra persona.

A veces te diré que no y te pondré límites, porque te amo.
Si sientes miedo o soledad, quiero saberlo.
Si te caes, te ayudaré a levantarte.
Escucharé tus alegrías, tus sufrimientos y tus lágrimas.
Tú haces una diferencia en el mundo solo por estar aquí.
Puedes perseguir tus sueños más grandes.
Te doy el permiso de ser igual a mí y el permiso de superar cualquiera de mis logros.
Te doy el permiso de ser una persona única.
Tú eres importante y eres importante para mí.

¿Cómo te sentiste diciéndole estas palabras a esa niña pequeña? ¿Escuchaste estos mensajes mientras crecías? Quizás en ocasiones escuchaste las palabras sin experimentar el comportamiento que las respaldara; o tal vez el comportamiento comunicaba el mensaje sin que hubiera palabras de por medio. En el mejor de los casos, las palabras y el comportamiento deben coincidir, pues esto le permite a una persona sentirse segura y conectada. R-e-s-p-i-r-a.

Ahora es el momento de tomar la mano de la niña pequeña y de llevarla de nuevo al castillo de arena que estaba construyendo. Mientras caminan juntas, date cuenta de cómo se siente haber escuchado esos mensajes. ¿Cómo te sentiste diciéndoselos a ella? Cuando hayan regresado al castillo de arena, dile que volverás para jugar con ella en otro momento, pues por ahora debes decir adiós.

Mantén los ojos cerrados mientras regresas lentamente a tu lugar y momento presentes, dándote un tiempo para detenerte en tus sensaciones emocionales y físicas. R-e-s-p-i-r-a.

Cuando estés lista, abre tus ojos lentamente y comienza a escribir en tu diario. Apunta los primeros pensamientos, sentimientos, intuiciones y cualquier otra cosa que desees plasmar acerca de tu experiencia.

Primeras reflexiones después de la visualización guiada

Antes de seguir leyendo, escribe lo más posible. Si sientes que no te pasó mucho, escribe sobre eso en tu diario. Si todavía no estás segura acerca de qué escribir, piensa sobre las primeras emociones que surgieron al reconocer a la pequeña niña. ¿Tuviste sentimientos positivos, negativos o neutrales? ¿Cómo fue estar con ella? ¿Qué quería la niña? ¿Cómo se sintió expresarle mensajes de amor? ¿Fueron mensajes que ella escuchó durante su infancia? ¿Qué sentimientos emergieron cuando llegó el momento de despedirse? Escribir de inmediato te ayudará a que la visualización guiada se arraigue más profundamente en tu cuerpo y mente. Confía en que tu escritura tiene un significado aunque todavía no puedas verlo. Si aún hay algo que quieras expresar, escríbelo en tu diario en este momento.

Ahora sintonízate con tus sentimientos fijándote en tu cuerpo de la cabeza a los pies. Si no sientes nada, o si has detectado cierta indiferencia de tu parte durante la visualización guiada, por favor no te juzgues a ti misma. La insensibilidad también es un dato relevante. El hecho de que no sientas nada no significa que no esté pasando nada ni que hayas hecho algo mal (recuerda que no hay un modo incorrecto de hacer el ejercicio). Sentirás que algunas visualizaciones son fructíferas y te impactarán fuertemente, dirigiéndote por un nuevo rumbo de pensar y sentir; otras no. A veces la agitación será tan suave que solo la percibirás más adelante. De uno u otro modo obtienes información durante el proceso. Eres única y tus experiencias también son únicas. Percibe todo en tu camino y sigue adelante.

Cuando sientas que has terminado de escribir, fíjate en tu estado emocional. ¿Tus sentimientos son manejables? Si te sientes abrumada, sigue las instrucciones a continuación:

Respira profundamente y luego exhala con la mayor lentitud posible, dejando que todo el aire salga de tus pulmones. Permite que tu cuerpo inhale por sí solo. Continúa haciendo esto varias veces hasta que sientas calma. Marca un ritmo con los pies en el suelo. A continuación, da palmaditas en la parte superior de tus muslos. Luego da palmadas en tus brazos. Aprieta los puños y luego libéralos. Estas acciones te ayudan a reconectarte con el presente y permiten aterrizarte. Hacer esto es importante, sobre todo cuando tus emociones te abruman o cuando no puedes manejarlas. Si sientes que necesitas hacer algo más para reconectarte o fijarte en el presente, ponte de pie y marcha en tu lugar. Luego alza tus brazos hacia el cielo y estírate.

Mira a tu alrededor e identifica los objetos que te hacen sonreír. ¿Tu atención está donde quieres que esté? ¿Tus emociones son manejables? Antes de continuar, asegúrate de que tu atención esté donde debe estar.

Qué sucederá en la Semana 3

Resumen

Esta semana te invitamos a recorrer tu primera infancia. El uso de diversos enfoques para visitar el pasado te ayuda a descubrir lo que todavía podría estar causando un bloqueo emocional, y también puede darte una clave esencial para lograr la claridad.

Las experiencias que has tenido hasta ahora, combinadas con las actividades de esta semana, pueden hacer que te sientas "fuera de control". Es posible que en algún punto de esta semana te encuentres abrumada por la pena, la tristeza, el enojo, la preocupación o la frustración, para luego sentir alivio, paz y calma. Quizás sentirás una, algunas o todas estas emociones. Este proceso ocasiona una mezcla emocional distinta en cada persona.

Toma en cuenta que tu mente y tu cuerpo te están ofreciendo información para que la contemples. Los recovecos profundos de tu psique están trabajando, pero quizás los detalles que salen a la luz no tienen un significado obvio todavía. Confía en que lo que vaya surgiendo te es útil. Confía en el proceso y recuerda que no necesariamente será lineal. Para cuando el programa termine, la mayoría o todas las piezas del rompecabezas habrán encajado. Para algunas mujeres esto sucede durante el camino y para otras sucede justo al final.

Nunca es demasiado tarde para sanar

Los niños pequeños tienen una amplia y compleja gama de necesidades físicas, emocionales y psicológicas que a veces no se atienden adecuadamente. Cuando una necesidad queda totalmente desatendida, puede alterar el desarrollo emocional y psicológico. Si cuando eras joven no identificaste ni subsanaste tus necesidades insatisfechas, puedes sufrir repercusiones más adelante. Como adulta tratarás de satisfacerlas una y otra vez construyendo interminables escenarios conocidos, y terminarás decepcionada una y otra vez.

Si eres lo suficientemente afortunada para lograr la introspección necesaria, podrás identificar que la oportunidad de atender estas necesidades ha pasado y comprenderás que *nadie* puede satisfacerlas. Eso no significa que no se puede hacer nada para lograr la plenitud que te hace falta. Tus necesidades insatisfechas *pueden* trabajarse. La recuperación y curación ocurren cuando enfrentas y haces un duelo por tus pérdidas. Este programa está diseñado para apoyarte durante el proceso.

Por ejemplo, es posible que se asome la tristeza cuando trabajes en las tareas de esta semana. Guarda esta tristeza en tu mano con cuidado y ten curiosidad. Ve si puedes identificar una necesidad insatisfecha.

Al escuchar las afirmaciones contenidas en "Mi hija, tú eres importante, ¡y eres importante para mí!", muchas mujeres se dan cuenta de que a pesar de haber escuchado estos mensajes, no experimentaron el comportamiento cariñoso que los confirmara. Esta inconsistencia puede ser muy confusa para una persona joven. Si cuando eras pequeña no recibiste la esencia de estos maravillosos mensajes, no es demasiado tarde para experimentarlos ahora. Cuando enfrentas el duelo por lo que no recibió tu yo más joven, estás nutriendo a esa pequeña en tu interior. Esto promueve la cicatrización que busca tu ser. Al reconocer y recuperar por completo el espíritu de estos mensajes cariñosos, es como si tú *en realidad* los hubieras recibido cuando eras niña.

Si en el pasado has trabajado enfocándote en tu niña interior, es posible que te emocionen las actividades de esta semana porque podrás llevar este trabajo al siguiente nivel. O quizás sentirás que "esto no es nada nuevo" y no hay necesidad de revisitar el pasado. Si te parece que harás las actividades a regañadientes o con resistencia, por favor considera que tu psique tiene capas como una cebolla, y quizás hay otra capa más profunda que está pidiendo tu atención, una capa que tal vez contiene los mismos sentimientos heridos pero situados un poco más cerca del centro de tu corazón. Es posible que realizar solamente un poco más de trabajo pueda hacer toda la diferencia. No te preocupes si sientes aunque sea un poco de aprehensión, pues las actividades de esta semana te guiarán suave y respetuosamente adonde debes ir. El trabajo que ya has hecho contigo misma es importante porque contribuirá a tu éxito aquí y ahora.

Libertad interior

Cuando eres capaz de sanar tu sufrimiento, se libera energía que a partir de entonces estará disponible para que la uses como quieras. La cicatrización emocional en particular te permite responder de manera más auténtica a otras personas y al ambiente en el aquí y ahora, en vez de reaccionar de forma automática debido a un evento que no ha sanado.

Una manera de saber si estás albergando heridas del pasado es poner atención a tus *reacciones* y *respuestas* a otras personas y eventos. Una reacción a algo o a alguien, ya sea verbal o física, es automática, no la piensas. Viene rápidamente, sin una consideración racional, y a menudo sin que tu cuerpo se dé cuenta. Puede *sentirse* real, pero tu pista para saber que es una reacción es la energía activada en tu cuerpo combinada con un comportamiento que no corresponde a lo que está pasando en el aquí y ahora. Posiblemente se te acelerará el corazón, o quizás sentirás el cuerpo caliente. Las reacciones se basan en remanentes de necesidades viejas no satisfechas o de algún dolor no resuelto. Si no estás consciente de que llevas por ahí una necesidad no atendida en el pasado, quizás serás reactiva (o te sentirás provocada) en ciertas situaciones. Por otro lado, cuando *respondes* sientes que se expresa un "*Sí, esta es mi verdad personal*". Estás consciente de las sensaciones de tu cuerpo y están alineadas con tus pensamientos y palabras. Hay una sensación general de calma. Te percibes afianzada en el presente.

Conforme sanas notarás que vas reemplazando *reacciones* por *respuestas*. Sentirás libertad interna –una libertad que es tu derecho natural. Las tareas sugeridas para esta semana pueden ayudarte a facilitar esta curación.

Sé curiosa: tareas para la Semana 3

1. Para la primera tarea de esta semana escribirás una carta a la niña que te encontraste en la playa durante la visualización guiada. ¿Puedes imaginar cómo habría sido tener a alguien como tú en tu vida cuando eras tan pequeña como ella? Tú sabes mejor que nadie lo que le pasará; aquí está tu oportunidad de prepararla. ¿Qué quieres decirle? ¿Qué necesitas que ella sepa? ¿Qué quieres que ella recuerde sobre quién es? ¿Qué deseas que no olvide nunca acerca de ella misma? Escribe tu carta a continuación. Es una carta de ficción. No tiene que tener sentido ni ser lineal. Esa pequeña niña necesitaba escuchar algunas cosas en aquel momento, y no es demasiado tarde para que las escuche ahora. Si es posible, trata de ser comprensiva en esta carta.

    Sé curiosa: comienza tu carta así "Querida jovencita..." y continúa con tus propias palabras. A manera de ejemplo, a continuación te mostramos cómo comenzaron sus cartas dos de las mujeres que te presentamos en la Semana 1:

    Querida Elenita,

    Solamente tienes cuatro años y eres tan preciosa; estás llena de amor para dar a otros y solamente quieres que te amen a ti también.

Quiero compartir contigo algunos pensamientos que hubiera deseado que supieras en ese entonces. También hay ciertas cosas que no quiero que olvides jamás acerca de quién eres. Eres muy dulce e inteligente. Sé que te preocupa que tu mamá ha estado de mal humor últimamente. No te preocupes, eso no tiene nada que ver contigo. Ella está herida, con el corazón roto y no sabe cómo estar presente para ti ahora. No es tu deber hacerla feliz, de verdad que no. Lo que le sucede no tiene nada que ver contigo. Tú eres buena y maravillosa. Nunca creas que la confusión o dolor de tus padres se deben a ti. Tú eres totalmente encantadora y encontrarás el amor en tu vida que mereces y deseas. En los próximos años te parecerá que otros esperan que cuides de algunas personas en tu familia. Esto no es tu responsabilidad. No tiene que ser un guion que has de seguir en la vida. Tú puedes elegir lo que quieres para ti misma y estoy aquí para ayudarte…

Querida niña Sandra,

Eres una preciada niñita, con tus brillantes y dulces ojos cafés. Te amo muchísimo. Eres fuerte y lista también. Tu inteligencia te ayudará a salir del caos. Recuerda siempre lo especial que eres. Sé que estás teniendo dificultades. Es tan confuso pasar por altas y bajas en casa. No sabes qué esperar a cada momento. Toda esta confusión no tiene nada que ver contigo. Tú no la estás causando, puedes estar segura de ello. Es una pena que debas ver y sentir eso. Lamento mucho que te esté pasando esta situación. Mereces sentirte segura y atendida siempre. Hay algunas cosas que te ayudarán conforme vas creciendo, y me gustaría compartirlas contigo en este momento…

2. La segunda tarea tiene que ver con la lista de mensajes titulados: "Mi hija, tú eres importante, ¡y eres importante para mí!" que leíste o escuchaste durante la visualización guiada. Leer esa lista puede provocar que surjan ideas diferentes de las que tendrías si la escuchas, así que en este caso en particular te pedimos que la leas, si es que no lo has hecho todavía.

Estos mensajes son universales. Todos los niños necesitan que lo que escuchan sea consistente con el comportamiento que experimentan. Si cuando eras niña no recibiste estos mensajes de uno u otro modo, no es demasiado tarde para decírtelos a ti misma siendo adulta.

Sé curiosa: lee la lista de mensajes contenidos en la visualización. ¿Tu cuerpo se relaja o se tensa cuando lees algunos de ellos? Es posible que te sientas bien al recibir ciertos mensajes porque hicieron una gran diferencia en tu vida, o quizás sientas añoranza por los mensajes que no escuchaste. Elige dos o tres mensajes que se sientan emocionalmente cargados (de manera positiva o negativa) y escribe acerca de ellos.

3. Puedes comenzar esta actividad ahora mismo y mejorarla conforme pasan las semanas.

Sé curiosa: encuentra algunas fotografías antiguas de ti misma y ponlas frente a ti. ¿Qué sentimientos evocan cuando las miras? Háblale a la niñita en las fotos. ¿Cómo se desarrolla la conversación? Anota tus sentimientos y pensamientos y luego lleva la actividad un paso más allá: elige algunas de las fotos y crea un altar a tu yo más joven. Incluye cualesquiera objetos, juguetes, recuerdos u otros elementos que te atraigan. Ponlos en un lugar privado o en el sitio donde realizas las actividades del programa, un espacio donde puedas visitar a tu yo joven a menudo. Tú decides lo que es mejor para ti.

Exploración adicional y descubrimientos

Usa las preguntas en "Tu lista para reflexionar", que encontrarás en el Apéndice I, para revisar cada uno de los ejercicios de escritura de esta semana.

Hay una gran diferencia entre vivir en el pasado y explorar las heridas del ayer con el propósito de liberarte del dolor. Vivir en el pasado tiene un trasfondo que puede sonar así: "Pobre de mí" "¿Por qué yo?" "Jamás superaré esto". "No debió suceder y ya no puedo hacer nada para remediarlo". Por el contrario, *explorar* las heridas del pasado se hace con un espíritu de curiosidad y compasión. Sientes que tu corazón está abierto. Puedes lamentar la pérdida *por* esa niña. *Explorar* aumenta la probabilidad de que llores tu herida y lo que perdiste, y de que al sanar adquieras una mayor libertad. Una vez que te conviertes en adulta, *eres la única persona que puede ayudar a esa jovencita que todavía vive dentro de ti.*

Si todavía no lo has hecho, trata de leer en voz alta la carta a tu yo joven. Este texto en particular puede ser conmovedor cuando escuchas en voz alta las palabras que escribiste. ¿Qué sientes conforme oyes estas palabras dirigidas a la jovencita que fuiste? ¿Te sorprende alguna cosa? ¿Escribir la carta a la pequeña niña que vive en tu interior te ayudó a sentirte más unida a ella? ¿Consideras que ella necesita más atención de tu parte? Conforme va pasando el tiempo querrás fomentar la creación de un vínculo con esa niña. Cuando le pones atención a un lugar en tu interior que ha sido descuidado, es posible que emerjan pensamientos y sentimientos del pasado. Esto es normal. Queremos que asimiles las palabras sabias de tu carta y que *creas* verdaderamente que nunca es demasiado tarde para sanar.

Toma nota de cuáles mensajes en "Mi hija, tú eres importante, ¡y eres importante para mí!" resuenan contigo y cuáles no, y pon atención a tus reacciones. Es muy posible que hayan surgido algunos sentimientos confusos u opuestos. Para una niña puede ser muy inquietante cuando lo dicho no coincide con lo hecho. Esta falta de congruencia puede perjudicar las experiencias y relaciones de toda una vida. A veces (aunque no siempre) la jovencita en tu interior puede acabar sintiéndose como si no fuera importante. ¡Imagínate lo mucho que esto podría dificultar su desarrollo emocional y psicológico!

Es fundamental resaltar que incluso los padres bien intencionados pueden comportarse de maneras que lastiman a sus hijos sin darse cuenta. No estamos proponiendo que inviertas tiempo y energía en culpar a tus padres por lo que hicieron o no. La mayoría de los papás hacen lo mejor que pueden dados los recursos que poseen. También es importante reconocer que, desgraciadamente, algunos padres sí dañan profundamente a sus hijos. Si sus propias necesidades no fueron atendidas adecuadamente cuando eran niños, es posible que no sean capaces de responder a las necesidades de sus propios hijos. Pero si sus necesidades sí fueron atendidas, satisfacer las necesidades de sus hijos será más natural para ellos.

Vuelve a mirar tu mapa familiar y "siéntate" con él un rato. Si conoces las heridas que tus padres experimentaron cuando eran jóvenes, tal vez podrás deducir por qué no pudieron transmitirte algunos de los mensajes en "Mi hija, tú eres importante, ¡y eres importante para mí!" Incluso si alguno de tus padres nunca sana, date el permiso de sanar tú. No es demasiado tarde para que cures tus heridas. Y puedes hacerlo por ti misma sin que ellos se involucren.

Sé más curiosa: ejercicios opcionales

Si durante esta semana tienes el tiempo y las ganas de hacer más por tu pequeña yo, sigue leyendo.

1. Lleva a la niña que fuiste a una juguetería y cómprale el juguete que ella quiera. Como lo escuchas, deja que tu pequeña se salga con la suya en esta ocasión. No la apresures. Puede que necesite un tiempo para reconectarse con lo que quiere. Si sientes que es lo correcto, envuelve para regalo lo que escogió y deja que se divierta abriéndolo más tarde. Intenta pasar unas horas con ella, quizás llevándola a tomar un helado o en alguna otra actividad que disfruten.

2. En una hoja de papel o en tu diario, dibuja dos círculos grandes que se superpongan uno sobre el otro (un diagrama de Venn). En uno de los círculos anota los mensajes verbales que recibiste de tus padres y en el otro los mensajes no verbales. En el centro del diagrama de Venn, la llamada intersección donde los círculos se superponen, solamente escribirás aquellos mensajes que están anotados tanto en el círculo verbal como en el no verbal. Estos mensajes pueden ser positivos o negativos.

3. ¿Hay mensajes positivos que nunca te expresaron y que querías o necesitabas escuchar, o que habrían hecho una diferencia en tu vida? Decora la tapa de un frasco con papel de colores, brillantina o cualquier otro material decorativo. Este frasco será tu buzón. En hojas de papel por separado anota los mensajes que te gustaría haber recibido y ponlos en el frasco. Considéralos como notas de amor a ti misma. De vez en cuando abre el frasco y lee las notas. Es posible que quieras poner este frasco cerca del altar a tu yo más joven. También puedes hacer un collage usando palabras e imágenes de revistas que representen tus mensajes positivos – tanto los que recibiste como aquellos que habrías querido recibir pero nunca llegaron.

4. Imagina que tu yo más joven pudiera contestar tu carta. ¿Qué diría la carta que te enviaría?

Esta semana quédate con esto

Estás avanzando muy bien y continuarás haciéndolo, aunque solamente realices los ejercicios principales de cada semana. Por favor no menosprecies lo que ya ha ocurrido durante las últimas tres semanas. Trátate con cariño.

Identifica si te sientes o no conectada con tu yo más joven. Cuanto más convives con esa niña más te encariñas con ella y por ende contigo misma. Date un tiempo en silencio para amarla y apreciarla. Escríbele. Vincúlate con ella. Date la oportunidad de conocerla. Ella te necesita y debe comprender que tú, su adulto, la estás protegiendo. Si requieres ayuda con este proceso, cierra tus ojos e imagina que en el centro de tu corazón hay una bebé muy amada. Pon tus manos sobre tu corazón para mantenerla ahí. Ve si eso te ayuda a sentirte unida a ella. Si todavía no eres capaz de sentir calidez hacia la niña –sea cual sea la razón– trata de sentirte en paz con eso. Sé amable contigo misma. Simplemente identifica lo que está pasando y date cuenta de adonde te lleva esto con el tiempo.

Haz tu mejor esfuerzo por hacerte consciente de cómo tu "yo" adulta todavía está tratando de superar necesidades insatisfechas durante la infancia. Algunas mujeres descubren, gracias a los ejercicios de esta semana, que nunca han experimentado el amor incondicional. Por ejemplo, Sandra se dio cuenta de que no había recibido ninguno de los mensajes positivos contenidos en la lista "Mi hija, tú eres importante, ¡y eres importante para mí!" Esta revelación la agobió y le hizo tener una tremenda sensación de pérdida cuyo duelo duró un tiempo. Esto también la ayudó a comprender que, sin darse cuenta, había estado esperando que su pareja sentimental llenara este vacío. Por supuesto, su pareja no podía hacer esto por ella; pero Sandra misma podía si enfrentaba y lloraba su pérdida. Poco a poco fue sintiendo más lástima por sí misma. Por consiguiente, presionó menos a su pareja para que tratara de encargarse de sus sentimientos.

Por otro lado, Beatriz (una de las mujeres que conociste en la Semana 1) había recibido, en esencia, varios mensajes de la lista, tanto verbales como no verbales. Aunque estaba agradecida por ello, también sintió una energía elevada al leer la frase: *No tienes que comportarte de un modo especial ni hacer malabares para tener mi amor.* De manera sutil, pero constante, sus padres la presionaban (y a su esposo) para tener un hijo. Deseaban ser abuelos y quizás preferían serlo aunque esto significara que Beatriz no siguiera su propio camino. Escribir sobre esto ayudó a Beatriz a tener mayor claridad acerca de dónde se sentía atrapada por las expectativas de sus padres.

Mientras avanzas en este proceso de aprendizaje, recuerda tener autocompasión –es decir, no olvides amarte a ti misma sin juzgarte. Usa tu diario para apuntar cualesquiera nuevas ideas o reflexiones que tengas.

Durante la búsqueda de momentos y lugares en los que quizás intentaste satisfacer necesidades que debieron ser reconocidas cuando eras una niña, enfoca tu atención en tus *reacciones* y tus *respuestas*. Sé consciente de qué tan rápido llega una *reacción*, y de cuánta información te da tu cuerpo cuando en vez de reaccionar *respondes*. Aprende a identificar las diferencias. Distinguir entre reacciones y respuestas te puede conducir a los lugares sutiles (y quizás no tan sutiles) que piden ser sanados.

Quédate con el *No lo sé* (intencionalmente y a propósito) y centra tu atención en cómo se siente no compartir tu proceso con otras personas.

Cuidado de ti misma

Para sintonizarte con el cuidado de ti misma que realizarás esta semana, considera lo que tu yo más joven necesita y desea. Ve si puedes obsequiarle un poco de tierno amor y cuidados. ¿Con qué la nutrirías? ¿Qué tal te parece prepararle su platillo favorito o hacer algo que le encantaba? ¿Ella necesita permiso para darse el gusto? ¿Tú puedes darle ese permiso? ¿Alguien le dijo a esa niña que tomarse un tiempo para ella misma es egoísta? Si al explorar opciones para cuidar de ti misma brotan mensajes o sentimientos del pasado, usa tu diario para escribir sobre ellos.

Una idea es darle a tu yo más joven el permiso de darse una larga ducha caliente o baño de tina, o de visitar un spa y recibir un masaje. Mimarte con un baño o un masaje puede apoyar tu trabajo emocional al tiempo que promueve la curación. Para el cuidado personal de esta semana, consentirte es fundamental. ¿Cuál fue la última vez que cantaste en la ducha? ¿Y qué te parecería vestirte al ritmo de tu canción favorita ☺?

El cuidado personal que hice para mí misma esta semana fue…

No estás sola

Aquí te presentamos dos historias que te ayudarán a sentirte parte de una comunidad más amplia. Lee acerca de Ana Paula y Luisa solamente si sientes que esto te ayudará, lo cual puede depender del lugar donde te encuentres en tu camino hacia la claridad Si leer sobre ellas te distrae o interfiere con tu proceso, vuelve a las historias más tarde. Tú decides qué es correcto para ti. Lo más importante es cuidarte a ti misma.

La historia de Ana Paula

En mis veintes: Quiero un bebé; simplemente no quiero uno en este momento.

Entre los treinta y los treinta y cinco: Quiero un bebé; simplemente no quiero uno en este momento. Creo.

Entre los treinta y cinco y los treinta y ocho: Quiero un bebé; simplemente no quiero tener uno con un marido que no amo.

Treinta y nueve: No quiero un bebé. Simplemente debo reconocerlo.

Sentí cuál era mi camino, cien por ciento, durante todo el proceso. Tuve una reacción visceral y negativa a todo lo que representara un niño. Llamé a la clínica de aborto al día siguiente de enterarme que estaba embarazada. Si hubiera sido capaz de pensar sobre lo que haría, entonces ahora mismo tendría un hijo, pero nunca pude convencerme a mí misma, sin importar cuánto lo intentara, de que quería un bebé. Sabía que no deseaba estar sola, pero también sabía que tener un bebé no era el remedio a mi soledad.

Mi madre biológica tenía veintiún años cuando se embarazó durante un romance con un hombre casado (para quien trabajaba) que ya tenía cuatro hijos. Al enterarse de su embarazo, no quiso tener nada que ver con ella ni conmigo. Después de dar a luz, estuve bajo la custodia del Estado hasta que fui adoptada a las dos semanas. Estoy bastante segura de que mi madre biológica tenía miedo y se sentía sola y abandonada. A menudo tengo también estos sentimientos, y creo que quizás esto es lo que más sintió ella durante el tiempo que

Semana 3 – Un encuentro sorpresivo

estuve en su vientre. Pienso que probablemente amó a ese hombre y él la rechazó. Sin embargo, no la conozco. Nunca nos hemos reunido.

Mi madre adoptiva fue estricta y directa. Era agradable cuando hacías lo que quería que hicieras (normalmente algo relacionado con Dios o los quehaceres domésticos) y muy fría y emocionalmente distante cuando hacías algo que le disgustaba. A ella no le agradaba el contacto físico. Y recuerdo que aguantaba sus masajes de pies, aunque lo hacía muy fuerte y me lastimaba un poco, porque al menos en ese momento me tocaba. Ella amaba a Dios más que a cualquier otra cosa. Usaba el miedo de ir al infierno para hacernos sentir culpa y disciplinarnos. Era caprichosa y cambiaba las reglas todo el tiempo, normalmente después de haber "orado al respecto". Era difícil vivir con ella. Dado que nunca podría ganarme su amor o apoyo y no comprendía las reglas para obtenerlos, quería alejarme de ella, así que no me importaba si se portaba mal conmigo o si se sentía decepcionada de mí o no. Nunca usaría el miedo o la culpa para criar a un niño. Jamás haría que un pequeño tuviera miedo de ir al infierno. Tampoco le diría a un niño que si ora lo suficiente, su papá regresará a casa. Lo que ella hacía era abuso psicológico y ahora puedo verlo, pero también sé que tiene sus problemas, así que quizás sufre un tipo de enfermedad mental.

Después de los cuatro o cinco años de edad, mi papá fue la única persona que podía consolarme. Él era una persona muy tranquila. Fue criado en la religión budista en Malasia pero nació en China. Mi primer recuerdo de él es que fue amable y me dio un juguete. También recuerdo cómo sollozaba mientras me recostaba en su pecho, lo cual me hacía sentir segura después de haberme asustado con algo. Que yo recuerde, mi madre nunca me reconfortó físicamente. Desde que fui una bebé hasta que crecí, él solía mudarse lejos (durante una separación) de nosotros durante meses, debido a que él y mi madre tenían problemas. Ellos no debieron casarse ni adoptar hijos juntos. Extrañaba mucho a mi papá. Él era el padre divertido pero dejó nuestra crianza totalmente en manos de mi madre. Él era doctor y siempre andaba apurado ayudando a alguien. Nunca llegaba a tiempo ni aparecía en casa cuando decía que lo haría. Aunque tampoco nos criticaba y comprendía bien todo lo que los niños hacen y sienten. Nos dio demasiada libertad porque mi madre no nos daba nada. Él no se involucraba en nuestras vidas de un mal modo ni de un buen modo. Era olvidadizo y no le parecían importantes las cosas usuales, así que a menudo nos sentíamos solos. Pero si de verdad lo necesitabas, ahí estaría. Él me contó que cuando era niña yo le decía: "Papá, nunca jamás tendré un bebé". Yo no sabía que había dicho eso. No recuerdo haberlo dicho. Pero lo amo por ayudarme a reafirmar mi decisión. Me ayuda saber que me he sentido así durante mucho tiempo. Me hizo sentir que alguien al fin me entendía.

Me sorprendió lo mucho que me enojaba que todas esperen que cambies tus intereses y que te enfoques en ellas cuando se embarazan. Nunca me había dado cuenta de cuan demandante y narcisista es esa actitud. Nuestra sociedad la acepta como natural y normal porque se supone que todos deben querer tener hijos. Me di cuenta de que soy parte de una clase minoritaria al elegir no tener hijos, y ahora sé lo que se siente ser discriminada por ello.

Cuando alguna de mis amigas se embarazaba, todo cambiaba con respecto a sus prioridades y se volcaba por completo en el embarazo y el bebé. Eso me molestaba, porque no quería hablar de nada que no fueran estrías, sonogramas y carriolas. Las cosas que yo clasifico como superaburridas se convertían en superinteresantes en su cabeza en cuanto se embarazaba. Me di cuenta de que algunos años después, las buenas amigas regresan una vez que se les pasa la novedad del bebé. Desean volver a tener y ser buenas amigas, y ya no pretenden que toda su vida gire alrededor del bebé. Ya no quieren tener únicamente esas extrañas amistades que construyeron durante años con otras mamás obsesionadas con sus hijos.

Tengo una familia muy grande. Cada uno de mis dos padres tuvo dos hijos adicionales en sus segundas nupcias, así que somos ocho. Amo a mis hermanos más que a nada en el mundo. Somos muy muy cercanos. Siempre sentí que echaría de menos no tener una familia grande como la que tuve cuando crecí. Luego me di cuenta de que siempre los tendré a ellos y a sus hijos (mis sobrinos y sobrinas), y ellos siempre serán mi gran familia. No necesité empezar una familia propia; simplemente podía mantener la que ya tenía. También noté que, de todos los roles que hay en una familia grande, el rol de mamá no es para mí. Eso más para alguien como mi hermana mayor. A mí me gusta el rol de payaso de la clase.

Semana 3 – Un encuentro sorpresivo

Ana Paula tenía treinta y nueve años cuando tomó su decisión. Su esposo quería que tuvieran hijos. Después de que se embarazó por accidente y abortó sin decírselo, al fin pudo expresarle que no quería tener hijos. Hasta entonces había sido muy difícil contárselo. Ahora están divorciados. Su decisión de no tener hijos fue la gota que derramó el vaso en su matrimonio, pero también puede decirse que la claridad de su decisión al fin la ayudó a terminar un matrimonio que no era bueno para ella. Ana Paula encontró el valor para enfrentar por completo su deseo de no tener hijos, hacer los cambios que esa verdad le pedía y divorciarse de su esposo.

Ella tuvo que soportar una infancia difícil con una madre físicamente presente pero excesivamente religiosa que interpretó sus creencias espirituales de manera extrema, controlando y asustando a su pequeña hija y, más adelante, alejándola de su lado. Ana Paula se pregunta hoy si su madre padecía de alguna enfermedad mental, lo cual es posible. También es muy probable que su madre estuviera y esté psicológicamente herida, y que por eso haya intentado usar las fuertes creencias religiosas para paliar así una estructura psicológica interna débil. La figura en gran parte ausente del padre de Ana Paula fue una honrosa excepción. Él podía ver a su hija por quien realmente era y le dio muestras concretas de amor y cuidados. Aunque no estuvo muy presente mientras crecía, Ana Paula experimentó lo que se siente recibir verdadero cariño. Él continúa siendo una persona valiosa y comprensiva en su vida.

Nos entristeció enterarnos de que Ana Paula recibió consejería conyugal poco profesional al inicio de su matrimonio, cuando ella y su esposo estaban tratando de resolver sus diferencias de opinión. El terapeuta le dijo que debería tener un hijo – que eso sería bueno para ella y para el matrimonio. Afortunadamente, Ana Paula no siguió este consejo.

A Ana Paula le tomó tiempo –en su caso muchos años y cuatro abortos– aceptar su deseo de no tener hijos y darse permiso de actuar en consecuencia. Interrumpir sus embarazos fue la opción correcta para ella. La dificultad para darse permiso a una misma para conocer y seguir la verdad propia es un problema que persiste para muchas mujeres.

A pesar de preocuparse de vez en cuando por su seguridad financiera y emocional y de sentirse sola a veces, Ana Paula valora y disfruta el tiempo que pasa con los amigos, la familia y su perro. También está agradecida por su libertad. Cuando se le preguntó si su relación con los niños ha cambiado ahora que ha decidido no ser madre, dijo: "De cierto modo me siento aliviada cuando estoy cerca de ellos. No debo preocuparme si me están molestando, ni preguntarme si esto es lo que haría mi hijo, o cómo podría subirme a un avión con un niño gritando, porque sé que nunca tendré que hacerlo. Así que supongo que mi relación con los niños ha mejorado. Ya no representan una posibilidad en mi vida".

Lo que Ana Paula desearía haber sabido antes en su vida es "que nunca sentiría un reloj biológico o esa necesidad de tener un bebé. Durante mucho tiempo esperé a que eso me sucediera. Creía que le pasaba a todos algún día, pero resultó que no y nadie me dijo eso". Ella tiene este consejo para otras mujeres que se enfrentan con su elección: "Escucha a tu intuición. Escucha lo que tu cuerpo te diga cuando hay niños cerca. No dejes que otras personas te presionen con el miedo de estar sola o el miedo a una vida vacía, porque el miedo no es una razón para tener un bebé".

La historia de Luisa

Estaba a principios de mis veinte cuando pensé en serio acerca de la decisión de convertirme en madre. Cuando era una niña sabía que quería ser mamá; simplemente era algo que sabía que iba a hacer. Cuando entré a mis años veinte dejé mi estado natal para mudarme a California. Sabía que me tomaría varios años establecerme. No creí que tener hijos tardaría todo el tiempo que en realidad me tomó. Seguía esperando esa relación "perfecta". Yo estaba lista cuando tuve un par de parejas anteriores, pero ellos no lo estaban. Continué esperando a que estuvieran listos. Luego siguió pasando el tiempo.

Sin duda alguna, ver fallecer a mis papás después de haber estado casados durante cincuenta años influyó en mi deseo y en el momento en que decidí tener hijos. Más que otra cosa, había querido poder estar con alguien –una pareja– para comenzar ese proceso. Pero dado que ya había sacrificado alrededor de siete años esperando a que esa persona estuviera lista, decidí que lo iba a hacer yo sola incluso si la relación se disolvía, lo cual sucedió más o menos cuando me embaracé. También tomé la decisión intencionada de encontrar a un hombre (amigo) que estuviera dispuesto a ser el padre, el "papito", porque yo tenía una relación muy cercana con mi padre y quería que mi hijo tuviera un papá en su vida. Sabía que iba a criar a este hijo yo sola, pero quería a esta persona en la vida de mi hijo, incluso si su involucramiento terminaba siendo escaso. Yendo atrás un poco, pensé que me casaría (con un hombre; no me reconocí como lesbiana hasta después de finales de mis veinte), tendría hijos y probablemente sería una mamá ama de casa. Cuando me descubrí a mí misma, por así decirlo, todavía sabía que tendría hijos y simplemente implicaría un camino distinto. Mis padres murieron el año antes de que terminara mi maestría en enfermería. Poco después de la graduación, comencé los planes para tratar de embarazarme.

Le conté a mis padres antes de que fallecieran. Recuerdo claramente que mi mamá me preguntó cómo diablos podría tener hijos sin un esposo u hombre en mi vida. Le dije que todavía no había resuelto ese aspecto, pero sabía que intentaría encontrar un amigo que estuviera dispuesto no solamente a donar su esperma, sino que además estuviera interesado en ser una especie de figura paterna. También le conté a un par de mis hermanos. Un hermano en particular no me apoyó y dijo que no tenía los recursos y era una mala decisión. Pero la mayoría de mis hermanos me apoyaron. Mi modelo a seguir era mi hermana. Ella era madre soltera y una mujer fuerte, y sabía que podría hacerlo tan bien como ella si era necesario.

Mi madre tenía miedo por mí: miedo de que no pudiera lograrlo por mí misma; miedo de cualquier mal trato potencial que podría experimentar en la sociedad en general, no solamente por ser gay, sino por ser una mamá gay. Ella se sentía muy protectora y nerviosa al mismo tiempo. Desafortunadamente no pudo estar aquí para sus nietos, dado que falleció dos años antes de que naciera mi hijo.

¿La juzgué de forma distinta? Bueno, ella tuvo a sus hijos de manera natural con mi padre, y aunque sé que ella decidió tener hijos, también creo que siguió teniéndolos (¡somos nueve!) porque era la costumbre católica y todos sus amigos estaban en la misma situación. Las familias grandes eran lo más común en ese entonces. Si ella hubiera procreado en nuestra generación no habría tenido tantos, pues sé que fue difícil para ella en muchos aspectos.

Llegué a la claridad en mi elección durante y después del fallecimiento de mis padres. Sabía que era el momento no solamente porque estaba envejeciendo, sino también porque era capaz de experimentar, verdaderamente y por primera vez en mi vida, el significado de la familia, los vínculos y lazos que tenemos con los miembros de nuestra familia. Estos vínculos no son repetibles en ninguna otra relación, creo yo.

En cuanto a la relación con mi madre mientras crecía, hubo muchos momentos felices pero fue en su mayor parte tensa, sobre todo durante mi adolescencia. Ella prefería a sus hijos varones y, por consecuencia, tuvo relaciones dolorosas con todas sus hijas. Varias de mis hermanas me dijeron que, de entre todas sus hijas, ella se sentía más cercana a mí. A las dos nos costó mucho arreglar las cosas y acercarnos. Esa mejora comenzó a principios y mediados de mis años veinte, y continuó hasta que ella murió, cuando yo tenía treinta y siete años de edad. Cuando me declaré lesbiana a finales de mis veinte, ella estaba muy molesta y me dio la espalda, afirmando que estaba tomando una mala decisión. Así que fue como si hubiéramos tenido que empezar desde cero; teníamos que hacer más trabajo de reparación. Tengo dos hermanos varones que también son gay y ella fue mucho más comprensiva con ellos, pues me dijo que ellos no tenían elección, pero yo sí.

Yo tenía una relación muy cercana con mi padre mientras crecía. Él era mi aliado. Sentí que comprendía mi dolor, aunque él no pensaba que pudiera hacer algo acerca de las desigualdades entre cómo se trataba a los hombres y a las mujeres en nuestra familia. También pasó el mayor tiempo posible conmigo, y era menos frecuente que yo pasara tiempo con mi mamá. Mi padre era parecido a mi madre en cuanto a sus miedos de cómo me las arreglaría yo sola. Sin embargo, él sabía que yo amaba a los niños del mismo modo que él, y sintió que sería una madre maravillosa. Siempre me dijo que tomara las decisiones que me hicieran feliz, sin importar nada más.

Cuando estaba embarazada de mi segundo hijo elegí no enterarme del sexo. Pensé que iba a tener una niña, pero todos en mi mundo me convencieron de que tendría un niño, así que comencé a creerlo. La verdad, me aterraba tener una niña porque no quería tratar a mi hija como me habían tratado a mí. Dado que ya tenía un hijo, temía favorecerlo a él sobre mi hija y repetir el patrón de conducta en mi familia. Más adelante me enteré de que mi mamá había sido tratada injustamente en su familia cuando era niña con un hermano varón, así que ella simplemente estaba repitiendo lo que había vivido. Yo no estaba segura de poder romper el ciclo.

Semana 3 – Un encuentro sorpresivo

Cuando di a luz a mi bebé y el doctor anunció que era niña, lloré lágrimas de alegría. En ese segundo supe que IBA a ser diferente con ella y conmigo. Y lo es. No estoy repitiendo el ciclo. Aun tomando en cuenta su dolor que, desafortunadamente, transmitió a sus hijos, mi madre era una mamá cariñosa y cuidaba a sus hijos increíblemente bien. A pesar de las dificultades, me sentí amada por ella. Siempre nos hacía comidas con tanto esmero, nos compraba la mejor ropa, trataba de pasar tiempo a solas conmigo, me llevaba a comer, etc.

El aspecto más enriquecedor de mi vida es mis hijos. No puedo imaginar mi vida sin ellos. Sabía que sería maravilloso ser madre, pero no tenía idea de cuánta felicidad y satisfacción me daría, ¡y eso que amo mi carrera y mis proyectos de "fitness" y atletismo! Ser una madre me ha dado más de lo que podría haber recibido en cualquier otro papel; los regalos son interminables, ¡y ahora aprecio y amo a los niños mucho más que antes de embarcarme en la maternidad!

Mi mayor dificultad es tratar de encontrar un equilibrio constante. Ser una madre soltera que fue despedida de un trabajo estable y bien pagado hace año y medio me ha traído muchos retos. Estoy tratando de mantener a mi familia mientras establezco mi consultorio, y eso ha tomado una excesiva cantidad de tiempo y energía lejos de mis hijos. Así que constantemente estoy intentando tener suficiente tiempo para ellos, intentando trabajar mucho, intentando también cuidarme a mí misma e intentando mantener una vida social con mis amigos cercanos.

Cuando decidí que quería tener, de preferencia, a un hombre real (en vez de un banco de esperma) para ayudarme a tener un hijo y que estuviera involucrado en cierto grado, me di cuenta de que estaba pidiendo un enorme favor a la persona que eligiera para perseguir mi sueño. Me sentí muy en deuda y agradecida con él, ¡y todavía me siento así!

Luisa fue la octava de nueve hijos. Creció en una familia en la que su madre trataba a los niños varones y a las niñas de forma muy diferente. Ella era muy cercana a su padre y trabajó para tener una mejor relación con su madre hasta que ella murió. Sus padres fallecieron con una separación de cinco meses, y Luisa identificó sus muertes como el hecho desencadenante que la llevó a comenzar a concebir a su primer hijo. Hasta entonces ella había querido ser madre, pero seguía esperando que su relación estuviera lista para que pudiera hacerlo con una pareja. Las muertes de sus padres fueron un gran movilizador. Ahora Luisa es la madre de un niño y una niña. Lo está haciendo ella sola, aunque sus hijos tienen una figura paterna en sus vidas. Ella es en esencia una madre soltera y no se arrepiente de ello.

Luisa admitió sentirse muy sola en el proceso de concebir y tener a sus hijos, sobre todo en el aspecto emocional. Ganó coraje para seguir adelante y cumplir su rol fundamental como madre, sobre todo con su segundo embarazo. La fertilización in vitro fue ardua pero finalmente exitosa. Luisa está consciente de que quizás deberá lidiar con prejuicios debido a que es madre soltera y también gay. Se sintió triste cuando su madre dudó que pudiera tener éxito criando hijos por cuenta propia, pero al mismo tiempo se fortalecieron sus convicciones. Luisa quería demostrar a su madre y a otros pesimistas que estaban equivocados. Impulsada por la profunda certeza de que sería una mamá genial, Luisa logró centrar sus esfuerzos en el momento presente y dejó crecer su autoconfianza. No dudó ni por un momento que sería lo suficientemente bondadosa con el tiempo y atención que dedicaría a sus hijos, una actitud que ella considera indispensable en los padres.

Luisa cree que es importante no saber todo lo que sucederá y aceptar algo de misterio. Esto la ayuda a mantener su fe en la maternidad en soltería y los regalos que conlleva. Su consejo a cualquier amiga que tiene dificultad con este tema es: "Cree en ti misma y en tus sueños, y no escuches ni te dejes rodear de energía o actitudes negativas".

Semana 4

Define el rumbo y calibra tu brújula

"Una elección definitiva perfectamente adecuada puede basarse en lo que 'se siente correcto' o 'se siente incorrecto' siempre y cuando hayas escuchado, a través de un proceso de autoanálisis, todas las voces que contribuyen a ese sentimiento".
—Phyllis O. Ziman Tobin[4]

Presentación

¿Cómo te ha ido hasta ahora? Sopesando tu proceso durante este viaje, ¿recuerdas un momento de la semana pasada en que te hayas sentido especialmente satisfecha contigo misma acerca de algo? ¿Fuiste capaz de distinguir entre tus *reacciones* y tus *respuestas*? ¿Te has sorprendido a ti misma reaccionando o respondiendo a las cosas de manera distinta a como lo hacías en el pasado? De ser así, ¿ya tienes alguna hipótesis sobre lo que te podría estar sucediendo?

Estas preguntas tienen el propósito de ayudarte a detectar tus sentimientos, que es una forma esencial de conectarte contigo misma. El desarrollo de la habilidad de monitorear tus sentimientos permite que surja información nueva y valiosa de tu interior.

La semana pasada echaste un vistazo a tu yo más joven. Comenzaste a explorar sus necesidades, sobre todo aquellas que se descuidaron o jamás fueron reconocidas. También te tomaste el tiempo de observar qué mensajes recibiste o no recibiste, ya fueran verbales o a través del comportamiento. ¿Alguna vez te dieron el mensaje "tú eres importante"? De ser así, ¿cómo fue? Los niños –como todos los seres humanos– prosperan cuando saben que su existencia es fundamental para el mundo, y sobre todo cuando reciben el mensaje de que son valiosos para sus seres queridos. *Los niños necesitan recibir el mensaje de que son importantes.* Si tú no recibiste este mensaje cuando eras pequeña, no es demasiado tarde para reivindicarlo ahora.

¿Es cada vez más fácil vivir con la ambigüedad del *no lo sé*? ¿El Mantra te está ayudando? Cuando detectes que te has desviado del camino en tu viaje, trata de regresar al *no lo sé* con la misma facilidad con que te alejaste de él, visualizando un signo del infinito y volviendo al centro donde se cruzan las líneas:

No lo sé es el lugar adonde puedes regresar una y otra vez, no un sitio donde debes permanecer. Pasar un rato en *no lo sé* debe sentirse fluido, y será más fácil con la práctica.

Visualización guiada de la Semana 4

(Adaptada e inspirada de "Yes-No Situation" por John O. Stevens en el libro *Awareness: Exploring, Experimenting, Experiencing*. [El darse cuenta: sentir, imaginar, vivenciar]. Boulder, Colorado: Real People Press, 1971).

Entre todas las visualizaciones guiadas en nuestro programa, es aquí donde muchas mujeres se pregunten: "¿Qué tiene que ver todo esto con decidir si quiero o no tener hijos?" Ten la seguridad de que el ejercicio está enfocado en empoderarte para *saber lo que quieres*, lo cual es crucial en tu estrategia para tomar decisiones.

Confía en que tu mente enfocará su atención en donde sea necesario. Cuando tus ojos están cerrados, funciona una parte de tu cerebro a la que no se accede fácilmente cuando tus ojos están abiertos. Pídele a alguien que te lea la visualización o grábala para que puedas escuchar con los ojos cerrados, pues su eficacia también requiere del elemento sorpresa. Si esto no es posible, grábala tú misma para que puedas escucharla con los ojos cerrados para profundizar la experiencia del lugar adonde te llevará el ejercicio. También puedes bajarla de la página: www.SerMadreEsParaMi.com. Si lees la visualización para ti misma, hazlo cuidadosa y muy lentamente para darte el tiempo suficiente de saborear la experiencia. De vez en cuando cierra los ojos y ábrete al poder de tu imaginación.

Recuerda que la experiencia que tengas es lo más importante y no hay forma incorrecta de hacer el ejercicio. Ten a la mano tu diario y pluma para que puedas apuntar de inmediato tus impresiones e imágenes.

Para prepararte, elige un lugar tranquilo y sin ruido donde la gente no te distraiga ni moleste. Escoge un momento en el que no tengas nada más que hacer y cuando nadie necesite de tu atención; este momento es única y exclusivamente para tu beneficio. Siéntate cómodamente en una silla o, si lo prefieres, acuéstate en el suelo.

Recuerda una ocasión en que...

Ahora que ya estás lista, hazte consciente de tu respiración. Deja que tus ojos se cierren suavemente conforme respiras profundo y exhalas. Inhala y sostén tu respiración mientras cuentas hasta cinco. Luego exhala hasta que la mayor parte del aire haya salido de tus pulmones. Vuelve a inhalar y exhala lentamente, dejando salir un suspiro por tu boca mientras cuentas en silencio del diez al uno. Continúa respirando lenta y profundamente. Conforme respiras, te relajas. Permite que tu respiración natural te dé una sensación profunda de paz y bienestar. Siente la relajación de tu cuerpo y deja que tu mente flote libremente. R-e-s-p-i-r-a.

Imagina que nunca has sabido lo que es dudar de ti misma. Imagina un mundo sin la palabra *error*. Imagina que vivir, aprender y crecer significa moverse en la dirección de lo que quieres y de lo que es verdadero para ti. Imagina que eres la única jueza de esa dirección y tienes tu propia y singular manera de llegar ahí. Imagina esto por un momento y r-e-s-p-i-r-a. Sin importar lo que haya sucedido en el pasado, ve si puedes darte el permiso de sentir un deleite total por ser precisamente quien eres y como eres justo ahora; al fin y al cabo, no existe la persona que fuiste, que quisieras ser o que serás. Tómate un momento para pensar acerca de una cosa que valoras sobre ti misma.

Recuerda una situación específica en la que dijiste que sí pero quisiste decir que no, un momento en el que hayas actuado en contra de ti misma o de tus deseos. Es posible que se te ocurran muchas situaciones para elegir. Escoge solamente una de ellas. Confía en la primera cosa que te venga a la cabeza. Puede ser algo pequeño o aparentemente sin importancia, o quizás es algo significativo. Tal vez sucedió hace años o apenas ayer. Si no puedes recordar una situación específica, piensa en un momento en que te sentiste como si no supieras cómo defenderte. Observa cómo va tu respiración. Visualiza el momento que hayas elegido y continúa cuando lo tengas claro en tu mente.

Tómate uno o dos minutos para recordar la situación como si estuviera sucediendo justo ahora. Permite que se desarrolle poco a poco en tu mente. ¿Dónde estás? ¿Quién está contigo? ¿Cómo te sientes estando en ese lugar? ¿Quién está hablando? ¿Qué está diciendo? ¿Qué sientes en este momento? ¿Estás tensándote en alguna parte de tu cuerpo? ¿Tu respiración ha cambiado? Haz que la situación se sienta con vida, como si estuviera ocurriendo ahora mismo.

Vuelve a enfocar tu atención en el momento en que dijiste que sí. Identifica el tono de tu voz mientras decías la palabra *sí* y fíjate en cómo te sentías. ¿Qué efecto tiene en ti decir que sí? ¿Qué consigues al decir esa palabra? ¿Cómo podrías beneficiarte al decir que sí? ¿Qué estás evitando? ¿Cómo te sientes diciendo que sí en esta situación?

Regresa al instante que transcurrió justo antes de decir sí. Ahora di que no y cualquier otra cosa que quieras añadir a esa negativa. ¿Qué más dirías si tuvieras el permiso de estar completamente libre de censura? Toma esta oportunidad para expresar todo lo que quieras acerca de tu negativa. No tiene que ser racional ni seguir las convenciones sociales.

Identifica tu tono de voz conforme dices la palabra *no*. ¿Cómo te sientes? ¿Te sientes bien? ¿Te sientes con miedo, culpa o aliviada? ¿Se siente extraño o raro decir que no?

¿Cómo responde la otra persona después de decirle que no? ¿Cómo te sientes acerca de su respuesta? ¿Cómo contestas, si es que dices algo? ¿Hay otra cosa que no hayas expresado? ¿Estás reprimiendo algo?

Esta visualización no tiene el objetivo de juzgarte a ti misma, sino de poner atención a tu cuerpo y distinguir los sentimientos que emergen cuando dices que no. Sigue adelante y dile adiós a esta situación en particular y regresa al presente sin prisa. R-e-s-p-i-r-a.

Mantén los ojos cerrados mientras regresas lentamente a tu lugar y momento presentes, dándote un tiempo para detenerte en tus sensaciones emocionales y físicas. R-e-s-p-i-r-a.

Cuando estés lista, abre tus ojos lentamente y comienza a escribir en tu diario. Apunta los primeros pensamientos, sentimientos, intuiciones y cualquier otra cosa que desees plasmar acerca de tu experiencia.

Primeras reflexiones después de la visualización guiada

Si no te vino a la mente ninguna imagen o tus pensamientos no te proporcionaron algo significativo, escribe sobre eso. Cuando termines de escribir, continúa leyendo.

La visualización guiada comenzó con las palabras:

> Imagina que nunca has sabido lo que es dudar de ti misma. Imagina un mundo sin la palabra error. Imagina que vivir, aprender y crecer significa moverse en la dirección de lo que quieres y de lo que es verdadero para ti. Imagina que eres la única jueza de esa dirección y tienes tu propia y singular manera de llegar ahí. Imagina esto por un momento y r-e-s-p-i-r-a. Sin importar lo que haya sucedido en el pasado, ve si puedes darte el permiso de sentir un deleite total por ser precisamente quien eres y como eres justo ahora; al fin y al cabo, no existe la persona que fuiste, que quisieras ser o que serás.

¿Qué sucedió cuando escuchaste la primera parte de la visualización guiada? ¿Lo comprendiste todo? ¿Se sintió bien escucharla? ¿Qué sentimientos surgieron en ti? ¿Qué experimentaste en tu cuerpo? ¿Sentiste que te brotaban las lágrimas? ¿Sentiste que cambió la temperatura de tu cuerpo? ¿Se endurecieron un poco tu garganta o tu vientre? ¿Se arrugó tu frente? Si sientes que te gustaría escribir algo más, hazlo ahora.

Después te pedimos que recordaras una situación en que hubieras dicho que sí pero queriendo decir que no. ¿Pudiste recordar esta vivencia fácilmente o te tomó tiempo identificarla? Si fue difícil recordar un momento así, ¿se debe a que te vinieron a la mente muchos ejemplos o sucedió porque normalmente puedes decir que no cuando lo deseas?

Para algunas personas decir que sí es más fácil que para otras. Si es más probable que digas que sí a que digas que no, ¿este sí corresponde con tu verdadero deseo o tiene un matiz de obligación, culpa, miedo o duda? Si te resulta más fácil decir que no, pregúntate a ti misma si en algunas circunstancias dices que no cuando preferirías decir que sí. De ser el caso, ¿estás negándote a tu placer? ¿Estás evitando abrirte a nuevas oportunidades? ¿Será que estás imponiéndote a ti misma límites demasiado estrictos?

Como todas las visualizaciones guiadas, esta trabaja en ti tras bambalinas. Incluso si te parece que no ha pasado nada, confía en que sentirás los efectos más adelante.

Cuando sientas que has terminado de escribir, observa cuál es tu estado emocional. ¿Tus sentimientos son manejables? Si te sientes abrumada, sigue las instrucciones a continuación:

Respira profundamente y luego exhala con la mayor lentitud posible, dejando que todo el aire salga de tus pulmones. Permite que tu cuerpo inhale por sí solo. Continúa haciendo esto varias veces hasta que sientas calma. Marca un ritmo con los pies en el suelo. A continuación, da palmaditas en la parte superior de tus muslos. Luego da palmadas en tus brazos. Aprieta los puños y luego libéralos. Estas acciones te ayudan a reconectarte con el presente y permiten aterrizarte. Hacer esto es importante, sobre todo cuando tus emociones te abruman o cuando no puedes manejarlas. Si sientes que necesitas hacer algo más para reconectarte o fijarte en el presente, ponte de pie y marcha en tu lugar. Luego alza tus brazos hacia el cielo y estírate.

Mira a tu alrededor e identifica los objetos que te hacen sonreír. ¿Tu atención está donde quieres que esté? ¿Tus emociones son manejables? Antes de continuar, asegúrate de que tu atención esté donde debe estar.

Qué sucederá en la Semana 4

Resumen

Cada semana se toca algo nuevo en tu interior, y esto ayuda a desenterrar lo que necesita salir a la superficie. Esta semana aprenderás más acerca de cómo decir que sí y que no cuando lo deseas. Separamos el tema en partes pequeñas y fáciles de digerir que te permitirán explorar con sensibilidad tus inclinaciones, patrones de conducta y limitaciones.

Conforme participes en las actividades de esta semana, te invitamos a reflexionar sobre los mensajes culturales que has adoptado acerca de cuándo se debe decir *sí* y *no*. ¿Qué creencias has heredado de tu familia o amigos referente a la forma debida o indebida de contestar? ¿Sientes que tienes permiso de dar tu opinión incluso si la mayoría de la gente no la comparte?

Al llegar al final de esta semana, tendrás una nueva relación con las palabras *sí* y *no*. Calibrarás de nuevo tu compás interno y obtendrás una claridad valiosa sobre cómo tu nueva relación con estas palabras cambiará tu manera de tomar decisiones.

Siente el sí

Darte el permiso de desear algo y de sentir plenamente tu deseo sin importar las consecuencias, es un paso fundamental para llegar a una decisión consciente ya sea de sí o de no. Es tu derecho natural sentir y saber lo que quieres, y para ello deberás escuchar a tus sensaciones internas físicas y emocionales.

¿Te han enseñado que es vergonzoso querer algo? ¿Las demandas de otra persona te han impactado de un modo negativo? No solamente estamos hablando de bienes materiales; también nos referimos a que sepas cuáles son tus deseos internos cuando quieres decir que *sí* a algo, ya sea a nivel teórico o material. Sentir y saber lo que quieres es una experiencia esencial *que necesitas* para tomar decisiones bien fundamentadas.

Desafortunadamente, la palabra *querer* a menudo se vincula con la ambición, la envidia o el consumismo, y sin duda puede convertirse en una fuente de sufrimiento. Puede ser verdad que entre menos deseas, menos probable será que te decepciones. Pero las consecuencias negativas de no saber lo que quieres pueden ser gigantescas. Además, el mero hecho de desear algo no significa que solamente haya dos desenlaces posibles: no necesitas luchar por obtener lo que quieres *ni* experimentar decepción cuando no se cumplen tus deseos. Puedes lograr la paz con tus deseos: observarlos, analizarlos, dejar pasar aquellos que no tengan un lugar en tu vida y hacer las paces con los que perseguiste, pero no pudiste alcanzar.

Puede tomarte un tiempo acostumbrarte a la idea de que querer algo es solamente información sobre ti misma, pero vale la pena realizar el esfuerzo. Las recompensas son enormes. Practica hojeando una revista o catálogo, navegando por internet, mirando escaparates en las tiendas o simplemente cerrando tus ojos e imaginando. Conforme lo haces, date cuenta de lo que te atrae o acelera tu corazón. Estos deseos pueden ser objetos materiales o desenlaces de situaciones específicas. Mientras exploras tu relación con el deseo, identifica qué pensamientos, recuerdos y sentimientos evocas. Eso es todo lo que necesitas hacer.

Al principio pueden surgir sentimientos de enojo, tristeza, autocrítica y pérdida. Considera que el enojo puede ser un remanente emocional de un conflicto interno. Ese conflicto interno puede deberse en parte a la autocrítica que te dice que no es correcto desear algo. Por ejemplo, es posible que cuando eras más joven hayas aprendido que decirle a alguien lo que querías solamente servía para que te hicieran comentarios negativos o críticos. Si te asaltan sentimientos o recuerdos negativos mientras realizas los ejercicios de esta semana, trata de enfocar tu atención en tus deseos o en cómo reacciona tu cuerpo cuando surgen esos sentimientos.

No estás haciendo más que buscar información acerca de ti misma y de tus deseos íntimos. Actuar de acuerdo con esta información no es tan importante en este momento, pues el objetivo es que practiques la identificación de sensaciones en tu cuerpo para poder conectarlas con el deseo que produce cada una. Está bien abrirte a esta información. Está bien tratar de obtener lo que quieres. Quizás algo está bloqueando tu camino. De ser así, el primer paso para desarrollar una conexión más fuerte con tus deseos y contigo misma es hacerte consciente de ello.

Di que no

Los dos extremos significan que no estás siendo honesta contigo misma: tanto negarte a ti misma la experiencia de desear o sentir tu "sí", como tener dificultad para decir que no. Sobre todo, las niñas suelen ser criadas con el mensaje de que necesitan decir que sí, incluso si eso implica poner las necesidades de otras personas antes de las propias. La sociedad ha enseñado a las mujeres a negar su satisfacción en favor de la de otras personas. De hecho, la situación ha perdurado durante tanto tiempo, que muchas mujeres ni siquiera son conscientes de ello. ¿Esto te suena familiar? En cada nueva generación, las mujeres más jóvenes están cambiando esta forma de pensar al encontrar sus voces y al descubrir que tienen el permiso de decir que no. Identifica en qué punto de la escala estás: en un extremo sientes que está bien decir que no y en el otro sientes que no es correcto decir que no. ¿Te parece que tienes más permiso de negarte del que tenían tu madre o tus abuelas?

Las mujeres tenemos muchas maneras de justificar nuestra resistencia a decir que no. Una de las más comunes se basa en la creencia: "Si *puedo* hacerlo, *debería* hacerlo". Dicho de otro modo, la capacidad triunfa por sobre el deseo. Pero, aunque es posible que tengas el tiempo, aptitud, talento o experiencia para *hacer* cualquier cantidad de cosas, eso no significa que debas decir que sí a todas ellas. Solo porque *sabes* cómo reparar bicicletas no significa que *quieres* pasar medio sábado arreglando la bicicleta de tu vecino. Solamente porque *puedes* ver a un amigo durante media hora para tomar café no significa que *debes* meter esa actividad a la fuerza en tu agenda ya completa. Solamente porque *sabes* que serías una buena madre no significa que *debes* o *quieres* convertirte en una. Hay una distinción importante entre habilidad y deseo.

De vez en cuando debes decir que no incluso si tu decisión es mal acogida. A veces sentirse incómoda es inevitable. Y un poco de incomodidad temporal no es algo tan malo, sobre todo si la recompensa es un empoderamiento duradero y unas relaciones más auténticas y saludables con otras personas –y contigo misma– que se manifiestan cuando comunicas claramente tu verdad. Aprender a decir que no en el momento oportuno se vuelve más fácil con la práctica.

Consecuencias de no poder decir que no

Ser incapaz de decir que no cuando lo deseas puede tener consecuencias desafortunadas. Es posible que termines sintiéndote enojada o resentida hacia la persona o situación a la que dijiste que sí, o puedes tener sentimientos generalizados de impotencia, fastidio o irritabilidad. Esto crea un dilema interno serio, uno que puede nublar tu día o incluso tu vida entera. Si habitualmente no puedes decir que no a otras personas, ese problema complicará tus interacciones sociales y contribuirá a que tengas relaciones menos auténticas. También puede debilitar tu autoestima.

Si decides convertirte en madre, deberás ser capaz de decirle que no a tu hijo de manera amable, firme y reiterada. Si tienes miedo de que tu hijo se adueñe de tu vida porque no sabes cómo decir que no con facilidad, hay recursos disponibles para ayudarte a establecer límites claros. Igualmente, si decides o no convertirte en madre, ser capaz de decir que no te ayudará a no tomar tus decisiones importantes basándote en el miedo, y también beneficiará tu vida de muchísimas maneras más.

Enfrentando la decepción

Tu relación con la decepción representa otra dificultad común para poder sentir y expresar un sí o un no con claridad. ¿Has experimentado decepciones que simplemente son demasiado dolorosas como para enfrentarlas? La decepción es un fenómeno natural –e importante– de la vida. Durante la infancia desarrollarás una relación saludable con la decepción si tienes la suerte de tener cerca de ti a un adulto que te ayude a enfrentar todos tus sentimientos y a superar tus decepciones en el momento en que ocurren.

Los sentimientos de profunda decepción no resueltos pueden tener una vida propia aunque ya seas mayor, sobre todo si no estás consciente de ellos. Estos sentimientos impactan tu toma de decisiones. Es posible que anticipes que te decepcionarás, y por ello evitas lo que quieres, lo cual puede convertirse en un patrón de negarte a ti misma lo que quieres. Puede volverse algo tan automático que ni siquiera estarás consciente de que lo estás haciendo. Si te niegas por miedo a la decepción, puedes privarte de cosas buenas que también podrían sucederte. Si en el pasado te protegiste de un posible sufrimiento, quizás el precio fue perderte también un posible placer que podría haber estado a la vuelta de la esquina. O quizás te imaginas que al decirle que no a alguien, esa persona se sentirá tan mal como te sentiste tú cuando alguien te negó algo. Sin embargo, no es posible conocer con exactitud la experiencia de otra persona, y le haces un flaco favor creyendo que puedes. Es más, cuando tratas de anticipar la verdad de otra persona, solamente logras ignorar tu propia verdad.

Como ejemplo, te contaremos la experiencia de Elena en este aspecto: ella se sintió liberada cuando separó las decepciones del pasado de su vida actual. Por haber crecido en una familia donde prevalecía el alcoholismo, se acostumbró a ignorar sus decepciones. Mientras participaba en este programa, su diario se llenaba de muchos recuerdos dolorosos, que después ella exploró con más profundidad. Con el tiempo, esto le permitió hacer duelo por ellos. Se convirtió en una protectora de su yo más joven, y se hizo más resiliente al enfrentar sus decepciones adultas.

Tu trabajo es sentir tus decepciones, o quizás lamentarte por ellas, justo en el momento en que ocurren. Incluso puede parecerte provechoso el lamentar las decepciones antiguas acumuladas, tal como Elena lo hizo. Recuerda que no es tu trabajo asegurarte de que otras personas no experimenten decepciones. Confía en que los demás encontrarán su camino cuando se decepcionen, del mismo modo en que tú encontrarás el tuyo. E incluso si otras personas no logran encontrar su camino, no es tu responsabilidad resolver ese problema por ellas.

Cómo tomar decisiones en dos pasos

¡Es necesario *saber lo que quieres* antes de tomar una decisión consciente! Saber lo que quieres y tomar la decisión son cosas relacionadas pero distintas. El proceso de toma de decisión en dos pasos funciona de este modo: tus amigos te preguntan si quieres ir a cenar después del trabajo. Normalmente dices que sí porque es lo que siempre haces sin cuestionártelo. Qué pasaría si hicieras una pausa lo suficientemente larga como para preguntarte qué quieres hacer esta noche después del trabajo. Quizás quieres salir con amigos, o tal vez prefieres ir a casa y pasar una noche tranquila leyendo un libro junto a tu gato. ¿Qué pasaría si contestas a la invitación solamente después de saber qué quieres?

La toma de decisiones es relativamente fácil cuando tu deseo y tu decisión coinciden. Si divides cada decisión que tomas en dos pasos te sentirás más conectada, empoderada y comprensiva hacia ti misma. Sin embargo, habrá momentos en que tu deseo y tu decisión no serán congruentes. Hay varias razones para decir que sí aunque desees decir que no: tal vez crees que es lo correcto en ese momento, o reconoces que te sentirás mejor al respecto a la larga. Aquí te presentamos una situación común: tu jefe te pide que te quedes hasta tarde para terminar un proyecto. Sabes que no quieres hacerlo porque preferirías ir a casa. Puedes sentir tu deseo de negarte de manera clara y rotunda. Sin embargo, tomas la decisión de aceptar porque también deseas que el proyecto termine, y quieres sentirte parte del equipo. Dadas estas razones, sientes que es la decisión correcta. Cuando lo desglosas de esta manera, no eres deshonesta contigo misma.

Cuando quieres negarte, pero –por cualquier razón– decides aceptar, es menos probable que te sientas molesta, temerosa o resentida por tu decisión si primero te tomas el tiempo de reconocer cuál es tu deseo. Decidir aceptar algo a sabiendas e ignorar tu deseo de negarte se siente muy distinto de aceptar enseguida sin primero pausar para descubrir y saber con claridad cuál es tu deseo profundo.

También a veces es posible que haya una razón legítima para decidir que no, aunque tengas el deseo de decir que sí. Al final de tu recorrido por este programa es posible que descubras que quieres ser madre. Entonces sopesarás tu deseo contra la realidad –quizás tu pareja no quiere tener otro hijo (tal vez ya tuvo hijos de un matrimonio previo). Así que *tomas la decisión* de quedarte con esta pareja y de encontrar otras maneras creativas de satisfacer tu deseo. En este ejemplo, la decisión de no ser madre prevalece por sobre tu deseo de serlo, pero tienes claro por qué existen ambas.

También es posible que una discrepancia entre el deseo y la decisión sugiera algo totalmente distinto. Después de tomar tu decisión, aun comprendiendo que es la correcta, puede que te sientas agredida, arrepentida o enojada contigo misma, como si no tuvieras alternativa. O podrías sentirte hostigada por quienes desean que digas que sí, aunque por dentro sigas gritando en silencio que no. Pero tus sentimientos de ser forzada *externamente* podrían estar infundados, y la incomodidad que experimentas puede deberse a una lucha *interna*, un eco de algo que ocurrió en tu pasado. Abordaremos este tema más a fondo un poco más adelante.

Esto es lo que le pasó a Eva. A menudo sentía que su jefe le exigía demasiado al pedirle que invirtiera más tiempo y esfuerzo en un proyecto de equipo con otras tres personas. Sus circunstancias parecían indicar que tenía razón en molestarse. Sin embargo, al explorar a fondo, Eva se dio cuenta de que sentía *con frecuencia* que otras personas pedían que diera más de lo que ella estaba dispuesta a dar; aunque les dijera que sí, se sentía explotada. Sus "sí" iban acompañados de indecisión, titubeos *y* de sentirse obligada a aceptar. Eva desenterró un conflicto interno que se remontaba a la época después de la muerte de su padre, cuando tenía trece años de edad. Justo en el momento de la vida en que ella, de manera natural, debía buscar con más energía cumplir sus propios deseos y probarse a sí misma en el mundo, su madre comenzó a pedirle más y más apoyo emocional, y al hacerlo esencialmente obstaculizó e incluso impidió su desarrollo adolescente. Con tiempo y mucho trabajo valiente, Eva halló la paz en esta parte de sí misma. Se sintió más libre y optimista. Con este trabajo respaldándola, ahora podía decir que no cuando quería, y decir que sí sin sentirse resentida. Se dio cuenta de que había arrastrado este antiguo conflicto interno a su situación en el trabajo y a sus relaciones personales.

El método de dos pasos aquí descrito puede ayudarte a entrar en contacto con tus sentimientos y a determinar si estás alineada contigo misma o luchando en tu contra. Si te cuesta mucho trabajo conocer tus verdaderos deseos y actuar conforme a ellos quizás, al igual que Eva, necesitarás ayuda externa para desenredar los nudos en tu interior. Un profesional puede ayudarte a hacerlo.

Gracias a la concienciación adquirida a través de este método de toma de decisiones en dos pasos, puedes cambiar cómo decides el sí y el no. Inténtalo tú misma. Hacer una pausa para explorar lo que quieres te da una base sólida desde la cual puedes tomar decisiones informadas. A partir de esta semana trata de desglosar en dos pasos y conscientemente cada decisión que se te presenta –grande o pequeña– y ve cómo te funciona. La mayoría de las mujeres consideran que este enfoque es muy liberador. ¡Buena suerte!

Sé curiosa: tareas para la Semana 4

1. En la primera tarea de esta semana te pedimos que hagas una asociación libre de ideas. Es importante dejar que fluya al papel lo que te venga a la mente sin dudar ni censurarte. No lo pienses mucho ¡y diviértete! No es necesario que lo

escrito tenga sentido o sea racional. Puedes hacer una lista o escribir enunciados. Haz lo que te plazca. ¡En serio!

Sé curiosa: vamos a jugar un poco con las palabras *sí* y *no*. Escribe "SÍ" en la parte superior de una página en blanco. Siéntate en silencio durante unos minutos y permite que el "SÍ" llene tu mente y tu cuerpo. Siente la palabra y dila en voz alta, luego percibe qué sentimientos y pensamientos te vienen a la mente. Escribe todo lo que se te ocurra sobre el significado que esta palabra tiene para ti. Recuerda que no es necesario que lo escrito tenga sentido. Tómate un tiempo para asimilar por completo la experiencia del "SÍ". Incluso podrías usar un cronómetro para asegurarte de hacer el ejercicio durante suficiente tiempo, por ejemplo, diez minutos. Confía en ti misma. No hay un modo equivocado de realizar el ejercicio.

Ahora escribe "NO" en la parte superior de otra página en blanco. Deja que la palabra llene tu mente y tu cuerpo; siéntela, dila en voz alta y percibe qué sentimientos y pensamientos surgen. Escribe todo lo que te venga a la mente sobre el "NO". Tómate un tiempo, podrían ser diez minutos, para asimilar por completo la experiencia.

Algunas mujeres descubren más libertad en el sí, y otras en el no, y esto varía mucho con cada persona. Queremos que explores tu relación con las palabras y cómo albergas a cada una de ellas en tu mente y tu cuerpo.

2. Sé curiosa: ahora jugaremos un poco más con la parte física del sí y el no, y calibrarás tu compás interno. Di la palabra *sí* en voz alta. ¿Cómo se siente en tu cuerpo? Percibe la sensación en tu cara y tu boca cuando dices que sí. Quizás te ayudaría observar tu rostro en un espejo. ¿Hay tensión en tus músculos faciales? ¿Tu boca se siente suave, fruncida o tensa? Di que sí una y otra vez, experimentando con diferentes tonos e inflexiones de voz como, por ejemplo: urgente, enojada, graciosa y tranquila. Trata de decir que sí con voz de víctima, y experimenta cómo se oye si lo dices con pasividad, timidez y resignación. Luego di que sí gritando y con un tono o energía de agresión, sarcasmo o vigor. Dila con tanta felicidad en la voz como te sea posible. Y finalmente, produce cualquier otra versión del sí que se te ocurra. Haz tu mejor esfuerzo por dejar atrás tus inhibiciones. También puedes hacer el ejercicio acompañada por alguien, para que puedan experimentar e imitarse mutuamente con diferentes tonos y gestos. ¡Diviértete haciéndolo! Cuando sientas que ya has agotado todas las formas distintas de experimentar el sí, haz lo mismo con el no. Percibe todas tus

sensaciones emocionales y físicas conforme juegas con las palabras *sí* y *no*. Al terminar el ejercicio, y antes de continuar, escribe acerca de toda la experiencia.

3. Sé curiosa: a pesar del riesgo de sentirte decepcionada cuando no obtengas lo que quieres, haz una lista de todo lo que deseas (al menos en este día en particular). Desde lo más pequeño hasta lo más grande, desde lo mundano hasta lo exótico, de lo cosmopolita a lo íntimo, de lo etéreo a lo material, desde lo físico hasta lo emocional, anota absolutamente todo lo que puedas permitirte desear. La intención de este ejercicio es en realidad percibir las sensaciones que surgen en tu cuerpo mientras consideras todos tus deseos. Identifica qué sucede cuando sientes que quieres o deseas algo. Al hacerlo estás recabando información acerca de ti misma. Después de que hayas hecho la lista, escribe acerca de tus sensaciones y cualquier otra cosa que haya surgido en ti.

4. Sé curiosa: esta semana revisa tu mapa familiar. Hasta donde tienes conocimiento, ¿quién de tu familia tenía dificultad para decir que sí o que no? ¿Quién parecía capaz de ser fiel a su verdad interna? ¿Recuerdas un buen ejemplo de alguien que haya sido capaz de tomar decisiones con amor propio, convicción y naturalidad?

Exploración adicional y descubrimientos

Revisa lo que escribiste en cada uno de los cuatro ejercicios anteriores, al tiempo que reflexionas sobre las preguntas exploratorias en "Tu lista para reflexionar" ubicada en el Apéndice I. Después, usa las preguntas a continuación para ayudarte a explorar aún más:

¿Te parece que tu relación con el sí y el no ya se siente un poco distinta? Al terminar esta tarea, muchas mujeres se dan cuenta de que han dado significados positivos y negativos a estas palabras. ¿Qué pasaría si ninguna fuera buena o mala, positiva o negativa, motivadora o desalentadora? Y qué tal si te dijéramos que *sí* o *no* en realidad no es cuestión de palabras. ¿Qué pasaría si el *empoderamiento* es comprender precisamente *por qué* estás diciendo que sí o que no, es decir, ser capaz de adueñarte de la verdad que te llevó a decir esa palabra? El verdadero empoderamiento significa procesar en tu interior con claridad. El empoderamiento real retoma ese *saber* y lo usa para enfrentar tu experiencia, minuto a minuto, con confianza. Después de realizar esta tarea, las mujeres descubren que se derrumban sus conceptos de estas palabras como positivas o negativas. Las palabras en sí mismas no definen el empoderamiento. El empoderamiento viene de saber *quién eres*. Tú te defines a ti misma. Esperamos que desarrolles así una nueva y mejorada relación con las palabras sí y no.

¿Te divertiste jugando en voz alta con las palabras *sí* y *no* usando diferentes tonos de voz? Si no fue divertido, ¿al menos fue revelador? Incluso si te sentiste un poco incómoda, conseguiste información nueva. Por ejemplo, ¿descubriste que un tono te costó más trabajo que otro? ¿Usaste el mismo tono con una intención en particular incluso cuando querías insinuar algo diferente? Si no fue divertido y te gustaría que lo fuera, ¡trata de hacer el ejercicio con un niño de seis años!

Conforme lees en voz alta tu lista de deseos, ve si puedes contemplar tus sentimientos desde la perspectiva de un observador objetivo. ¿Qué tan difícil fue hacer una lista de tus deseos? Si fue un desafío, pregúntate: *¿Me privo a mí misma de lo que quiero porque desear puede llevarme a la decepción?* o *¿Me privo a mí misma de lo que quiero porque _____?* (llena el espacio en blanco: es egoísta, ambicioso, hedonista, pasará algo malo, etc.). No importa si este ejercicio fue fácil o difícil, sé curiosa y no te juzgues a ti misma. Después de que hayas realizado tu descubrimiento y exploración, guarda lo que escribiste y revisa los ejercicios opcionales de esta semana.

Sé más curiosa: ejercicios opcionales

No es necesario seguir estas sugerencias para obtener resultados del programa, pero si tienes el tiempo y deseas comprender más sobre ti misma, serán de mucha ayuda.

1. Piensa acerca de dónde, cuándo y cómo sueles negarte a ti misma un objeto o experiencia en particular. ¿Dices que no con demasiada rapidez, sobre todo cuando quieres decir que sí? Escribe acerca de una de estas situaciones.

2. Si te cuesta trabajo decir que no, escribe una carta desde tu parte compasiva hacia la parte de ti misma que lucha para decir que no. La carta puede parecerse a esto:

   Querida_____, que no sabe cómo decir que no cuando quiere hacerlo,
   Te perdono. Me doy cuenta de que has hecho las cosas lo mejor que puedes. Cuando eras pequeña necesitabas que alguien te enseñara a poner límites y a sentirte con el derecho a decir que no, pero no tuviste

esta ayuda. Ahora me doy cuenta de eso. Eres una buena persona. Ya tienes el permiso para decir que no y para escribir acerca de todas las cosas que obstruyeron tu camino. No es tu culpa que haya sido difícil para ti decir que no, y no es demasiado tarde para cambiar las cosas. [Continua la carta con tus propias palabras].

3. Juega el juego de exploración llamado "Simplemente deseemos" con una persona joven de cuando menos cuatro años de edad y con quien tengas una buena relación. Hazle saber que es un juego para descubrir y comprender todas las cosas que ambos desean. Puedes ir de compras, al parque o mirar catálogos y revistas. Pregúntale a la persona joven qué quiere o le gusta una y otra vez: "¿Qué más deseas?... ¿Qué más deseas?" El objetivo no es tomarle el pelo al niño y tampoco se trata de consumismo; el propósito es que tu acompañante sepa que te interesas por él, y facilitarle la experiencia de desear y querer, compartiéndola sin juicios ni pena. No se trata de obtener los objetos deseados, sino de prestarle atención a esta persona joven, y así permitirle sentir que despierta tu interés a través del deleite que produce su deseo.

   Los jóvenes quieren mostrar a los adultos quiénes son, lo que les gusta, y que el adulto se deleite con su compañía. El objeto de su deseo puede cambiar en un abrir y cerrar de ojos. Es posible que los adultos y padres se confundan cuando los niños quieren cosas que no necesitan. Los pequeños quieren sentirse "vistos" –aceptados– y comprendidos; que se reconozcan sus deseos les ayuda a sentir que los están viendo, lo cual les ayuda a sentirse unidos con otras personas y, por lo tanto, consigo mismos. Al fin y al cabo, sentirse conectados con otros es más importante para ellos que obtener las cosas concretas que desean. Cuando das a los niños tu completa atención, a ellos les encanta mostrar quiénes son.

   También puedes jugar este juego con una amistad adulta. Los dos pueden iniciar una aventura de deseos y deleitarse con lo que cada uno quiere, libres de juicios, críticas o sensatez.

   Después de jugar, escribe acerca de lo que ocurrió y analiza si aprendiste algo sobre ti misma; es posible que emerjan memorias. ¿Recuerdas a los adultos deleitándose con tu compañía? Cuando eras pequeña, ¿te ponían atención o sentías que les interesabas? ¿Tenías que reprimir u ocultar lo que querías? Cuando deseabas algo, ¿surgían sensaciones o sentimientos negativos? Escribe sobre todo esto y observa qué emerge.

Esta semana quédate con esto

Tómate un momento para bajarle al ritmo de vida y sentir. Intenta apartar un poco de tiempo cada día para hacerte consciente de tus emociones. No tiene que ser mucho tiempo –incluso quince minutos para sentarte en silencio y hacer introspección pueden beneficiarte.

Conforme va pasando la semana, date cuenta de tus respuestas inmediatas a la gente –colegas, amigos, o miembros de la familia- cuando te piden favores, te solicitan o demandan algo. Si puedes, antes de contestar practica el hacer una pausa para observar tu interior y preguntarte: *¿cuál es mi deseo en este caso y qué quiero hacer al respecto?* para después decirte a ti misma: *Aunque soy capaz de cumplir esta petición, no necesito hacerlo. ¿Quiero hacerlo?* Durante esta semana trata de apuntar todas las peticiones que te hagan y cómo las respondiste.

Observa si puedes sentir tus deseos con claridad. Identifica cuándo te niegas a ti misma algo que quieres. Separa en dos pasos tantas decisiones como te sea posible. Primero pregúntate *¿qué quiero? ¿Cuál es mi deseo?* y después pregúntate *¿cuál será mi decisión?*

Continúa explorando las sensaciones de tu cuerpo cuando deseas algo. ¿Eres capaz de sentir deseo y disfrutarlo incluso si la experiencia u objeto deseado no se materializa? La sensación de desear puede ser divertida y reveladora en sí misma. Incluso para elecciones simples, por ejemplo, si tomarás café o jugo, haz una pausa que te permita explorar lo que en verdad deseas. Practicar con cosas sin mucha trascendencia puede servir de simulacro para situaciones más importantes.

Esta semana, cuando experimentes gozo y abundancia, identifica si te sientes con el derecho de disfrutar estas emociones.

Recuerda tus herramientas: escribir en tu diario y El Mantra. Tomarte un tiempo todos los días para escribir y recitar El Mantra te ayudará mucho.

Ante todo, apréciate a ti misma y di en voz alta: "Yo soy importante" durante todo el tiempo que sigas en este viaje de autodescubrimiento.

Cuidado de ti misma

¿Qué sucede cuando deambulas sin un plan? Si tienes suerte, tus sentidos chocarán contra el mundo a tu alrededor con una frescura que entusiasma, restaura y renueva. Esta semana has estado explorando las diferencias entre el sí y el no. ¿Qué pasaría si tu actividad o ritual para cuidar de ti misma expresara una manera de sentir y percibir lo que te atrae (sí) o lo que no te interesa (no)?

¿Puedes ir a una galería o a un museo de arte o ciencias? Permítete pasear libremente. En vez de tratar de verlo todo o de pasar el tiempo procesando con tu lado izquierdo (analítico) del cerebro, explora lo que atraiga tu atención. Sigue lo que te interesa sin preguntarte por qué. Identifica lo que no te atrae. Juega con esta mentalidad abierta. No hay una forma correcta o incorrecta de explorar, deja que opere tu forma propia de ver el mundo. Diviértete.

Si esta sugerencia no te atrae, pasa un rato haciendo otra cosa que estimule tu percepción. Si tienes ganas, escribe en tu diario acerca de lo que surja. Sin importar lo que hagas, ¡asegúrate de que no sea algo que sientes que *debes* hacer!

El cuidado personal que hice para mí misma esta semana fue...

No estás sola

Conoce a Tatiana y Gisela. Sus historias son distintas, pero ambas mujeres son elocuentes al compartir su experiencia. Como ya hemos dicho, si sientes que es mejor esperar hasta más tarde para escuchar las historias de otras mujeres, hazlo así. Si encuentras consuelo o compañía al leer los testimonios durante tu viaje de descubrimiento, adelante.

La historia de Tatiana

No tenía mucho tiempo desde que me gradué de la preparatoria, y recuerdo haber pensado que quería tener ocho hijos con mi entonces novio. Incluso en ese entonces parecía un plan débil. Cuando miro al pasado, creo que solamente se me ocurría tener hijos en momentos en que mi futuro era incierto o atemorizante.

Cuando nos casamos, acordamos que no tendríamos hijos, pero que dejaríamos abierta la puerta en caso de que cambiáramos de opinión. De vez en cuando alguno de nosotros entretenía la idea, y el otro decía: "Espera diez minutos y dime si todavía crees que es buena idea". Se convirtió en una especie de broma. Hablábamos sobre el tema un poco y nos convencíamos de no hacerlo. Después, cuando terminé la licenciatura, sentí una distancia entre mi esposo y yo, y mucha incertidumbre sobre el camino que debía seguir. Durante un poco de tiempo (más de diez minutos, quizás una semana) consideré en serio la idea de tener un bebé. Era un acto de desesperación. Lo sabía, pero durante esa semana romanticé el tener un bebé. Lo comenté un par de veces. Él me repitió la frase de: "Espera diez minutos".

Entonces una noche estábamos acostados en la cama y le dije lo mucho que había estado pensando al respecto, y todas las cosas que me habían estado afectando. Terminé diciéndole que yo creía que era un intento de evadir el próximo paso en mi vida. Había terminado la licenciatura y no sabía qué hacer después. Esa era una razón tonta para tener un bebé. Solo necesitaba ser fuerte y comenzar a descubrir lo que realmente quería hacer después. Pero estaba asustada. Para mí fue uno de esos momentos de claridad. Él volteó a verme y dijo que pensaba que debería hacerse la vasectomía. No estaba abierto al diálogo, fue una declaración. Sentí que se trataba de un mecanismo de defensa porque él ya no confiaba en mi juicio. Me sentía tan enojada. Aunque en ese momento estaba segura de que no quería hijos y una vasectomía haría mi vida más fácil, me molestó la forma en que planteó la idea. Después de hacerme cargo de la anticoncepción de forma tan concienzuda durante todos esos años juntos, la idea de que él ya no confiaba en que yo le evitaría convertirse en padre fue una cachetada en la cara. Lo que yo no sabía en ese entonces era que su mejor amigo acababa de sorprender a su esposa saboteando su método anticonceptivo y tratando de embarazarse a pesar de que habían acordado no hacerlo. Tuve un lapso momentáneo de cordura y él pensó que necesitaba protegerse de mí. Debí saber lo que eso implicaría.

Mi segundo marido es el amor de mi vida. Nos conocimos al encontrarnos cuando ambos teníamos dificultades parecidas. Estoy feliz de que ninguno de nosotros tiene lazos con cónyuges anteriores o prioridades debidas a los hijos.

Pensé acerca del estilo de vida de una madre, y simplemente no me atraía. Así que esperé para ver si me sentía diferente conforme pasaba el tiempo. Miré cómo cambiaban las vidas de mis amigos. Algunos estaban tan felices y les sentaba tan bien ser padres. Podía ver por qué lo eligieron. Sencillamente no era para mí. Yo disfruto trabajar y tener una carrera. Mi trabajo es interesante, estimulante y gratificante. Yo sabía que no podía hacer ambas cosas (trabajar y ser madre). Recuerdo haber pensado que ser una madre era demasiado importante como para dejárselo al azar o a las emociones. Era un compromiso muy serio. Si yo no estaba totalmente comprometida con la maternidad, no tenía ningún derecho a ser madre. De vez en cuando pienso en lo que pasará conforme envejezco, pero no tengo garantía de que llegaré a la vejez. Mi confianza en mi decisión sigue creciendo. No me he arrepentido.

Creo que pasé por un periodo de intolerancia hacia los niños que no fueran parte de mi familia (narices y dedos con mocos, comportamiento molesto). Eso evolucionó hasta convertirse en comprensión hacia los niños con padres de mal humor. Ahora compadezco a ambos.

Mi mamá era ama de casa y muy buena escuchando. Rara vez daba consejos. Solo me escuchaba mientras yo decía lo que fuera que tuviera en la mente. Aunque ahora le cuento menos cosas, todavía somos muy cercanas. Hablamos a menudo y nos vemos con frecuencia. Mi mamá y yo parecemos muy diferentes. Ella es naturalmente buena escuchando y muy paciente. Estas son habilidades en las que tengo que trabajar mucho. Ella tenía todas las habilidades maternales importantes: cariñosa, bondadosa y generosa. Yo tengo buenas habilidades en matemáticas y de liderazgo. No creo que diría que quiero ser como era mi mamá, pero ella era perfecta en el trabajo de ser mi mamá. Mirando hacia el pasado, era muy inocente y poco independiente cuando yo era joven. Parecía ser suficiente para ella y era feliz, pero ese no es mi estilo. Pensé que mi hermana y mi mamá eran madres geniales. Estaban dedicadas a sus maternidades. Yo no creí que pudiera invertir el mismo esfuerzo que ellas pusieron en ser mamás. Yo no tenía la pasión para hacerlo.

A pesar de que tuve muchos hermanos, mi papá encontró maneras de hacer que nuestra relación fuera especial. Mi papá es un alcohólico en recuperación. Él bebía cuando yo era niña, pero tengo unos pocos recuerdos anteriores a que su alcoholismo empeorara, como cuando me sentaba junto a él en su sillón mirando béisbol mientras él me explicaba el juego. El cúmulo de recuerdos de la época en que él estaba enfermo se ha evaporado. Décadas de alegría lo han reemplazado. Ahora somos muy cercanos. Antes, mi papá no comprendía por qué quería ir a la universidad, pero parecía apoyar la idea. (¿Por qué no simplemente me casaba y comenzaba una familia, como se supone que deben hacer las mujeres? Bla, bla, bla. Él nunca dijo esas palabras, pero me imaginé que eso era lo que estaba pensando). Cuando le dije que quería ir a la universidad y terminar un doctorado, él se dio cuenta de que estaba siguiendo mi camino.

Tatiana está a principios de sus cuarenta y viene de una familia grande con siete hijos. Fue criada como católica pero actualmente no tiene ninguna afiliación religiosa. Ella se desarrolla de maravilla en el trabajo y tiene una carrera estimulante y gratificante. Ama a su marido y la vida que comparten juntos. Tienen tiempo para dedicarse a sus intereses personales y para pasar buenos ratos juntos. Tatiana disfruta el lujo de poder enfocarse en ser una mejor pareja, hermana, tía e hija. Está muy agradecida por su buena fortuna.

Dado que tanto Tatiana como su primer marido habían acordado al comienzo de su relación que no querían tener hijos, es de suponerse que esta no fue la causa principal por la cual terminó el matrimonio. Es más verosímil que hubiera otros problemas complicados en juego. Lo más probable es que durante ese primer matrimonio ella aprendió más sobre sí misma, sus necesidades y deseos, y esto le ayudó a encontrar a una pareja más adecuada posteriormente.

Poco después de que Tatiana tomara su decisión, notó que sus amistades con amigas mujeres cambiaron cuando sus vidas tomaron rumbos distintos al suyo. Ella dijo: "Conforme mis amigas comenzaron a tener hijos, nuestras relaciones se distanciaron. Yo comprendí. Ellas necesitaban enfocarse en estas pequeñas criaturas. Eso era el objetivo mismo de tenerlas. Yo estaba estudiando mi posgrado mientras ellas visitaban parques infantiles; dos elecciones distintas, ninguna mejor o peor que la otra, simplemente diferentes". Para las mujeres que sienten conflicto sobre su decisión, ella ofrece este consejo: "Enfócate primero en tu pareja. Después escúchate muy bien a ti misma. ¿Sientes entusiasmo por adoptar este papel? ¿Cómo te imaginas que será tu vida diaria?"

La historia de Gisela

Tuve muchos ejemplos a seguir, todos ellos diferentes al de mi madre. Está la mujer que dejó su carrera para criar a sus hijos, otra mujer decidió no tener un bebé y otras más continuaron con sus carreras y también tuvieron bebés. Lo que yo comprendí desde joven es que la maternidad no está relacionada con el qué y el cómo, sino con seguir tu deseo. Eso hace toda la diferencia. Las que eligieron ser madres quizás estaban atareadas pero satisfechas; las otras que eligieron no serlo pero fueron madres para satisfacer las peticiones de otras personas (o porque creyeron que era su deber) encontraron rápidamente la infelicidad.

Al principio, mi preocupación era mi carrera; luego comprendí que de cierto modo mi marido era mi hijo. Después de que él y yo rompimos estuve sola durante once años. Más adelante conocí a mi compañero actual con sus dos niñas pequeñas que habían perdido a su madre por el cáncer. Decidí que quería ayudarlas a crecer. Mi exmarido actuaba como un niño, así que con él era muy fácil comprender que no había espacio para más niños. Por otro lado, después de que decidí convertirme en madrastra, tuve una profunda comprensión de que quería tener mi propia familia.

Mi mamá se puso muy feliz cuando se enteró de que estaba embarazada de mí. Tuvo que pasar un par de meses en cama, ya que corría un poco de riesgo de perderme. Después decidió ir a una clínica privada para darme a luz. Ella era y es muy ansiosa; en ese entonces tenía miedo de que alguien cambiara a su bebé por otro en el hospital. Ese fue también su miedo cuando nació mi hermana mayor.

Mi madre y yo nos amábamos, pero teníamos formas muy diferentes de ver la vida. Durante mi adolescencia estuve en conflicto abierto con ella. Me costó mucho trabajo poder desarrollar una relación adulta y pacífica con ella. Ahora la acepto profundamente tal como es.

Como madrastra, actúo de modo muy distinto de como lo hizo mi madre. Soy capaz de mostrar cuánto amo a "mis" niñas. Hablo con ellas sobre todos los temas, y contesto a todas las preguntas que formulan. Paso tiempo con ellas; nos gusta hacer cosas juntas y pueden decirme cuando no les gusta algo que he hecho.

Mi padre fue mi ejemplo a seguir. Me gustaba hablar con él, y ahora comparto opiniones y experiencias como él lo hacía conmigo. Teníamos muchos intereses en común y, en general, nos hacíamos cuestionamientos similares acerca de lo espiritual, filosófico y político. No teníamos las mismas ideas, pero de todas formas nos encantaba debatirlas juntos.

Gisela ya está a principios de sus cincuenta, y pasó aproximadamente nueve años pensando seriamente acerca de si elegiría convertirse en madre o no. Ella vive en un país que está cambiando pero todavía tiene ideas tradicionales, y donde se espera que las mujeres se casen y tengan hijos. Gisela comenzó su proceso de toma de decisión cuando contaba con veinte años, y tenía veintinueve y estaba casada cuando decidió que no sería madre porque su esposo era tan inmaduro que podía considerársele como un hijo. Ella califica su sentimiento de ese entonces como alivio. Tenía cuarenta y siete cuando tomó la decisión contraria de convertirse en madrastra, al decir que sí a la vida con su pareja y sus dos hijas pequeñas, cuya madre había muerto de cáncer recientemente. Gisela se convirtió en su figura materna principal. Esta decisión la llenó de felicidad.

Es un dato curioso que el tema de la tesis de licenciatura de Gisela fuera la relación madre e hija. Durante ese periodo de su vida ella estaba muy involucrada en actividades sociales encaminadas a sensibilizar a las mujeres con respecto al sexo, el embarazo, el nacimiento y la anticoncepción. Ella personalmente estaba informada y sintió que podía tomar su decisión sabiamente sin la necesidad de ayuda profesional. A pesar de ser una mujer independiente, Gisela compartió sus decisiones con sus amigas. Hoy, ella encuentra satisfacción en su trabajo y sus relaciones con sus dos hijastras. Gisela tiene este consejo para otras mujeres que están intentando decidir: "Date un espacio para ti misma y para tus deseos".

Después de que Gisela tomó sus decisiones –primero la de no convertirse en madre, y más adelante la de convertirse en madrastra– no notó cambios con sus amistades mujeres. Ella dijo: "Siempre tuve muchas amigas que tomaron decisiones distintas, y puedo comprender e identificarme con todas ellas". Su relación con sus hermanas sí cambió después de que decidió convertirse en madrastra: dos hermanas, una mayor y una menor (ambas con hijos) dijeron que se sintieron más cercanas a ella porque al fin todas compartían un papel en común.

Por desgracia, para cuando Gisela se convirtió en madrastra, su padre ya había muerto. Ella notó que sus relaciones con sus colegas hombres cambiaron un poco después de que se convirtió en madrastra. Sintió que los hombres reconocían sus habilidades como madre y que esto la hizo parecer más fiable ante sus ojos. En cuanto a los cambios que pudiera haber notado con los niños, ella dijo: "Siempre amé a los niños, y cuando decidí no tener bebés me convertí en una tía adorable (postura que se amplió hasta incluir a los bebés de mis amistades). Después, cuando me convertí en madrastra, mis 'habilidades' con los niños mejoraron todavía más".

Ser madre, ¿es para mí?

Después de ocho años, Gisela y su compañero, el padre de sus dos hijastras, terminaron su relación. Él planea casarse con otra mujer, y Gisela considera que su mayor dificultad es ajustarse a lo que este matrimonio inminente significará para la futura relación con sus hijastras. Todos ellos tendrán que encontrar un nuevo equilibrio. Ella se siente optimista acerca de superar esta transición, mantener su compromiso hacia las niñas y permanecer con expectativas realistas. Las niñas son ocho años mayores de lo que eran cuando su relación comenzó, y también tendrán voz en cualesquiera decisiones que se tomen.

Semana 5

El diálogo

*Existe una diferencia importante entre vivir en el pasado
y volver a visitar el pasado para poder sanar.*

Presentación

Ponte cómoda, respira y abre tu mente. Enfócate en un recuerdo positivo sucedido durante la semana pasada. Disfruta esta memoria durante unos momentos al tiempo que reconoces cómo tu propia valentía y compromiso te permiten seguir adelante con el programa.

La semana pasada exploraste tu relación con las palabras *sí* y *no*. Aprendiste cómo pueden surgir sentimientos de impotencia y resentimiento cuando actúas en contra de tus deseos más profundos. Ahora también comprendes mejor el método de dos pasos para tomar decisiones. Fue una semana dedicada a enfocarte más en ti misma y en lo que quieres en vez de ocuparte de otras personas.

¿Cómo te sentiste al hacer una pausa antes de decir que sí o que no a las peticiones de otras personas? ¿Qué sentimientos surgieron? ¿Cómo fue el poder percibir las sensaciones de querer y desear? ¿Te sentiste con derecho a tener esas sensaciones? ¿Te sentiste cómoda con ellas?

En este punto del proceso, no es raro que comiences a tener sentimientos incómodos que no puedes identificar por completo. No te preocupes; no está pasando nada malo. De hecho, es posible que las cosas estén yendo muy bien. Está sucediendo lo siguiente: tu mundo interno se está liberando, y lo que alguna vez se sintió bien, o al menos pasable, ahora podría hacerte sentir un poco inestable. Esto es una señal positiva de que tu psique se está abriendo a pistas relacionadas con *rendirse al proceso*, que son las mismas pistas que te llevarán a la claridad.

Solamente permite que continúen asimilándose, en la parte subconsciente de tu mente y en tu cuerpo, los desafíos emocionales que se han estado avivando acumulativamente durante las últimas semanas. Conforme este proceso se vaya profundizando, confía en que tiene vida propia y está bien permitirle que se desarrolle en segundo plano mientras sigues avanzando. Quizás te ayude decir con voz fuerte lo siguiente: "Estoy a salvo, y me hace bien permitir que mis emociones sigan desarrollándose".

Visualización guiada de la Semana 5

(Adaptada e inspirada de "Parent Dialogue" por John O. Stevens en el libro *Awareness: Exploring, Experimenting, Experiencing.* [El darse cuenta: sentir, imaginar, vivenciar]. Boulder, Colorado: Real People Press, 1971).

Estos ejercicios te permiten hacer consciente la información situada en tu subconsciente, lo cual te ayudará en tu camino de descubrimiento. Hay dos componentes en la visualización guiada de esta semana, y en ambos es necesario pensar acerca de tus padres. Para ello usamos las etiquetas de *madre* y *padre*. Si esas etiquetas no quedan con tu situación, usa en su lugar otras que sean más apropiadas. Solamente tú puedes saber lo que es mejor para ti.

"Escoger" es la primera parte. Confía en que tu mente enfocará su atención en donde sea necesario. Cuando tus ojos están cerrados funciona una parte de tu cerebro a la que no se accede fácilmente cuando tus ojos están abiertos. Pídele a alguien que te lea la visualización o grábala para que puedas escuchar con los ojos cerrados, pues su eficacia también requiere del elemento sorpresa. Si esto no es posible, grábala tú misma para que puedas escucharla con los ojos cerrados para profundizar la experiencia del lugar adonde te llevará el ejercicio. También puedes bajarla de la página: www.SerMadreEsParaMi.com. Si lees la visualización para ti misma, hazlo cuidadosa y muy lentamente para darte el tiempo suficiente de saborear la experiencia. De vez en cuando cierra los ojos y ábrete al poder de tu imaginación.

Recuerda que la experiencia que tengas es lo más importante y no hay forma incorrecta de hacer el ejercicio. Ten a la mano tu diario y pluma para que puedas apuntar de inmediato tus impresiones e imágenes.

Semana 5 – El diálogo

Para prepararte, elige un lugar tranquilo y sin ruido donde la gente no te distraiga ni moleste. Escoge un momento en el que no tengas nada más que hacer y cuando nadie necesite de tu atención; este momento es única y exclusivamente para tu beneficio. Siéntate cómodamente en una silla o, si lo prefieres, acuéstate en el suelo.

Tiempo de elegir

Ahora que ya estás lista, hazte consciente de tu respiración. Deja que tus ojos se cierren suavemente conforme respiras profundo y exhalas. Inhala y sostén tu respiración mientras cuentas hasta cinco. Luego exhala hasta que la mayor parte del aire haya salido de tus pulmones. Vuelve a inhalar y exhala lentamente, dejando salir un suspiro por tu boca mientras cuentas en silencio del diez al uno. Continúa respirando lenta y profundamente. Conforme respiras, te relajas. Permite que tu respiración natural te dé una sensación profunda de paz y bienestar. Siente la relajación de tu cuerpo y deja que tu mente flote libremente. R-e-s-p-i-r-a.

Imagina a tu madre sentada frente a ti. Puedes visualizarla como es hoy o como se veía cuando eras una niña. Lo que te venga a la mente está bien. R-e-s-p-i-r-a. Mírala a los ojos. Observa cómo te sientes al estar en su presencia. ¿Cómo percibes su energía? ¿Cómo percibes la tuya? ¿De qué edad te sientes? Percibe lo que se siente bien y lo que no se siente bien. R-e-s-p-i-r-a. Acepta todos tus sentimientos, ya sean de calma, neutrales u otros. Esta visualización tiene como objetivo percibir tus sentimientos sin juzgarlos. Continúa respirando conscientemente y despídete de tu madre por ahora. Percibe el espacio enfrente de ti sin ella presente.

Con los ojos todavía cerrados, respira lenta, completa, profunda y conscientemente dos veces. Visualiza a tu padre sentado frente a ti, imaginándolo como es hoy o como se veía cuando eras niña. Lo que te venga a la mente está bien. R-e-s-p-i-r-a. Míralo a los ojos. Observa cómo te sientes al estar en su presencia. ¿Cómo percibes su energía? ¿Cómo percibes la tuya? ¿De qué edad te sientes? Percibe lo que se siente bien y lo que no se siente tan bien. R-e-s-p-i-r-a. Acepta todos tus sentimientos, ya sean de calma, neutrales u otros. Esta visualización tiene como objetivo percibir tus sentimientos sin juzgarlos ni tratar de descubrir algo en particular. Respira un par de veces y despídete de tu padre por ahora. Percibe el espacio enfrente de ti sin él presente.

Con los ojos todavía cerrados, considera tus reacciones a los dos escenarios anteriores. ¿Qué se sintió igual? ¿Qué se sintió diferente? ¿Cuál de las dos visualizaciones evocó o provocó más emoción o energía, ya sea positiva o negativa? ¿Con quién tienes más asuntos sin resolver? Este es el progenitor que elegirás para la siguiente parte de la visualización. Ten en cuenta que puedes repetir el ejercicio con tu otro progenitor o con cualquier figura paterna, materna o de autoridad con quien sientas que tienes un conflicto o heridas no resueltas.

Antes de continuar, escribe tus pensamientos, sentimientos, intuiciones o cualquier otra cosa que desees plasmar acerca de tu experiencia. Sigue escribiendo hasta que sientas que has terminado. A veces, lo que escribas en este paso puede revelar o confirmar cuál de tus padres debe estar en el siguiente ejercicio.

El diálogo

Esta parte de la visualización es un diálogo guiado entre ti misma y uno de tus padres u otra figura adulta fundamental de tu vida, sin importar si vive todavía o ya ha fallecido. El objetivo es darte la oportunidad de trabajar en aspectos importantes y necesarios de tu relación con un adulto que haya jugado un papel significativo mientras crecías. Su influencia pudo haber sido positiva o negativa. De cualquier modo, permite que ocurra la experiencia curativa.

Ahora que estás lista para este segmento, hazte consciente de tu respiración. Deja que tus ojos se cierren suavemente conforme respiras profundo y exhalas. Inhala y sostén tu respiración mientras cuentas hasta cinco. Luego exhala hasta que la mayor parte del aire haya salido de tus pulmones. Vuelve a inhalar y exhala lentamente, dejando salir un suspiro por tu boca mientras cuentas en silencio del diez al uno. Continúa respirando lenta y profundamente. Conforme respiras, te relajas. Permite que tu respiración natural te dé una sensación profunda de paz y bienestar. Siente la relajación de tu cuerpo y deja que tu mente flote libremente. R-e-s-p-i-r-a.

Imagina que todo tu cuerpo está envuelto en una cobija de luz blanca y suave. La luz te llena por completo con una energía sanadora y de amor. Sé consciente de tu respiración, y dirige tu atención al corazón, percibiendo el espacio que existe entre tu corazón físico y tu espalda. Mientras visualizas esta área detrás de tu corazón, respira en ese espacio. Dirige tu exhalación natural hacia ese lugar durante algunas respiraciones conscientes. Después, respira con naturalidad hacia cada rincón de tu cuerpo.

Enfoca tu atención en el padre, madre, figura paterna o materna que hayas elegido. Imagina a la persona sentada delante de ti, mirándote. Tómate un rato para ver a esta persona sentada enfrente. Mírala a los ojos. ¿Cómo está sentada? ¿Qué está usando? ¿Qué clase de expresión facial tiene? Percibe estos y otros detalles.

Este tiempo debe estar libre de interrupciones. Tienes la atención total de tu padre o madre en este momento. Incluso si por alguna razón no crees que esto sea posible, de todos modos intenta imaginar que así es.

Imagina que tu padre o madre desea saber lo que quieres decirle. Comienza hablando con tus propias palabras y siendo completamente honesta acerca de todo lo que te gustaría compartir. Expresa las cosas que nunca has dicho en voz alta y que anhelas exteriorizar. Quizás hay asuntos que ya se han dicho pero que merecen decirse de nuevo. Posiblemente querrás hablar sobre los resentimientos que has reprimido, o el enojo que temiste demostrar en el pasado. Tal vez desearás hablar del amor que nunca pudiste expresar como hubieras querido. Posiblemente tuviste éxitos que no le has compartido. ¿Hay dificultades que te gustaría expresar o secretos que ya están listos para ser revelados? Es posible que desees hacer preguntas que no has podido formular hasta ahora.

Este es el momento de compartir todo lo que crees que es importante para ti. Percibe con atención cómo te sientes mientras te expresas. Percibe si tu cuerpo se tensa y, si es así, en qué partes. Inhala para después exhalar cualquier tensión que surja, y permite así que tu respiración te ayude a bajarla. ¿Puedes sentirte conectada con tu padre o madre conforme le expresas tus pensamientos y sentimientos? ¿Puedes estar en contacto contigo misma mientras realizas la visualización?

Si tu padre o madre respondiera a todo lo que acabas de decir, ¿qué te gustaría que dijera? ¿Cómo se sentiría escuchar lo que quieres oír? Sigue respirando.

¿Qué quieres contestarle a la persona frente a ti? Díselo ahora. ¿Cómo te sientes mientras le respondes?

¿Cómo experimentas la relación entre ustedes? ¿Es este es el tipo de relación que te gustaría tener con esta persona?

Tómate unos momentos para considerar qué necesitas o quieres obtener de esta persona. Una vez que lo tengas claro, cuéntaselo, pero tómate el tiempo para expresarlo con exactitud. Al decirle lo que quieres que haga o te diga, sé fiel a tus propios sentimientos y no te preocupes por su reacción. Identifica cómo te sientes conforme vas revelando tus deseos.

Incluso si sabes en tu corazón que tu petición nunca se cumplirá, o que tu padre o madre no puede cumplir tu solicitud aunque quisiera, intenta imaginar a la persona haciendo o diciendo lo que le pediste. Ve si es posible que tu necesidad quede satisfecha gracias a este diálogo *imaginado*.

¿Qué emociones experimentas en este momento? R-e-s-p-i-r-a.

Con los ojos cerrados, lentamente y a tu propio ritmo, despídete por ahora de tu padre o madre y regresa a tu ambiente presente, dándote unos momentos para estar a solas con tus sensaciones emocionales y físicas. R-e-s-p-i-r-a.

Cuando estés lista, abre tus ojos lentamente y comienza a escribir en tu diario. Apunta los primeros pensamientos, sentimientos, intuiciones y cualquier otra cosa que desees plasmar acerca de tu experiencia.

Primeras reflexiones después de la visualización guiada

Tus pensamientos y sentimientos iniciales son más útiles cuando se expresan de inmediato. Escribe hasta que no necesites ni quieras decir nada más, y después siéntate en silencio durante algunos minutos para asegurarte de que no tengas nada pendiente por escribir. Los primeros momentos después de la visualización guiada son sagrados, y puede ser muy difícil volver a acceder a los mismos pensamientos más adelante. No te apresures después de la visualización guiada y continúa leyendo únicamente *después* de que hayas terminado tu escritura inmediata. Confía en que lo que escribes es valioso, incluso si todavía no es evidente.

Las relaciones con los padres son complejas, sin importar cuánto hayan cicatrizado o cuánto trabajo contigo misma hayas realizado previamente. Si durante o después de la visualización te sorprendes a ti misma sintiéndote insensible o indiferente, o tal vez inquieta, abrumada o sin ganas de continuar, haz tu mejor esfuerzo por escribir algo acerca de esas situaciones. No hagas teorías sobre lo que significan. Aprovecha cualquier reacción que hayas tenido y escribe sobre ella. Cuando se asomen sentimientos –sin importar la razón– invítalos a salir a flote y dales la bienvenida lo más que puedas para ver qué intuyes al hacerlo. Si en este momento resulta difícil encontrar las palabras para expresar tus sentimientos, confía en que todo será más fácil con el tiempo.

Cuando sientas que has terminado de escribir, fíjate en tu estado emocional. ¿Tus sentimientos son manejables? Si te sientes abrumada, sigue las instrucciones a continuación:

Respira profundamente y luego exhala con la mayor lentitud posible, dejando que todo el aire salga de tus pulmones. Permite que tu cuerpo inhale por sí solo. Continúa haciendo esto varias veces hasta que sientas calma. Marca un ritmo con los pies en el suelo. A continuación, da palmaditas en la parte superior de tus muslos. Luego da palmadas en tus brazos. Aprieta los puños y luego libéralos. Estas acciones te ayudan a reconectarte con el presente y permiten aterrizarte. Hacer esto es importante, sobre todo cuando tus emociones te abruman o cuando no puedes manejarlas. Si sientes que necesitas hacer algo más para reconectarte o fijarte en el presente, ponte de pie y marcha en tu lugar. Luego alza tus brazos hacia el cielo y estírate.

Mira a tu alrededor e identifica los objetos que te hacen sonreír. ¿Tu atención está donde quieres que esté? ¿Tus emociones son manejables? Antes de continuar, asegúrate de que tu atención esté donde debe estar.

Qué sucederá en la Semana 5

Resumen

La exploración de esta semana tiene como propósito llevar la relación con tus padres a un nivel más profundo. Te guiamos con cuidado a través de problemas no resueltos, así como dificultades que creíste que estaban solucionadas pero no lo están. Volveremos a ver un par de temas de la Semana 3, y exploraremos cómo el deseo de liberarte del dolor puede motivarte a curar viejas heridas. Las actividades y estrategias que te ofrecemos te enseñan a cuidar y sanar a tu yo más joven.

Es posible que sientas que el trabajo en tu relación con tus padres está completo. Si ya has trabajado más a profundidad con tu familia de origen, eres afortunada. Continúa con los ejercicios, pues llevarán al siguiente nivel el trabajo de curación que has realizado. Incluso podrías descubrir una mayor empatía y aprecio hacia uno o ambos padres.

A menudo, las mujeres sienten una urgencia abrumadora de saltarse o acortar los ejercicios de esta semana. Es posible que tengas una vaga sensación de temor o desasosiego ante la expectativa de abrir la puerta a un pasado lleno de abandono y abuso. Queremos darte la esperanza y también las herramientas que necesitas para atender los rescoldos de heridas todavía sin sanar dentro de ti. Nadie más puede hacer este trabajo, solamente tú puedes realizarlo con comprensión, autocompasión y amor. Ten confianza en que al trabajar las tareas de esta semana, comenzarán a derretirse los sentimientos de dolor, culpa, reproche, o actitudes defensivas que puedan surgir. Tu comprensión de ti misma puede mejorar muchísimo si reconoces desde el principio que todavía estás cargando el dolor o heridas que experimentaste durante la primera parte de tu vida.

Esta semana, usamos las palabras *padres*, *progenitores* y *padre* o *madre* de manera inclusiva. Piensa en la persona que haya jugado ese papel en tu vida. Estamos conscientes de la amplia variedad de posibilidades, así que permite que las palabras que usamos representen a la persona que corresponde en tu caso.

Volver a visitar problemas no resueltos

Es fácil subestimar cómo el pasado afecta el presente. Los problemas no resueltos –incluso si son pequeños– pueden causar estragos en tu vida actual y obstaculizar tu intención de saber si quieres o no ser madre. Si esa no fuera razón suficiente para querer sanar lo que no se ha resuelto, piensa que la posibilidad de finalmente liberarte del dolor y el sufrimiento provocados por cargar viejas heridas puede ser también un motivador poderoso.

Echemos un vistazo más de cerca a la relación que tenías con tus padres mientras crecías. ¿Qué mensajes recibiste de ellos acerca de ti misma? ¿Fueron mensajes explícitos o sobreentendidos? ¿Cuáles de estos mensajes adoptaste? ¿Cómo te sientes acerca de la relación que tienes con tus padres hoy en día? ¿Han cambiado con el tiempo? ¿Tú y ellos tienen una mejor relación ahora gracias a tus esfuerzos?

De vez en cuando nos preguntan: "¿La relación con un padre o madre puede cambiar si soy yo la única persona esforzándose por cambiarla?" La respuesta es: ¡Por supuesto! Aunque los detalles del pasado no pueden modificarse, tu relación con el pasado sí puede. Cuando tú cambias, notas que las personas a tu alrededor empiezan a cambiar también, o por lo menos tú percibes y tienes expectativas distintas del comportamiento de otros. Como adulta, tienes la oportunidad y el privilegio de explorar tu niñez, un tiempo de vulnerabilidad y dependencia. Lo que te fue imposible enfrentar en aquel entonces *puedes* enfrentarlo ahora. Hoy tienes a tu disposición recursos internos y externos que no tenías en ese entonces, y te conviene curar las heridas en tu interior para que no bloqueen tu camino hacia la claridad.

Como ya hemos dicho, hay que distinguir entre *vivir en el pasado* y *volver a visitar el pasado para curarlo*. Vivir en el pasado es un ciclo repetitivo en el que sientes lástima por ti misma. Vivir en el pasado te convierte en una víctima durante el presente, y requiere que *alguien más* te arregle la vida. Vivir en el pasado es asumir una postura desesperanzada, es creer que *las cosas nunca pueden cambiar*.

Cuando *vuelves a visitar* el pasado para curarlo, te pones detrás del volante. Eres testigo de los hechos, los lamentas y tienes compasión por ti misma y por otras personas. No te culpas a ti misma ni a nadie más. Puedes perdonarte por lo dura que has sido contigo misma, y puedes perdonarte por todo aquello sobre lo cual no tienes control. A diferencia de vivir en el pasado, volver a visitar el pasado para sanarlo es un proceso dinámico que tiene un comienzo, una parte intermedia y un final.

Comprender las necesidades congeladas en el tiempo

Ahora abordemos un tipo particular de problema no resuelto que suele encontrarse en el corazón de los traumas infantiles. Los seres humanos, jóvenes y viejos, necesitamos sentirnos cercanos, vinculados, seguros y amados. Si dichas necesidades no fueron satisfechas cuando tu desarrollo infantil lo requería, no pueden satisfacerse más adelante del mismo modo en que se habrían cubierto en ese entonces. Es una oportunidad perdida para siempre. Estas necesidades se congelan en el tiempo y matizan tu percepción de prácticamente todas tus interacciones humanas posteriores. Esto sucede porque debajo de la superficie todavía estás tratando de satisfacer esa necesidad básica. Por otro lado, si tus necesidades de la infancia fueron satisfechas adecuadamente, es probable que al intentar satisfacer tus necesidades actuales te sientas relajada y seas paciente.

Las necesidades congeladas en el tiempo imponen retos difíciles a tus relaciones actuales. Pueden nublar tu juicio al decidir lo que realmente necesitas en el presente, porque te llevan a confundir lo que es con razón doloroso hoy en día con las heridas dolorosas del pasado. Las necesidades insatisfechas pueden sentirse como agujeros en tu corazón; y aunque es común creer que la pareja adulta puede llenar estos huecos, no funciona así. Quizás tratas de encontrar una pareja que pueda satisfacer las necesidades pendientes de tu juventud, pero lo que realmente necesitas es reconocer tu situación de manera consciente. Cuando reconoces tus necesidades insatisfechas, es natural comenzar el duelo por lo que te sucedió. Es esta experiencia curativa del duelo lo que disuelve el dolor y potencia tu capacidad para tratar con eficacia tus necesidades actuales.

¿Estás consciente de tus necesidades no satisfechas en el pasado? De ser así, ¿estás tratando que tu pareja, jefe, amigos o padres las satisfagan? ¿Sueles intentar obtener reconocimiento en el trabajo, solamente para descubrir que cuando lo obtienes no se llena ese agujero en tu interior? ¿Anhelas la reafirmación de tu pareja, y cuando te la demuestra sientes que nunca es suficiente? ¿Quieres que tus padres te vean objetivamente, y te sientes triste o enojada cuando no te ven como eres? ¿Siempre estás sintiendo que otras personas te decepcionan?

Considera estas preguntas durante un tiempo y pon atención a lo que vaya surgiendo. Para demostrar lo devastadoras que pueden ser las necesidades insatisfechas congeladas en el tiempo y cómo pueden sanarse, te contamos lo que le pasó a Sandra. El duelo y la curación de sus necesidades insatisfechas congeladas en el tiempo la liberó de un desorden alimenticio que había sufrido toda la vida, y al mismo tiempo su relación de pareja mejoró notablemente.

Como recordarás, Sandra creció sin escuchar o experimentar el mensaje de que ella es importante. Sandra no conoció el amor incondicional. El trastorno bipolar no diagnosticado (y, por lo tanto, sin tratamiento) de su madre tuvo como consecuencia que a menudo había caos en su casa. No se satisficieron las principales necesidades emocionales y psicológicas de Sandra de sentirse querida, amada y considerada como la pequeña y maravillosa persona que era. Buscó consuelo en la comida. Durante su adolescencia y años veinte se volvió bulímica, que es un trastorno alimenticio serio. Para cuando estaba en sus treinta, descubrió un programa de recuperación que la ayudó a ver cómo se había servido de la comida para controlar sentimientos que le resultaban incómodos. También asistió a psicoterapia individual durante un corto periodo.

Para cuando Sandra se integró a nuestro programa, ya había aprendido que tenía necesidades insatisfechas que continuaban afectando su vida cotidiana. Mientras trabajaba en el programa al fin pudo atender este hueco en su interior. Su yo más joven se alivió de sus cargas, y su yo adulto negoció con éxito expectativas más realistas con su pareja. Su actitud frente a la comida mejoró hasta convertirse en un sustento saludable, en vez de ser un pobre consuelo para compensar sus necesidades insatisfechas.

Muchas mujeres comparten esta creencia: "Un niño satisfará mis necesidades y me amará como nadie me ha amado nunca". De cierto modo esto puede ser cierto. Pero esta *expectativa* hace que una carga injusta recaiga en tu hijo. El rol de tu hijo –y su derecho– es sentirse amado y cuidado, y ser dependiente de ti como alguna vez tú fuiste dependiente de otras personas. El hijo no llenará un vacío. La única manera de sanar el dolor creado por las necesidades insatisfechas es lamentar tu pérdida; conforme pasas por el duelo, las necesidades congeladas en el tiempo se deshielan y lentamente se derriten hasta desaparecer. La autoestima, la autocompasión y el amor perdurarán al final. Después vendrán relaciones interpersonales más sanas y felices.

Semana 5 – El diálogo

Herencia generacional

La acumulación de heridas que llevas contigo a todas partes puede no ser completamente tuya. Una parte de la intensidad o profundidad de esas heridas puede pertenecer a alguno de tus padres o abuelos. Aunque los padres hacen su mejor esfuerzo con los recursos que poseen, es muy común que la gente involuntariamente transmita sus problemas emocionales no resueltos a la siguiente generación. De vez en cuando, los niños llevan la carga de los problemas que uno de sus padres no quiso enfrentar o no supo cómo solucionar.

Quizás la única forma de estar segura de que un problema en tu familia se ha disipado por completo, y de que no haya sido empujado hacia la oscuridad para ser reciclado por una generación posterior, es explorar dicho problema. Mientras trabajas en los ejercicios de este programa, tómate un tiempo para pensar de nuevo acerca de cosas que quizás no te has cuestionado antes. Examina los comportamientos cotidianos que presenciaste o experimentaste en tu niñez, que te parecían ordinarios y muy normales; quizás no se te ha ocurrido cuestionarlos antes. Trata de ver más allá de la neblina y pregúntate por qué las cosas fueron de ese modo. Escudriña el pasado un poco más en la búsqueda de patrones generacionales.

Saca tu mapa familiar. ¿En tu familia hay problemas no resueltos? Quizás tus padres se aferran a algo que no han enfrentado. ¿Será que tus abuelos les transmitieron eso? ¿Sientes que de algún modo tienes una deuda emocional con tus padres, y que quizás también ellos se sienten en deuda con los suyos? ¿Hay en tu familia reglas explícitas o implícitas que tú todavía obedeces? ¿Tienes expectativas, aspiraciones o juicios que vienen de tus padres y que todavía te constriñen u oprimen? ¿Qué aspectos de tus relaciones con tus padres *no* cuestionas? ¿Estas relaciones son como te gustaría que fueran? Las familias son entidades complejas, y a veces es difícil ver este tipo de cosas. Haz una lista de habilidades, atributos o problemas que puedes haber heredado de tu familia. Observa qué preguntas se te ocurren conforme buscas patrones de conducta en tu familia.

Al explorar los patrones de tu familia, puedes esperar que emerja algo de dolor acerca de los problemas sin resolver, ya sean recién descubiertos o aquellos que creías que estaban solucionados. Esperamos que el dolor sea tolerable y que encuentres la determinación –y sí, también la valentía– para cuidar y sanar las capas de heridas que tu familia te haya transmitido involuntariamente.

Aquí te damos dos ejemplos de *herencia generacional* para mostrarte cómo puede verse en la vida real. Mientras una de las participantes en nuestro programa observaba su mapa familiar, descubrió algo acerca de su padre que nunca había notado antes. Ella sabía que él fue huérfano a temprana edad y que fue adoptado por su tía y tío. Esta mujer tenía dos hermanas y dos hermanos. Sus hermanos estaban casados, mientras que ella y sus hermanas eran solteras. Cuando hizo su mapa familiar, notó que las muertes de sus abuelos y la orfandad de su padre a los siete años se convirtieron de algún modo en un mensaje subconsciente para ella y sus hermanas de que construir relaciones de pareja en la adultez sería como volver a someter a su padre al abandono. Quizás es irracional, pero este tipo de herencia subconsciente es frecuente. Darse cuenta de esto la liberó del control de este mensaje subconsciente.

¿Recuerdas a Beatriz quien, junto con su esposo y sus dos perros, estaba inclinándose hacia no tener hijos? Sus padres querían ser abuelos. Conforme trabajaba en nuestro programa, Beatriz desarrolló una comprensión más profunda sobre el afán de sus padres de tener nietos. Sus dos abuelos paternos murieron durante la Segunda Guerra Mundial en un campo de concentración en Polonia. Su padre sobrevivió porque lo habían enviado a vivir al extranjero con un familiar lejano. Al considerar esta historia, Beatriz desarrolló una conexión emocional con sus padres, y esto le permitió que sus conversaciones se centraran en sanar y fueran menos conflictivas.

Sé curiosa: tareas para la Semana 5

Las actividades de esta semana te dan la oportunidad de echar luz sobre los problemas que todavía estén sensibles para llevar tu proceso de curación al siguiente nivel. Es importante recordar que no hay una forma equivocada de realizar las tareas. ¡Cualquier manera en que las abordes y desarrolles es perfecta!

1. Carta a mi padre o madre

    Es posible que ya hayas hecho este ejercicio de escritura antes. Quizás pienses: *Oh, no, otra vez,* pero ¡no temas! Cada vez que escribes una carta honesta y franca a uno de tus padres, eres una persona diferente, en una época y lugar de tu vida distintos, y escribirás sobre otras cosas. No importa cuántas veces te hayas esforzado en una tarea de este tipo, sigue siendo muy beneficiosa.

    Le escribirás al progenitor que elegiste durante la visualización guiada, y la meta de esta tarea en particular es darte un empujoncito más fuerte, para tratar de llegar a ese lugar que todavía es incómodo. El ejercicio tiene como objetivo encontrar aquello que todavía podría estar sin resolverse, o fortalecer algo que solamente esté parcialmente resuelto. Este ejercicio da resultados incluso si tu padre o madre rara vez fue parte de tu vida o si nunca tuviste contacto alguno con él o ella. Algunas mujeres escriben su carta a la madre que los dio en adopción. Otras escriben a un padre que nunca conocieron o a un progenitor que ya ha fallecido.

A algunas mujeres se les dificulta este ejercicio porque su relación actual con uno o ambos padres les parece lo suficientemente buena, y no quieren hacer olas o mostrar falta de respeto. Sin importar lo mucho que hayan mejorado las cosas entre ustedes, confía en que te beneficiará explorar el espectro completo de tu relación con tu padre o madre a lo largo del tiempo. Tu carta puede relatar la crónica de una relación que se ha transformado de no muy buena a bastante buena, o lo opuesto. De cualquier manera, experimentarás un crecimiento personal. Tu carta puede simplemente reconocer lo orgullosa que estás de los esfuerzos que ha realizado tu progenitor por mejorar las cosas entre ustedes, o puede ser más específica.

Date el permiso de lanzarte a la aventura mientras escribes. Trata de no censurar tu escritura. Es perfectamente aceptable ser inapropiada o irracional. Di lo que nunca se ha dicho de manera precisa, como podría ser: *"Te amo"*, *"Nunca hiciste esto o aquello y todavía no lo supero"*, o *"No me importa si te has disculpado y has cambiado tu vida; sigo enojada"*.

No es necesario que tu carta sea racional, convencional o razonable. No se requiere que lleve un orden cronológico, y no es forzoso que esté escrita con las palabras que tu padre o madre necesita oír. Puedes visualizar a tu progenitor a la edad que quieras, y puedes permitirle cambiar de edad conforme escribes. Ten presente que posiblemente has asimilado mensajes y comportamientos que tu progenitor te transmitió sin querer. Darte el permiso de escribir sin un objetivo en particular ayuda a que estas cuestiones salgan a la superficie para que pueda comenzar el proceso de curación.

Escribir esta carta tiene como único propósito el ayudarte a ti y a tu proceso de cicatrización. No es necesario que la vea tu progenitor. Algunas mujeres acaban escribiendo una carta que más tarde decidirán darle a su destinatario, pero este no es el objetivo de redactarla. Si sientes que no tienes absolutamente nada que decir, escribe acerca de la dificultad que enfrentas para encontrar algo que expresar.

Ser madre, ¿es para mí?

Sé curiosa:

> *Querido(a) _____,*
>
> *Hay tantas cosas que quiero decirte. Algunas ya las has escuchado y otras no...*

2. El destinatario de la carta te contesta

Este segundo ejercicio es menos convencional y suele sentirse más difícil que el primero, pero es una herramienta de curación maravillosa. Imagínate que eres la persona a quien le acabas de escribir la carta. Encarna a esa persona, pero en su estado más evolucionado e iluminado – un padre o madre de fantasía, por así decirlo. En la voz de esa persona idealizada, contesta a tu carta anterior de la *manera más cariñosa y compasiva posible.*

Escribe como lo haría una madre o un padre lleno de amor que se ha ido a la cama y ha recibido un momento de claridad mientras dormía. Escribe como si fueras un progenitor cariñoso, que ahora ve todo de manera diferente y quiere disculparse, expresar su amor constante hacia ti y reparar cualquier daño que haya provocado. Permite que tu mente y cuerpo gocen el delicioso amor y la liberación que se producen mientras escribes esta carta.

No lo pienses demasiado; simplemente escribe y ve lo que surge. Permítete decir todo lo que necesitas expresar, sin importar lo grande o insignificante que parezca. Puedes escribir más de una versión de esta carta si deseas matizarla y profundizarla.

La dificultad con la que muchas mujeres se topan durante este ejercicio es la siguiente: "Pero mi padre (o madre) nunca diría eso". Aunque puede ser cierto, esto no es relevante. Lo importante es escribir *lo que necesitas y quieres escuchar.* Aquí, fingir algo es inmensamente útil. Hemos sido testigos de mucha curación profunda en aquellas personas que realmente le sacaron jugo a la experiencia de escribir esta carta. A continuación, te presentamos algunos ejemplos de afirmaciones que estas mujeres necesitaban escuchar, sin un orden en particular:

> *"Lamento tanto haberte decepcionado. No tengo excusas y haré un mejor papel en el futuro".*

"Debí haber buscado ayuda en ese entonces. Te merecías mucho más".

"Estoy tan feliz de haber ido a tu juego de baloncesto. Estaba maravillado(a) por tu desempeño, aunque nunca te lo demostré. Te admiro a ti y a tu fuerza".

"Me toleras mucho. Te pido perdón por ser alcohólico(a), y no pretendo que me perdones. Solamente espero que, a través de mis acciones, en adelante podamos disfrutar del tipo de relación que siempre quisiste tener conmigo. Te amo muchísimo".

Si este ejercicio te parece particularmente difícil, no estás sola. Algunas mujeres están tan enojadas con su padre o madre, o están tan decepcionadas por su inhabilidad de comprenderlas, que no se sienten receptivas a la vulnerabilidad y dulzura de ese progenitor imaginario. Haz el ejercicio lo mejor que puedas o intenta realizarlo otro día. Aunque algunas mujeres descubren que escribir esta carta las hace sentir liberadas de inmediato, otras han tenido que esperar semanas para sentir que están listas para realizar el ejercicio.

Sé curiosa. Así comienza la carta de tu padre o madre imaginario(a):

Querida [tu nombre o apodo],

Gracias por decirme esto. Tienes razón acerca de todo lo que expresas. Te amo y...

3. El desarrollo emocional de los niños

Aquí el objetivo es apoyarte para identificar y expresar la emoción con la que tu niña interior necesita ayuda. Sensibilizarte más sobre esa emoción te permite cuidar mejor de ti misma. No lo pienses demasiado y sé compasiva con esa pequeña y contigo misma. Esta es una oportunidad de comprender mejor a tu niña interior, e incluso, tal vez, de volver a criarla en el aquí y ahora.

Con lo que sabes ahora, ¿qué emoción consideras que la versión joven de ti misma tiene dificultad para tener, albergar o expresar? ¿Dónde se estanca tu niña interior? ¿Tiene un berrinche enterrado muy dentro de sí? ¿Sientes que está a punto de estallar en llanto? ¿Los mensajes confusos del pasado la tienen estancada en el miedo y la preocupación? Los niños que se sienten seguros pueden expresar sus emociones con mucha facilidad y naturalidad. A menudo, solo necesitan algo de ayuda para comprender lo que están experimentando. Eso puede lograrse nombrando adecuadamente los sentimientos, y equilibrándolos cuando son abrumadores. Cuando los niños sienten que son comprendidos y sus necesidades son respetadas, se recuperan rápidamente de la emoción que los abruma y siguen adelante. No se estancan. Por ello, procura proteger las emociones de tu niña interior.

Sé curiosa: comenzando por lo que sabes hoy sobre ti misma y sobre tu yo más joven, ¿con qué emoción te imaginas que necesitas ayuda? Escríbela en un pedazo de papel en letras grandes y ponla en un lugar visible. Mientras haces tu vida cotidiana, recolecta algunas imágenes para hacer un collage que le hable a la emoción que has anotado. Será magnífico si tienes el tiempo de crear el collage esta misma semana; pero también puedes trabajarla durante las próximas dos o tres semanas. Cuando tengas al menos quince imágenes, juega con ellas sirviéndote de tijeras, pegamento y otros materiales que te parezcan adecuados para hacer tu collage. Pon la creación terminada cerca de tu altar para que puedas acordarte de esta emoción. Si surge esa emoción, permítete expresarla lo mejor que puedas. Recuérdate a ti misma y a tu niña interior que estos sentimientos son naturales y pasajeros, sobre todo cuando los has comprendido y reconocido.

Exploración adicional y descubrimientos

Lee tus tareas de escritura en voz alta, comenzando con la carta a tu padre o madre y su respuesta. Al escuchar en voz alta estas dos cartas podrás conectarte más profundamente con tus emociones. Conforme lees y percibes tus sentimientos, considera las siguientes preguntas:

¿Qué quiero todavía de mi padre o madre? ¿Aún me siento decepcionada? de ser así, ¿acerca de qué? ¿Acaso hay alguna herencia generacional?

Cuando vuelvo a leer lo que escribí con mayor calma, ¿qué siento en mi corazón? ¿Qué siento en mi garganta y estómago?

¿Te parece que se ha dicho todo lo que necesitaba decirse? Aquí hay una oportunidad de superar barreras internas que podrían haberse creado hace muchos años para protegerte. Es posible que todavía estén bloqueándote de algún modo. Toma esta oportunidad para escribir más en tus cartas, hasta que estés segura de que las has terminado.

Revisa "Tu lista para reflexionar" que encontrarás en el Apéndice I, para que te oriente al explorar las actividades de esta semana.

Sé más curiosa: ejercicios opcionales

1. Repite la visualización guiada o el ejercicio de escritura de esta semana con la otra figura paterna o materna que no elegiste anteriormente. Podría ser un padrino o madrina, un padre o madre con compromiso de coparentalidad, un mentor, un progenitor biológico, un padrastro o madrastra, un tutor u otro adulto que haya tenido una gran influencia (positiva o negativa) en ti. Puedes hacer los ejercicios con tanta gente como desees para obtener un sinfín de oportunidades para cicatrizar tus heridas. Si escribes una carta, asegúrate de hacer ambas partes del ejercicio: la carta de respuesta constituye una herramienta de curación muy poderosa.

2. Escribe una carta imaginaria de uno de tus abuelos para uno de tus padres. ¿Hay algo que le hubiera gustado escuchar a tu padre o madre y que habría hecho una diferencia en la forma en que fuiste criada? Este es un buen momento para consultar tu mapa familiar con el propósito de generar ideas.

Esta semana quédate con esto

Es normal que esta semana experimentes una marcada sensibilidad. Puede revelarse calladamente, con mucha fuerza, o con cualquier otra intensidad intermedia. Es importante que recuerdes que cualquier dolor que sientas únicamente quiere tu atención. Los sentimientos son fluidos y continuos, y solamente piden que los reconozcas y aceptes. Cuando las emociones se desbordan, es posible que te cueste trabajo asimilarlas con rapidez o facilidad. Avanza a tu propio ritmo. Atiende lo que puedas en el momento y haz notas en tu diario sobre las emociones que requieran un seguimiento. Más adelante podrás darte el tiempo de atenderlas.

Recuerda siempre ser amable y comprensiva contigo misma, pero sobre todo esta semana. Estás pasando por una intervención emocional profunda. Permítete a ti –la paciente– un poco de respiro adicional, y descansa cuando lo necesites. Quizás desearás la ayuda y apoyo de un psicoterapeuta. Consultar a un profesional no es una señal de debilidad, sino todo lo contrario, es un acto de valentía.

Eres valiosa, maravillosa y digna de amor. Es importante que sepas esto y lo consideres como tu derecho natural. Durante esta semana suelen surgir sentimientos de vergüenza, tristeza y enojo. Si esto te sucede, escribe en tu diario acerca de lo que percibes y sientes. Sentir vergüenza únicamente significa que has desenterrado uno de los derivados tóxicos que acompañan a los mensajes improductivos asimilados en tu interior. *No tienes nada de qué avergonzarte.* No es tu culpa que todavía estés experimentando esta emoción dolorosa. Simplemente debes ocuparte de sanar, y en este programa justamente te damos las herramientas para realizar este trabajo.

Date cuenta de cómo se siente no compartir con otras personas los detalles de tu travesía, sobre todo conforme van surgiendo más sentimientos. Mientras estás en medio de este proceso introspectivo *no* es un buen momento para abrir un diálogo con tus padres u otros miembros de la familia. Simplemente apunta tus descubrimientos y haz una pausa para hacer introspección y ser honesta *contigo misma*.

Esta es una buena semana para revisar tu mapa familiar. ¿Hay algo que te gustaría agregarle? Conforme continúas tu trabajo de curación y cicatrización, es posible que comiences a darte cuenta de que ciertos detalles en tu mapa son de mayor o menor importancia.

Ten a la mano tu diario para apuntar los pensamientos y sentimientos que surjan durante la semana. Recuerda usar El Mantra para ayudarte a calmar cualquier inquietud que sientas.

Cuidado de ti misma

Considera dar a tus pies (a menudo desatendidos) un regalo bien merecido. Los pies nos cargan. Nos mantienen firmemente plantadas en el suelo. Son el medio que nos permite arraigarnos. Llena un contenedor grande con agua caliente y sales (de Epsom o de mesa) y unas gotas de aceite esencial o cualquier aceite que elijas. Siéntate cómodamente y con ambos pies sumergidos en el agua durante al menos diez minutos. Si puedes, prémiate con este lujo más de una vez durante esta semana. Quizás puedas probar diferentes aceites esenciales en cada ocasión que sumerjas tus pies, y observar si los aromas atraen recuerdos diferentes. Un suntuoso baño de pies es muy bueno para centrar tu atención en el momento, y es aún más disfrutable justo antes de irse a la cama a dormir. Ah… qué rico.

El cuidado personal que hice para mí misma esta semana fue…

No estás sola

Lee las historias de Matilde e Isabel cuando sientas que es lo correcto para ti –ya sea en este momento o más adelante.

La historia de Matilde

Todos estos fueron factores: tener una pareja, la familia, una crianza religiosa/espiritual y la edad. Nunca me vi a mí misma como madre soltera, así que no podía considerar seriamente el asunto de la maternidad hasta estar en una relación estable de largo plazo. Ciertamente, también fue un factor el crecer en un hogar judío, rodeada de una comunidad unida y ricas tradiciones, y donde se hacía mucho hincapié en la herencia de "generación en generación". Creo que no me di cuenta de la importancia de este factor hasta que me integré al grupo del programa Ser madre, ¿es para mí? Otro factor eran las expectativas familiares. Al crecer, se asumía que mis hermanos y yo tendríamos hijos. Era algo similar a la universidad: la pregunta no era si sucedería sino dónde sucedería. Conforme me acercaba a mi cumpleaños número cuarenta, y vi a mis amistades pasar por el ocaso de su fertilidad, me volví plenamente consciente de que si quería un hijo no tenía diez años disponibles, y no quería ser una madre primeriza con un recién nacido a los cincuenta años; sentí que necesitaba tomar pronto una decisión.

Ser madre, ¿es para mí?

Mi mamá era y todavía es una figura muy importante en mi vida. Evidentemente le encantaba ser mamá, amaba a sus hijos y a su familia, invirtió tiempo en construir una comunidad fuerte y parecía vivir una vida relativamente equilibrada. Ella también tenía una vida aparte de nosotros, lo cual yo valoraba. Mi mamá es estupenda construyendo relaciones personales.

Seguí siendo cercana a mi mamá después de haber alcanzado la adultez (no estoy muy segura de cuándo fue eso, ¿quizás alrededor de los veinticinco después de haberme graduado de la escuela?) Le contaba lo que estaba pasando en mi vida; ella conocía a mis amigos cercanos y ellos eran considerados como una familia extendida. La única excepción a nuestra comunicación abierta era sobre el tema de las citas románticas. Yo tenía una regla de "tres citas": no le contaba a mamá sobre alguien hasta haber salido tres veces con él. Ella se emocionaba mucho cuando salía con alguien; no podía evitarlo. Así que para resguardar mi privacidad y no darle demasiadas esperanzas (y para tampoco elevar las mías, indudablemente) seguía estrictamente la regla de las tres citas.

Me gustaría mucho ser como mi madre en diferentes aspectos. Ella de verdad vive la vida al máximo y tiene una cierta ligereza en su modo de ser. Como dije antes, mi mamá crea y mantiene una hermosa comunidad. Está siempre disponible emocionalmente y es un gran apoyo para su familia y amigos. Le encanta ser madre y esposa, y adora a la familia. Creo que yo soy como ella en el sentido de que también me llena de energía estar rodeada de gente, y me encanta organizar actividades sociales con el propósito de crear comunidad. Soy sentimental como ella. Creo que la diferencia principal entre nosotras es que mamá nunca desarrolló una carrera formal. Ella se enorgullecía de otros aspectos de su vida y nunca se vio a sí misma logrando ambiciones intelectuales. Yo me enorgullezco mucho de mi carrera, y mi escolaridad de posgrado fue muy importante en mi desarrollo. Mi carrera me da un sentido de satisfacción y confianza que no creo que mi mamá haya tenido la oportunidad, o quizás el deseo, de experimentar.

También me sentí apoyada por mi papá. Él era el racional, y menos sentimental que mi mamá, pero yo sabía en mi corazón que si necesitaba algo él estaría ahí. A mí me costaba trabajo platicar con él acerca de "cosas de chicas" cuando me acercaba a la adolescencia, pero eso dejó de ser un problema cuando comencé mi vida adulta. Él era el primero en describirse a sí mismo como la clase de hombre estable y racional tipo "lo que ves es lo que hay".

Antes de ir a uno de los grupos de apoyo que Ann dirige, solía pensar demasiado las cosas. Soy una abogada, yo analizo. Puedo hacer una lista de aspectos a favor y en contra, y defender bien cualquiera de las dos posiciones. Esa es mi formación educativa. Así que en este tema en particular seguía pensando en los diferentes aspectos, y escribiendo varias listas a favor y en contra. Cuando dejé de hacer estas listas y me puse en contacto con mis sentimientos, lo tuve muy claro. Podía resolver el resto, las situaciones externas. Le puse atención a los sentimientos y, en mi caso, los sentimientos eran muy profundos.

Creo que yo sabía muy en el fondo que quería escoger la maternidad incluso antes de que me uniera al grupo, pero entonces me quedé atrapada en pensarlo demasiado, en querer apoyar a mi pareja, quien tenía reservas reales acerca de convertirse en padre, y en mis propias dificultades para saber cómo tendría un bebé y una carrera al mismo tiempo. A veces, los ejercicios que hacíamos en el grupo o las tareas de escritura no tenían sentido para mí o no parecían tener relación alguna con tomar una decisión, pero confié en el método. Confié en que lo que surgiera sería relevante de alguna forma.

Cuando consideré no tener un hijo, sentí un pesar y una tristeza increíbles, pero también había algo de alivio pues mi vida continuaría viéndose del modo en que se ve ahora, una vida completa y rica. Por supuesto, yo sé que esto es una ilusión de estar en control y de pensar que la vida no lanzará retos inesperados en mi camino. Sentí aflicción al considerar cualquiera de las opciones. Si decidía que sí, había sentimientos de dolor por no poder tener la misma vida que tengo ahora; no tener tanto tiempo libre para las cosas o gente que aprecio, y perder el lujo de no ser responsable por nadie más que por mí. Si decidía que no, había una tristeza y pena inimaginables por no poder experimentar esta cosa increíble llamada maternidad. Al final, ese sentimiento me pareció mucho más profundo que el dolor experimentado por la decisión de ser madre. Y me ayudó reconocer que había sentimientos de pérdida con ambas decisiones; que el simple hecho de sentir dolor no significaba que hubiera tomado la decisión equivocada.

> Aunque decidimos que sí, en realidad me costó trabajo visualizar el embarazarme y tener un hijo. Comencé a sentirme ansiosa y sentí que debido a mi edad no iba a suceder. Era difícil no ser pesimista, dado que amistades cercanas a mí que tenían la misma edad que yo estaban pasando por tratamientos de fertilidad sin éxito. Después de que terminaron las sesiones grupales, comencé sesiones individuales con Ann, la terapeuta del grupo, para tratar de lidiar con la ansiedad y descubrir maneras de mantenerme positiva. Eso fue de mucha ayuda. Fui capaz de imaginar lo que realmente quería que sucediera, y comencé a vivir con una actitud de: "por supuesto que esto sucederá".
>
> No creo que sea coincidencia que varias semanas después de esa sesión individual con Ann ¡me embaracé! Creo que se debió a una multitud de razones: el trabajo que mi esposo y yo hicimos en el programa de doce semanas, los cambios que realizamos en nuestra dieta y, como ya mencioné, que viví pensando "por supuesto que esto sucederá".

Matilde tenía cuarenta años cuando ella y su esposo se integraron al programa *Ser madre, ¿es para mí?* por separado. Afortunadamente para ellos, de manera independiente llegaron a la misma decisión: Querían tener un hijo y comenzar una familia. Habían estado casados durante cuatro años, y fueron pareja durante dos años antes de casarse. Antes de participar en el grupo, Matilde se sentía estancada. No sabía bien cómo lidiar con su ambivalencia y no sabía cómo hablar sobre eso con su esposo de manera honesta. El grupo le permitió sentirse apoyada por otras mujeres y no sentirse sola. También se sintió empoderada para tomar la decisión por sí misma y para sí misma.

Matilde tiene este consejo para otras mujeres que enfrentan este problema: "Esta es una decisión increíblemente personal y es importante tomar el tiempo necesario para pasar por el proceso de manera deliberada... la decisión que tomes al final será perfecta".

La historia de Isabel

> No sentí que mi esposo estuviera tan dedicado al proceso de toma de decisión como yo lo estaba, al menos al principio. Siempre sentí que la carga de tomar una decisión recaía sobre mí porque él dijo que haría lo que yo decidiera. Sin embargo, yo no sentía que esos fueran sus

verdaderos sentimientos al respecto. Tampoco me sentía muy informada ni empoderada, pues no conocía a mucha gente tan ambivalente con esta decisión como yo lo estaba. Tenía amistades que habían decidido conscientemente no tener hijos, pero no conocía a nadie verdaderamente ambivalente como yo.

De hecho, mi esposo no quería tener un hijo. Para descubrir si quería ser padre, se unió al grupo Ser padre, ¿es para mí? (mientras yo asistía al grupo Ser madre, ¿es para mí?), y así aclaró sus verdaderos sentimientos sobre este tema. Para mí era muy importante tener una pareja que verdaderamente quisiera tener un hijo, como requisito para considerar ser madre. Lloré cuando supe que la decisión de mi esposo era que no. Me sentí triste por la pérdida de lo que pudo ser; por cómo nuestras vidas serían diferentes. Más adelante me sentí aliviada y feliz porque pudimos tomar una decisión juntos. Ya no sentí que estaba tomando la decisión yo sola.

Yo sé que mi mamá no pensó mucho si quería o no tener hijos. Simplemente era lo que seguía después de casarse. Solamente sé que nací en un hospital del barrio chino, y que mis padres vivieron con los padres de mi papá después de mi nacimiento. Mi mamá sí me dijo que fue difícil vivir con sus suegros, y que no la trataron muy bien.

Mi relación con mi madre es la misma después de haber tomado la decisión, pero ahora la miro con más respeto y orgullo por lo que ha hecho con su vida. Ella hizo lo mejor que pudo considerando sus circunstancias. Solía pensar que tomó el camino fácil al convertirse en madre y ama de casa en vez de cursar una carrera. Sin embargo, ahora me doy cuenta de lo difícil que fue su vida al cuidar de mí y de mi hermano ella sola, pues mi papá no estaba mucho en casa. Me enteré de que mi mamá sí tenía aspiraciones profesionales y quería ser maestra, pero renunció a eso cuando llegó a los Estados Unidos y se casó con mi padre. Lamento que no haya tenido la oportunidad de vivir sus sueños como sí lo hicimos mi hermano y yo.

A mi madre le preocupa que nadie me cuidará cuando envejezca. Esto me molesta porque yo siento que esa no es una razón legítima (aunque sí comprensible) para tener un hijo. Los hijos no siempre cuidan a sus padres cuando envejecen. Le expliqué a mi madre que no está garantizado que un hijo cuidará de mí en el futuro. Ella parece no comprender esto.

Ser madre, ¿es para mí?

> No esperaba sentirme triste después de llegar a mi decisión. Esperaba más alivio y felicidad en vez de tristeza. No sé si mi tristeza es la pena por no experimentar la vida que pude haber tenido, o si la tristeza se debe a que realmente quería ser madre y no lo seré. Después de hablarlo con la terapeuta del grupo Ser madre, ¿es para mí? creo que se debe a lo primero.

Isabel es una médica general muy dedicada. Se sirvió de este programa y su trabajo con Ann para poder clarificar que "no" era la opción correcta para ella. En su cuestionario, Isabel dijo que estaba muy sorprendida al darse cuenta de que, en retrospectiva, ella y su esposo nunca hablaron sobre tener hijos antes de casarse. La pareja llevaba ocho años de casados, e Isabel tenía treinta y seis años cuando la pareja tomó la decisión de tener una vida sin hijos. Ella dijo: "La relación con mi esposo no cambió, pero sí estamos más relajados cuando hablamos sobre niños como, por ejemplo, cuando platicamos sobre mi nuevo sobrino. Sentimos alivio porque ambos hemos llegado a una decisión que es correcta para nosotros".

Isabel encontró un ejemplo a seguir en una compañera de trabajo casada y sin hijos. La vida plena de esta mujer inspiró a Isabel y le ayudó a ver cómo podría ser una vida sin hijos. Esta colega tiene una vida social completa: ama el arte y los viajes, y tiene tiempo suficiente para dedicarse a ambas pasiones. Ella y su esposo viajan a Europa a menudo, y parecen resplandecer con la libertad que disfrutan. Isabel contrasta esto con lo estresada e infeliz que parece estar siempre otra de sus amigas que tiene un hijo. Cuando se le preguntó cómo se siente estando cerca de mujeres con hijos, Isabel dijo: "Ya me sentía rara cerca de mujeres con niños, y todavía me siento así hasta cierto punto. La única diferencia ahora es que esto no me afecta negativamente tanto como solía hacerlo. Simplemente he llegado a aceptar que tenemos vidas diferentes, y eso está bien". Ella se pregunta si siempre tendrá dificultad para interactuar con parejas con hijos, o si su círculo de amistades cambiará en el futuro.

Isabel hubiera querido saber antes del programa *Ser madre, ¿es para mí?* También hubiera sido un alivio saber antes que otras mujeres sufrían la indecisión en silencio igual que ella. Además de la ayuda profesional que buscó, Isabel compartió con sus compañeros de trabajo y amistades cercanas que estaba tratando activamente de tomar una decisión. Aunque no compartió sus sentimientos más profundos, le hizo saber a sus amistades que quería su apoyo.

Semana 5 – El diálogo

Isabel considera que ella y su madre eran muy cercanas cuando era pequeña. Ella siente que, aunque no es culpa de nadie, hoy en día no tienen cosas en común –sus vidas son muy diferentes– pero ella tiene empatía y comprensión hacia su madre. Su padre estuvo menos presente cuando ella era niña, y casi siempre estaba trabajando o jugando *mahjong* con sus amigos. Isabel dijo que hoy en día son más cercanos, y lo comprende mejor ahora que es adulta. El único hermano de Isabel tuvo un hijo hace poco. Sus padres se han enfocado en su primer nieto.

Isabel tiene este consejo para las mujeres que se sienten en una situación similar: "No estás sola. Probablemente hay más mujeres de las que tú crees debatiéndose con este problema. No permitas que las circunstancias externas te impidan descubrir la auténtica verdad en tu interior".

Semana 6

¿Qué tan bien conoces a tu madre?

"Ayudando a las mujeres a tomar sus decisiones, he aprendido cómo la tarea de elegir puede pasar de ser algo abrumador para transformarse en un proceso sistemático que no solamente fomenta la toma de una decisión útil, sino también el desarrollo personal".

–Phyllis O. Ziman Tobin[5]

Presentación

¡Felicidades! Ya terminaste cinco semanas del programa. ¿Cómo te ha ido hasta ahora? Sabemos que puede haber momentos –sobre todo en medio del proceso, que es donde estás ahora– en que sientas que tocas fondo en un hoyo de desesperación, así que recuerda balancear las cosas reconociendo lo que sí está saliendo bien. Ten por seguro que conforme pasa el tiempo todo se volverá más fácil y tu trabajo duro dará resultados. Sea cual sea tu situación, nunca es demasiado tarde para sanar.

La semana pasada, mientras explorabas tus relaciones con tus padres, trataste de desenterrar asuntos no resueltos que quizás aún requieren un poco de atención. ¿Has descubierto patrones de familia o has reconocido algunas necesidades no atendidas durante tu infancia? Quizás ya comenzaste a reconocer las oportunidades desaprovechadas de tu niñez y a llevar el duelo por esa pérdida.

Es importante facilitar este proceso de duelo y de curación explorando por escrito tus pensamientos, sentimientos e ideas. Escribir cartas es muy eficaz y nunca pierde su valor, así que vuelve a realizar este ejercicio en el futuro. Si detectas la existencia de algún rincón sensible en tu interior que todavía necesita atención, escribe sobre él en tu diario para que puedas atenderlo y curarlo más adelante.

Visualización guiada de la Semana 6

(Interpretación inspirada por el libro *Motherhood Optional: A Psychological Journey*. [La maternidad es opcional: un viaje psicológico]. Por Phyllis O. Ziman Tobin. Jason Aronson, 1998).

La visualización guiada de esta semana consta de dos partes, y cada una contiene una serie de preguntas. Te pedimos que escribas después de concluir cada parte de la visualización. Para este ejercicio necesitarás dos sillas colocadas una frente a la otra y separadas por un metro de distancia. Comienza el ejercicio sentándote en una de las sillas.

Confía en que tu mente enfocará su atención en donde sea necesario. Cuando tus ojos están cerrados funciona una parte de tu cerebro a la que no se accede fácilmente cuando tus ojos están abiertos. Pídele a alguien que te lea la visualización o grábala para que puedas escuchar con los ojos cerrados, pues su eficacia también requiere del elemento sorpresa. Si esto no es posible, grábala tú misma para que puedas escucharla con los ojos cerrados para profundizar la experiencia del lugar adonde te llevará el ejercicio. También puedes bajarla de la página: www.SerMadreEsParaMi.com. Si lees la visualización para ti misma, hazlo cuidadosa y muy lentamente para darte el tiempo suficiente de saborear la experiencia. De vez en cuando cierra los ojos y ábrete al poder de tu imaginación.

Recuerda que la experiencia que tengas es lo más importante y no hay forma incorrecta de hacer el ejercicio. Ten a la mano tu diario y pluma para que puedas apuntar de inmediato tus impresiones e imágenes.

Para prepararte, elige un lugar tranquilo y sin ruido donde la gente no te distraiga ni moleste. Escoge un momento en el que no tengas nada más que hacer y cuando nadie necesite de tu atención; este momento es única y exclusivamente para tu beneficio. Siéntate cómodamente en una silla o, si lo prefieres, acuéstate en el suelo.

Semana 6 – ¿Qué tan bien conoces a tu madre?

Parte I – Madre

Ahora que ya estás lista, hazte consciente de tu respiración. Deja que tus ojos se cierren suavemente conforme respiras profundo y exhalas. Inhala y sostén tu respiración mientras cuentas hasta cinco. Luego exhala hasta que la mayor parte del aire haya salido de tus pulmones. Vuelve a inhalar y exhala lentamente, dejando salir un suspiro audible por tu boca mientras cuentas en silencio del diez al uno. Continúa respirando lenta y profundamente. Conforme respiras, te relajas. Permite que tu respiración natural te dé una sensación profunda de paz y bienestar. Siente la relajación de tu cuerpo y deja que tu mente flote libremente. R-e-s-p-i-r-a.

Ponte cómoda en tu silla y hazte consciente de la posición de tus pies en el suelo. Tócalos un par de veces. Siente el peso de tu cuerpo hundiéndose en la silla. Comenzando por la coronilla de tu cabeza, deja que tu cara, cuello y hombros se relajen; después relaja tu torso, abdomen y piernas. Aprieta los puños y luego relájalos. Vuelve a enfocarte en la respiración. Trata de sentir el espacio físico entre tu corazón y tu espalda. Respira hacia ese espacio detrás de tu corazón. Siente cómo bajan (o caen hacia atrás) tus omóplatos. Reanuda tu respiración normal.

Invita a tu madre a sentarse en la silla que está frente a ti. Ella quiere estar ahí contigo. Mientras le haces a tu madre las preguntas a continuación, percibe tus propias reacciones emocionales y físicas al escuchar sus respuestas. Pon atención a cómo te sientes incluso en los momentos en que tu madre no conteste. No hay respuestas correctas ni equivocadas. Lo único que importa es la información que llega a ti. Simplemente respira, mira a tu madre a los ojos y escucha sus respuestas.

> *"Mamá, ¿disfrutaste o te gustó ser una mamá?" Date cuenta de cómo se siente preguntar. ¿Qué te contesta? Si no obtienes respuesta, percibe cómo te sientes.*

> *"¿Cuánto dependías de tu papel de madre para obtener un sentido de identidad propia?" Respira y advierte si viene a ti una respuesta.*

> *"¿Las exigencias que conlleva la maternidad comprometieron tu sentido de identidad personal? Si así fue, ¿cómo te sentiste cuando sucedió esto?" R-e-s-p-i-r-a.*

> *"Mamá, además de mí, ¿qué otra cosa era importante para ti?" Respira. ¿Te contesta? Percibe cómo te sientes si no llega a ti respuesta alguna. R-e-s-p-i-r-a.*

"Si no te hubieras convertido en madre, ¿qué habrías hecho con tu vida? ¿Adónde habrías dirigido tu atención?"

"Dos preguntas más, mamá. ¿Cuál fue la mayor alegría que sentiste por ser mi madre?" Haz una pausa y deja que llegue la respuesta.

"La segunda pregunta es: sabiendo lo que sabes ahora, ¿podrías decirme cuál es tu mayor arrepentimiento sobre cómo me criaste?" Respira y acepta los sentimientos que surjan.

Dile gracias a tu madre, despídete de ella y mírala salir de la habitación. Ahora estás en tu espacio privado una vez más, con una silla vacía frente a ti. ¿Cómo se siente estar ahí sin ella presente? R-e-s-p-i-r-a. Abre lentamente tus ojos y escribe acerca de tu experiencia, sentimientos y pensamientos. Cuando hayas escrito todo lo que desees plasmar en tu diario, continúa con la visualización.

Parte II – Madre e hija

Vuelve a cerrar los ojos y de nuevo enfócate en la respiración. Haz dos o tres respiraciones conscientes mientras tu atención se mueve desde la coronilla, bajando por todo tu cuerpo hasta llegar a los dedos de tus pies, y de este modo reconéctate con tu cuerpo relajado.

Imagina que las preguntas a continuación únicamente van dirigidas a ti misma. Repetimos, no hay respuestas correctas ni equivocadas, por lo que es importante que no emitas juicios ni tengas vergüenza. Lo fundamental es que te concentres en la información que te vaya llegando.

¿Quiero parecerme a mi mamá como persona? ¿Como mujer? ¿Como pareja? ¿Como madre?

Si elijo la maternidad, ¿mi mamá desearía que yo fuera una madre distinta a ella? ¿Soy capaz de ser otro tipo de madre del que ella fue? ¿Mi madre esperaría que yo fuera como ella? Si es así, ¿creo que podría ser una mamá como ella? Inhala y percibe qué emociones aparecen en tu interior.

¿Mi madre me daría su aprobación si yo fuera el tipo de mamá que ella fue? ¿Me desaprobaría si no fuera el tipo de madre que ella fue?

Semana 6 – ¿Qué tan bien conoces a tu madre?

¿Siento que debo ser como mi mamá? R-e-s-p-i-r-a. ¿Adónde va tu mente con esta pregunta?

¿Mi mamá piensa que debo convertirme en madre? ¿Ella piensa que no debería ser madre? Considera la información que llega a ti. Puede venir en la forma de palabras, imágenes, sentimientos, pensamientos o algo más. Observa lo que llegue y r-e-s-p-i-r-a.

¿Cuánto dependería de mi rol de madre para obtener un sentido de identidad personal?

¿Qué es importante para mí en la vida?

¿Mi madre sabe lo que es importante para mí?

Mantén tus ojos cerrados y date algunos momentos para estar con tus sensaciones emocionales y físicas. R-e-s-p-i-r-a.

Cuando estés lista, abre tus ojos lentamente y comienza a escribir en tu diario. Apunta los primeros pensamientos, sentimientos, intuiciones y cualquier otra cosa que desees plasmar acerca de tu experiencia.

Primeras reflexiones después de la visualización guiada

Escribe, incluso si sentiste que no te pasó gran cosa. Si no obtuviste respuesta para ninguna de las preguntas, ¿cómo te sentiste ante este silencio? ¿Qué preguntas te hicieron pensar sobre temas que no habías abordado antes? Mientras reflexionas acerca de toda la información que llegó a ti esta semana, recuerda que si consideras por separado las piezas de información, es posible que no tengan para ti un significado obvio, pero con el tiempo esas piezas del rompecabezas pueden formar la imagen completa que estás buscando, por ello, no menosprecies ni consideres nada como trivial. Regístralo absolutamente todo –las piezas que parecen no tener pies ni cabeza pueden ser tan significativas como aquellas que desde el comienzo resplandecen como joyas.

Cuando sientas que has terminado de escribir, observa cuál es tu estado emocional. ¿Tus sentimientos son manejables? Si te sientes abrumada, sigue las instrucciones a continuación:

Respira profundamente y luego exhala con la mayor lentitud posible, dejando que todo el aire salga de tus pulmones. Permite que tu cuerpo inhale por sí solo. Continúa haciendo esto varias veces hasta que sientas calma. Marca un ritmo con los pies en el suelo. A continuación, da palmaditas en la parte superior de tus muslos. Luego da palmadas en tus brazos. Aprieta los puños y luego libéralos. Estas acciones te ayudan a reconectarte con el presente y permiten aterrizarte. Hacer esto es importante, sobre todo cuando tus emociones te abruman o cuando no puedes manejarlas. Si sientes que necesitas hacer algo más para reconectarte o fijarte en el presente, ponte de pie y marcha en tu lugar. Luego alza tus brazos hacia el cielo y estírate.

Mira a tu alrededor e identifica los objetos que te hacen sonreír. ¿Tu atención está donde quieres que esté? ¿Tus emociones son manejables? Antes de continuar, asegúrate de que tu atención esté donde debe estar.

Qué sucederá en la Semana 6

Resumen

Todos los seres humanos quieren amar, ser amados y relacionarse unos con otros. En ningún lugar echa más raíces este deseo primordial que en la relación que tienes con tu madre. Por desgracia, a veces la relación entre madre e hija puede estar plagada de complejidades e incluso de dolor. Cuanto mejor comprendas la relación con tu madre, más fácil será llegar a la claridad y quitar los obstáculos a la felicidad que encuentres en tu vida adulta. Si profundizas más en la naturaleza de la maternidad y examinas la relación que tuviste con tu madre, encontrarás más piezas clave de tu rompecabezas. Aquí te damos todas las herramientas necesarias para que, armada con tu incansable curiosidad, puedas acceder a información esencial para tu búsqueda.

Si al realizar los ejercicios de esta semana, hay un tema que surge una y otra vez, vale la pena que lo analices más a fondo, incluso si te parece trivial o mundano. Considera los temas que persisten como indicadores de que hay algo que debes examinar en tu interior. Estos indicadores son invitaciones para liberarte de los mensajes subconscientes o poco útiles que quizás asimilaste. Es posible que estos mensajes –o el miedo de transmitirlos a una futura generación– jueguen un papel en el hecho de que no sepas si quieres o no convertirte en madre.

Tal vez necesitarás modificar el término *madre* para que el material y los ejercicios de esta semana se adecúen a tu caso en particular. Quizás tienes una madrastra, una madre biológica o una adoptiva. Es posible que necesites explorar más de una relación materna, comenzando por tu madre biológica. La mayoría de las mujeres descubren que para ellas existe una persona que destaca– aquella que desempeñó más el papel de madre. Comienza por esa persona.

Esta semana, al explorar la relación con tu madre, es posible que te topes con tres versiones de ella: la madre que conociste mientras crecías, la madre que conoces como una mujer adulta, y la figura materna que creaste subconscientemente cuando eras pequeña. Esta tercera madre es con la que necesitas familiarizarte. Su influencia puede ser mucho más fuerte de lo que crees.

Aunque tome tiempo y esfuerzo (y quizás no sea suficiente una sola semana), no es demasiado tarde para comenzar a desenredar aquellos vínculos poco saludables, si los hay, entre tu madre y tú. Estas preguntas pueden ayudarte a comenzar la exploración de quién era y es realmente tu madre, y a identificar percepciones erróneas:

¿Sentiste que tu madre te cuidaba?

¿Te demostró que eras importante para ella?

¿Tu mamá parecía sentirse ambivalente acerca de ti o de su papel como madre?

¿Te dejó sentir que amaba ser una mamá o, por el contrario, dejaba ver que esa responsabilidad era abrumadora para ella?

¿La maternidad se interpuso en su camino para obtener lo que deseaba lograr en la vida?

¿Hubo situaciones externas u otras presiones que le impidieron ser el tipo de madre que ella quería ser?

¿Cómo cambió tu madre cuando sus hijos dejaron de ser dependientes de ella?

¿Cómo describirías a tu madre de hoy en día?

Volver a visitar la herencia generacional

Como todo el mundo, durante la infancia tu madre heredó y asimiló su propio conjunto de experiencias, problemas y mensajes. Si años después ella no fue capaz de examinar y sanar las dificultades que tuvo durante su propia niñez, es probable que te las haya transmitido sin querer. Eso significa que quizás un poco de la confusión, enojo o tristeza que llevas contigo le pertenece más a tu madre (y posiblemente a la madre de tu madre) que a ti. Aunque esta verdad puede ser dolorosa, también podría liberarte el descubrir que la intensidad del dolor que llevas dentro no necesariamente te pertenece a ti del todo. *Aun así* debes enfrentarlo. Aunque nosotras como hijas podemos heredar una parte de la carga emocional que sufren nuestras madres, nos toca a nosotras ocuparnos de sanar, por nuestro propio bien y para beneficiar a una posible generación futura.

Mensajes asimilados

Toda interacción entre una madre y su hija lleva algún mensaje no verbal, como podría ser: "Tú eres importante para mí", "Nunca serás tan lista como tu hermana", o "Si eres una buena chica, se te premiará". Al acumularse, estos mensajes crean un modelo interno que orienta y le da forma a tu comprensión de ti misma, y también define cómo percibes y te relacionas con el mundo a tu alrededor. Los mensajes asimilados pueden reflejar creencias totalmente saludables, o pueden convertirse en percepciones distorsionadas o erróneas que se instalan en tu psique y crean obstáculos para que alcances la felicidad.

Si, por ejemplo, creciste en una familia en la que el amor se demostraba poco, podrías haber sacado la conclusión subconsciente: *"Si yo amo intensamente y siempre pienso en la otra persona, entonces también seré amada y sobreviviré"*. Como consecuencia, podrías haber llegado a la creencia subconsciente de que tener tu propio hijo sería demasiado agobiante y arduo. O podrías haber desarrollado la creencia subconsciente de que un hijo sería una forma garantizada de obtener al fin el amor que siempre quisiste. En ambos casos, tu creencia acaba limitando tu capacidad de realizar una elección consciente.

Mientras trabajaba en las actividades de esta semana, Elena descubrió un buen ejemplo de un mensaje asimilado que la había dañado. Sus primeros recuerdos fueron los de una madre estresada y abrumada. A la mamá de Elena le faltaba el apoyo físico y emocional que tanto necesitaba (lo cual suele ser el caso en sistemas familiares afectados por el alcoholismo). Sintiéndose impotente para hacer cambios, simplemente siguió adelante, mostrando a menudo una conducta crítica y malhumorada hacia sus hijos. Elena internalizó la creencia de que era *su* culpa que su madre estuviera tan agotada y que fuera infeliz. Lo que también pasa a veces, y que hubiera sido peor para Elena, es asimilar la creencia de que tu madre no te quiere, o que tu madre es indiferente hacia ti. La abrumada madre de Elena probablemente no tenía idea de que su propia situación podría infundir en Elena la creencia: "No importo mucho" o "Si me vuelvo invisible, no me herirán". Otra madre agobiada podría sentirse completamente frustrada consigo misma por no poder cumplir el papel que para ella debía seguir una madre. La hija de una madre así podría asimilar el mensaje: "Mi mamá odia ser madre y me odia a mí".

Si notas que tratas de sacudirte este tema rápidamente con sentimientos como: "Mi relación con mi madre es genial, aquí no hay mensajes negativos asimilados", te pedimos encarecidamente que mires más de cerca. Al explorar los mensajes asimilados, algunas mujeres descubren una cualidad o atributo de su madre que parece positivo en la superficie pero que en realidad ha estado enmascarando una dinámica poco saludable. Al explorar la relación con su madre, Eva dijo: "Mi madre siempre fue muy cariñosa conmigo y yo la amaba también intensamente. Todavía somos muy cercanas". Durante el proceso para desenredar la maraña de mensajes, Eva llegó a darse cuenta de que cuando era niña sintió la tremenda responsabilidad de representar el papel de la hija perfecta y de decirle a su mamá una y otra vez lo maravillosa que era. Alguien con una relación tan supuestamente cercana con su madre (como la que Eva se había imaginado) puede sentir muy en el fondo que no tiene el derecho a tener hijos propios porque su madre todavía necesita de su atención. La asimilación de un mensaje como este puede ser la raíz de una ambivalencia hacia la maternidad, sobre todo si el mensaje reside en el subconsciente.

Heridas de apego

D. W. Winnicott, un pediatra y psicoanalista del Reino Unido, realizó contribuciones valiosas a nuestra comprensión de lo que constituye un lazo saludable y fuerte entre una madre y su bebé. Sus observaciones se sumaron a la literatura en psicología existente sobre la *teoría de la relación de objetos*, y descartaron el mito de que una madre debe hacer todo bien, o ser perfecta. Él desarrolló el concepto de *una madre suficientemente buena*. En vez de ser perfecta, la madre suficientemente buena es auténtica, sincera y, por lo general, consistente en sus intenciones de cuidar a su hijo. Este tipo de mamá tiene días buenos y malos, pero su deseo de amar y cuidar a su hijo es evidente. Ella dispone de un nivel razonable de recursos internos y externos que usa para darle continuidad a sus cuidados maternales. Esto permite que su bebé esté más relajado. Con esta relajación, su bebé *es capaz de percibir sus sensaciones internas y expresarlas en el ambiente externo*, en vez de experimentar un estrés interno frente a un mundo externo en el que sus necesidades no son reconocidas o satisfechas. La continuidad de los cuidados de su madre es el eje central que permite el desarrollo físico, emocional, psicológico y cognitivo saludable del niño. Estos cuidados también son los cimientos sobre los cuales el niño practicará la habilidad de desarrollar un yo auténtico, que podrá acceder con más facilidad a su propia resiliencia y creatividad internas.[6]

Una alteración en el apego entre madre e hija como, por ejemplo, un vínculo emocional difícil, una ausencia larga, una enfermedad importante, la depresión postparto o el divorcio, pueden provocar una *herida de apego* en la hija. Cuando una niña experimenta algo difícil, su rápida inteligencia se apresura a determinar cuál es la mejor manera de sobrevivir. A veces, en lugar de que una decisión de supervivencia sea una reacción específica a una situación en particular, se convierte en una ruta mental que matiza la comprensión de ella misma y del mundo. Más adelante, si vuelven a ocurrir situaciones parecidas, el cerebro utilizará la misma ruta mental, limitando así las habilidades y futuras posibilidades de la persona afectada.

Veamos un par de ejemplos de cómo podría verse y sentirse una herida de apego:

Eva asimiló el mensaje de que debía ser la hija perfecta para que su madre se sintiera como una mamá maravillosa. Al parecer, esto no suena grave. Pero al considerar la depresión que sufrió durante varios años, su dificultad para establecer relaciones íntimas duraderas, y su persistente sensación de que algo le faltaba en la vida, Eva comenzó a darse cuenta de que quizás su madre no era la fuente de protección y apoyo que ella se había imaginado. Ahora Eva sospecha que su madre tenía algo en su ser que la imposibilitaba ver a su hija como un individuo con derecho a una vida aparte, con sus propias necesidades, deseos y personalidad. Eva concluyó que su madre, sin malicia y para satisfacer sus propias necesidades, usó a Eva como sostén de ella misma, y esto le causó a Eva una herida de apego de la que ella no tenía culpa alguna. Ahora que Eva tiene más claridad, se siente mucho mejor acerca de sí misma. Ella está trabajando con un psicoterapeuta para que la ayude a comprender por completo las consecuencias, a hacer duelo por sus pérdidas y a sanar. A Eva le sorprende la manera en que esta herida de apego se extendió por su vida y la afectó de manera generalizada.

También Sandra sufrió un impacto profundo a causa de un vínculo emocional difícil con su mamá, quien estaba más emocionalmente disponible que la madre de

Eva. Sin embargo, debido a un desorden bipolar no diagnosticado, su disponibilidad era inconsistente e imprevisible. Su joven hija percibió esto como algo confuso e incluso caótico. Sandra se distanció emocionalmente y encontró consuelo en la comida. Se sintió sola y aislada. Su hermano mayor no estaba presente la mayor parte del tiempo, y la diferencia de edades no se prestó para que sintiera que él era su aliado. Sin embargo, tenía a su tía Fabiola, quien era la excepción a esa vida inconsistente. Sandra considera que su tía Fabiola la ayudó a conservar la cordura. Al hacer el duelo por lo que no recibió originalmente mediante el vínculo de madre e hija, pudo al fin creer que es (por supuesto) digna de ser amada. Esta creencia creció hasta convertirse en autoconfianza, lo que nutrió su capacidad de mostrarse más abierta y vulnerable con su pareja Elisa.

Límites personales

En varias ocasiones de la Semana 1 hemos abordado el tema de los límites saludables y los no saludables. Cuando creaste tu mapa familiar, dibujaste a las personas con círculos y cuadrados e indicaste los matrimonios e hijos con líneas conectoras. Los círculos y cuadrados no se yuxtaponen porque somos seres humanos autónomos con pensamientos, sentimientos y experiencias diferentes, aunque dependamos unos de otros para obtener amor, cercanía y conexión.

En la Semana 3 aprendiste cuáles son los mensajes que los niños necesitan escuchar y tener bien claros. Cuando una niña escucha estos mensajes y ve que el comportamiento corresponde con ellos, se siente segura y puede desarrollarse física, emocional y psicológicamente. Esto le ayuda a establecer su sentido de sí misma como una persona distinta pero capaz de vincularse con sus seres queridos. Durante la Semana 4 te dedicaste a establecer límites claros y saludables mientras explorabas cómo contestar de manera auténtica (sí o no) sin importar el impacto que creas que tu respuesta pueda tener en otras personas de tu vida.

Los límites saludables se desarrollan *cuando creces rodeada de un ambiente y de relaciones interpersonales que te respetan como un ser aparte con necesidades, aspiraciones y deseos propios*. Esto no significa que siempre te salgas con la tuya. Ponerle a un niño normas apropiadas es parte fundamental e importante para su desarrollo de límites saludables.

En un ambiente –o un sistema familiar– que promueve los límites saludables, hay respeto mutuo entre los individuos que comparten un espacio. Es un lugar con respeto a la privacidad, bienes y espacio personales, un sitio donde se reconoce tu valía –no por lo que hagas o dejes de hacer, sino por quién eres. En este ambiente te animan a expresar tus deseos, incluso si no siempre se cumplen. Tus emociones son recibidas con atención e interés, y se identifican o nombran cuando es importante hacerlo, lo cual te ayuda a comprender tu mundo interior. En este espacio recibes apoyo cuando estás abrumada, y esto te permite sentir una estabilidad interna.

Quizás eres una de las personas afortunadas que crecieron en un ambiente así. Como resultado, es muy probable que hayas desarrollado límites bastante razonables, y que puedas decir que no y que sí cuando lo deseas. Por lo tanto, es poco probable que te sientas acosada o victimizada.

Tristemente, muchas de nosotras no fuimos criadas en un ambiente que nos ayudara a cultivar límites consistentes. Quizás uno de tus padres estaba tan herido emocionalmente que carecía de límites personales propios y te trató como una extensión de sí mismo en vez de hacerlo como una persona aparte. Por ejemplo, digamos que tu rol sobreentendido era el de satisfacer las necesidades de tus padres, y cuando no realizabas esta función recibías el mensaje de que no eras útil o apreciada. En este ambiente jamás habrías tenido la oportunidad de experimentarte a ti misma como un ser humano valioso y separado de los demás.

Echemos otra vez un vistazo a la infancia de Eva. Su padre era dependiente del alcohol, su madre luchó para dar orden al caos resultante, y el hogar sufrió mucho hasta que sus padres se divorciaron. Durante la infancia de Eva, todo esto fue su vida *normal*. Más adelante, ella aprendió en su grupo de apoyo para adultos hijos de alcohólicos, que las repercusiones de este tipo de ambiente familiar pueden ser devastadoras porque no se pone atención a las necesidades de los niños.

Cuando Eva participó con nosotras en el programa *Ser madre, ¿es para mí?*, compartió con las demás mujeres del grupo que no fue sino hasta que ya estaba en sus treintas cuando *ella misma* comenzó a darse cuenta de la verdadera situación de sus relaciones con otras personas. Siempre había tratado de anticipar las necesidades de los demás, que es lo que le tocó hacer con su padre. Cuando era niña, trató de prever correctamente las necesidades de su padre para evitar que su estado de ánimo se volviera explosivo. Este enfoque constante en otra persona evitó que desarrollara un sentido de sí misma entero y saludable, así que no pudo generar límites apropiados. Las situaciones así suelen provocar falta de claridad acerca de lo que uno quiere o desea o, peor aún, uno podría considerar sus deseos como irrelevantes. La buena noticia para Eva es que encontró recursos de apoyo, y con el tiempo desarrolló mejores límites para sí misma. Como resultado, sus

Semana 6 – ¿Qué tan bien conoces a tu madre?

relaciones con muchos amigos mejoraron, aunque también algunas de sus amistades terminaron –aquellas que ella reconocía como desequilibradas y poco saludables, y que por lo mismo debía ponérseles un fin para que ella pudiera centrarse en su crecimiento personal.

La forma en que mantienes límites sanos está íntimamente relacionada con tu decisión de tener hijos. Debes saber quién eres y qué sientes, independientemente de cualquier otra persona, para poder descubrir lo que quieres y por qué lo quieres. La realidad es que mantener límites personales, psicológicos, físicos, emocionales y espirituales saludables es necesario para que puedas desarrollarte, sin importar si decides convertirte en madre o no. Tus amistades cercanas y relaciones íntimas sufren cuando tus límites son borrosos; en estos casos las expectativas racionales se distorsionan y puedes sentirte abrumada y dolida al no saber cómo satisfacer tus necesidades con eficacia. Además, tener límites saludables es importante si decides que quieres convertirte en madre. Sin ellos, tendrás dificultades enfrentando tus propias emociones cuando tu hijo enfrente las suyas.

¿Cómo pones límites saludables si nunca los has tenido? Puedes comenzar siguiendo los ejercicios de este programa. Entre más a conciencia explores tu mundo interior, más comprenderás dónde terminas *tú* y dónde comienza el *otro*. Puedes informarte mediante la literatura disponible sobre el tema. Hay muchos libros acerca del cultivo de límites saludables. Al igual que Eva, también puedes buscar una comunidad dedicada a este tema, como puede ser un grupo de hijos adultos de alcohólicos, que es un espacio que impulsa el desarrollo de límites saludables con el apoyo de individuos con historias semejantes. Para una práctica más focalizada, considera la psicoterapia individual o grupal, pues te dará la oportunidad de analizar tu vida interpersonal más profundamente.

Los límites son subjetivos y personales. Al fin y al cabo, eres tú quien decide dónde están tus límites y lo flexibles o rígidos que deben ser. Pon atención a lo que descubras esta semana al profundizar tu comprensión de los límites sanos, sobre todo los relacionados con tu madre.

En una escala que va de lo no saludable a lo saludable, ¿dónde pondrías los límites que tienes en tu relación madre e hija? ¿A qué conclusiones llegarías al reflexionar acerca del espacio físico, emocional y psicológico que existe entre tu madre y tú? ¿Sientes que tienes el permiso de tu madre (y de ti misma) para pensar y sentir con la libertad de una persona autónoma e independiente? ¿Tienes que estar geográficamente lejos de tu madre para sentirte como un ser separado de ella? ¿En qué situaciones y lugares sientes que tu relación madre e hija progresa sin esfuerzo? ¿Percibes la relación con tu madre como rígida o invasiva? Al aprender acerca de tu mundo interior, estas preguntas adquieren relevancia incluso si tu madre no está físicamente disponible. Este es un buen momento para considerar cuidadosamente la relación con tu madre y hacer nuevos descubrimientos.

El ritual de transición de una mujer

Después de tratar el tema de límites personales, pasamos a la importante tarea de reconocer cómo eres distinta y un ser aparte (emocional y psicológicamente) de tu madre, y cómo esta separación favorece el desarrollo de tu habilidad para tomar decisiones.

La relación formativa con la propia madre idealmente debería comenzar con una dependencia saludable. Cuando una mujer joven madura, ocurre un importante ritual de transición a medida que ella dedica tiempo y esfuerzo para separarse psicológicamente de su madre lo mejor que puede. La mujer joven pasa de la dependencia a una independencia saludable. Esto es más evidente que nunca cuando una mujer toma su *propia* decisión de convertirse o no en madre.

Mientras trabajas en nuestras sugerencias de esta semana, considera con cuidado quién fue y es en realidad tu madre, y permite que tu conciencia en expansión te permita ver los contrastes entre ustedes. Percibe las semejanzas y diferencias, y esfuérzate por separar las influencias que haya tenido tu madre en tu ser más íntimo y personal. Es una buena semana para identificar si has hecho suposiciones acerca de quién es tu madre, sobre todo si le has puesto una etiqueta basándote en cómo te ha tratado. Esta semana, date un tiempo para reflexionar acerca de lo que escribiste anteriormente, incluyendo el ejercicio de la Semana 2 sobre definiciones de la maternidad. Intenta percibir los cambios recientes que hayan tenido lugar en tu conciencia.

Esta semana te ayudará a seguir siendo curiosa. No es en absoluto desleal separar quién eres de quién era y es tu madre. Todo lo contrario, esto es respetuoso para las dos. Tienes mucho que ganar de esta exploración: te ayudará a ver a tu madre como una persona distinta a ti e imperfecta, simplemente un ser humano, una mujer que pudo haber tenido sus propias heridas que siguen sin sanar. Y con este paso te sentirás más libre de avanzar en tu propia vida.

Cambiando tu historia

Algunas de ustedes concluirán que tuvieron una madre suficientemente buena. Otras tendrán una larga lista con los errores que su madre cometió al criarlas. Puede ser doloroso mirar objetivamente las limitaciones de tu madre y ver cuan imperfecta era y es todavía, sobre todo si la idealizaste cuando eras una niña. Recuerda que tú no *tenías* ni *tienes* el control sobre cómo era tu madre y cómo se comportó. Sin importar lo herida que pudiera estar tu mamá, no fueron tus acciones ni fue tu culpa que las cosas sucedieran del modo en que lo hicieron.

Si sientes que no obtuviste lo que necesitabas de tu madre, hay una lección importante por aprender. Ella no puede realizar el trabajo de reparación que necesitas ahora, aunque quiera ayudarte y tenga la habilidad para hacerlo, sin embargo, la curación o reparación *sí está* en *tu* poder. Para empezar, date el permiso de identificar lo que te pudo haber faltado, y lamenta tus pérdidas de manera sincera. Haz duelo por la madre que no fue quien tú querías o necesitabas que fuera; esto te ayudará a aceptar y valorar a la mujer que sí fue y es todavía. Cuando eres capaz de enfrentar tu propio dolor, sin juzgar a tu madre o a ti misma, estás en el camino hacia la recuperación. Con esto te alejas de la indefensión y la impotencia para efectuar un cambio en tu vida, tomando un camino muy diferente y creando una nueva historia. Enfrenta la verdad de lo que pasó. Reconcíliate con tu pasado. Esto abrirá tu camino hacia la claridad.

Sé curiosa: tareas para la Semana 6

Cuando aseguramos que no hay una forma equivocada de realizar los ejercicios de escritura, ¡lo decimos en serio! No es necesario que tus palabras tengan sentido, sean racionales, lineales, y ni siquiera es requisito que formen enunciados completos. Lo escrito necesita ser coherente solamente para ti. Al escribir, siéntete a gusto permitiendo que tu mente asocie ideas espontáneamente. Cuando escribes todo lo que se te ocurre permites que tu subconsciente salga a la superficie.

La primera tarea de escritura te presenta de nuevo las preguntas de la visualización guiada de esta semana. Léelas con cuidado antes de contestar por escrito. Las respuestas que plasmes aquí comenzarán donde se quedó la visualización guiada. Te ayudarán a acceder a información fresca y a desarrollar

Ser madre, ¿es para mí?

una comprensión más completa de la siempre compleja relación madre e hija. Es probable que te vengan a la mente más preguntas conforme realizas el ejercicio.

1. Lee las preguntas a continuación, primero en silencio y luego en voz alta. Responde por escrito lo primero que se te venga a la mente. Si no sabes qué contestar, escribe acerca de esa sensación. Agradecemos muchas de estas preguntas a su autor, Phyllis O. Ziman Tobin. Puedes encontrarlas en su libro *Motherhood Optional: A Psychological Journey*.
Sé curiosa:
Al pensar en tu madre, date el permiso de preguntarte…

   a. ¿Disfrutó de ser mamá?

   b. ¿Cuánto dependía de su papel de madre para obtener un sentido de identidad propia?

   c. ¿Las exigencias que conlleva la maternidad comprometieron su sentido de identidad personal?

   d. ¿Qué otra cosa era importante para ella, además de mí o de sus otros hijos?

   e. Si ella no fuera madre, ¿en qué habría enfocado su atención?

   f. ¿Cuál creo que fue la mayor satisfacción que sintió por ser mi madre?

   g. ¿Cuál fue su mayor arrepentimiento sobre cómo me crió, si es que tiene alguno?

   Y ahora, por qué no preguntarte…

   h. ¿Quiero parecerme a mi mamá como persona? ¿Como mujer? ¿Como pareja? ¿Como madre?

   i. ¿Mi madre esperaría que yo fuera el mismo tipo de madre que fue ella? ¿Ella desearía eso para mí? ¿O querría que yo fuera otro tipo de madre, muy distinto a ella?

   j. ¿Mi madre me daría su aprobación si yo me convirtiera en madre? ¿Me desaprobaría si no me convierto en madre?

        Semana 6 – ¿Qué tan bien conoces a tu madre?

> *k. ¿Siento que debo ser como mi madre? ¿Puedo ser un tipo de madre distinto a ella?*
>
> *l. ¿Ella tiene una opinión sobre si debo o no convertirme en madre?*
>
> *m. ¿Hasta qué punto dependería de mi rol como madre para obtener un sentido de identidad personal?*
>
> *n. ¿Qué es importante para mí en la vida? ¿Mi madre lo sabe?*

2. Te ayudará dar un paso atrás y hacer un recuento de cómo percibieron a tu madre otras personas durante tu infancia. Hacer esto puede validar tu experiencia o despertar algo de desasosiego o confusión. Descubre qué sucede en tu caso.

   Sé curiosa:

   > *a. ¿Cómo veían a mi madre la comunidad y otros miembros de la familia?*
   >
   > *b. ¿En qué aspectos su opinión acerca de ella coincide con la mía?*
   >
   > *c. ¿En qué aspectos su opinión de ella es diferente a la mía?*

Exploración adicional y descubrimientos

Vuelve a leer tus respuestas en los dos ejercicios de escritura anteriores y considéralas a la luz de las preguntas exploratorias contenidas en "Tu lista para reflexionar", ubicada en el Apéndice I.

¿Los ejercicios provocaron preguntas y sentimientos inesperados acerca de tu madre? ¿Salieron a flote heridas antiguas? Incluso si sientes que las cosas son suficientemente buenas entre tu madre y tú, o si ya trabajaste en la curación de una vieja herida que tienes con ella, echarle otro vistazo a su relación puede dar frutos. Quizás no te sorprenderá saber que la información útil llega más inesperadamente a las mujeres que sienten que hasta ese momento han tenido una buena relación con su madre.

El objetivo inicial de los ejercicios es explorar tu realidad sin incluir a tu madre en el programa, pero es posible que sientas el deseo de involucrarla si ella está disponible. Te recomendamos que no hagas esto mientras tu propio proceso está evolucionando. Es mejor esperar hasta que hayas avanzado más en tu camino. Sin embargo, te recomendamos que hagas notas en tu diario acerca de lo que quieres platicar con ella más adelante.

Percibe las nuevas preguntas que vayan surgiendo. Incluso si tu madre ya no vive, o si su relación es tan tensa que no es posible hacerle estas preguntas, hay mucho que puedes hacer tú misma. Sé creativa. Quizás puedas hacer contacto con uno de los hermanos de tu madre, o con tu abuela materna. Te mereces no solamente sobrevivir, sino también alcanzar la dicha y la plenitud, y te mereces que la relación con tu madre sea lo mejor posible, sin importar tus circunstancias.

Sé más curiosa: ejercicios opcionales

Si esta semana tienes el tiempo y el deseo de llevar tu exploración más allá, intenta realizar una o más de estas sugerencias adicionales:

1. Repite la visualización guiada reemplazando a tu madre con tu padre u otra figura paterna o materna (sobre todo, esto es útil si tuviste más de una figura materna). Después escribe las respuestas a las preguntas en la primera tarea de la sección "Sé curiosa".

2. Crea dos collages, pinturas o dibujos separados, uno que represente la esencia de ti misma y otro que represente la esencia de tu madre. Trabaja con uno a la vez y date la oportunidad de sentir de veras las diferencias entre ambas obras. Pon los trabajos terminados donde puedas "visitarlos" para observarlos detenidamente y apreciar en qué aspectos son diferentes y en qué aspectos se parecen. Sigue sintiendo las diferencias y semejanzas entre ambas obras cada vez que las contemples.

3. Si tienes talento para la actuación, ¿por qué no intentas lo que los psicólogos llaman *trabajo con sillas*? Coloca dos sillas, una frente a la otra, y siéntate en una de ellas. Usarás como guía las preguntas contenidas en la Parte 1 de la visualización guiada de esta semana. Hazle una de esas preguntas a tu madre o figura materna. Luego cámbiate a su silla y respóndete a ti, la hija. Luego vuelve a pasarte a la otra silla y contesta a lo anterior o formula otra pregunta. Continua con este ejercicio hasta que sientas que has terminado, y escribe en tu diario lo sucedido.

4. ¿Cuáles fueron los mensajes verbales y no verbales que recibiste de tu madre acerca de embarazarse, tener bebés y convertirse en madre?

Esta semana quédate con esto

La experiencia nos ha enseñado que el trabajo de esta semana puede llegar a ser un poco intimidante, pero tú eres valiente y puedes enfrentarlo; durante toda esta semana recuérdate a ti misma esta verdad y sigue muy de cerca lo que te diga tu corazón. Si surgen en ti sentimientos de pérdida, sé compasiva con ellos. Trata de pasar un poco más de tiempo cada día contigo misma, y date la oportunidad de sentarte en silencio para escribir en tu diario. Si durante la semana emergen más emociones de las que esperabas, haz tu mejor esfuerzo por recibirlas con los brazos abiertos. Tienes perseverancia. Puedes afrontar lo que venga con los ojos, la mente y el corazón bien abiertos. Puedes proporcionarte lo que necesitas, practica hacerlo ahora mismo. Date a ti misma un grande y sincero abrazo de oso. Sí, estás leyendo bien: envuélvete en tus propios brazos y apriétate con fuerza (pero sin lastimarte). Di claramente y con convicción: "¡*Yo soy* una mujer fabulosa!". Hazte consciente de tu respiración mientras repites el abrazo y la declaración dos veces más. ¡Te lo mereces!

Continúa siendo curiosa acerca de tus interacciones con otras personas, tus pensamientos, tus sentimientos y tus comportamientos antiguos o nuevos. Desde que comenzaste este viaje interior, ¿has notado que te sientes o actúas de manera diferente cuando estás con las personas más cercanas a ti? Esto es de esperarse; estás despertando cosas en tu corazón y mente a un nivel muy profundo.

Si te sientes especialmente vulnerable esta semana, quizás te convendría volver a realizar las dos visualizaciones presentadas en la Semana 1. Trata de lograr la tranquilidad. Conéctate con tu interior, busca ahí a la madre suficientemente buena, y pídele *a ella* que te nutra y te dé fortaleza, llenándote de amor propio y cuidados. Trata de aferrarte a tu derecho natural; no importa lo que haya pasado o esté pasando ahora con tu verdadera madre, tú te mereces sentir amor y ser amada. Descansa mucho y date un tiempo para sentarte en silencio, meditar o apuntar ideas y reflexiones en tu diario. Ve a la sección de tu diario dedicada a temas que requieren un seguimiento en el futuro y anota lo que consideres necesario. Hazlo ahora.

Cuidado de ti misma

Esta semana, intenta algo que verdaderamente te nutra y recargue de energía. ¿Qué te da fuerza? ¿Tu yo más joven (que tiene una visión distinta) quiere proponer algo también? Aunque tenemos dos sugerencias para cuidarte –mimarte con un masaje y dar una larga caminata en la naturaleza sin prisas– hay un sinfín de opciones para nutrirte y renovarte. Escoge la que más te atraiga, busca el tiempo necesario y haz que suceda. ¡Sí! ¡Tú puedes lograrlo!

El cuidado personal que hice para mí misma esta semana fue…

No estás sola

Esta semana, Noemí y Natalia comparten sus historias personales, ambas fuertemente influenciadas por sus madres. Las dos mujeres hicieron hincapié en que necesitaban *sentir* el camino hacia la toma de una decisión. Léelas cuando sientas que es el momento oportuno para que conozcas sus historias.

La historia de Noemí

Creo que el diagnóstico de cáncer de mi madre me hizo pensar más en el tema. Mi padre había fallecido un año antes de ese diagnóstico. Eso me hizo pensar más acerca de la familia, la pérdida, lo que es realmente importante para mí, y en que quizás me estaba engañando a mí misma, perdiéndome de mucho amor y cariño por no querer arriesgar demasiado. Ahora estoy enfrentando posibles problemas de fertilidad. Aplacé la maternidad tal vez hasta el punto en que la puerta para embarazarme se está cerrando (si es que quiero embarazarme sin ayuda). Me hice un análisis completo de sangre para detectar problemas de infertilidad justo cuando empecé a tratar de quedar embarazada y todo se veía bien, pero eso no te garantiza nada. Conforme escribo esto, espero por séptima ocasión para saber si estoy embarazada. No estoy interesada en realizar tratamientos invasivos, pero he estado probando la acupuntura. Si he aplazado demasiado la maternidad, tendré que aceptarlo y eso será difícil.

Semana 6 – ¿Qué tan bien conoces a tu madre?

Creo que la maternidad siempre estuvo en el fondo de mi mente cuando era joven, y pienso que yo creí que de algún modo todo saldría bien. Luego, en mis treintas, comencé a preguntarme si quizás no sucedería. No tenía mucha suerte o, para ser más precisa, buen gusto, cuando se trataba de hombres. Elegía a individuos guapos y encantadores pero superficiales, y casi siempre sin deseos de comprometerse. Después compensaba excesivamente buscándome a alguien que me adorara pero con quien no tenía ningún vínculo, y luego volvía de nuevo a los hombres guapos, encantadores y superficiales. Finalmente, cuando tenía treinta y nueve años, conocí a un buen hombre que era guapo, encantador y con quien sí pude conectarme emocionalmente.

Mirando atrás, seguramente yo no estaba verdaderamente lista para comprometerme en una relación antes de conocerlo a él. Yo lo respetaba y lo amaba, y pensé que mi vida al fin comenzaría a tomar forma, pero para entonces empecé a preguntarme si tener hijos era una buena idea. Yo ya tenía mis rutinas establecidas: principalmente dormir hasta tarde y salir mucho a cenar y al cine. Ahora que lo recuerdo, creo que muy en el fondo yo sabía que deseaba un hijo, pero dejé de creer en la idea de una familia, o quizás nunca creí en ella, por la forma en que crecí. Sabía que podía confiar en mí misma para lograr las metas que me propusiera y para crear yo sola una vida que me hiciera feliz. Sin embargo, para confiar en una relación con alguien y tener un hijo con él, faltaba un nivel de confianza en mi futuro que no poseía.

El otro agravante era que mi pareja dijo al principio que estaba abierto a la idea, y seis meses después dijo que no lo estaba. Entonces me enfrenté a la posible pérdida de alguien que me tomó tanto tiempo encontrar, para seguir sola el camino lleno de incógnitas que es la maternidad. Todo esto me confundía mucho. Me preguntaba a mí misma: "Si querías tanto un hijo, ¿por qué no le pusiste más empeño a sentar cabeza antes?" Creía que quizás eso significaba que podría estar bien sin un hijo, y que tal vez solamente estaba saboteando mi primera relación amorosa verdaderamente buena. La parte más triste era que entre más me acercaba a él y entre más confiaba en la relación, más quería tener un hijo con él. Él era una constante. Aun si peleábamos, él seguía ahí. Si yo tenía síndrome premenstrual, él seguía ahí. Si yo había tomado demasiado y causado una pelea tonta, él seguía ahí. Eso era maravilloso, pero hizo que tomar la decisión fuera mucho más difícil. Mi ardua lucha con esa decisión me llevó al grupo Ser madre, ¿es para mí?

Al principio traté de obtener claridad por medio del razonamiento, lo cual no me funcionó. Avancé cuando comencé a enfocarme en los sentimientos para obtener la claridad. Algunas mujeres tienen certeza y eso es estupendo, pero si tú no estás segura, no vas a descubrirlo tratando de decidir lógicamente. Vas a necesitar ayuda (como la que obtuve en el grupo), y tendrás que sumergirte en lo más hondo de tu interior para encontrar la respuesta. Nunca podrás descubrirla sopesando las ventajas y desventajas. Yo leí todos los artículos y escuché todos los programas de radio y televisión sobre el tema, y aunque eso me ayudó a comprender las razones de otras personas para tener o no tener hijos, así como los aspectos buenos y malos de ambas decisiones, no me ayudó a tomar una decisión propia. En mi caso, yo necesité del grupo. Era necesario que hiciera los ejercicios de escritura y hablara mucho al respecto. Tenía que separar lo que pensaba acerca de la maternidad de lo que sentía acerca de la maternidad.

Noemí vive y trabaja en una zona urbana. Cuando escribió su historia tenía cuarenta y dos años y llevaba más de tres años en una relación seria de pareja con un hombre que tiene una hija de un matrimonio anterior. Dejando de lado los años de pensar de vez en cuando acerca de si tendría o no un hijo, había pasado tres años más angustiándose por la decisión, tres años durante los cuales se sintió sola y confundida, incluso después de haber hablado mucho sobre el tema con su pareja, amigos y hermana.

Cuando le pareció que su relación estaba en juego, finalmente buscó ayuda profesional y se unió a uno de nuestros programas de doce semanas. Reunida con las demás mujeres en el grupo, Noemí comenzó a descubrir sus sentimientos más profundos. Ella dijo: "El grupo me ayudó a liberarme de algunas de mis creencias y miedos automáticos sobre tener un hijo. Me ayudó separar estas creencias para entrar más en contacto con mis sentimientos al respecto –tanto buenos como malos–, y al final, encontré que había más sentimientos buenos". Cuando el grupo terminó, Noemí supo que quería tener un hijo si podía.

Al principio, su pareja no quería tener otro hijo, pero cambió de opinión al darse cuenta de que perdería esta relación tan valiosa para él. Cuando ella escribió su historia, estaban tratando de embarazarse. Él dice que se sentirá satisfecho con

Semana 6 – ¿Qué tan bien conoces a tu madre?

cualquier resultado. Aunque Noemí no se siente tan indiferente con respecto al resultado final, siente que ella y su pareja son ahora más cercanos que nunca. En sus propias palabras: "Cuando supe que íbamos a intentarlo, estaba feliz y emocionada. Ahora estoy en el limbo, pero siempre me hará feliz saber que lo intenté". Noemí todavía tiene sus luchas diarias con respecto al tema, pero ya no es la agonía por la que pasó antes de decidirse. "Si me embarazo, ese será mi camino; si no lo hago, ese será mi camino".

Noemí, la más joven de cuatro hermanos, tuvo una relación complicada con su madre, y una relación prácticamente inexistente con su padre, así que considera que su experiencia familiar durante los primeros años de infancia hizo más difícil su camino hacia la toma de una decisión. Igualmente, no recuerda haber tenido otros verdaderos modelos a seguir cuando era niña. Con respecto a crecer con su madre, dijo lo siguiente: "Ella hacía cosas maravillosas por ti y en otras ocasiones era cruel. Nunca dudé que me amara, pero sé con seguridad que desde los doce años yo ya no confiaba en ella, ni encontraba consuelo en ella. Quizás eso sucedió desde antes, pero recuerdo con claridad haberme sentido así a los doce años". La falta de consistencia de su madre hacia ella podría haber contribuido a la inestabilidad y la tendencia a reaccionar que a veces se manifiestan en las relaciones íntimas de Noemí.

Ahora que es adulta, Noemí siente que la relación con su madre sigue siendo complicada, pero un poco menos que antes. Ha disminuido gran parte de su enojo y de sus reacciones. El diagnóstico de cáncer de su madre tuvo un impacto suavizante, pero el grupo de apoyo también ayudó a Noemí a curar algunas de sus heridas no resueltas, al proporcionar un lugar seguro para que ella se enfocara específicamente en los aspectos clave de su relación madre e hija. Aunque el padre de Noemí ha muerto, no parece que él haya desempeñado nunca un papel importante en su vida. Su relación se caracterizó más por una ausencia que por una presencia. Esto podría hacer que Noemí tenga sentimientos de pérdida en el futuro, incluso si el sentimiento resultante es la añoranza de algo que nunca fue, en lugar de la pérdida real de algo que alguna vez se tuvo.

Noemí anhela ser un tipo diferente de madre del que fue la suya. A ella le gustaría conservar lo bueno y cambiar lo malo. Cuando Noemí se hizo adulta, su madre compartió con ella las razones de su comportamiento cuando sus hijos eran pequeños; ella aseguró que su fragilidad interna la había empujado a reaccionar ante sus hijos del modo en que lo hizo. La frialdad que asustaba a Noemí cuando era una niña fue un factor importante en la desconfianza que desarrolló hacia su madre. Noemí no quiere ser distante jamás (enojada a veces, sí, pero distante, no) hacia su propio hijo. Es bueno reconocer un problema, pero cambiar el comportamiento propio toma tiempo. Parece que Noemí está consciente de esto y se volcó en hacer cambios para no perpetuar los patrones familiares. Gracias a las reflexiones sobre su vida, está desarrollando su conocimiento de sí misma y su madurez emocional, ambas buenas cualidades para una futura madre.

Vale la pena mencionarse que ha habido tres cambios adicionales en su vida desde que tomó la decisión. El primero es que se ha vinculado con la hija de su pareja en un nivel más profundo. Noemí siente un mayor compromiso hacia esa hija –quizás como práctica (como ella dice) o quizás para mostrar más compromiso con su pareja– pero también es posible que Noemí pueda visualizar ahora la relación de largo plazo que podría desarrollar con la hija de su pareja en los próximos años. En segundo lugar, ella notó un cambio con sus amigas. Algunas de las que no quieren hijos han reaccionado con un aparente alejamiento, y esto ha causado algo de malestar; en cambio, las amigas con hijos se han congregado a su alrededor. Y por fin Noemí ha notado que su familia –tanto madre como hermanos– están todos emocionados por ella y le ofrecen palabras de ánimo.

Noemí dijo que desearía haber sido capaz de escuchar a su corazón cuando era más joven, y no haber tenido tanto miedo de pedir lo que quería y necesitaba. Ella ha aceptado que por mucho que intente evitar las heridas, si no lo logra, ella sobrevivirá. Noemí compartió: "Suena un tanto cursi, pero esta frase encaja conmigo: 'Más vale amar y perder, que jamás haber amado'".

La historia de Natalia

Mi madre me tuvo cuando era muy joven. Ella odiaba a mi padre y quizás mi presencia se lo traía a la memoria. No había amor. A pesar de eso, mi madre hizo muchas cosas por mí. Mis padres se divorciaron cuando yo tenía dos años y medio.

Ambos tuvieron infancias terribles. Ambos estaban en contra de tener un hijo. Aunque mi madre ha cambiado, cuando era más joven decía: "La gente sin hijos tiene una sola preocupación, pero con hijos tiene un millón de preocupaciones". Mi padre estaba muy orgulloso de que yo no tuviera hijos, dado que mi media hermana tiene cuatro niños. Como abuelo, él se ha visto obligado a asumir muchas responsabilidades financieras no deseadas.

Semana 6 – ¿Qué tan bien conoces a tu madre?

> Creo que si yo gozara de una relación de pareja saludable y amorosa podría haber deseado un hijo.

Natalia es una mujer moderna, inteligente y sensible que vive muy cómodamente en la sociedad actual, aunque sus antecedentes familiares están inmersos en una cultura tradicional, sobre todo en los temas que atañen a las mujeres. Ella se mudó a los Estados Unidos cuando era una mujer joven, y ha mantenido lazos emocionales con su país de origen. Algunos miembros de su familia extendida y amigos todavía viven ahí.

Natalia decidió que no tendría hijos a los treinta y siete años. Ella llegó a esa decisión por sí misma, sin buscar ayuda profesional ni hablar con amigos o familiares. Se sintió capaz de decidirse sin consultar a otras personas.

Natalia cuenta que su relación con su madre fue muy dolorosa y difícil mientras ella crecía, y que esto solo ha mejorado en los últimos años. Los cambios sucedieron después de una mejora en la comunicación que permitió que madre e hija se relacionaran entre sí con más apreciación y respeto. Hoy en día, ellas disfrutan mutuamente de su compañía de una manera que no era posible antes. Cuando era joven, Natalia sintió que odiaba a su madre. Estos son sentimientos muy fuertes que posiblemente impidieron que ella explorara por completo el abanico emocional acerca de su rol potencial como madre. El haber pasado sus primeros años en un país con una cultura tradicional y con padres en un matrimonio conflictivo también pudo haber contribuido a su decisión final.

Cuando por fin tomó su decisión, estaba acercándose al final de su segundo matrimonio. Se casó por primera vez a la edad de veintiún años, con un hombre que no consideró adecuado para la paternidad. Hubiera sido un riesgo elegir la maternidad con él como pareja. Aunque a veces fantaseaba con tener un hijo, preguntándose si sería niño o niña, no se sintió lo suficientemente segura para tomar en serio sus opciones en ese matrimonio. En su segundo matrimonio, ella y su pareja se distanciaron emocionalmente poco a poco.

Natalia no se arrepiente de decidir que *no*. Disfruta de una vida plena, y logra un importante balance entre su trabajo profesional, su trabajo creativo en un grupo teatral vanguardista, y su práctica espiritual. Ella espera que todas las mujeres se sientan con el derecho de buscar el camino hacia su propia decisión. Ella añade con certeza: "¡Tener un hijo no es para todos!"

Semana 7

Sí, no, quizás

"Por primera vez me di cuenta de que no tener hijos puede deberse a muchas causas. Quizás a limitaciones biológicas. O a la ambivalencia. A veces, la gente no tiene hijos porque desea algo diferente en la vida. Y a veces, no tenerlos es una mezcla de todas estas cosas".

–Mardy S. Ireland[7]

Presentación

No todas somos capaces de mantener la determinación y el compromiso de realizar estos ejercicios semana tras semana… ¡y tú lo has logrado! Haz una pausa para festejar tu perseverancia y avance a pesar del temor, dolor o incertidumbre que pudieran surgir en el camino.

Posiblemente sientes que por haber cumplido la mitad del programa, deberías estar también a la mitad del camino para tomar tu decisión. Si identificas esta expectativa, respira profundo y con cada exhalación reconoce la realidad de que este proceso no es lineal. Continúa siendo receptiva para que llegue más información en las semanas restantes. Todavía hay mucho por descubrir. Aunque vayas obteniendo más y más claridad, con suavidad vuelve al *No lo sé* lo mejor que puedas. No tienes nada que perder si permaneces con el *No lo sé* un poco más de tiempo.

Las últimas dos semanas te enfocaste en tus padres. La semana pasada fue muy intensa, y ahora tienes una buena idea de lo que necesitas atender en tu interior. Es posible que todavía no hayas sanado por completo, pero tener una idea de lo que falta por resolverse ya es liberador. Si aún te sientes un poco insegura acerca de todo esto, no te desanimes: todo se aclarará conforme continúes avanzando con el programa.

La semana pasada examinaste la relación con tu madre. Consideraste qué persona era mientras crecías, y pusiste atención al grado de separación psicológica y emocional que has logrado crear entre ustedes. Necesitaste mucho valor para explorar tus límites personales. ¿Estás satisfecha con los límites físicos y emocionales que actualmente tienes con ella?

La relación con tu mamá tiene un fuerte impacto en cómo abordas la decisión de si quieres o no convertirte en madre, y esto es más evidente si has estado sintiendo ambivalencia. Como hija, asimilaste buena parte de las experiencias de tu madre, estés o no consciente de ello. Da la bienvenida y permite un espacio de expresión a los sentimientos nuevos que vayan surgiendo. Sigue adelante desenterrando lo que estaba oculto. Puedes confiar en que tu claridad y determinación llegarán.

Ahora mismo, es posible que sientas que ya han emergido muchos asuntos no resueltos y, sin embargo, ¡estamos pidiéndote que avances para descubrir aún más! Es posible que sientas el impulso de enfrentar lo que ya salió a la luz, en vez de buscar información adicional. Sin embargo, por ahora es más importante avanzar, enfocarte en los conocimientos nuevos, y confiar en que los asuntos no resueltos terminarán solucionándose, si no directamente en el transcurso de los ejercicios en las semanas por venir, entonces más adelante, cuando trabajes en los pasos a seguir después de tomar tu decisión. En última instancia, avanzar en tu camino personal tendrá un impacto más positivo que quedarte atorada en un solo tema.

Visualización guiada de la Semana 7

Durante esta valiosa visualización, confía en que tu mente enfocará su atención en donde sea necesario. Cuando tus ojos están cerrados funciona una parte de tu cerebro a la que no se accede fácilmente cuando tus ojos están abiertos. Pídele a alguien que te lea la visualización o grábala para que puedas escuchar con los ojos cerrados, pues su eficacia también requiere del elemento sorpresa. Si esto no es posible, grábala tú misma para que puedas escucharla con los ojos cerrados para profundizar la experiencia del lugar adonde te llevará el ejercicio. También puedes bajarla de la página: www.SerMadreEsParaMi.com. Si lees la visualización para ti misma, hazlo cuidadosa y muy lentamente para darte el tiempo suficiente de saborear la experiencia. De vez en cuando cierra los ojos y ábrete al poder de tu imaginación.

Recuerda que la experiencia que tengas es lo más importante y no hay forma incorrecta de hacer el ejercicio. Ten a la mano tu diario y pluma para que puedas apuntar de inmediato tus impresiones e imágenes.

Para prepararte, elige un lugar tranquilo y sin ruido donde la gente no te distraiga ni moleste. Escoge un momento en el que no tengas nada más que hacer y cuando nadie necesite de tu atención; este momento es única y exclusivamente para tu beneficio. Siéntate cómodamente en una silla o, si lo prefieres, acuéstate en el suelo.

¿Sí? ¿No? ¿Quizás?

Ahora que ya estás lista, hazte consciente de tu respiración. Deja que tus ojos se cierren suavemente conforme respiras profundo y exhalas. Inhala y sostén tu respiración mientras cuentas hasta cinco. Luego exhala hasta que la mayor parte del aire haya salido de tus pulmones. Vuelve a inhalar y exhala lentamente, dejando salir un suspiro audible por tu boca mientras cuentas en silencio del diez al uno. Continúa respirando lenta y profundamente. Conforme respiras, te relajas. Permite que tu respiración natural te dé una sensación profunda de paz y bienestar. Siente la relajación de tu cuerpo y deja que tu mente flote libremente. R-e-s-p-i-r-a.

Estas a la mitad de este programa, pero eso no necesariamente significa que estás a la mitad de saber qué deseas o qué decisión tomarás. Confía en tu sabiduría interior, ella está asegurándote que las respuestas vienen en camino.

Imagina que hoy tomaste la decisión de que *no* te convertirás en madre. No tendrás un hijo o hijos. Sí, es verdad: decidiste tener una vida sin hijos. Si ya tienes hijastros u otro hijo, has decidido que no tendrás más hijos. Sin censurarte, ¿cuál es el primer pensamiento que te viene a la mente? ¿Qué emociones surgen en este preciso momento? Quédate con lo que sientes y con lo que no sientes. Si estás insensible, quédate con el sentimiento y sigue r-e-s-p-i-r-a-n-d-o. Esta ha sido una decisión difícil de tomar, sin embargo, el proceso de elegir ha terminado. Ya te decidiste.

Suelta cualquier resistencia que emerja al adoptar esta elección. Date el permiso de sumergirte totalmente en la decisión, y dale la bienvenida a todos los sentimientos que vengan con ella. Quizás estás sintiendo tristeza, alivio, alegría, sorpresa, pérdida, temor, culpa, vergüenza, confusión, preocupación, satisfacción, ansiedad, enojo, deleite o alguna otra emoción. Sin hacer distinciones, dales la bienvenida a todos los sentimientos, o a la ausencia de sentimientos.

Imagínate exhalando hacia estos sentimientos y permíteles residir en tu cuerpo y en tu corazón. Ahora que elegiste no ser madre, ¿a quién se lo dirás primero? ¿Cuál será su reacción? ¿Cómo te sientes acerca de esta reacción? Quizás no se lo dirás a nadie, ¿hay alguien en particular a quien no se lo quieres decir? ¿Cómo te sientes acerca de ti misma como mujer ahora que has elegido esto? ¿Hay algún otro modo que se te ocurre para ayudar o enseñar a la próxima generación?

¿Qué camino tomará tu vida ahora? ¿Cuál es la primera cosa que cambiará? ¿Cómo te sientes al respecto? ¿Quién se alegrará por ti? ¿Quién estará triste con tu decisión y pensará que estás cometiendo un error? ¿Esta elección cambia algo en tu relación interpersonal más importante, si es que tienes una? Si eres soltera, ¿cómo te impacta esta decisión? ¿Cambiarán tus otras relaciones interpersonales que sostienes con miembros de la familia o amigos?

Mantén cerrados los ojos mientras muy lentamente regresas a tu habitación acompañada de esta decisión, y permitiéndote algunos momentos para coexistir con tus sensaciones emocionales y físicas. R-e-s-p-i-r-a.

Cuando estés lista, abre tus ojos lentamente y comienza a escribir en tu diario. Apunta los primeros pensamientos, sentimientos, intuiciones y cualquier otra cosa que desees plasmar acerca de esta suposición guiada.

Primeras reflexiones después de la visualización guiada

Los primeros minutos después de una visualización guiada son sagrados. Escribir inmediatamente después de la visualización te ayuda a concretar lo que te ocurrió y evita que se escape información valiosa. Si no tuviste la reacción que esperabas, escribe acerca de cómo se sintió eso. Si te decepcionó tu reacción, no te detengas ahí: escribe sobre el tema. Continúa leyendo únicamente cuando ya hayas expresado todo lo que sentiste.

¿Cuál fue tu reacción inicial ante la decisión y cómo te sientes hasta este momento? ¿Cómo se sintió haber llegado a una decisión? ¿Cómo se siente al fin concluir el proceso de decidir? Esta visualización guiada puede hacer que surjan sentimientos muy intensos. Recuérdate a ti misma que el único objetivo es ayudarte a entrar en contacto con tus pensamientos y sentimientos más profundos, *no* indicarte si debes o no tener un hijo. Tu reacción a este ejercicio no es una señal de si quieres o no convertirte en madre: el propósito del ejercicio es solamente que escribas sobre esa reacción. En este momento no saques conclusiones sobre lo que experimentaste o estás experimentando. Simplemente regístralo todo y da la mejor bienvenida que puedas a los sentimientos que te vayan llegando.

Cuando sientas que has terminado de escribir, observa cuál es tu estado emocional. ¿Tus sentimientos son manejables? Si te sientes abrumada, sigue las instrucciones a continuación:

Respira profundamente y luego exhala con la mayor lentitud posible, dejando que todo el aire salga de tus pulmones. Permite que tu cuerpo inhale por sí solo. Continúa haciendo esto varias veces hasta que sientas calma. Marca un ritmo con los pies en el suelo. A continuación, da palmaditas en la parte superior de tus muslos. Luego da palmadas en tus brazos. Aprieta los puños y luego libéralos. Estas acciones te ayudan a reconectarte con el presente y permiten aterrizarte. Hacer esto es importante, sobre todo cuando tus emociones te abruman o cuando no puedes manejarlas. Si sientes que necesitas hacer algo más para reconectarte o fijarte en el presente, ponte de pie y marcha en tu lugar. Luego alza tus brazos hacia el cielo y estírate.

Mira a tu alrededor e identifica los objetos que te hacen sonreír. ¿Tu atención está donde quieres que esté? ¿Tus emociones son manejables? Antes de continuar, asegúrate de que tu atención esté donde debe estar.

Qué sucederá en la Semana 7

Resumen

Esta semana te invitamos a aceptar la opción de *no* tener un hijo y de *no* convertirte en madre. Di en voz alta ambas afirmaciones: "No tendré un hijo" y "No me convertiré en madre". ¿Sientes que estas frases son iguales o diferentes? Te pedimos que adoptes la decisión de *no* ser madre durante una semana. Una razón importante para pedirte que "te pruebes" y "te envuelvas" con la decisión de *no* durante siete días es para que puedas apreciar tu propia situación, y reconocer el papel que puede estar jugando la ambivalencia, ya sea aplazando o bloqueando tu elección. También tendrás la oportunidad de explorar los daños que podría estar provocando tu indecisión, y podrás ver el impacto que tienen las presiones o juicios de otras personas o de ti misma. Después, a través de una celebración, ritual o ceremonia, te otorgarás un merecido reconocimiento por haber avanzado en el proceso de tomar una decisión consciente. Prepárate para las sorpresas que te esperan y ¡sigue leyendo!

Tomar una decisión

Comportarte como si hubieras decidido que *no* tendrás un hijo, volcando en ello todo tu corazón y toda tu mente, te dará información útil para conocer tu verdadero deseo. Algunas mujeres encuentran un alivio inmediato al sentir que el suplicio ha terminado y la decisión está hecha. Muchas ensayan la decisión de *no* ser madres con una dulce ligereza, porque es la dirección hacia la que se han estado inclinando. Y otras más sienten temor o una insoportable tristeza al encontrarse ante este *no* definitivo. Trata todos los sentimientos que tengas, sin importar cuáles sean, con delicadeza y amabilidad, y no subestimes el valor que aportan a tu camino para acceder a más información acerca de ti misma. Cuanto más abras tu mente y tu corazón para que adopten esta decisión, más fácilmente se revelará la información que buscas.

Exploremos cómo podría cambiar tu vida con esta elección. ¿Qué harás primero? ¿Te imaginas disfrutando ciertas experiencias que serían imposibles para ti si tuvieras un hijo? ¿Ya estás lamentándote por la pérdida de otras experiencias que no podrás tener nunca? ¿En tu caso se mezclan el disfrute y el dolor al mismo tiempo? ¿Decidirás que haya otros niños en tu vida o contribuirás de alguna otra manera para influir en la próxima generación? ¿Considerarás adoptar una mascota? Si tienes pareja, ¿cómo reaccionará ante la noticia? ¿Esta decisión será un factor decisivo para acabar con tu relación? Al reflexionar sobre estas preguntas, ¿qué sentimientos salen a la luz?

Aunque has estado viviendo con el *No lo sé*, y todavía estás en la fase de reunir información pertinente, no existe ningún riesgo de perder esa perspectiva neutral si durante una semana te quedas con la decisión de *no* tener un hijo. Sin importar cuál sea tu verdad más profunda e individual, no corres el riesgo de perderla si durante esta semana simulas haber tomado una decisión. Adoptar la posición de *no* durante una semana es muy diferente a tambalearse entre el *sí* y el *no* cada diez minutos. Si te escuchas a ti misma diciendo: *No puedo hacer esto*, regresa con suavidad a la posición de *no* con la que te comprometes durante tan solo una semana. No tienes que fingir que te *gusta* la decisión: solamente debes actuar como si hubieras *tomado* la decisión.

Comprendiendo el papel de la ambivalencia

Algunas mujeres se perciben a sí mismas como muy maternales, pero esto no necesariamente significa que desean tener hijos. Al sentirse incapaces de resolver la tensión entre estas dos inclinaciones en su interior, permanecen en un estado prolongado de incertidumbre. Otras evitan decidir hasta que un día se dan cuenta de que han envejecido demasiado como para tener un hijo biológico. Para estas mujeres, la naturaleza acaba decidiendo por ellas que no tendrán un hijo. A veces, una mujer se queda en la incertidumbre para no enfrentar su dolor y las reacciones que otras personas pudieran tener ante su decisión. Por diversas razones, hay más mujeres ambivalentes acerca de la maternidad de las que tú crees.

La ambivalencia duradera y nociva puede ser un obstáculo para que te desarrolles y avances en muchos aspectos de tu vida; agota tu energía, te inmoviliza, te causa dolor. Algo curioso es que la ambivalencia tiene la facultad de pasar de una persona a otra, y puede ser tan poderosa, que a veces incluso hace que un *sistema* completo permanezca bajo sus efectos. Por ejemplo, en una relación de pareja (un sistema), una persona puede ser ambivalente al tiempo que la otra tiene certeza; pero si más adelante la primera logra la claridad, es frecuente que la otra comience a dudar, y así la ambivalencia pasa de ser algo pasajero a formar parte integral de la relación.

Sin embargo, la ambivalencia no siempre es dañina. Una forma saludable de ambivalencia no te inmoviliza: está caracterizada por la curiosidad y la habilidad de tolerar la incertidumbre sin estrés ni juicios. Con esta ambivalencia no pierdes el contacto con tus sentimientos, incluso los negativos, y no te paraliza el temor. Tampoco te sientes abrumada. La ambivalencia temporal puede ser una señal de que debes avanzar con precaución.

Conforme pasa la semana, considera el papel que ha jugado la ambivalencia en tu dificultad para tomar una decisión. Es importante identificar lo que haya contribuido sin juzgarte a ti misma.

Presiones o juicios procedentes de ti misma o de otras personas

La presión para decidir acerca de la maternidad puede ser impuesta por una misma o provenir de una gran variedad de factores externos, desde padres y suegros ansiosos hasta el llamado reloj biológico. La presión puede ser real o imaginaria. A veces es muy difícil desenredar los nudos que causa, ya que las presiones impuestas por una misma pueden mezclarse con mensajes asimilados provenientes de parejas, padres y otras personas.

Y también está el juicio de otros. Decidir que no quieres ser madre puede tener un gran impacto en una sociedad que todavía comunica mensajes como: "Tener un hijo es la misión de una mujer", "La única razón aceptable para no tener hijos es la infertilidad", y "Las mujeres han tenido hijos desde el comienzo de los tiempos". Por supuesto, también es cierto que muchas mujeres han elegido *no* tener hijos desde el comienzo de los tiempos. Pero el tema de tener o no hijos despierta sentimientos intensos incluso en personas que rara vez tienen opiniones sobre tema alguno, porque puede interferir con sus ideas acerca de lo correcto y lo incorrecto. Podría ser difícil mantener tu sentido de perspectiva y no rendirse ante la presión social si te bombardean y acosan con mensajes que pretenden hacerte sentir que no tener hijos es algo vergonzoso. Podrías sentirte obligada a fingir que quieres ser mamá incluso si no es así. Y estar bajo *esa* presión puede paralizarte con la esperanza de que pronto aparezca tu deseo de ser mamá, creyendo que *eso* te liberará de la presión.

Existen pocos temas tan emocionalmente cargados como este así que, para protegerte, *recuerda mantener tu proceso en privado* también durante esta semana. Es importante que vivas tu experiencia interna completa sin tener que defenderte de los comentarios de otras personas, incluso si son bienintencionados. Enfocarte en ti misma es una tarea ya suficientemente complicada sin que tengas que agregarle más dificultades.

Sé curiosa: tareas para la Semana 7

Recuerda que tu escritura no necesariamente debe consistir de enunciados completos ni ser racional. Las tareas para escribir funcionan mejor cuando tu mente está libre de limitaciones impuestas por ti misma que separan todo en correcto e incorrecto, o en lo que debe y no debe ser. Al escribir desatas tu inconsciente, y en él se encuentra la información fresca que buscas.

1. ¡He tomado mi decisión!

    Para aumentar al máximo los beneficios de la tarea de esta semana, durante los siete días completos deberás comportarte como si hubieras decidido no tener hijos. Esta semana se enfoca en adoptar una decisión, y tus deseos pasados o actuales no son relevantes. No entres en negociaciones con tus pensamientos o sentimientos; simplemente toma la decisión de aceptar *esta* decisión (aunque te la hayamos impuesto). Cuanto mejor logres convencer a tu mente de que esta es verdaderamente tu elección, más información útil saldrá a la luz. Y no olvides que tus reacciones al ejercicio de esta semana son solo informativas, y no indican cuál es tu deseo ni cuál será tu decisión final. Así que recibe las reacciones que te vengan con los brazos abiertos. Las reacciones en tu interior necesitan salir a flote para que puedas enfrentarlas. Escribe diariamente acerca de tu experiencia, aunque sea poco, en vez de escribir todo en una sola sesión al final de la semana. Esto te ayudará a apuntar los cambios en tus pensamientos y sentimientos durante el momento en que emergen, antes de que los olvides. Identifica cómo te sientes durante esta semana al ver a mujeres embarazadas o a niños pequeños jugando. ¿Qué reflexiones y sentimientos tienes hacia los amigos, conocidos o incluso extraños que no tienen hijos?

Sé curiosa: *Hoy decidí no convertirme en madre y mis sentimientos y pensamientos al respecto son...*

2. Carta al hijo que no conoceré

Para algunas mujeres, el ejercicio a continuación resulta desgarrador. Nuestro objetivo no es hacerte sufrir, pero es importante excavar todos tus pensamientos y sentimientos acerca de la decisión de no tener un hijo. Haz tu mejor esfuerzo por aguantar la incomodidad y ver qué ocurre en tu interior. Hay un sinfín de lugares a los que puede llevarte este ejercicio. ¿Qué necesitas para vivir tu vida sin hijos? ¿Esperarías que este hijo que no tendrás o de quien no serás madre termine viviendo con otra familia? ¿Crees que no tenerlo es lo mejor? ¿Te entristece pensar en la oportunidad perdida? Escribe primero y más adelante date el tiempo de explorar lo que estas preguntas hayan despertado en tu interior. Tal vez desearás esperar varios días o hasta el final de la semana para escribir tu carta. O también es posible que antes de escribirla necesites acostumbrarte a tu experiencia de *no* durante un poco más de tiempo.

Sé curiosa:

Querido pequeñito,

He decidido no convertirme en madre, y eso significa que nunca nos conoceremos. Hay cosas que quiero expresar acerca de ti y de mi decisión...

3. Mi celebración, ritual o ceremonia

¿Qué pasaría si la sociedad en que vives creyera que descubrir la claridad es un rito de transición mucho más importante que el contenido mismo de cualquier decisión posterior? ¿Qué pasaría si tuviéramos rituales al hacer elecciones conscientes? ¿Te imaginas cómo sería estar ansiosa por compartir el descubrimiento de tu verdad con todos tus amigos y familiares? Visualízate haciendo una tras otra llamada telefónica para decir: "Adivina qué. Al fin sé exactamente lo que quiero hacer. Sé que no quiero convertirme en madre. Me siento aliviada y emocionada porque durante mucho tiempo estuve ambivalente al respecto, y ahora quiero compartir contigo mi recién descubierta sensación de claridad y libertad". Entonces tu amigo o familiar te contestaría algo así: "¡Es fantástico! ¡Felicidades! ¡Buena suerte! Me alegro mucho por ti. No hay nada mejor que conocer tu propia verdad y vivirla. Me gustaría que celebráramos juntos. ¿Cómo lo hacemos?" Luego haces más llamadas y comienzas a planear el gran evento.

Imagínate cómo sería tu celebración, ritual o ceremonia. Puedes invitar a una sola persona o a muchas. Puedes encender velas en un lugar íntimo o subir una montaña. Pregúntate a ti misma: ¿Qué persona en mi vida desearía presente o cerca? ¿Qué obsequios necesitaré y desearé para mi futura vida sin hijos? O quizás preferirías pedir a las personas invitadas que, en vez de regalos, te den algo escrito por ellas mismas acerca de un momento en que *ellas* fueron fieles a sí mismas. Las posibilidades son infinitas, así que pon manos a la obra y sé creativa. Tu imaginación es el límite.

Algunas mujeres se emocionan mucho con este ejercicio. Puede ser muy liberador. A otras les parece una absoluta tortura. Si no te sientes lo suficientemente motivada para organizar una *celebración*, elige crear un ritual más solemne para darte un homenaje por tomarte el tiempo, la energía y la reflexión necesarias para encontrar tu verdad. Y ahora es momento de enorgullecerte por experimentar la decisión de no tener un hijo. Si sientes que un ritual más solemne sería más significativo para ti, considéralo una oportunidad para expresar tus emociones, por ejemplo, la pena abrumadora de no convertirte en madre. Date tiempo y espacio suficiente para contemplar tu dolor, pues tanto él como tú se merecen esta atención. Si por ahora no te sientes capaz de realizar una celebración o ritual, no te preocupes, es perfectamente normal. Sin embargo, te ayudará mucho encontrar una forma de realizar el ejercicio, incluso si solo es en tu mente o en papel. El solo hecho de intentarlo te permitirá avanzar más en tu búsqueda de la claridad.

Sé curiosa: Los detalles para mi celebración, ritual o ceremonia (o algunas mujeres se refieren al evento como su: "Fiesta de no-habrá-bebé") son…

4. ¡Realiza un collage!

Si una ceremonia o celebración en grande es algo demasiado descabellado para ti, crea un bonito collage que plasme cómo te sientes durante la semana. Usa las imágenes y recortes de revistas que has estado guardando, y si lo deseas agrega pintura o dibujos. ¡Diviértete mientras lo haces!

5. Presiones y juicios

Analizar cómo reacciones al sentirte presionada o juzgada puede *decirte* mucho. Si no te gusta que te juzguen tenderás a abandonar el tema sin examinar *por qué* no se siente bien. Por ello es muy útil *investigar* el porqué de esta incomodidad, pues esto te ayudará a ponerla en perspectiva. De este modo, cuando otras personas te juzguen o quieran presionarte, el impacto podría ser mucho menor. Lo que escribas en el siguiente ejercicio te ayudará a obtener una mayor claridad.

Sé curiosa:

Cuando siento que otros me juzgan, esto es lo que creo sobre mí misma:

(Por ejemplo: Soy estúpida. Soy una perdedora. Soy una persona despreciable. No soporto a los criticones. Estoy sola. ¡Venga, digan más! No me importa lo que piensen: estoy en lo correcto).

Cuando siento presión para encajar con los planes o expectativas de otra persona, esto es lo que siento:

(Por ejemplo: No puedo pensar con claridad. El hecho de que me moleste me hace sentir triste y sola. Me enfurece, pero me paralizo y me quedo callada).

Exploración adicional y descubrimientos

Puedes pasar toda la semana trabajando en las tareas recomendadas. Cuando sientas que las has concluido, toma un descanso tan largo como quieras y después lee lo que escribiste en cada tarea. Al hacerlo, no olvides considerar las preguntas exploratorias contenidas en "Tu lista para reflexionar" ubicada en el Apéndice I.

Cuando escribías acerca de esta decisión, ¿surgieron ideas nuevas? Las cosas pueden empezar a moverse y dejarse ver cuando te das completo permiso de adoptar la hipótesis del *no*. Incluso si te fue difícil pretender que no serás madre, con el solo hecho de intentarlo ya consigues algo. En tu caso, ¿qué has obtenido? ¿Has cambiado tu forma de pensar acerca de algún tema?

Como siempre, te sugerimos que leas en voz alta lo que has escrito, sobre todo la carta que redactaste para el hijo que nunca conocerás. Lee para que puedas escuchar tu propia voz, y si surgen lágrimas, dales la bienvenida lo mejor que puedas. Si las lágrimas se convierten en sollozos, abre la puerta a la parte de ti que está haciendo duelo. Sé testigo de tu tristeza y acompáñala. Quizás te sentirás aliviada por ya no tener que decidir, y por poder despedirte de una vida que nunca tendrás. Conforme lees la carta, considera a quién se la estás escribiendo en concreto. Podría ser al niño que no conocerás, pero quizás está dirigida a la pequeña niña en tu interior que tuvo que madurar antes de tiempo.

¿Cómo te fue al organizar tu celebración, ritual o ceremonia? ¿Se te hizo fácil o te esforzaste mucho en el proceso? Este ejercicio es muy conmovedor, pero también puede ser muy difícil para aquellas mujeres que cargan un dolor demasiado grande.

De hecho, eso es lo que le sucedió a Sandra. Ella tenía cuarenta y cuatro años cuando hizo el ejercicio, y había estado inclinándose hacia desear un hijo. Suponer que *no* sería madre le provocó una tremenda tristeza. Al principio creyó que la aflicción la derrotaría por completo. Con unas palabras de ánimo de nuestra parte, diseñó un ritual simple que le dio atención y respeto a su dolor. Ella eligió una música suave y tranquilizante. En el altar que creó durante las semanas anteriores, colocó un pequeño ramo de flores junto a una vela encendida. Ya tenía ahí sus fotografías de la infancia, algunos recuerdos y un tótem (ver glosario). Dejó a la mano una caja de pañuelos y su diario. Eligió leer la carta que escribió al hijo que no tendría. Le costó trabajo hacerlo, pues las palabras quedaban interrumpidas por sollozos. No tuvo prisa. Se rindió por completo ante las olas de tristeza que rompían una tras otra sin tregua en la costa de su sensibilidad. Por fin, ese mar de emociones se apaciguó. Escribió durante un rato en su diario, y al hacerlo obtuvo esta perla de verdad: "Me amo a mí misma y merezco vivir una vida plena". Ella se dio cuenta de que cumplir esta afirmación no dependía de que tuviera o no un hijo. Después, Sandra sintió una paz interna que no había experimentado antes.

Al considerar más de cerca cualquier presión o juicio que se haya manifestado, ¿alguno te sonó familiar? ¿surgió algo nuevo? Puede ser muy difícil averiguar estas cosas. Haz lo posible por enfocar más tu atención y tu mente cuando notes una presión. Pregúntate: *¿Esto es mío o viene de otra parte?* Las presiones internas suelen proceder de presiones externas. Despedirte de las presiones internas es liberador, y la mejor forma de lograrlo es hacerte más consciente de su presencia cuando emergen. Conviértete en tu *propia* investigadora. Usa tu diario y analiza qué ideas van surgiendo.

Los juicios pueden ser desde leves hasta destructivos, y son un poco más difíciles de desenredar. Al igual que las presiones, pueden provenir de ti misma o de otras personas. Los juicios internos suelen comenzar siendo juicios externos. Al igual que con las presiones, es importante sensibilizarte a ellos para poder descifrarlos. Dado que los juicios pueden estar profundamente incorporados en las relaciones interpersonales, quizás sentirás que estás levantando olas al poner en duda los juicios que otras personas hacen sobre ti. Para dar el primer paso con los juicios, lo mejor es obtener más información acerca de ellos. Al identificar un juicio, detecta si sientes dolor o vergüenza. ¿Qué es esto? ¿De dónde viene? ¿Es algo conocido? ¿Es algo nuevo o viejo? Las respuestas te ayudarán a decidir qué acción quieres tomar, si es que decides hacer algo.

Por ejemplo, Beatriz no sintió ningún *juicio* por parte de sus padres, pero sí sintió la *presión* que pusieron en ella y en su esposo para darles los nietos que esperaban. Además, recibió juicios por parte de miembros de su familia extendida. De hecho, una tía paterna solía presionar a Beatriz cada vez que podía haciéndola sentirse culpable. La situación llegó a tal extremo, que las reuniones familiares que la incluían eran incómodas para Beatriz. Decidió escribirle una carta cariñosa pero firme a su tía, pidiéndole que respetara su derecho (y el de su esposo) de decidir el tipo de vida que ellos consideraran correcto. Beatriz decidió enviar la carta después de habérsela mostrado a sus padres. Una acción concreta como esta podría ser más directa de lo que tu situación en particular te permite, pero lo importante es que, en la medida de tus posibilidades, te cuides a ti misma poniendo los juicios que identifiques en el lugar que les corresponde.

Sé más curiosa: ejercicios opcionales

1. Continúa recolectando imágenes y otros recortes que te gusten. Los usarás para un proyecto al final de este programa.

2. Pon atención al contenido, sentimientos y tono de tus sueños. Son las llaves para acceder a tu subconsciente.

3. Este ejercicio te lo hemos sugerido en una semana previa. Si no lo hiciste en ese entonces, considera realizarlo esta semana. Si te remontas a tus primeros años de infancia, ¿recuerdas qué mensajes recibiste (directa o indirectamente) que pudieras haber asimilado y que quizás todavía influyen en ti? Por ejemplo:

   Lo estoy haciendo mal.
   Nunca descubriré cómo hacerlo bien.
   No importo para nada.
   Nunca he sido buena tomando decisiones.
   Mis sentimientos no cuentan.
   No valgo lo suficiente como para que me consideren.

También pudiste recibir mensajes aparentemente positivos pero que no fueron muy útiles. Por ejemplo:

"Eres mejor que los demás".
"Eres perfecta".
"Si es difícil, entonces no lo hagas. Te decepcionarás de cualquier modo".
"No necesitas esforzarte. Estás bien como eres".

Tómate tu tiempo para pensar acerca de los mensajes recibidos durante la infancia, ponlos en una lista y luego anota qué sentimientos tienes acerca de cada uno de ellos.

Esta semana quédate con esto

Envuélvete en la decisión de *no* ser madre durante toda la semana. Trata de vivir de un modo que refleje que esta *es* realmente tu decisión. Deja salir todos los sentimientos que aparezcan durante la semana, e intenta no reprimirlos. Rodéate de recordatorios sobre la decisión que adoptarás firmemente durante los siete días. Algunas mujeres pegan notas en su hogar para acordarse. Otras usan un trozo de cordel o estambre en su muñeca. Atrévete a experimentar intensamente todas las texturas emocionales que esta decisión conlleva. Si eso significa que pasarás por un proceso de duelo, que así sea. Si significa alivio, entonces sumérgete de lleno en el consuelo que este proporciona. No te pedimos pretender que te gusta o no te gusta lo que te sucederá. Solamente te pedimos fingir que la decisión ya ha sido tomada. Y sin importar cuales sean los sentimientos que lleguen, recíbelos, abrázalos, acéptalos, permanece en su presencia, y conviértelos en el tema principal de tus anotaciones en el diario. Recuerda que no hay una forma correcta o incorrecta de vivir esta semana.

Dado que este ejercicio está completamente enfocado en tu proceso interno libre de censura, te recordamos de nuevo que no compartas ningún detalle (y en particular la decisión de esta semana) con otras personas. Si tienes pareja, esto la incluye. Por supuesto, puedes comunicar que estás pasando por un proceso complejo y difícil. Si sientes que necesitas apoyo de otras personas, puedes compartirles los sentimientos más generales que surgen a raíz del trabajo que estás haciendo. Pero ten cuidado de no compartir los detalles, pues de lo contrario podrías tener que lidiar y enfrentar las emociones de otros acerca de tu decisión de no ser madre.

Esta semana no tiene como objetivo el tomar acción alguna; solamente debes ser testigo de tu experiencia interna al elegir *no* tener hijos. Sé compasiva contigo misma. Observa los efectos internos de tu decisión, y dale espacio a todos los sentimientos que vengan con ella. Para lograrlo, date un tiempo para estar contigo misma sin distracciones. Y no subestimes el poder de la visualización de esta semana, aunque en este caso te haya impuesto una decisión. Esta es una semana muy poderosa y evocativa.

Durante los días que vivas con la decisión de *no* tener hijos, asegúrate de tener a la mano tu diario. Mientras van pasando los días, date cuenta de cómo se ve el mundo a tu alrededor desde la perspectiva de haber elegido no tener hijos. Apunta tus experiencias en el diario durante toda la semana, y toma nota del amplio espectro de emociones que surjan.

Después de siete días (y solo durante siete días, pues continuar más tiempo no aporta mejores resultados) felicítate por haber adoptado la decisión de *no*, y luego despídete de ella. Es momento de regresar todo tu ser al centro, al *No lo sé*. Para ayudarte durante la transición, haz un breve ritual respirando de manera consciente, y al exhalar repite las palabras *No lo sé*, y lee El Mantra cuantas veces lo necesites:

Ser madre, ¿es para mí?

No lo sé.
No sé por qué no sé.
No es mi culpa no saber.
Está bien no saber.
Hay muchas cosas en la vida que he tenido bien claras.
Es importante comprender lo que en verdad deseo y nadie lo puede descubrir mejor que yo.
Yo me defino a mí misma.
Las respuestas vendrán a mí porque nunca se fueron.
Solo yo puedo saber lo que es verdad para mí... todo está en mi interior.

Cuidado de ti misma

Has estado explorando cómo cuidar de ti misma y lo has ido incorporando en tu vida. Ahora cambia de perspectiva preguntándote: ¿Cómo me apoya el mundo natural? Por ejemplo, el cambio de estaciones es un tiempo propicio para hacer un recuento de lo vivido y reconocer las transiciones y el paso del tiempo. Cada estación tiene también una energía en particular, y nuestra vida es un reflejo de esto.

Quizás ya tienes en mente una actividad para cuidar de ti misma esta semana. Si no se te ocurre nada, te presentamos algunas alternativas. Puedes realizar aquella que se acerque más a la estación emocional o del año en que te encuentres:

Invierno – Un momento para retraerte y descansar; un tiempo de hibernación e incubación

Es posible que te sientas inspirada para calentarte frente al fuego. Pasa un rato acurrucada cerca de una chimenea o enciende algunas velas. Observa la llama y disfruta de su calor. Acurrúcate con un libro. Disfruta una taza de chocolate caliente.

Primavera – Un momento de renovación y regeneración

Planea la creación de un jardín de vegetales. Si estás limitada de espacio, pero te gustaría plantar semillas o plantas pequeñas y mirarlas crecer, considera la opción de un pequeño jardín de ventana con algunas hierbas aromáticas comestibles como romero, orégano, perejil, tomillo y hierbabuena. Sal a caminar a lugares donde suelen crecer muchas flores primaverales.

Disfruta la temperatura agradable en una cafetería al aire libre o con terraza.

Verano – Un momento para ponerte cómoda, relajarte o jugar – en el orden que prefieras

Relájate en tu playa favorita y escucha el reconfortante sonido de las olas. Si no tienes acceso a una playa, busca un lago, río o piscina pacífica para descansar. Corre por ahí, siéntete ligera o date un chapuzón y salpica agua por todas partes. Prepárate una bebida fría deliciosa. Consigue un bote de burbujas para niños, sopla y míralas flotar.

Otoño – Es momento de liberarse

Enciende una vela. En tres trozos de papel anota tres elementos (hábitos, patrones negativos de pensamiento o cualquier otra cosa que te venga a la mente) que sientas que ya no son para ti o que estés lista para soltar. Uno tras otro, ve quemando cada uno de los trozos de papel mientras te despides de lo que tienen escrito. Podrías decir algo como esto: *Estoy lista ahora para dejar de* _____. Inhala profundamente. Ve si sientes una diferencia ahora que te has despedido de _____. Mantén tu mente abierta a lo que venga, y disfruta el proceso.

El cuidado personal que hice para mí misma esta semana fue...

No estás sola

Ahora dos mujeres compartirán contigo su decisión de no convertirse en madres. Daniela siempre sintió el *no*, y Silvia tomó la decisión después de un largo periodo de ambivalencia y de un aborto espontáneo.

La historia de Daniela

Nunca he considerado convertirme en madre. El deseo jamás surgió. Recuerdo que cuando me embaracé a los treinta y un años, me sentí enojada. Después de enterarme de que estaba embarazada, mi ansiedad creció. Estaba impaciente por interrumpir el embarazo, y mi decisión era firme. Me enojé conmigo misma por no ser más cuidadosa. Estaba tratando de terminar la escuela y no quería esa responsabilidad. Hablé en seguida con la persona con quien me embaracé, que también era un buen amigo, y tomamos la decisión juntos. No tuve dificultad para tomarla: me aliviaba tener esa opción disponible.

Mi elección no ha afectado mi relación o actitud hacia los niños. Soy maestra de niños pequeños y amo lo que hago.

Recuerdo haber tenido algunos momentos difíciles en mi vida más o menos un año después de tomar la decisión. Mi crianza religiosa me hizo cuestionarme si Dios me estaba castigando por mi elección, y eso me afectaba. Busqué el consejo de una amiga mayor, muy espiritual y en quien confiaba. Ella me recordó que Dios no condena. Él nos ama sin importar las decisiones que tomemos. Esa conversación fue un momento decisivo en mi vida.

Durante mis primeros años de infancia, recuerdo que mi madre era bondadosa y cariñosa, pero estaba ocupada cuidando de la familia. No recuerdo haber disfrutado de buenos momentos con ella, por ejemplo, que me leyera un cuento. Cuando estaba por convertirme en adolescente, ella tuvo un romance extramarital y se separó de mi padre. Durante esa época, mi madre no estuvo disponible para escucharme y apoyarme emocionalmente. Fue una época solitaria y confusa.

Mi padre y yo fuimos amigos durante mi infancia. Él trabajaba mucho, pero a menudo me llevaba a pescar o a disfrutar paseos por el campo. Fue mi padre quien me llevó a adoptar mi primer gatito y a comprar mi primera bicicleta. Cuando ocurrió la separación conyugal, él se desvaneció de mi vida porque cayó en depresión. Nuestro vínculo nunca volvió a ser el mismo.

Durante los primeros años de mi adolescencia sucedió algo que afectó mi perspectiva: era el año 1965 en la región central y conservadora de Estados Unidos. Mi hermana mayor se embarazó a los dieciséis años y la enviaron a un "Hogar para madres solteras". Todo se mantuvo en secreto, y nadie me decía nada sobre adónde fue mi hermana ni por qué. Tenía edad suficiente para que me dijeran, pero dejaron que sacara mis propias conclusiones. Puedo decir que tuve miedo y me sentí confundida. Me imaginé que mi hermana había hecho algo malo.

Daniela, quien ahora está en sus años cincuenta, nunca consideró tener un hijo. Ella siente que fue "probada" a los treinta y un años con un embarazo no planeado que interrumpió. Se siente agradecida de que esta elección haya sido legal en ese momento.

Daniela siente los impactos positivos y negativos que cada uno de sus padres tuvieron en su vida. Mientras llenaba el cuestionario, se sorprendió cuando detectó incomodidad al considerar si quería ser una madre como la suya. ¿Qué era exactamente este malestar? Hay capas complejas dentro de la relación madre e hija; esto aplica a todas las mujeres, aunque cada caso tendrá distintas características y magnitudes. A lo largo de la vida, estas capas salen a la luz de vez en cuando, según los acontecimientos y circunstancias que se susciten. Daniela trabajó con el enojo residual que sintió hacia su madre durante los últimos años de su adolescencia y el principio de sus años veinte. ¿Sería posible que todavía tuviera alguna herida residual que se manifestaba ahora? Las heridas durante los primeros años de vida y los conflictos no resueltos suelen salir a la luz durante la mediana edad y la transición de la menopausia. El malestar que sintió Daniela al llenar el cuestionario podría haber sido la señal de una parte de sí misma que quería darle otra oportunidad para crecer y sanar.

Su padre, una figura muy especial durante su primera infancia, la hizo sufrir una pérdida más cuando Daniela era adolescente. No solamente fue abandonada emocionalmente por su madre durante su infidelidad marital, sino que también perdió a su padre cuando él cayó en la depresión. Los años de la adolescencia pueden ser muy duros. Justo en el momento que Daniela trataba de sortear los retos emocionales y físicos de la pubertad, los adultos que debían apoyarla no estaban, debido a sus propios problemas, en condiciones de hacerlo. Ella y sus hermanos fueron abandonados a su suerte y tuvieron que "rascarse con sus propias uñas". ¿Es posible que la separación de sus padres tuviera un impacto duradero? De ser así, ¿qué influencia tuvo en su vida?

Daniela, la más pequeña de tres hijos, reconoció haber sido impactada por el embarazo de su hermana, quien en ese entonces tenía dieciséis años. ¿El embarazo coincidió con la infidelidad de su madre? Seguramente el embarazo de su hermana y la forma en que la familia lo manejó son importantes para Daniela y para otros familiares. ¿Ella sabe qué pasó con ese bebé? ¿Lo dieron en adopción? ¿Su hermana lo sabe? ¿La familia ya reconoce lo que sucedió?

Hoy en día, Daniela tiene muchos niños en su vida gracias a su vocación como maestra de educación primaria. Ella compartió que de haber elegido convertirse en madre, habría hecho hincapié en la comunicación y en el amor propio. Sin duda, esto contribuye a su forma de interactuar y de enseñar a sus estudiantes. Ellos han podido aprovechar los beneficios de su empatía hacia los niños, una sensibilidad obtenida en parte gracias a sus propias experiencias infantiles.

Daniela tiene una amplia red de amistades, hombres y mujeres, además de haber cultivado durante décadas a muchas amistades más estrechas y leales. Dicho en breve, ella construyó con amigos su propia familia. Se considera a sí misma una persona espiritual y se deleita viviendo en un hogar que procura mantener acogedor.

Ella ofrece este consejo a otras mujeres que están tratando de tomar su decisión acerca de la maternidad: "Busca apoyo y, si lo deseas, también una guía espiritual".

La historia de Silvia

A mi parecer, una verdadera madre es alguien que quiere criar a un hijo, no simplemente tenerlo. Y si ese es el caso, no debería importar de dónde vino el hijo, dado que criar a un niño implica cuidarlo, sin importar si es un recién nacido o un chico de doce años.

Comenzó como una expectativa: "Se supone que tendré hijos después de casarme". Luego se convirtió en presión: "Todos mis amigos están teniendo hijos". Después se volvió una carga: "Oh, mierda, estoy envejeciendo, ¡está sonando el reloj biológico de la maternidad!" Más adelante se transformó en una prueba: "Démosle una oportunidad y veamos qué pasa". Posteriormente fue una euforia temporal "Diablos, ¡estoy embarazada!" que se convirtió en un duro golpe de realidad. Tuve un aborto espontáneo y no lloré ni una lágrima que no fuera causada por el dolor físico. Entonces llegó la decisión: "No, los hijos no son para nosotros". Y finalmente vino el respiro emocional fruto de la aceptación: "Estamos completos sin hijos, y muy aliviados y felices con nuestra decisión".

Cuando decidí intentar embarazarme, la única persona a quien le conté fue a una amiga y compañera del trabajo que tenía dos hijos. Por alguna razón, sentí que ella podía ayudarme, más que cualquier otra persona, durante el proceso. Y de hecho se portó maravillosa y me apoyó, y fue la persona que terminó llevándome a la sala de urgencias cuando tuve el aborto espontáneo (sucedió durante un día laboral). Ella se quedó conmigo todo el tiempo. Lo más importante que hizo fue preguntarme, justo después de que el doctor confirmó el aborto: "¿Te sientes triste o aliviada?" Cuando respondí de inmediato: "Aliviada", ella simplemente dijo: "Ahí está tu respuesta". Mi amiga ya sabía que yo estaba debatiéndome con la decisión, y más aún durante el breve embarazo.

También comprobé que físicamente no soy tan fuerte como creía. Juro que no estoy tratando de exagerar el aborto. No fue tan malo: le pasa al 20 por ciento de las mujeres embarazadas, y el mío no fue de ninguna manera trágico. Desafortunadamente, me hicieron ir a la sala de emergencias por temor a un embarazo ectópico, y resultó no ser el caso. Sin embargo, durante ese trance lo único que podía pensar era: "Eso fue simplemente demasiado real". Mis pies elevados en los estribos de la cama obstétrica, el equipo de ecografía, la sonda del ultrasonido (eso duró más de diez minutos), toda la parte física del momento fue algo que sencillamente no quiero volver a experimentar de nuevo. Nunca he tenido una cirugía mayor ni un hueso roto. Me gusta creer que puedo aguantar bien el dolor, ¡me han hecho más procedimientos dentales que a una adolescente con sobremordida y veintisiete caries! Sin embargo, ese tipo de realismo y de ambiente hospitalario es algo que no quiero que me vuelva a pasar de nuevo, si puedo evitarlo.

Mi esposo me apoyó mucho desde el principio. Me animó a tomar mi decisión, aunque él ya sabía mi forma de sentir. Dijo que no quería que le achacara por haberme presionado para tomar cualquier decisión. Más adelante, después del aborto, yo insistí en que él me dijera sus verdaderos sentimientos, pues deseaba que me reafirmara y estuviera de acuerdo en que estábamos tomando juntos la decisión correcta. Como lo esperaba, él me apoyó por completo. Pero lo más importante de todo es que él admitió que tampoco quería intentarlo de nuevo. ¡Después de este reconocimiento, sentí como si un gran peso se me hubiera quitado de encima!

Con respecto al abordaje general de la toma de decisión, definitivamente hablé al respecto con mi esposo, cuñada y hermana. Hablé con mis amigos de más confianza a quienes conozco desde tercer año de primaria. En realidad, nunca me sentí sola, aunque sí le daba vueltas y vueltas al asunto en mi cabeza y no estaba segura de que cualquiera de mis amigos o familiares cercanos pudieran comprenderme, dado que la mayoría de ellos ya eran padres o estaban en el proceso de serlo. Mi mejor amigo gay fue muy honesto y sincero conmigo. Él fue el único que verdaderamente confirmó mi decisión al decirme: "Los conocí a ambos por separado y ahora casados, y yo no creo que un hijo sea lo mejor para cualquiera de ustedes. Ambos son independientes y les gusta su vida tal como es". Su honestidad significó muchísimo para mí, y sentí que mi decisión era la correcta.

Mi madre fue muy cariñosa. Ella era afectuosa, siempre abrazándome y besándome. La mayor parte del tiempo, me apoyó en mis decisiones de vida más importantes; pero la criaron en un hogar muy tradicional, y tuvo padres conservadores y católicos. Sé que esperó hasta el matrimonio para tener sexo, y cuando se enteró de que yo no, se sintió muy triste. Ya superamos eso, pero debo recordar que creció en una generación muy diferente. Mi padre y yo éramos muy cercanos, sin embargo, él fue muy estricto y conservador. Durante toda la universidad nos impuso horas rigurosas de llegada a casa, y comenzamos a trabajar a los dieciséis años de edad. Para los dieciocho años, yo ya podía solventar mis propios gastos, y a menudo se me alentaba a ser una "chica ruda" para obtener lo que deseaba. Afortunadamente, eso me animó a intentar cosas nuevas, visitar lugares diferentes y viajar al extranjero.

Una figura importante para mí fue y es mi maestra de piano de la infancia. Somos amigas por correspondencia desde que dejé de tomar lecciones con ella cuando estaba en la universidad, hace dieciséis años. Ella es como la tía maravillosa que nunca tuve, y de hecho tengo dos tías, pero mis padres han estado distanciados de sus hermanos desde mi infancia. Ella es increíblemente comprensiva y me apoya; a falta de una mejor palabra, es de pensamiento muy moderno. Ahora tiene setenta y seis años, aunque fácilmente pasaría por una mujer de cincuenta y nueve. Tiene muchos nietos, pero cuando le dije en persona que los hijos no son para nosotros, ella se portó maravillosa. No lo cuestionó ni un segundo: simplemente comentó lo felices que son nuestras vidas —como pareja, en nuestras carreras, con nuestro estilo de vida divertido y nuestros perros.

También tengo otra colega que influenció mi decisión. Ella está en sus años sesenta y está casada con un hombre maravilloso también de sesenta y tantos años, y no tienen hijos. Se casaron ya maduros y siempre están viajando debido a que son miembros de clubes automovilísticos; tienen relaciones cercanas con sus hermanos, sobrinos y sobrinas, y viven en una comunidad de gente mayor. A menudo le decía: "¡Quiero ser como tú cuando crezca!" Ella todavía es atrevida, divertida y nunca se ve desanimada, cansada o aburrida. Un día le pregunté: "¿Alguna vez te has arrepentido de no tener hijos?" y no dudó un momento para contestar: "Sí. Pero luego sigo adelante y recuerdo lo genial que es mi vida. No cambiaría nada".

Lo pensé muy bien, con todas las ventajas y desventajas, y sin embargo no sentí que hubiera llegado a una decisión concluyente hasta ese día en que mi amiga me preguntó cómo me sentía después del aborto. Después de eso, estuve segura de lo que quería. De hecho, reconozco que otras mujeres quieran ser madres –pero simplemente no es para mí. Mi esposo y yo acordamos que si en algunos años cambiamos de idea, estamos completamente abiertos a ello y en favor de la adopción.

Al tomar la decisión, Silvia y su esposo consideraron a profundidad varios factores externos. Sin orden de importancia, fueron estos: las finanzas; sus edades (a mediados y finales de sus treinta); la carrera de ella (ha logrado el máximo avance en su profesión); el pequeño negocio secundario que para ella es más bien una afición, pero le da un tiempo personal y creativo valioso; la libertad de su estilo de vida; temas de salud (un historial de enfermedades genéticas y sensibilidades hormonales); su vida sexual satisfactoria; las presiones externas (principalmente de la familia, pero también algo de presión autoimpuesta durante la etapa reproductiva de sus amigos); la sobrepoblación mundial; la imagen y conciencia corporal de Silvia; el considerar a sus padres como posibles abuelos; y por último, que Silvia no cocina en absoluto y ¡siente que los niños deberían tener madres que saben cocinar!

Silvia recuerda que su madre era muy cariñosa con ella durante su infancia y con el paso del tiempo desarrollaron una relación más adulta. Ahora Silvia puede ver más claramente a su mamá como una persona real, con sus puntos fuertes y también sus puntos débiles. Silvia identificó fácilmente aquellas cualidades en su madre que imitaría si ella hubiera optado por la maternidad, y también detectó aspectos de su crianza que abordaría de manera distinta.

Ser madre, ¿es para mí?

Su madre no vive muy lejos y se visitan dos o tres veces al año. En cuanto a su forma de comunicarse, Silvia compartió: "Podemos hablar acerca de casi todo, pero a ella le cuesta trabajo tomar en cuenta otras perspectivas cuando da consejos, y tiene una actitud tipo: 'Ya conozco eso, ya he visto lo otro, ya hice aquello'. Irónicamente, no actúa como una sabelotodo, sino más bien con alardes. No estoy segura de por qué siente la necesidad de hacer esto, dado que ahora sus hijos somos adultos y me parece raro que casi parezca *competir* con nosotros. Es extraño porque los padres deberían querer que sus hijos tengan lo que ellos no tuvieron y, sin embargo, a veces mi mamá casi parece envidiosa de nuestros logros y experiencias".

"No le dije a mi madre acerca del aborto hasta un año después, pero me sorprendió lo mucho que me apoyó. Cumplió con su deber maternal de preguntarme si estaba segura, pero después simplemente me escuchó mientras le aseguraba que es la mejor decisión para nosotros. Le pregunté: 'Mamá, ¿qué quieren todas las mamás para sus hijos?' Contestó: 'Que sean felices'. Y le respondí: 'Bueno, puedes tachar ese *asunto pendiente* de la lista con respecto a mí, porque no podría estar más feliz con mi vida'. Ambas lloramos, nos abrazamos y fue un momento muy importante para mí".

Semana 8

Ser decidida

Elegir siempre significa renunciar a algo.

Presentación

¡Bienvenida a la Semana 8! ¿Te fue fácil volver al punto medio, el lugar entre el *sí* y el *no*? Si te pareció difícil, tómate unos minutos ahora mismo para volver a ese centro. Inhala algunas veces mientras colocas con suavidad una mano sobre tu corazón, y la otra en tu vientre. Siente las palmas de tus manos elevándose cuando inhalas, y hundiéndose mientras exhalas. Hazte consciente de cada respiración, percibe cómo tus manos se hunden al exhalar y se elevan al inhalar. Hazlo despacio… procurando que este tiempo sirva para darte un merecido homenaje por emprender la aventura de tomar una decisión consciente.

¿Cómo te fue la semana pasada al asumir la decisión de *no* ser madre? ¿Pudiste adoptarla a tu entera satisfacción? Aunque la mayoría de las mujeres le sacan provecho a este ejercicio, no es fácil de realizar para todas. Hiciste lo que pudiste. Eso es suficiente, y aun si no estuviste muy motivada, ten por seguro que tuvo un impacto en ti. Además, si así lo deseas, puedes repetir el ejercicio en el futuro.

Visualización guiada de la Semana 8

Antes que nada, esta visualización guiada no tiene un plan rígido. Quizás no sabes adónde te llevará tu cerebro, pero puedes confiar en que tu subconsciente hará aparecer imágenes, ideas y sentimientos. Todo lo que surja está relacionado con el tema, incluso si tú no lo crees así.

Confía en que tu mente enfocará su atención en donde sea necesario. Cuando tus ojos están cerrados funciona una parte de tu cerebro a la que no se accede fácilmente cuando tus ojos están abiertos. Pídele a alguien que te lea la visualización o grábala para que puedas escuchar con los ojos cerrados, pues su eficacia también requiere del elemento sorpresa. Si esto no es posible, grábala tú misma para que puedas escucharla con los ojos cerrados para profundizar la experiencia del lugar adonde te llevará el ejercicio. También puedes bajarla de la página: www.SerMadreEsParaMi.com. Si lees la visualización para ti misma, hazlo cuidadosa y muy lentamente para darte el tiempo suficiente de saborear la experiencia. De vez en cuando cierra los ojos y ábrete al poder de tu imaginación.

Recuerda que la experiencia que tengas es lo más importante y no hay forma incorrecta de hacer el ejercicio. Ten a la mano tu diario y pluma para que puedas apuntar de inmediato tus impresiones e imágenes.

Para prepararte, elige un lugar tranquilo y sin ruido donde la gente no te distraiga ni moleste. Escoge un momento en el que no tengas nada más que hacer y cuando nadie necesite de tu atención; este momento es única y exclusivamente para tu beneficio. Siéntate cómodamente en una silla o, si lo prefieres, acuéstate en el suelo.

Ser decidida

Ahora que ya estás lista, hazte consciente de tu respiración. Deja que tus ojos se cierren suavemente conforme respiras profundo y exhalas. Inhala y sostén tu respiración mientras cuentas hasta cinco. Luego exhala hasta que la mayor parte del aire haya salido de tus pulmones. Vuelve a inhalar y exhala lentamente, dejando salir un suspiro audible por tu boca mientras cuentas en silencio del diez al uno. Continúa respirando lenta y profundamente. Conforme respiras, te relajas. Permite que tu respiración natural te dé una sensación profunda de paz y bienestar. Siente la relajación de tu cuerpo y deja que tu mente flote libremente. R-e-s-p-i-r-a.

Estás en un viaje de descubrimiento; haz una pausa para sentirte orgullosa por tu valentía.

Hoy has tomado una decisión: elegiste convertirte en madre, y tener uno o varios hijos. Sí, es verdad: *vas a ser mamá*. Sin censurarte, ¿cuál es el primer pensamiento que te viene a la mente? ¿Qué emociones surgen en este preciso momento? Quédate con lo que sientes y con lo que no sientes. Si te sientes indiferente, dale la bienvenida a ese sentimiento. Si te topas con una sensación de insensibilidad, acéptala. Continúa respirando y haciéndote consciente de tus sentimientos. Esta ha sido una decisión difícil de tomar. Sin embargo, el proceso de elegir ha terminado. Decidiste que te convertirás en madre. Libérate de cualquier resistencia que emerja y date el permiso absoluto de adoptar esta decisión. También dale la bienvenida a todos los sentimientos que esta conlleve. Quizás te sientes atemorizada, gozosa, resuelta, entusiasmada, triste, sorprendida, con sensación de pérdida, aliviada, con culpa, avergonzada, confundida, preocupada, satisfecha, ansiosa, enojada, deleitada o con alguna otra emoción. No hagas distinción, dales la bienvenida a todos los sentimientos, o a la ausencia de ellos.

Imagínate exhalando hacia estos sentimientos, y permíteles residir en tu cuerpo y en tu corazón. Ahora que elegiste la maternidad, ¿a quién se lo dirás primero? ¿Cuál será su reacción? ¿Cómo te sientes acerca de esa reacción? ¿Hay alguien en particular a quien no se lo quieres contar? ¿Cómo te sientes acerca de ti misma como mujer ahora que has elegido esto? ¿Cómo te sientes acerca de asumir la crianza de un niño que formará parte de la próxima generación? ¿Qué rumbo tomará ahora tu vida? ¿Cuál es la primera cosa que cambiará? ¿Cómo te sientes al respecto? ¿Quién se alegrará por ti? ¿Quién estará triste con tu decisión y pensará que estás cometiendo un error? ¿La elección de ser madre cambiará la relación que tienes con la persona con quien vives, si es que vives con alguien? Si eres soltera, ¿cómo te impactará esta decisión? R-e-s-p-i-r-a. ¿Cambiarán las relaciones interpersonales que sostienes con familiares o amigos?

Sigue percibiendo cómo te sientes. Mantén tus ojos cerrados mientras regresas al momento presente con lentitud. Trae contigo la decisión que tomaste, y permítete algunos momentos para estar con tus sensaciones emocionales y físicas. R-e-s-p-i-r-a.

Cuando estés lista, abre tus ojos lentamente y comienza a escribir en tu diario. Apunta los primeros pensamientos, sentimientos, intuiciones y cualquier otra cosa que desees plasmar acerca de tu experiencia con la visualización.

Primeras reflexiones después de la visualización guiada

Escribir inmediatamente después de la visualización te ayuda a concretar lo que sucedió, así que no continúes leyendo hasta que hayas escrito. Confía en que todo lo que anotes tiene un significado, incluso si todavía no puedes comprenderlo. Aun si consideras que tu experiencia fue un fracaso, o que no tuviste una reacción emocional ni pudiste visualizar las imágenes sugeridas, escribe acerca de cómo se siente eso.

Al terminar de escribir sobre tus primeras reacciones, considera las siguientes preguntas para ayudarte a complementar un poco más tu escritura: ¿Cómo te sentiste al elegir la maternidad? Incluso si ya lo veías venir, ¿te sorprendiste un poco ante esta decisión? ¿Cómo se ve tu vida ahora que has decidido convertirte en madre? ¿A quién se lo contarás? Si vives con alguien, ¿qué significa esta elección para esa persona? ¿Cuáles son tus sentimientos en este preciso instante? Sigue escribiendo hasta que sientas que lo has expresado todo.

Cuando sientas que has terminado de escribir, observa cuál es tu estado emocional. ¿Tus sentimientos son manejables? Si te sientes abrumada, sigue las instrucciones a continuación:

Respira profundamente y luego exhala con la mayor lentitud posible, dejando que todo el aire salga de tus pulmones. Permite que tu cuerpo inhale por sí solo. Continúa haciendo esto varias veces hasta que sientas calma. Marca un ritmo con los pies en el suelo. A continuación, da palmaditas en la parte superior de tus muslos. Luego da palmadas en tus brazos. Aprieta los puños y luego libéralos. Estas acciones te ayudan a reconectarte con el presente y permiten aterrizarte. Hacer esto es importante, sobre todo cuando tus emociones te abruman o cuando no puedes manejarlas. Si sientes que necesitas hacer algo más para reconectarte o fijarte en el presente, ponte de pie y marcha en tu lugar. Luego alza tus brazos hacia el cielo y estírate.

Mira a tu alrededor e identifica los objetos que te hacen sonreír. ¿Tu atención está donde quieres que esté? ¿Tus emociones son manejables? Antes de continuar, asegúrate de que tu atención esté donde debe estar.

Qué sucederá en la Semana 8

Resumen

Esta semana explorarás otra alternativa –decir que sí a la maternidad– para que puedas identificar los sentimientos que produce esa elección. Volverás a planear una celebración. Continuarás explorando cómo la ambivalencia impacta tu decisión, y descubrirás que cualquier alternativa, sin importar sus efectos, causa una sensación de pérdida, incluso si al mismo tiempo genera ilusión o entusiasmo.

Hablemos más sobre el proceso de tomar una decisión

A menudo hemos hecho hincapié en la importancia de descubrir primero tu deseo, pero esta semana te pedimos que suspendas temporalmente tu búsqueda para que le saques el mayor jugo posible a la decisión de *sí* ser madre. Es posible que esta alternativa te llene de temor o ansiedad, o quizás te producirá entusiasmo asumirla. No renuncies a tu trabajo, ni presentes documentos de adopción, y ni siquiera le digas a tu pareja que estás haciendo este ejercicio; la simulación tiene el único propósito de favorecer tu proceso interno sin censuras.

Mientras vives tu decisión de *sí* ser madre, recuerda que el propósito de esta semana es asumir la elección de *ser* una mamá, y no centrarte en los aspectos prácticos de *convertirte* en madre. Si embarazarte, estar embarazada o dar a luz te producen ansiedad o miedo, asegúrate de anotar estas preocupaciones en papelitos y ponerlos en tu frasco de circunstancias externas.

Uno de los beneficios más importantes de sumergirte en el *sí*, es que te da la oportunidad de experimentar todos los sentimientos que conlleva esta decisión. En particular, es posible que emerjan los miedos o resistencias que todavía albergas en tu interior. Quizás te preguntarás: *¿Cómo voy a ser madre de un niño cuando una parte de mí no quiere?* o *¿Cómo me las arreglaré si no tengo pareja ni dinero?* También pueden brotar sentimientos de enojo.

Cuando el programa la obligó a asumir la decisión de sí convertirse en madre, Elena sintió con claridad e intensidad un destello de enojo. Esto le sorprendió, pues creyó que ya había trabajado esta emoción lo suficiente y, en particular, el enojo que sintió cuando sus necesidades fueron ignoradas en el sistema familiar alcohólico donde creció. Elena había estado inclinándose hacia no tener hijos y, sin embargo, ¡esta visualización guiada le decía que iba a tener un hijo! Esto hizo aparecer otra capa de dolor profundo disfrazado de enojo –una herida causada por los años en que sus necesidades y deseos fueron ignorados. Frecuentemente le decían cómo actuar y tuvo que ser responsable por cosas de adultos. Y ahora una vez más le decían qué hacer –tener un hijo– lo cual iba en contra de sus verdaderos sentimientos.

No importa si sientes enojo, tristeza o algo más, queremos que vivas la decisión de *sí* plenamente para que puedas identificar las emociones que genera. Elegir la maternidad significa cosas diferentes para cada mujer. ¿Qué notas primero *tú*? ¿Cuáles son tus preocupaciones? ¿Qué te entusiasma? ¿Hay mitos acerca de la maternidad que quieres desmentir? ¿Te gusta cómo se ve tu versión de la maternidad? Si todavía no tienes las respuestas a estas preguntas, deja que se vayan revelando durante esta semana.

Celebrando una decisión

Conque... ¡vas a ser madre! ¿Puedes imaginarte dándole la bienvenida a la maternidad con la misma actitud y voluntad que tuviste con la celebración, ritual o ceremonia de la semana pasada? No es el tipo de reunión que familiares y amigos organizarían ante la llegada de un bebé, sino un festejo por tu larga y ardua exploración para poder tomar una decisión consciente. Puede ser algo simple, como encender una vela y tomarte un rato para imaginar cómo quieres que sea tu nueva vida.

O también puede ser algo aventurado como lo que se le ocurrió a Sandra; ella planeó una expedición festiva a solas. Hizo la invitación a mano y se la envió a sí misma. El evento consistiría de una caminata por la playa y de volar una cometa en honor a su niña interior, seguida por un adorable picnic en su rincón favorito de un parque cercano. Sandra lo organizó todo y compró anticipadamente su comida preferida. También le pidió un favor a seis de sus viejos amigos más cercanos: redactar y enviarle una carta que describiera lo que su amistad de años había significado para ellos. El día del evento, ella empacó su diario, las cartas sin abrir y sus utensilios para el picnic, y salió en coche hasta el sitio elegido en medio de la naturaleza. Sandra disfrutó cuatro gloriosas horas ahí: comió su almuerzo y saboreó los preciados sentimientos de sus amigos. Luego anotó en su diario lo agradecida que se sentía por todo.

Quizás el proceso mismo de planear tu celebración, ritual o ceremonia te proporcionará información valiosa para apuntar en tu diario.

Más acerca del papel de la ambivalencia

Cuando una mujer considera que su indecisión es una consecuencia racional de las circunstancias *reales* de su vida, la ambivalencia puede ocultarse detrás de una máscara. La máscara de la ambivalencia está confeccionada con circunstancias externas, y por ello la mujer no se da cuenta que detrás de la máscara hay problemas más profundos que no puede ver. Las circunstancias de la vida hacen mucho más algarabía en su mente que los problemas ocultos y de difícil acceso. La mujer entonces se achaca a sí misma el seguir atorada, cuando no es su culpa. Ella

Semana 8 – Ser decidida

tiene problemas para avanzar con su decisión porque piensa que está ambivalente, cuando el asunto es mucho más complejo.

Supongamos que una mujer dice: "Puedo defender la elección de *sí* y la elección de *no* ser madre y para cada una hay buenos argumentos, así que vacilo entre ambas y no llego a nada", y la animamos a examinar a fondo los diferentes aspectos de su indecisión. Al desglosarlos, emerge una historia más clara que suena más o menos así: "Me habría gustado comenzar a pensar sobre esto antes. Si me hubiera tomado el tiempo de pensarlo bien, creo que habría querido tener hijos. Pero no estoy segura de querer ser madre ahora. En ese entonces no lo consideré una prioridad, y nunca imaginé que se me acabaría el tiempo. Ahora tengo que decidir, y me siento estancada. No quiero sentir esta presión, y estoy triste y confundida".

La indecisión de esta mujer en particular involucra un conflicto entre su deseo interno de ser madre y su conciencia de que el momento ya no es óptimo. Ella debe asimilar una pérdida: no haberse dado cuenta antes, o tal vez no haber buscado ayuda antes; y posiblemente también la pérdida de una oportunidad para experimentar la maternidad biológica. Esta mujer siente también una presión interior, ya sea impuesta por sí misma o debida a alguna otra situación que suele acompañar a la ambivalencia. Mientras ella se abre al dolor y angustia provocados por esta situación, podría surgir el recuerdo de otras pérdidas no resueltas. ¿Te das cuenta de lo compleja que puede ser la ambivalencia?

Otra causa de la ambivalencia puede ser que en algún lugar o momento te impidieron *saber lo que quieres*. Te alejaron de tus sentimientos y del derecho a sentirlos. Con "alejarte" nos referimos a una situación donde el contacto con tus propios deseos quedó fuera de tu control y no es lo que habrías elegido si hubieras tenido la opción. Quedar desconectada de tu verdadero yo de esta manera puede causar un dolor enorme.

Como ejemplo de lo anterior volvemos al caso de Elena. Cuando era niña tuvo sentimientos, necesidades y deseos, pero su sistema familiar alcohólico y caótico la distrajo del cuidado de sí misma. Elena sintió que era su papel tratar de mejorar las cosas en casa. Pero al intentarlo debió sacrificar su búsqueda de sí misma para enfocarse en problemas externos como "¿Papá está por explotar?" o "¿Cómo puedo ayudar a una mamá que se siente absolutamente agobiada?" Tuvo que pasar por un proceso de duelo para sanar las heridas que surgieron al ser alejada de su verdadero yo. Al asumir su dolor, Elena fue capaz de reconectarse consigo misma y encontrar una mayor claridad.

También es posible que tu ambivalencia forme parte de una herencia generacional procedente de tu familia de origen. Quizás uno de tus padres se sintió ambivalente hacia ti, así que asumiste la misma postura emocional sin darte cuenta. O tal vez tu familia tiene un problema emocional no resuelto que provoca ambivalencia, como en el caso de Beatriz, cuyos abuelos murieron en un campo de concentración. El trauma de una tragedia como esta puede alojarse muy en el fondo de la psique familiar, incluso durante varias generaciones. Normalmente no se habla del tema, pero tiene el poder de crear una ambivalencia que obstaculiza decisiones importantes de la vida, sobre todo la de tener o no un hijo. El pensamiento subconsciente podría ser *Si tengo un hijo, algo malo podría pasarle.*

Si has tenido dificultades con la ambivalencia, pregúntate: "¿Qué propósito o función podría tener en mi caso? ¿Será que me aferro a ella porque a pesar del sufrimiento que conlleva, al menos es algo conocido? ¿Será que me genera mucho temor salir del ambiente cómodo al que estoy acostumbrada?" Si te parece interesante explorar estas preguntas, no te detengas, analiza qué ganas aferrándote a tu ambivalencia.

Puede ser difícil percibir y hablar de la ambivalencia. Quizás están en juego problemas complejos o incluso contradictorios. Necesitas mucha valentía tanto para enfrentar las raíces de tu ambivalencia, como para examinar tus opciones. Al hacerlo, trátate con cuidado y gentileza, sin avergonzarte ni juzgarte a ti misma.

La elección invita a la pérdida

En uno de los primeros ejercicios hemos preguntado: "Ante esta elección, ¿cuál es tu mayor miedo?" La pregunta era ambigua a propósito, pues en esa etapa era más importante ver hacia dónde te llevaba tu mente. Es posible que ahora conozcas mejor tus miedos, pues has cumplido varias semanas del programa, durante las cuales tus pensamientos y sentimientos habrán evolucionado. ¿Qué has aprendido sobre ellos? Uno de los miedos más comunes es el surgimiento de sentimientos de pérdida o arrepentimiento asociados con tomar la decisión. ¿Eso describe tu situación? No te culpamos, ¿quién querría enfrentar algo así?

La verdad es que las dos posibles opciones a tu disposición implican una pérdida. Al elegir *no* ser madre, quizás deberás despedirte de todas las esperanzas, fantasías y sueños asociados con tener un hijo. Al elegir la maternidad, tal vez dirás adiós a la libertad e independencia que caracteriza el camino sin hijos. *Elegir una cosa implica renunciar a otra cosa.* Es más, al elegir de manera consciente puede que al principio tengas una sensación de pérdida más aguda, porque estarás más sintonizada con tus sentimientos.

Sin embargo, una vez que hayas tomado la decisión, obtendrás algo: la conexión contigo misma y la confianza de haber asumido una elección consciente. Cuando avanzas con el corazón, mente y ojos abiertos, aceptas a sabiendas las pérdidas que conlleva tu decisión, lo cual te permitirá seguir adelante, aumentar tu libertad personal y tener una oportunidad para crecer y descubrir más sobre ti misma.

Quizás necesitarás sobrellevar el duelo durante esta semana. Es doloroso enfrentar tus pérdidas. No hay gran cosa que puedas hacer al respecto, simplemente permítete sentir el dolor físico en tu corazón, o en algún otro lugar de tu cuerpo, y deja que broten las lágrimas. Después vendrá la catarsis. El dolor anticipado suele ser peor que el dolor real, y permanecer inmovilizada puede ser una defensa y una estrategia para no abrir la caja de Pandora de tus sentimientos. Estamos seguras de que eres capaz de enfrentar y manejar cualquier aflicción que se manifieste, y también estamos seguras de que hacerlo será bueno para ti. Diseñamos este programa para ayudarte a que el duelo inevitable transcurra desde adentro y de la manera más natural posible. Han sucedido muchas cosas sin que te des cuenta, y es posible que la tristeza ya haya hecho su aparición mientras realizabas las actividades semanales.

Sé curiosa: tareas para la Semana 8

1. ¡He tomado una decisión!

    Quizás esta decisión no te gusta, o también es posible que estés muy contenta. Escribe lo que te venga a la mente –no es necesario que tenga sentido ni sea racional. Haz tu mejor esfuerzo por *vivir* plenamente esta decisión. Por ahora ignora tus deseos. A continuación, te damos una frase como sugerencia para comenzar a escribir. Puedes hacerlo durante la semana o, si lo deseas, diariamente.

    Sé curiosa: *Hoy decidí convertirme en madre. Mis sentimientos y pensamientos al respecto son…*

2. Carta a mi hijo

    ¿Qué quieres que este niño sepa sobre ti? ¿Cómo te sientes con su próxima llegada? ¿Hay algo que quisieras decirle acerca de tu elección? Para lograr el objetivo de este ejercicio no es importante que pienses en *cómo* llegará a tu vida este hijo. Tu carta tampoco necesita ser racional. Deja que tu pluma te guíe por la aventura, mientras tu mente y corazón pasean con libertad.

Sé curiosa:

Querido pequeñito, he decidido convertirme en madre, y eso significa que tú y yo nos conoceremos en un futuro cercano. Hay cosas que quiero decirte…

3. Mi propio nacimiento ideal

   A algunas personas les cuentan una y otra vez historias entrañables acerca de su concepción o nacimiento. Otras escuchan con vergüenza o pudor las historias del parto que los trajo al mundo. Muchas mujeres tienen poca o nada de información acerca de cómo nacieron. Esta semana podrás imaginarte tu propia entrada a este mundo de la manera más amorosa y magnífica. Redacta la historia de cómo habrías querido que fuera tu nacimiento; escríbela del modo en que te hubiera gustado que te la contaran. Incluso si la historia de cómo te dieron a luz ya es buena, busca maneras de hacerla más fascinante y hermosa. Diviértete imaginando que tu nacimiento fue diferente. Esta simulación puede despertar esos sentimientos positivos que tienen efectos terapéuticos en tu cuerpo: ¡tu sistema inmunológico los amará!

   Si por cualquier razón este ejercicio te parece doloroso, primero exhala y visualiza tu aliento mientras procesas esa experiencia emocional. Es posible que tengas que escribir en tu diario acerca de esos sentimientos antes de que puedas escribir la historia de tu nacimiento ideal.

   Sé curiosa: *Cómo me hubiera gustado que fuera la historia de mi nacimiento:* _____

4. Emociones infantiles

   Una vez que le hayas dado la bienvenida a tus sentimientos inmediatos acerca de convertirte en madre, tómate un rato para considerar la realidad del trabajo emocional que implica la maternidad. Es muy importante imaginar cómo te sentirás cuando tu hijo exprese todo el abanico de emociones, porque esos sentimientos señalan las partes de ti misma que necesitan ser sanadas. Esto es verdad para todos los padres. ¿Cuáles emociones crees que te dará más miedo enfrentar en tu hijo? ¿Con qué emoción sientes que estarás más relajada? ¿En qué situaciones crees que podrías necesitar más ayuda para lidiar con las emociones de tu hijo? ¿Consideras que comprendes bien cómo funcionan las emociones de los niños?

Sé curiosa: *Tengo temor de que mi hijo exprese _____, pues yo me sentiré...*

Exploración adicional y descubrimientos

Al terminar los ejercicios de escritura de esta semana, toma un descanso y luego vuelve a leer lo que has escrito. Es importante que leas en voz alta la "Carta a mi hijo". Después, explora más a profundidad lo que has escrito usando las preguntas contenidas en "Tu lista para reflexionar", ubicada en el Apéndice I.

Compara la experiencia de escritura de esta semana con la de la semana pasada, sobre todo las cartas que le escribiste a tu hijo. ¿Qué tarea de escritura fue más fácil para ti? ¿Sentiste resistencia hacia cualquiera de estos ejercicios? Si fue así, no te juzgues. Sé comprensiva contigo misma cuando reconozcas tu renuencia a seguir las instrucciones, pues de este modo crearás espontáneamente una apertura que te ayudará a comprender las razones de tus sentimientos.

¿Disfrutaste creando tu historia ideal de nacimiento, o no te despertó mucho interés? A algunas mujeres no les gusta este ejercicio porque se dan cuenta de que la única información que tienen acerca de su nacimiento es la fecha, lugar y hora. En cambio, la madre de Eva escribió una crónica completa del nacimiento de su hija, incluyendo los nombres de todas las personas que la llevaron al hospital, los detalles de lo que pasó durante todo el proceso de parto, y una descripción paso a paso de lo que ocurrió después de irse del hospital. Llenó una página completa. Sin embargo, en esos detalles faltaban descripciones de los sentimientos de alegría. De hecho, el reporte carecía de emoción alguna. Aunque Eva tenía mucha más información sobre su nacimiento de lo que la mayoría de nosotras podríamos soñar, se quedó sintiendo que faltaba algo, ¡y así era! Ella quería escuchar más sobre la experiencia emocional de su madre.

Aunque no podemos cambiar lo que sucedió en el pasado, podemos escribir otra versión de la historia narrando lo que hubiéramos deseado que sucediera, enfocándonos en los sentimientos agradables que esta nueva historia puede generar. Cuando te enfocas en los sentimientos placenteros, invitas a tu sistema nervioso central a reescribir (y reprogramar) la historia de una manera que enriquecerá tu experiencia. Esto contribuye a que sanes. También puede ayudarte a despejar el camino hacia la claridad. Reescribir tu historia de nacimiento puede darte otra pieza del rompecabezas que estás solucionando. Si tienes poca información real sobre cómo naciste, es posible que quieras investigar más. Algunas mujeres deciden preguntarle a su madre cómo fue el parto. Si quieres hacer esto, elige bien el momento. ¿Crees que te convenga esperar hasta que termines este programa? Haz lo que consideres mejor.

Sé más curiosa: ejercicios opcionales

1. Al comenzar la semana visualizaste una celebración para conmemorar que elegiste ser madre. Tómate un rato para describir cómo festejarás, y no te limites en nada: piensa en grande.

2. Trata de recordar los sueños que tengas durante la noche y regístralos en tu diario. Si te impacta alguna imagen en particular, dibújala o píntala. Déjate llevar.

3. ¿Qué mensajes verbales y no verbales recibiste de tu padre (u otro adulto que haya influenciado tu vida) sobre embarazarse, tener bebés y convertirse en padre o madre?

4. Si te llamó la atención algún ejercicio opcional de las semanas previas, pero en ese momento decidiste no hacerlo, considera si esta semana te sientes más inclinada a realizarlo.

Esta semana quédate con esto

Vas a criar a la próxima generación como madre soltera, con pareja, o acompañada de tu comunidad. ¡Respira mientras piensas en eso! ¡Permite que esta realidad se instale en tu interior! Aférrate a esta decisión lo mejor que puedas sin vacilar, y haz lo posible por mirarlo todo desde el punto de vista de: ¡Voy a ser mamá! Percibe todos los pensamientos y sentimientos que surjan durante la semana, y mantén a la mano tu diario.

Haz lo posible por no compartir tu experiencia. No le cuentes a nadie sobre tu decisión de ser madre, para no exponerte a los sentimientos o pensamientos de otras personas. Tienes ya bastante quehacer con tus propios sentimientos, y en este momento ellos son los que importan. Si necesitas más ayuda o motivación, no dudes en pedirla. Cuéntale a alguien comprensivo, una amistad o tu pareja, que estás trabajando muy duro en tu camino hacia la claridad. Esta semana tómate un poco más de tiempo para cuidarte. Disfruta del proceso cuando y donde puedas. Confía en ti misma.

Esperamos que todo esté saliendo bien durante tu trabajo en este programa. A veces es normal preguntarte si todavía vas por buen camino. Si en algún momento te sientes desconectada de ti misma, toma tu diario o tus ejercicios de escritura terminados y revisa lo que has escrito, con el propósito de reconectarte. Seguramente te sentirás más fuerte después de ver lo lejos que has llegado.

La Semana 8 juega un papel importante para el éxito general del programa, *¡te da la oportunidad de ponerte al día contigo misma después de todo el trabajo duro que has hecho!* Los ejercicios principales no suelen exigir demasiado tiempo, y esto te permitirá tomar un descanso y revisar tu diario. Cuando lo hagas, busca temas que se repitan y explora para descubrir más información. Puedes revisar las secciones "Sé curiosa" de las Semanas 1 a la 7 para ver si te atrae realizar de nuevo una de las actividades principales, o si te animas a intentar algún ejercicio opcional. Otra alternativa es que simplemente descanses un poco más y cuides de ti misma.

Permanece con la decisión de sí ser madre durante los siete días completos (ni más ni menos). Si lo haces durante más tiempo, los efectos del ejercicio se diluyen sin aportar beneficios adicionales. Luego regresa al *No lo sé*. Si lo consideras necesario, lee o recita El Mantra algunas veces. Despídete de la decisión de *sí ser* madre y siéntete orgullosa de ti misma por haberla adoptado tan bien.

Cuidado de ti misma

¿Cómo te ha ayudado la música en diferentes momentos de tu vida? Sintonízate con tu ritmo interior. Diviértete tocando un instrumento, o escucha melodías suaves. ¿Hay alguna canción del pasado que siempre te viene a la mente? Búscala. Cierra la puerta de tu habitación, ponte unos auriculares y concéntrate en tu melodía favorita. No hagas nada más: simplemente escucha, baila o relájate con la música durante al menos quince minutos. Si te viene algún recuerdo o sientes algo que no habías sentido en mucho tiempo, regístralo en tu diario. Si la música no es lo tuyo, encuentra alguna otra actividad para mimarte esta semana.

El cuidado personal que hice para mí misma esta semana fue...

No estás sola

Tanto Susana como Mónica decidieron decir que sí a la maternidad, Susana con su pareja y Mónica como madre soltera. Lee sus historias cuando lo desees.

La historia de Susana

Mi pareja no quería tener un hijo. Desde el principio ella aclaró que no deseaba tener hijos. En un inicio, le dije que creía que me encantaría tener hijos, pero que no era algo imprescindible. Creía en el destino, y suponía que si encontraba a alguien que quisiera hijos, sería genial; pero si no, todo estaría bien porque importaba mucho más encontrar a la persona que amas. Sin embargo, después de dos años, le pedí la mano a mi pareja y no quiso casarse conmigo, así que decidí seguir buscando lo que deseaba para mi futuro. Y fue entonces cuando comencé a pensar en tener un hijo. Más adelante, mi pareja dijo que no quiso casarse cuando se lo pedí porque ella sabía que yo deseaba tener hijos. Yo creo que fue porque ella no se sentía segura, confiada y feliz en el momento que le propuse matrimonio.

Después de trabajar con el programa Ser madre, ¿es para mí? y de asistir a nuestra terapia de pareja, nos vamos a casar. También estamos en el proceso de una segunda inseminación intrauterina con un donante de esperma. Ahora mi pareja dice que quiere estar conmigo porque eso la hace feliz, y que apoyará a nuestra familia sin importar si tenemos o no un hijo. Cuando mi pareja toma una decisión, invierte toda su energía en cumplirla. Ella quiere asegurarse de jugar un papel igual en la vida del niño. Incluso ha dicho que quiere quedarse en casa a criarlo para ser su cuidadora principal.

Mi proceso comenzó cuando me di el permiso para pensar primero en lo que yo quiero sin pensar en lo que la otra persona quiere o necesita. A raíz de este enfoque, pude conectarme con mi yo interior. También escuché a mi intuición diciéndome que experimentaría felicidad criando un hijo, y que yo estaría bien pasara lo que pasara con mi relación de pareja; también supe que ella estaría bien. El factor más importante fue el poder sentir que ser "egoísta" al pedir y buscar lo que quería era lo correcto.

Después de tomar mi decisión, sentí que me quitaban un peso de encima, y aunque quizás otras personas ya lo tenían claro, yo quería asegurarme de que había invertido el tiempo y el esfuerzo necesarios para descubrir todas mis inquietudes y sentimientos con respecto a tener un hijo.

Cuando era niña, mi madre se encargaba de la casa. Ella ponía las reglas y se aseguraba de que las respetáramos. No siempre era la más afectuosa, pero demostraba su amor presenciando todos los juegos de mi equipo y diciéndole a todas sus amigas lo orgullosa que estaba de sus hijos. Cuando me convertí en adulta, mi mamá se fue volviendo más una amiga que una madre. Creo que esto sucedió porque ella tuvo que crecer demasiado rápido cuando me tuvo a los dieciocho años de edad. Mi mamá ha podido vivir algo de su juventud a través de la mía. Ella habría apoyado cualquier decisión que hubiera tomado, aunque creo que le gusta que haya decidido tener un hijo y que quiera ser una madre como ella fue y es todavía. Mi mamá es una persona muy fuerte, cariñosa y generosa.

Crecí con un padrastro. Aunque parecía que mi mamá tomaba la mayor parte de las decisiones, él fue un papá tras bambalinas. Él es el callado, y mi mamá es la sociable y, sin embargo, ellos tienen muchas cosas en común, como el gusto por acampar e ir de pesca.

Susana es una enfermera que tenía cuarenta y un años cuando tomó su decisión. Sentía un poco de prisa. Su reloj biológico estaba sonando. Había estado con su pareja, que pronto sería su esposa, durante cuatro años. Susana tenía un ejemplo a seguir –otra pareja lesbiana– que participó en un grupo de apoyo para lesbianas que intentaban concebir. Ellas le contaron sobre los beneficios que el grupo les había dado. Mientras asistía a terapia de pareja con su compañera de vida, Susana también trabajó en nuestro programa sin ella. Al terminarlo, sintió que había hecho todo lo necesario para tomar una decisión consciente y cumplir su deseo –¡ella quería tener un hijo! Tenía claro qué quería y se sentía emocionada y con algo de miedo al mismo tiempo, y también con cierta culpa por forzar a su pareja y su relación a enfrentar un asunto tan importante.

El disfrute de la vida que Susana tiene hoy procede principalmente de la relación con su pareja. Ella desearía haberse enfocado antes en el proceso de tomar una decisión. También habría deseado saber que podía expresarle a su pareja lo que *ella* quería y necesitaba. Ella tiene este consejo para alguien que esté pasando por una situación parecida a la suya: "Haz *tu* proceso primero y luego haz la terapia de pareja tan pronto como te sea posible. Es mejor ser fiel a ti misma y no esconderte de tu deseo. Luego pide lo que quieres cariñosamente".

La historia de Mónica

A mediados de mis treinta yo ya sabía que quería hijos. Pero no me estaba comportando como alguien que quiere hijos. En esencia, salía con hombres no disponibles e inapropiados, y en cierto momento me involucré en una relación seria con alguien que no quería hijos. Yo diría que me refugié en la negación durante alrededor de diez años - queriendo hijos, pero sin ser proactiva al respecto.

No estar en una relación estable y de largo plazo y tener una situación financiera difícil fueron siempre los dos argumentos principales por los que evitaba decidir tener un hijo. Nunca quise hacerlo sola, y no sentía que tuviera los recursos suficientes. También mi trabajo fue un factor durante muchos años. Era una maestra Waldorf, y el puesto suponía un horario muy extenso con sueldo bajo. También me preocupaba mi fertilidad. Hace unos años me hicieron una cirugía para retirar un mioma uterino grande que supuestamente habría evitado que me embarazara. Si no hubiera querido embarazarme después de esa intervención, habría elegido una solución mucho menos radical. Creo que las presiones familiares también jugaron un papel en mi decisión. Si iba a criar una familia, quería hacerlo bien, como mi hermana.

A principios de mis años cuarenta escuché en mi interior una señal de alerta y traté de embarazarme sin éxito con dos novios distintos, ninguno de los cuales parecía tener un verdadero potencial a largo plazo. De hecho, me quedé en relaciones infelices con ambos por lo desesperada que estaba de tener un hijo. A los cuarenta y cinco tomé la decisión de adoptar yo sola. Lo más difícil ha sido superar el miedo y aprender a confiar y creer en mí misma. Cuanto más supero el miedo, más oportunidades y posibilidades parecen abrirse ante mis ojos. Se siente casi como un milagro.

Siempre he entendido mi trabajo, enseñar e instruir niños, como una preparación para la maternidad. Me siento muy maternal y cariñosa hacia los niños con quienes trabajo. Este sentimiento ha crecido desde que decidí convertirme en madre. Decidir criar un niño yo sola me ha dado mucha más libertad y espacio en mis decisiones en cuanto a la elección de una posible pareja y, por lo tanto, estoy tomando decisiones mucho más saludables al respecto.

He hecho duelo tras duelo, lloré todos los días durante tres meses cuando finalmente reconocí que no iba a tener un hijo biológico, y no he podido asistir a una fiesta de nacimiento o "baby shower" desde principios de mis treinta. Cuando mi hermana menor se embarazó con su primer hijo, yo estaba emocionada –y a la vez desolada. Cuando hace unos años apareció un viejo amigo de la preparatoria y me ofreció su esperma, yo pasé por toda una nueva capa de dolor (porque no tuve duda de que era ya demasiado tarde). Hay tanta tristeza antigua dentro de mí acerca de no tener un hijo. Y de repente me acaban de asignar en adopción a una niña pequeña, a mis cincuenta años. Estoy asombrada, encantada, eufórica, aterrada... tantas emociones poderosas.

Mi madre murió cuando yo tenía treinta y dos años, en un momento en que aún estábamos descubriendo nuestra relación adulta. Ella todavía estaba tratando de comprenderme, y yo todavía estaba tratando de superar mi enojo por los errores que mis padres cometieron al criarme. Antes de que muriera logramos la paz, pero yo no diría que teníamos una relación adulta madura en ese momento. Quiero ser como mi madre: era juguetona, imaginativa y amante de la diversión. Ella me dio oportunidades increíbles. Espero sobrepasar su capacidad para comprender las dificultades particulares que tenga mi hija, cualesquiera que estas sean, y para permanecer unidas a pesar de los momentos difíciles.

Para poder costear sus gastos como madre soltera, Mónica tuvo que tomar decisiones prácticas que conllevaron un cambio de carrera. Ella sufre del trastorno de déficit de atención y, por consiguiente, en sus palabras: "Es muy difícil planear mi vida previendo qué evento importante traerá el porvenir". Mónica ha tenido que deshacerse de las expectativas de cómo debía haber sido su maternidad. Ella descubrió que podía hacerlo a su modo y, de hecho, lo está haciendo a su modo. ¿Todavía tiene inquietudes? Claro que sí, pero no están bloqueando su camino. Cuando una de sus amigas cercanas adoptó una hija de Nepal, Mónica se dio cuenta de que también ella podía hacer realidad su deseo de convertirse en madre.

Mónica siente que ella no estaba muy apegada a su madre, y que la tendencia de su madre a padecer de depresión leve significó que en ciertos momentos no estaba en condiciones de apoyar emocionalmente a su joven hija. Sin embargo, también era "Amante de la diversión y cariñosa, aunque no comprendía mis sensibilidades y dificultades con el procesamiento sensorial y la atención". El padre de Mónica era menos predecible –una mezcla de encanto, carisma y ferocidad, con tendencia a la reactividad. Él tampoco tenía bien desarrollado su sentido de los límites personales. Padre e hija eran muy cercanos, sin embargo discutían a menudo. Mónica tiene dos hermanas y ella es la de en medio. Durante años, se sintió sutil y no tan sutilmente juzgada por sus hermanas, sobre todo por una de ellas. Ahora que a Mónica le han asignado una hija en adopción, ella siente que su hermana está mejorando y que se comprometerá y será cariñosa con su sobrina adoptada.

Si Mónica pudiera viajar al pasado y cambiar algo sobre su elección, habría tomado mejores decisiones en sus relaciones amorosas, lo cual le habría dado la opción de embarazarse y tener hijos con una pareja cuando era más joven. La sabiduría de sus años le ha enseñado muchas cosas: una de las más importantes es que la imperfección también puede ser suficiente. Muchas personas maravillosas la valoran, y ha creado un sistema de apoyo que la nutre y la fortalece. Mónica tiene buenos amigos que la respaldan, y un trabajo que en verdad disfruta. Sus mayores dificultades incluyen mantener una cierta estabilidad financiera, y mantener el equilibrio en diferentes áreas de su vida.

Mónica habló así sobre sus sentimientos durante el proceso de decisión: "Me sentí a la vez sola y apoyada, valiente y aterrada, informada y muy estúpida, y todavía me siento así. Pero cada día me siento más empoderada". ¿Cuál es su consejo para otras personas enfrentando su decisión?: "¡Sé valiente! ¡Sigue el deseo más profundo de tu corazón! Crea la vida que quieres y no esperes a que alguien te la sirva en bandeja de plata".

Semana 9

Cómo lograr una mejor perspectiva

Todas llevamos dentro de nosotras territorios inexplorados. La principal razón para descubrirlos es que te darán acceso directo a toda la riqueza, vitalidad y libertad que se alojan en tu interior.

Presentación

Pasaste la última semana viviendo con la decisión de ser madre. ¿Cómo te fue con eso? Examina cómo te sientes. ¿Fuiste capaz de vivir plenamente la decisión de convertirte en madre sin tomar ninguna acción en el mundo real? Quizás experimentaste de primera mano que tomar una decisión implica sufrir una pérdida sin importar el camino que elijas.

En general, ¿crees que vas bien o de vez en cuando te sientes mal o en medio de un caos interior? A esta altura del programa, las mujeres nos dicen a veces que a su parecer saben menos que cuando comenzaron. Si es así, que te sirva de consuelo saber que no estás sola. Revisar detalladamente lo que has escrito desde la Semana 1 podría serte de ayuda. ¿Qué argumento te salta a la vista? ¿Qué temas emergen una y otra vez? ¿Qué ideas logras rescatar? Pueden ser evidentes, sutiles o apenas asomos de la conciencia. No lo pienses demasiado; simplemente acepta lo que tu intuición te dicte.

Es importante recordar que para la mayoría de las mujeres el programa *Ser madre, ¿es para mí?* no avanza a una velocidad constante, así que es normal que durante un tiempo te sientas frustrada o confundida, y esto no significa que las cosas no van bien. Mientras sigas las instrucciones semanales, puedes confiar en que vas por buen camino. La claridad llegará.

Si aún no te has despedido de la decisión de ser madre, en este momento haz una pausa para hacerlo usando El Mantra. Vuelve a adoptar el *No lo sé* lo mejor que puedas, y prepárate para otra semana de descubrimientos.

Visualización guiada de la Semana 9

Incluso si no comprendes por completo lo que se revelará durante la próxima parte de esta aventura, confía en que tu mente enfocará su atención en donde sea necesario. Cuando tus ojos están cerrados funciona una parte de tu cerebro a la que no se accede fácilmente cuando tus ojos están abiertos. Pídele a alguien que te lea la visualización o grábala para que puedas escuchar con los ojos cerrados, pues su eficacia también requiere del elemento sorpresa. Si esto no es posible, grábala tú misma para que puedas escucharla con los ojos cerrados para profundizar la experiencia del lugar adonde te llevará el ejercicio. También puedes bajarla de la página: www.SerMadreEsParaMi.com. Si lees la visualización para ti misma, hazlo cuidadosa y muy lentamente para darte el tiempo suficiente de saborear la experiencia. De vez en cuando cierra los ojos y ábrete al poder de tu imaginación.

Recuerda que la experiencia que tengas es lo más importante y no hay forma incorrecta de hacer el ejercicio. Ten a la mano tu diario y pluma para que puedas apuntar de inmediato tus impresiones e imágenes.

Para prepararte, elige un lugar tranquilo y sin ruido donde la gente no te distraiga ni moleste. Escoge un momento en el que no tengas nada más que hacer y cuando nadie necesite de tu atención; este momento es única y exclusivamente para tu beneficio. Siéntate cómodamente en una silla o, si lo prefieres, acuéstate en el suelo.

Un desvío sorpresa

Ahora que ya estás lista, hazte consciente de tu respiración. Deja que tus ojos se cierren suavemente conforme respiras profundo y exhalas. Inhala y sostén tu respiración mientras cuentas hasta cinco. Luego exhala hasta que la mayor parte del aire haya salido de tus pulmones. Vuelve a inhalar y exhala lentamente, dejando salir un suspiro audible por tu boca mientras cuentas en silencio del diez al uno.

Semana 9 – Cómo lograr una mejor perspectiva

Continúa respirando lenta y profundamente. Conforme respiras, te relajas. Permite que tu respiración natural te dé una sensación profunda de paz y bienestar. Siente la relajación de tu cuerpo y deja que tu mente flote libremente. R-e-s-p-i-r-a.

¡Has recibido una oportunidad única y alucinante! Te llegó una invitación escrita con letras de oro. Dice que has sido elegida como delegada en un viaje fabuloso. Te piden que acudas de inmediato a un lugar al aire libre rodeado de naturaleza. Cuando llegas ahí, te encuentras con dos científicos amistosos y capaces que están revisando una pequeña nave espacial.

Con el propósito de prepararte para tu fabuloso viaje, te revisan los signos vitales y te declaran saludable y lista para el viaje. Uno de los científicos abre la puerta de la nave mientras el otro te va señalando las características del interior para orientarte y hacerte sentir tranquila.

Te piden que entres, te relajes y te pongas cómoda. Te indican que te abroches el cinturón de seguridad y hacen hincapié en la importancia de que te relajes de veras, con R mayúscula. Lo único que necesitas para este viaje está contigo o dentro de ti. Los científicos se encargan de los detalles mecánicos y técnicos, y contestan a todas tus preguntas. Cuando te sientes lista, cierran la puerta y despegas.

Unos minutos después de entrar en órbita, sientes un pequeño estruendo, pero aparte de eso todo está quieto y pacífico mientras la nave continúa avanzando. En el tablero hay una pantalla digital que parece mostrar fechas del calendario. Te das cuenta de que se está moviendo muy rápidamente y aparecen fechas al azar. En ese momento reconoces que estás en una máquina del tiempo. Apenas tienes oportunidad de sorprenderte cuando sientes una ligera sacudida causada por el aterrizaje. La puerta de la máquina del tiempo se abre y miras la fecha en la pantalla. *[Si estás grabando esta visualización o la estás leyendo en voz alta para alguien más, por favor en el próximo enunciado menciona el año que corresponde a veinte años en el futuro, en vez de decir "dentro de veinte años"].* La fecha que aparece es dentro de veinte años.

Quítate el cinturón de seguridad y sal de la nave. Ahora estás viendo tu vida como será en esta fecha del futuro. ¿Dónde te encuentras? ¿Qué observas en tu entorno? ¿Hay alguien contigo? ¿Quién está presente? ¿Quién no está? ¿Cómo se siente ser lanzada hacia el futuro? Estás contemplando el porvenir, ¿cómo se ve tu vida? ¿Cómo eres tú? ¿Te sientes en paz, ansiosa, satisfecha, asustada, calmada, preocupada, feliz, relajada, resignada, emocionada, curiosa, o colmada de algún otro sentimiento que no hayamos mencionado? ¿Tienes una mezcla de sentimientos?

Antes de despedirte del futuro y regresar al presente, investiga lo que quieras saber. ¿Quieres visitar o hablar con alguien en particular? ¿Hay algo que quieras ver? ¿Tienes curiosidad sobre algún asunto? Tómate unos momentos para explorar el porvenir.

Ahora sí, llegó el momento de volver a la nave y despedirte de este futuro. Basta con entrar, cerrar la puerta y abrochar el cinturón de seguridad. Cuando la puerta se cierre, regresarás al mismo lugar y momento en que despegó la nave. Contesta a las siguientes preguntas durante tu viaje de regreso: ¿Qué piensas acerca de lo que presenciaste? ¿Te sorprendiste? ¿Te quedaste a la espera de algo que nunca apareció? ¿Te sientes cambiada por lo que viste o sentiste?

La nave espacial ha aterrizado. Ya regresaste al presente. Nota cómo te sientes ahora que estás de vuelta. Quítate el cinturón de seguridad, abre la puerta, y sal de la nave. La máquina del tiempo se va esfumando lentamente conforme te alejas de ella. R-e-s-p-i-r-a.

Mantén cerrados los ojos mientras muy lentamente regresas a tu habitación, permitiéndote algunos momentos para coexistir con tus sensaciones emocionales y físicas. R-e-s-p-i-r-a.

Cuando estés lista, abre tus ojos lentamente y comienza a escribir en tu diario. Apunta los primeros pensamientos, sentimientos, intuiciones y cualquier otra cosa que desees plasmar acerca de tu experiencia.

Primeras reflexiones después de la visualización guiada

Lo que escribes inmediatamente después de la visualización guiada te permite concretar tu experiencia. Esos primeros momentos son valiosos, pero la riqueza de los detalles va disminuyendo conforme transcurre el tiempo. Por eso, escribe ahora mismo antes de continuar la lectura.

¿Cómo te sentiste al ser catapultada sin previo aviso hacia el futuro? ¿Te inquietaba no saber adónde te dirigías? ¿Algo más te causó preocupación? ¿Fue emocionante? ¿Te sorprendiste al descubrir quién estaba o no estaba en tu futuro? ¿Nació alguien? ¿Alguna persona murió? ¿Te gustaría cambiar ciertas cosas que viste? ¿Cómo las cambiarías?

Todo lo que visualizaste en este futuro tiene significado, sea lo que sea, incluso si por ahora no te lo parece. Algunas mujeres ven un bebé o tienen la *sensación* de que hay un hijo o una hija que ya se ha ido a la universidad. Para algunas, está muy claro que no hay ningún descendiente. Y otras sienten que estarán bien sin importar lo que pase.

¿Cómo te sentiste cuando regresaste al presente? ¿Aliviada? ¿Triste? ¿Tu experiencia viajando en el tiempo te hizo sentir obligada o inspirada a hacer cambios en tu vida actual?

Esta visualización guiada en particular producirá una gran variedad de reacciones, desde "No pasó gran cosa" hasta "¡Vaya, eso fue trascendental!" Si te sientes incómoda visitando tu porvenir, ten por seguro que no estás sola. Es normal que lo desconocido llegue a ser un poco atemorizante. Sin importar lo que te haya sucedido, recuerda que todavía estás buscando piezas del rompecabezas y recabando información. Recuerda también que no hay *una sola versión* del futuro, ni exclusivamente *una* sola forma de sentirse al respecto.

Aunque no hayas tenido imágenes claras durante la visualización, recuerda que todavía es posible sacar datos valiosos escribiendo lo que hayas percibido durante el ejercicio. ¿Qué sensaciones y sentimientos notaste? ¿Se sintieron conocidos? Tal vez lograrás tu descubrimiento más importante si te permites explorar profundamente incluso esas sensaciones corporales que te parecen ajenas, los pensamientos que tuviste o las imágenes vagas. Déjate guiar por tus intereses para decidir si trabajarás en un pensamiento o imagen que te inspiran, aunque al principio quizás te parezcan solamente una distracción.

Te contaremos cómo la escritura le funcionó a Eva como técnica de introspección. Al principio ella sintió que no había hecho la visualización correctamente. "No vi nada, solamente una oscuridad absoluta con un poco de luz tal vez", escribió. Esta nada le extrañaba, así que continuó explorando su reacción ante la visualización guiada hasta que acabó reconociendo que no le gustaba pensar en su futuro. Eva tenía tanto miedo de fracasar, que no se metía en situaciones donde pudiera fallar.

La actitud de Eva hacia la vida era no luchar y ceder fácilmente en vez de tomar decisiones claras. Para ella era más fácil vivir así. Intuitivamente escribió una frase que resumía su filosofía de vida: "Me dejo llevar por la corriente". Al valorar las ventajas y desventajas que conllevaba esta filosofía, Eva comprendió por qué se le hacía difícil crecer bajo la carga de las expectativas excesivamente altas de sus padres. Eva había asimilado la crítica implícita en sus mensajes: "No puedes hacer nada bien". Era absolutamente aterrador para ella intentar algo que pudiera fracasar, así que trataba de evitar esa posibilidad por completo "dejándose llevar". Eva se involucró más en su ejercicio de escritura, detallando lo que el fracaso significaba para ella. Para cuando terminó de escribir, ya había aprendido algo importante sobre sí misma, algo que estaba íntimamente relacionado con la decisión de convertirse o no en madre.

Cuando sientas que has terminado de escribir, observa cuál es tu estado emocional. ¿Tus sentimientos son manejables? Si te sientes abrumada, sigue las instrucciones a continuación:

Respira profundamente y luego exhala con la mayor lentitud posible, dejando que todo el aire salga de tus pulmones. Permite que tu cuerpo inhale por sí solo. Continúa haciendo esto varias veces hasta que sientas calma. Marca un ritmo con los pies en el suelo. A continuación, da palmaditas en la parte superior de tus muslos. Luego da palmadas en tus brazos. Aprieta los puños y luego libéralos. Estas acciones te ayudan a reconectarte con el presente y permiten aterrizarte. Hacer esto es importante, sobre todo cuando tus emociones te abruman o cuando no puedes manejarlas. Si sientes que necesitas hacer algo más para reconectarte o fijarte en el presente, ponte de pie y marcha en tu lugar. Luego alza tus brazos hacia el cielo y estírate.

Mira a tu alrededor e identifica los objetos que te hacen sonreír. ¿Tu atención está donde quieres que esté? ¿Tus emociones son manejables? Antes de continuar, asegúrate de que tu atención esté donde debe estar.

Qué sucederá en la Semana 9

Resumen

Ya has trabajado mucho para establecer los cimientos de tu claridad, y esta semana el ritmo comenzará a acelerarse un poco más. Pasarás más tiempo considerando el futuro que visitaste, para que puedas identificar tus reacciones y examinar qué creencias las han provocado. Después explorarás varias emociones que quizás has estado evitando. Aunque estén ocultas, estas emociones podrían reflejar lo mejor de ti misma. También te mostraremos una herramienta poderosa para transformar tu miedo o ansiedad en una sensación de libertad y bienestar.

Cómo lograr una mejor perspectiva

Cuando imaginas el porvenir, ¿te sientes con el derecho de que las cosas sucedan como tú quieres? ¿Hay algo que quieres para tu futuro pero que no crees que sea correcto, práctico o realista desearlo? Muchas mujeres fuimos criadas para considerar egoísta el ambicionar algo para nosotras mismas. Al igual que Eva, es posible que tú también hayas asimilado el mensaje de que no eres importante, y de que tus necesidades y deseos no son prioritarios. Si esto te suena familiar, quizás se te dificulta imaginar tu futuro y pensar en cómo quieres que sea. Tu capacidad para soñar con el futuro irá aumentando al reconocer cómo la creencia de que no tienes derecho a desear, ambicionar y anhelar quizás haya inhibido muchas de tus decisiones hasta hoy.

Comienza con un paso pequeño. Permítete soñar acerca de algún placer intrascendente, incluso si las imágenes de lo que quieres son vagas o poco detalladas. Hazte el propósito de soñar y desear diariamente, y practica construyendo fantasías cada vez más grandes y pormenorizadas. Considera de nuevo la sugerencia que te dimos durante la Semana 4 de enfocarte en la *sensación* de querer y desear, pues esto te ayudará a soñar a mayor escala. Cuando le das el sí a las posibilidades y sueños, sepas o no cómo lograrlos, te acercas de alguna manera a ellos y la suerte tiende a facilitar lo que te falta para que se hagan realidad. Incluso si todavía no tienes claridad, este es un buen momento para comenzar a preguntarte cómo quieres que se vea tu vida en el futuro.

Territorio inexplorado

Piensa en ese porvenir que se manifestó durante la visualización guiada. ¿Te topaste con emociones que has estado evitando de manera consciente o inconsciente? ¿Percibiste algo durante la visualización que tocara un lugar sensible en tu interior? Es frecuente que aparezcan cosas que no quieres sentir o que no sabías que existían.

De hecho, eso le pasó a Elena cuando se imaginó un futuro con una pareja que todavía no había conocido, y esto la hizo sentir triste de una manera que no sabía explicar. Después de explorar su reacción, descubrió una herida en lo más profundo de su ser que llevaba más de treinta años enterrada. Elena siempre creyó que el divorcio de sus padres no la había afectado mucho, debido a que fue amistoso. Sin embargo, aunque siguió viendo a su padre a menudo después de la separación, la ruptura había sido en realidad traumática para ella. Cuando Elena tuvo la valentía de reconocerlo, su dolor al fin se disolvió convirtiéndose en una profunda compasión por esa parte de sí misma que fue herida en su juventud. Al dar un paso dentro de este territorio hasta entonces inexplorado en su interior, Elena aumentó su capacidad para confiar y tomar más riesgos en sus relaciones con otras personas. La voluntad de sanar impactó la decisión de Elena acerca de la maternidad, y fue un factor importante durante su búsqueda de pareja.

También Sandra se topó con una reacción emocional que la llevó a una exploración más profunda. Ocurrió durante la Semana 5 del programa, cuando trabajaba en comprender mejor la relación con su madre. Ella sintió que la envolvía una "niebla" de insensibilidad que no se iba. Recordemos que la progenitora de Sandra tenía una enfermedad mental y no podía apoyarla emocionalmente. A pesar de que su tía Fabiola solía darle amor y mucho cariño, la joven Sandra asimilaba mensajes imprecisos e incompletos acerca de lo que significa ser mamá. Con los años, el subconsciente de Sandra le hizo sentir vergüenza cada vez que se asomaban pensamientos negativos involuntarios sobre la maternidad y lo que podría significarle internarse en ella. Cuando las tareas de escritura en este programa le ayudaron a identificar y explorar su embotamiento emocional, y a desentrañar lo que ella entendía por ser madre, se dio cuenta de las muchas cualidades maternales que tenía. Para ella fue una revelación clave el descubrir que sabía cómo cuidar de sí misma y criar a otros, lo cual la ayudaría a hacer su elección acerca de ser mamá.

Todos llevamos dentro sitios inexplorados. La principal razón para excavar en ellos es que te darán acceso directo a toda la riqueza, vitalidad y libertad que se alojan en tu interior. Cuando localizas estas zonas en un mapa, liberas energía que puedes usar para otros propósitos. ¿Qué sabes acerca de tus lugares sensibles y todavía enterrados? ¿Qué áreas te parecen prohibidas o simplemente demasiado dolorosas como para querer profundizar en ellas? Incluso si sientes que todavía no estás lista para lanzarte a escarbar en estos sitios, el mero hecho de saber que existen te será útil. Reconocer de antemano que llevas contigo algo que todavía necesitas atender, hará una gran diferencia cuando finalmente llegue el momento de resolverlo.

Tus sitios inexplorados te están esperando. Eleva el ancla y despliega las velas para navegar hacia ellos.

Transformando tus percepciones

¿Eres de las que ven el vaso medio vacío o medio lleno? Es interesante que la misma cantidad de agua en este vaso metafórico puede ser percibida de manera distinta incluso por la misma persona si se le cuestiona al respecto en momentos diferentes. Las percepciones son solamente eso: percepciones. No son un hecho ni una realidad. Es muy muy importante conocer los mecanismos de creación de nuestras percepciones, porque ellas influyen directamente en lo que sentimos y en

Semana 9 – Cómo lograr una mejor perspectiva

cómo lo sentimos. Quizás tienes más control sobre tus sentimientos de lo que crees. ¿Y si te dijera que existe una práctica que te enseña a fomentar los pensamientos que te dan mayor bienestar y un estado de ánimo más positivo?

¡Noticia de última hora! De hecho, tú *puedes* ejercer *cierto* control sobre los patrones de pensamiento negativos que suelen acompañar a los sentimientos incómodos o dolorosos. Aunque el funcionamiento del cerebro todavía encierra muchos misterios, los neurocientíficos y psicólogos han descubierto algunas de las maravillosas capacidades regenerativas del cerebro. Ahora se sabe que a través de prácticas como la autocompasión y la meditación podemos hacer cambios positivos en nuestras vías neurales que modifican la actividad cerebral. En resumen, el proceso de sanar reconfigura nuestros cerebros.

Esta semana te invitamos a cultivar tu *atención consciente* que también se conoce como *mindfulness*, para guiarte a ti y a tus pensamientos hacia un estado de conciencia interior más estable. Al desarrollar esta práctica, ayudarás a tu cerebro a crear mejores conexiones neurales que te permitirán potenciar el optimismo y la positividad con menos esfuerzo que antes. ¡Se te hará más fácil ver el vaso medio lleno!

Pero lo más importante es que el proceso de *transformar tus percepciones* te puede ayudar a detectar esos patrones de pensamientos negativos que podrían estar frenando tu decisión acerca de la maternidad. La claridad para tomar una decisión será mayor cuanto más practiques la *atención consciente* durante el momento presente, enfocada en apreciar los aspectos positivos de tu vida.

Veamos un ejemplo de cómo transformar tus percepciones: avanza en el tiempo e imagina que ha pasado un año y estás recordando los últimos doce meses. Tu interés se enfoca en todas las vivencias agradables que tuviste. Al recordar todo lo bueno que te pasó, estás transformando tus percepciones. Tu cerebro responde al proceso como un músculo respondería al levantamiento de pesas. Usar tu cerebro para reorientar los pensamientos o transformar tus percepciones es como nadar contra la corriente de viejos patrones de pensamiento negativo. Al principio se sentirá difícil e incluso podría ser un verdadero dolor de cabeza. Pero practicar el poder del pensamiento positivo fortalecerá tu nuevo "músculo" transformador de percepciones. Tu resumen del último año podría ser parecido a este:

> *Me inscribí en esa clase de fotografía que había estado considerando por un tiempo, y ya asistí a seis clases. La creatividad de los demás*

estudiantes me inspira, y se me ocurrió una idea excelente para mi proyecto final. También obtuve más claridad acerca del tema de tener hijos, y ya no me atormenta la incertidumbre. Mi comunicación con mi hermana se ha vuelto más fácil, y puedo decirle lo que siento con mayor sinceridad.

Es tan fácil como eso. ¡Los pensamientos han sido reorientados y las percepciones transformadas!

También puedes practicar la transformación de percepciones avanzando paso a paso, un pensamiento a la vez, hacia la positividad. Con suavidad, dirige cada uno de tus pensamientos hacia cosas placenteras y disfruta de las agradables sensaciones corporales que resulten. Con el tiempo, esto cambiará la química de tu cerebro. Verás el vaso medio lleno más seguido. A continuación, verás el proceso de un monólogo interior positivo, pensamiento por pensamiento:

Me siento desanimada y no me gusta estar así. Estar desmotivada me pone triste. Me gustaría estar bien. Ojalá pudiera sentirme mejor en este momento. Anhelo estar mejor. Estoy recordando que ayer sonreí cuando vi esa mariposa volando sobre las flores en el jardín. Me siento mejor con solo recordarlo. También debo reconocer que estaba mejor esta mañana. Disfruté de mi café con el sol entrando por la ventana y una sensación de dicha. Cuando tomo mi café me siento dulcemente libre, como si todo fuera posible. Al recordar esto me siento menos desanimada.

La práctica de transformar las percepciones funciona del mismo modo que El Mantra; te aleja poco a poco de los pensamientos negativos inútiles y te motiva a apreciar el momento presente. Te hace sensible a la realidad de que en este preciso instante las cosas están bien, o al menos son aceptables. Quizás necesitarás practicar la *atención consciente* durante algún tiempo para que logres enfocarte en el momento presente. Esto *toma tiempo*, así que por favor sé paciente contigo misma. Con la práctica aumentarás tu capacidad de elegir cómo quieres experimentar tu vida, y al menos tendrás la opción de sentirte mejor más rápido. Tendrás una oportunidad para practicar la *atención consciente* durante el primer ejercicio de escritura de esta semana.

Sé curiosa: tareas para la Semana 9

Al hacer las tareas, ten presente que no necesitan ser racionales ni estar escritas con enunciados completos y ordenados. Permite que tu mente y corazón asocien ideas libremente mientras dejas que tu pluma o dedos te lleven hacia lo desconocido. Suelta tu subconsciente y deja que fluya sin censura.

1. Mi anotación en el diario

    Imagínate a ti misma dentro de un año, e intenta generar una sensación realista del porvenir. Cierra los ojos si eso te ayuda a sumergirte más en la imagen. Una vez que llegues al futuro, echa un vistazo a los últimos doce meses, y rememora lo que más te haya gustado. No te enfoques en las decepciones o anhelos no cumplidos. Entrégate a la imaginación enfocándote en lo que más te haya deleitado durante este año de fantasía. Ahora haz un resumen del año. Este ejercicio permite variantes, así que no dudes en cambiarlo un poco si es necesario para que te funcione. También puedes escribirlo en términos generales si sientes que ser precisa no te ayuda.

    Abajo encontrarás cinco ejemplos de cómo podría verse tu apunte de diario. Nota que cada apunte tiene un tono positivo.

    Me encanta que al fin hemos tomado una decisión acerca de tener hijos. Durante un tiempo estuvimos viendo a una terapeuta de parejas que nos ayudó a mejorar la relación romántica. Nuestra vida juntos va mejor que nunca.

    Mi carrera está despegando y me estoy preparando para acceder a un puesto gerencial. Ya sé cuáles son los próximos pasos que debo seguir.

    Ahora estoy felizmente embarazada y hemos decidido no conocer el sexo del bebé.

    Estoy muy feliz construyendo mi vida sin hijos, y los viajes que realicé este último año fueron maravillosos. Cada vez me importa menos lo que piensen los demás.

    Ya no me siento mal por no saber qué decisión tomar. Confío en que mi deseo se dará a conocer a su tiempo. Ahora lo que más me importa es que soy feliz por dentro, sin importar si tengo o no hijos.

Ser madre, ¿es para mí?

Cuando estés lista, abre tu diario y comienza a escribir.

Apunte de diario señalada con una fecha dentro de un año: _____

Cuando echo un vistazo al año pasado, me complace recordar que...

2. Viaje en el tiempo

   Imagina que vuelves a abordar la nave especial que usaste en la visualización guiada, pero esta vez programas la pantalla digital para que te transporte cinco años al futuro. Cierra tus ojos y siente cómo te transportas hacia el futuro. Después de aterrizar, sal de la nave y mira a tu alrededor. ¿Qué ves? ¿Qué notas en tu cuerpo? ¿Cómo te sientes?

   Repite el ejercicio, pero esta vez elige viajar diez años al futuro. Ahora compara tu vida dentro de cinco años con tu vida dentro de diez años. ¿Qué tan diferentes son? ¿En qué se parecen?

   Representa ambos futuros en un collage o dibujo, o escribe sobre ellos y ve adónde te lleva tu imaginación.

3. Un pastel metafórico de tu cuerpo

   La mayoría de las mujeres hemos tenido una opinión negativa sobre nuestra imagen corporal en algún punto de nuestras vidas. A menudo, los medios de comunicación y la industria de la publicidad tratan de manipular descaradamente a las mujeres, y sobre todo a las mujeres jóvenes, para que aspiren un ideal de belleza que no es realista en absoluto. Este tipo de opresión a las mujeres está muy generalizado, y se hace de manera abierta o subliminal. Crear un "pastel del cuerpo" puede ayudarte a identificar cualquier negatividad que hayas asimilado (*sin que sea tu culpa*) acerca de tu cuerpo, que podría estar obstaculizando tu búsqueda de la verdad. También es posible que tengas miedo de transmitir a tu hijo las heridas que has recibido, o que le tengas temor a los aspectos físicos de un embarazo. Este ejercicio te mostrará cuál ha sido tu relación con tu cuerpo durante toda tu vida hasta el día de hoy.

   Dibuja un círculo en la hoja de papel más grande que puedas encontrar, y divídelo en ocho secciones como si fueran las rebanadas de un pastel. Cada rebanada representa seis años de tu vida (1-6, 7-12, 13-18, 19-24, 25-30, 31-36, 37-42, y 43-48). Anota a un lado de cada rebanada el rango de años que le corresponde, comenzando por la parte superior.

Semana 9 – Cómo lograr una mejor perspectiva

Empieza a trabajar con la deliciosa rebanada que representa tu edad actual (por ejemplo, si tienes treinta y ocho años, escribe dentro de la rebanada numerada 37–42) y anota adentro tus pensamientos o sentimientos sobre tu cuerpo y tu imagen corporal. Si te hace falta más espacio, no te limites y usa una hoja de papel aparte para anotar la información que te falte. Cuando termines de escribir sobre tu edad actual, continúa con las rebanadas de edades inferiores, de las más recientes a las más antiguas, siempre respetando los intervalos de seis años, hasta que hayas concluido todas las secciones del pastel de tu cuerpo.

Haz tu mejor esfuerzo para permitir que tu cuerpo hable por sí mismo. Además de cómo percibes tu imagen corporal, incluye también todo lo que se asome a tu conciencia; momentos tales como el inicio de tu menstruación, heridas, signos de envejecimiento y fases donde te preocupaba algo sobre tu apariencia. Anota también sensaciones físicas placenteras o dolorosas. Es posible que no tengas recuerdos sobre tu cuerpo en algunas de las rebanadas del pastel, y eso está bien. Haz lo que puedas.

Algunas mujeres deciden nombrar cada una de sus rebanadas, por ejemplo, "Anticipación" para el periodo de 7 a 12 años, "Compás de espera" para el periodo de 31 a 36 años, y "Renacimiento" para 37 a 42 años. Da un paso más allá y trata de imaginar lo que tu cuerpo diría en las rebanadas sobrantes que representan edades que todavía no alcanzas.

A continuación, te presentamos ejemplos de lo que algunas participantes del programa han escrito:

> 37–42: "Durante mi regla más reciente me sentí más conectada conmigo misma. Tuve el síndrome premenstrual de siempre, pero no me hizo sentir tan irritable. En todo caso, yo diría que mi feminidad está madurando bellamente. Ahora me siento bien acerca de mi cuerpo. Ha sido un largo camino para llegar hasta aquí. Soñé con huevos en un nido y me pregunto si esto significa algo".

> 25–30: "Durante este periodo de seis años oscilaba entre los atracones de comida y las purgas, hasta que al fin pude buscar ayuda. Mi cuerpo era un campo de batalla para todo el dolor y rabia que reprimí durante tanto tiempo. Estoy agradecida por

haber hallado la ayuda que necesitaba, y también le agradezco a mi cuerpo por funcionar tan bien incluso después de tratarlo tan mal".

19-24: "Me costaba trabajo gustarme a mí misma y a mi cuerpo. Este fue un periodo difícil, y quedé embarazada de alguien que ni siquiera me caía bien. Mi cuerpo se sentía mal. Estaba avergonzada. Aborté a las nueve semanas y nunca le dije a nadie, ni siquiera a mi mejor amiga".

13-18: "Mi primer periodo llegó sin avisar la misma tarde de mi fiesta de fin de cursos. Fue desconcertante para mí porque yo estaba feliz de que al fin llegara –ya tenía catorce años– pero quería vestirme con traje de baño porque era una fiesta de verano alrededor de la piscina".

13-18: "Mi primer beso… fue tan dulce. Sentí un hormigueo por todo el cuerpo".

7-12: "Mi hermano solía meterse a mi cuarto y tocarme en zonas que yo sabía que no debía tocar. Me sentí tan sola y con miedo; nunca le dije a nadie. Yo lo admiraba y en ese momento traicionó mi confianza".

7-12: "Me encantaba cómo se sentía mi cuerpo cuando bailaba por la sala. Me sentía tan fuerte, tan libre y tan bonita con mi ropa de baile".

Exploración adicional y descubrimientos

Después de terminar las tareas de esta semana, tómate un día o dos para despejar la mente y ser más objetiva, y luego regresa y vuelve a leer lo que escribiste. Para profundizar en los temas y comprenderlos mejor, utiliza las preguntas contenidas en "Tu lista para reflexionar", ubicada en el Apéndice I.

Al leer el apunte de diario que contiene el resumen del próximo año, mira si tu escritura fue muy concreta y detallada o más bien general. ¿Fue fácil que tu imaginación viajara en el tiempo? ¿Te enfocaste en hijos o en otra cosa, como la educación, el trabajo o los viajes? ¿Pudiste mantenerte enfocada en cosas agradables?

¿Consideras probable que en el futuro sigas desarrollando el hábito de escribir positivamente en tu diario? ¿Practicaste la transformación de tus percepciones?

¿Te costó más trabajo verte dentro de cinco y diez años que dentro de los veinte que imaginaste durante el primer viaje al futuro? ¿Cómo te sentiste al mirar tu futuro más cercano dentro de cinco años? Algunas mujeres comentan que fue un golpe que las devolvió a la realidad. Si tú piensas así, no dejes que esto te preocupe. Mira la experiencia como una oportunidad para pensar acerca de los asuntos que requieren de tu atención en este momento o los pasos que debes tomar dentro de poco. Si creaste collages, pinturas o dibujos, ponlos en un sitio que frecuentes para que puedas verlos de vez en cuando. Percibe lo que vaya surgiendo con el tiempo cada vez que veas las imágenes.

Cuando escribiste desde la perspectiva de tu cuerpo, ¿qué ideas lograste asociar? ¿Surgieron revelaciones o reflexiones significativas? ¿Cómo han cambiado tus sentimientos acerca de tu cuerpo en el transcurso de tu vida? ¿Hay periodos que no recuerdas muy bien o que no recuerdas para nada? Si te topaste con un recuerdo alojado en tu cuerpo que todavía te duele, considéralo una oportunidad para atender con cariño ese sitio. Tú y tu cuerpo se merecen sanar. Guarda este recordatorio, el pastel de tu cuerpo, para que puedas consultarlo o agregarle información. Esta interpretación de la historia de tu cuerpo puede serte muy útil.

Sé más curiosa: ejercicios opcionales

1. Vuelve a entrar en tu máquina del tiempo, pero ahora visita el pasado. Elige un momento de tu vida que recuerdes como confuso o doloroso. Selecciona esa fecha en el tablero y regresa en el tiempo. ¿Qué ves? ¿Quién está ahí contigo? ¿Qué quieres modificar? Haz que el cambio suceda en tu imaginación. Es muy importante que trates este ejercicio con una actitud ligera y espontánea, pues su propósito no es que surjan emociones negativas tales como la autocrítica o la vergüenza. No te culpes a ti misma por cosas que fueron responsabilidad de un adulto. Sin embargo, si quieres volver en el tiempo para perdonarte a ti misma porque te sientes responsable por algo que objetivamente no fue tu culpa, no dudes en hacerlo. Cuando regreses al presente escribe en tu diario acerca de ese periodo como si hubiera sucedido precisamente como tú hubieras querido.

2. Aprovecha el acto de escribir para fortalecer tu capacidad de transformar tus percepciones. Aplica la técnica de aumentar paso a paso tu positividad: Anota tu pensamiento actual (negativo), seguido de pensamientos cada vez más positivos y fortalecedores.

3. El homenaje

Si has tenido una o más experiencias de aborto espontáneo, aborto optativo, muerte fetal intrauterina o muerte fetal durante el parto, esta semana es un buen momento para trabajar cualquier dolor, vergüenza o arrepentimientos que todavía no hayas resuelto acerca de esta vivencia. No es demasiado tarde para sanar, incluso si ya han pasado varios años.

Revisa tu cuerpo cuidadosamente para detectar zonas heridas. ¿Qué percibes? ¿Hay algún dolor en tu corazón, abdomen o pelvis? Quizás tienes un miedo que está bloqueando el camino hacia un proceso de duelo favorable. Llorar es importante para tu bienestar físico y emocional. Derramar lágrimas para lamentar la pérdida de un embrión o bebé puede producir una catarsis curativa. Quizás si escribes una carta a esa parte que te duele, quedará expuesta la herida para que pueda expresarse y empezar a sanar. Tal vez tu intuición te dice que escribir una carta al pequeñito que perdiste te traerá resolución y paz.

Para muchas personas, realizar una ceremonia o ritual de homenaje es el paso que les permite seguir adelante. Si consideras que realizar un homenaje para tu dolor (u otros sentimientos) es lo correcto para ti, aparta al menos una hora para hacerlo. Comienza reuniendo lo que necesitarás o desearás incluir en esta ceremonia. A continuación, te damos algunas sugerencias por si no estás segura de cómo empezar:

Consigue una vela, un ramo pequeño de flores frescas y un muñeco bebé envuelto en una manta, que también podrías sustituir por algún símbolo totémico que ya tengas o que tú misma elabores para representar al ser o los seres que perdiste. Escribe una carta a tu hijo que nunca nació, diciéndole todo lo que quieres que sepa y todo lo que necesitas decirle para poder liberar el dolor en tu interior. Si tu homenaje es por más de un duelo, escríbele una carta a cada uno. Coloca la vela, las flores y el muñeco o tótem con la(s) carta(s) en un lugar especial y sagrado. Este será tu altar ceremonial curativo.

Semana 9 – Cómo lograr una mejor perspectiva

Comienza el ritual encendiendo la vela. Si te parece, pon una música suave y tranquila de fondo. Absorbe la belleza de las flores frescas mientras colocas el muñeco o tu símbolo totémico en una almohada suave. Si estás de duelo por más de una pérdida, acomoda a cada bebé o símbolo en su propia almohada al lado de su propia carta.

Siéntate y ponte cómoda. Si te parece bien, invita al círculo de apoyo que creaste en la Semana 1. Respira profundamente un par de veces. Relaja tus hombros, tu corazón y tu estómago. Imagina que te rodea el ambiente más relajante y curativo; incluso puede ser el lugar de confort interior que estableciste en la Semana 1. Puede ser también un hermoso paisaje natural: un campo de flores silvestres, un lago tranquilo o cualquier otro sitio que te genere una sensación de paz y consuelo. Mientras te imaginas en medio de este bello lugar, pronuncia estas palabras u otras frases favoritas o especiales que te brinden bienestar y apoyo: *Yo estoy completa. Yo tengo belleza y sabiduría, y mi corazón sabe cómo sanarse a sí mismo.*

Sin prisa, cuando estés lista lee en voz alta lo que has escrito. Al hacerlo, pon la mano en tu corazón. Después de leer cada carta, levanta el muñeco o tótem que le corresponde y sostenlo con ternura y amor en tus brazos. Dale un abrazo apretadito y después abrázate también a ti misma. Despídete de este ser, comunicándole los sentimientos de amor y aprecio que surjan en ti. Quédate ahí sentada todo el tiempo que quieras, aprovechando el paisaje, los sonidos y sentimientos que te envuelven. Si tienes más de una pérdida que lamentar, repite la lectura de la carta y el abrazo con cada una de ellas. Cuando sientas que has terminado, sopla con suavidad para apagar la vela y siéntete agradecida por ser tú misma. Si te acompaña tu círculo de apoyo, agradéceles su presencia y despídete de ellos.

Permite que esta ceremonia marque el comienzo de la apertura de tu corazón –el descubrimiento de tu dolor, amor, pena, lástima y todo lo demás que se aloje ahí. Date el permiso de abrirte por completo a tus sentimientos y a ti misma. Confía en que tu corazón te guiará durante el proceso, porque seguro lo hará.

Si por cualquier razón sientes que este ritual es demasiado difícil de soportar y quieres más ayuda, encuentra a un profesional competente para que te guíe durante el proceso. Sanar estas heridas bien lo vale. ¡Tú lo vales!

Esta semana quédate con esto

Esta semana trata de portarte como si fueras tu mejor amiga. Sé más amable y cariñosa contigo misma. Intenta responder a los momentos de ansiedad o temor con auténtica ternura –esa ternura que demostrarías para consolar a tu mejor amiga o a una niña pequeña que se ha caído de la bicicleta.

En el momento oportuno, practica la transformación de tus percepciones. Incluso te convendría ir en busca de situaciones que ya sabes que te dan ansiedad o miedo, para practicar allí la transformación gradual de los pensamientos negativos en optimismo. Coloca notas en lugares visibles para recordarte que esta técnica está a tu alcance en cualquier momento y lugar.

Esta semana date el permiso de acercarte a tus territorios inexplorados. Desafíate a ti misma lo más que puedas sin llegar al extremo de agobiarte. Si comienzas a sentirte abrumada, apunta tus pensamientos y sentimientos en tu diario. Otra opción para explorar tus territorios es dibujarlos en un mapa. Utiliza toda tu creatividad. Crea una leyenda o clave para identificar las diversas características del terreno que deseas plasmar (por ejemplo, líneas serpenteantes = ansiedad). Si decides contactar a un profesional para que te ayude a viajar por tus territorios inexplorados, recuerda que estar dispuesta a pedir y recibir ayuda son muestras de fortaleza y valor, no de debilidad.

Quizás te ayude saber que la mayoría de las mujeres experimentan ansiedad –y a veces una ansiedad intolerable– en esta fase del programa. Si esto comienza a sucederte no te rindas, relájate y respira profundamente. *Sí vas por buen camino.* El caos interno que experimentas significa que *el proceso de curación está funcionando*. Te encuentras en el camino hacia la claridad y, lo creas o no, la incomodidad que sientes tiene sus aspectos positivos, porque la ansiedad casi siempre se presenta justo antes de que se manifieste algún aspecto de la claridad que buscas. Ten en mente que siempre está más oscuro antes del amanecer. La desazón emerge cuando tomamos riesgos, y tomar riesgos emocionales significa que te estás moviendo en un sentido positivo. Trata de ser amable, paciente y compasiva contigo misma siempre, pero sobre todo ahora.

Y, por último, agradécete a ti misma por toda tu persistencia y trabajo duro. Eres una persona muy valiosa, así que toma esto en cuenta y trátate como te mereces.

Semana 9 – Cómo lograr una mejor perspectiva

Cuidado de ti misma

A propósito del tema de explorar territorios desconocidos, esta semana te ofrecemos dos opciones para cuidar de ti misma. Puedes escoger una, las dos, o crear tu propia alternativa.

1. Visita un lugar donde nunca hayas estado antes

   Date permiso para ir a un sitio que siempre hayas querido visitar, ¡y haz que suceda! Intenta soltarte un poco y no planear demasiado para que tu excursión no carezca de espontaneidad. Si tienes ánimo intrépido, intenta usar un modo de transporte distinto al de siempre (tren, autobús, automóvil, bote, etc.).

2. Una excursión de fin de semana

   Antes de que usáramos los automóviles como medio de transporte, algunas personas conducían por placer al campo los domingos "solamente porque sí" o con el propósito de visitar amigos o familiares. Esta semana te proponemos viajar por puro gusto y sin un destino específico. Toma el medio de transporte que utilices a diario (automóvil, motocicleta, bicicleta, autobús) y elige un rumbo o ruta general y ¡comienza el viaje! Resérvate suficiente tiempo para deambular por ahí. Déjate cautivar por los paisajes que vayan apareciendo de paso. ¡Disfruta!

   El cuidado personal que hice para mí misma esta semana fue…

No estás sola

Te impactará lo diferentes que son las historias de Cecilia y Abigail. Sin embargo, aunque estas dos mujeres acabaron por tomar decisiones muy distintas, ambas escucharon su intuición de manera consistente a lo largo de su vida.

La historia de Cecilia

En realidad, nunca creí que sería madre. Jamás se me ocurrió pensar que daría a luz a un hijo. Nunca consideré que podría afrontar los aspectos físicos del embarazo. Siempre me imaginé cuidando a los hijos de otras personas. No puedo explicar por qué. Me gustan los niños, aunque en general no soy muy afectuosa con ellos (no soy juguetona, divertida, etc.).

Cuando ella tenía cuarenta y cinco años, mi madre perdió a su esposo, mi padre, en un accidente, después de quince años de feliz matrimonio y tres hijos. Creo que esto la dejó muy consternada y preocupada por nuestro futuro. Se le notaba porque casi siempre estaba irritada y nerviosa, sobre todo conmigo, la hija mayor. Al ir creciendo, las cosas fueron mejorando entre nosotras. He llegado a comprender que durante muchos años intentó ser padre y madre lo mejor que pudo. Aun así, hubo momentos entre nosotras que no puedo perdonarle.

Mi padre era agradable, de buen carácter y trabajador. Yo tenía catorce años cuando murió, y lo eché mucho de menos, aunque casi nunca hablaba de él.

Yo era la favorita de mi abuela paterna, tal vez porque me parecía mucho a ella. Mi abuela murió un año antes del repentino fallecimiento de mi padre. Mi hermano y hermana se parecen físicamente a la familia de mi madre, y mi mamá los trataba diferente a como me trataba a mí, o al menos yo sentía que había una diferencia y eso me dolía. Después de que mi abuela y mi padre murieron, me sentí todavía más sola.

Mi madre tuvo muchos abortos espontáneos. De vez en cuando me asalta el recuerdo de mi madre aterrada por creerse al borde de la muerte debido a un sangrado excesivo. Este recuerdo debe pertenecer a una época en que yo era una niña, tal vez de apenas tres o cuatro años de edad. Mi madre nunca me ha preguntado por qué no tengo hijos.

Nunca he hecho duelo por mi elección de no tener hijos, ni siquiera cuando murió mi pareja. En ese entonces todo el mundo me dijo: "Es una pena que no tengas hijos", pero nunca comprendí la relación entre estos dos eventos separados.

Mi hermano es solamente un año menor que yo y no lo veo muy a menudo. Él tiene un hijo de quince años, pero como yo estaba ocupada cuidando a mi esposo, quien estuvo enfermo durante siete años, no estuve cerca de mi sobrino mientras crecía. Hoy en día él se parece mucho a mi hermano y es muy diferente a mí en carácter, gustos y modo de vida. Mi relación con mi hermana, que es ocho años menor que yo, es muy distinta. Ella se divorció de su primer esposo y ahora está casada con alguien más. Sufrió mucho emocionalmente antes de su divorcio, y buscó la ayuda profesional de un psicólogo. Desde ese entonces, platicamos a menudo y nos hemos convertido mucho más en amigas que hermanas.

Cecilia vive el final de sus años cincuenta. Lleva varios meses de relación con un hombre viudo de setenta años de edad, y trabaja como secretaria en una zona urbana. Ella siempre supo que no quería ser madre, y sintió que tenía el permiso de tomar ese camino. Cuando era más joven eligió no salir mucho con hombres, y siguió de manera esmerada un método de control natal.

Cuando se le preguntó si le gustaría ser una madre como la suya (en el supuesto caso de haber tenido hijos) ella dijo que habría querido comportarse de una manera *opuesta* a su madre. Esto revela un dolor que data de mucho tiempo atrás. Al ser la hija mayor, es probable que Cecilia sufriera la peor parte de la desesperación, frustración, dolor, enojo y otras emociones que su madre experimentó después de quedar viuda con tres hijos pequeños. En esa época se les daba apoyo financiero a las viudas, pero no había mucho acceso a servicios de apoyo emocional.

¿Cecilia se sentiría diferente acerca de tener hijos si su historia personal hubiera sido más fácil o feliz? Quién sabe. Solamente Cecilia conoce lo que es mejor para ella. No contó con modelos a seguir que le demostraran las posibilidades de la vida que eligió, pero sí tuvo un par de amigas con quienes podía hablar del tema. Ellas sentían curiosidad e interés por su elección de no tener hijos.

Cecilia dijo que para ella su finado esposo era más un hijo que un adulto. Él estuvo de acuerdo con su decisión de no tener hijos, pero sospecha que eso se debió a que le gustaba ser el único acaparando su atención. Su pareja actual tiene una hija adulta que hace poco dio a luz a una bebé. A pesar de esto, Cecilia piensa que ella y su pareja están en una fase diferente de su vida en la que los niños ya no tienen mucha presencia. Las actividades que más disfrutan ahora son pasar tiempo en la naturaleza y con amigos. A ella le gusta su vida como es y busca vivir en el momento presente sin pensar demasiado en el futuro o en el pasado.

Ser madre, ¿es para mí?

La historia de Abigail

El deseo de tener hijos siempre estuvo ahí. La elección en realidad tenía más que ver con el momento correcto, la parte de "cuándo hacerlo". Tomé esa decisión basándome en varios factores. Debía tener una carrera que me permitiera mantener a un hijo. También sentirme lista emocionalmente, porque después de las dificultades durante mi infancia quería trabajar en mí misma el tiempo suficiente para no transferirle asuntos no resueltos a mi hijo; deseaba que en su niñez tuviera una vida emocional mejor que la mía. Y finalmente quería tener una pareja. Tuve a mi primer hijo a los treinta y ocho años. Esperé hasta el último momento posible para tenerlo, aunque quizás todavía hubiera podido concebir naturalmente durante mis años cuarenta.

Tenía veintidós años cuando comencé a pensar seriamente acerca de convertirme en madre. En ese momento llevaba dos años casada con mi primer esposo. Sabía que no estaba lista para ser madre a los veintidós, pero también sabía bien que quería ser madre en un punto indeterminado del futuro. Entre querer ser madre a los veintidós y convertirme verdaderamente en madre muchos años después, no dejé de evaluar y reevaluar la situación. Considerándolo todo, el proceso de elección me tomó un total de dieciséis años.

Crecí cuidando a mis tres hermanos menores. Hice mi mejor esfuerzo para no achacarles el que me fuera arrebatada mi infancia, pero salí de ese periodo agotada por cuidar niños, y deseando tener tiempo para mí. Me casé a los veinte y me divorcié a los veintisiete. Después de eso, tuve algunas relaciones de largo plazo, pero ninguna duradera, y ninguna en la que quisiera incorporar a un niño. Durante este periodo también comencé a tener relaciones sexuales con mujeres. No fue sino hasta que cumplí los treinta y seis que estuve en una relación con una mujer con la que creí que era apropiado incluir a un hijo.

Mi madre dejó nuestra familia cuando yo tenía cuatro años, así que mi relación con ella estuvo cargada con la añoranza y el trauma de ser abandonada. No tuve mucha comunicación con mi madre durante la infancia. El contacto que teníamos solía ser doloroso, porque yo sabía que al final del día tenía que separarme de ella otra vez. Además, mi padre se volvió a casar, y ese matrimonio no estaba yendo bien; mi relación con mi madrastra no se sentía segura. Así que, en resumen, nunca me sentí segura con mi figura materna ni con mi verdadera madre.

Después de décadas de trabajar mucho en nuestra relación, mi madrastra y yo hemos logrado algo de autenticidad y cercanía. No es idónea, pero me siento satisfecha con nuestra relación y la amo mucho. La relación con mi madrastra fue buena durante mi vida adulta, pero ahora me parece que nos estamos distanciando.

De niña amé mucho a mi padre, pero me daba miedo su violencia y enojo. Mi papá no hacía que mi vida se sintiera segura, y cuidar a sus hijos no era su prioridad. Yo tenía muchos sentimientos encontrados hacia él que todavía persisten, pero están más resueltos ahora que cuando era más joven.

En realidad, nunca compartí ninguno de mis pensamientos con mi familia. Una vez, cuando tenía veinticinco años, mi madrastra habló sobre mi deseo de tener hijos: "Bueno, si no los has tenido hasta ahora, nunca los tendrás". No tengo idea de dónde sacó eso, pero me dolió y se me quedó grabado. Sus palabras me confundieron. No volví a hablar con mi familia sobre mi deseo de tener hijos, y no les dije cuando me embaracé debido a que estábamos distanciados. No estoy segura de cómo se enteraron, pero creo que la noticia empezó a difundirse después de contársela a un primo muy querido que también estaba esperando un bebé. Ese primo es homosexual, y él y una amiga lesbiana concibieron un hijo y empezaron una familia al mismo tiempo que yo. Su hijo nació tres semanas después del mío y todavía mantenemos una relación cercana.

No hay nada destacable sobre mi forma de tomar la decisión. No tengo arrepentimientos ni remordimientos. Sentí un poco de ansiedad y duda sobre mi capacidad para ser una madre suficientemente buena, y esta ansiedad todavía persiste. Todas las madres que conozco se sienten así. No cambiaría mi decisión. Si pudiera modificar algo del pasado, sería comenzar a tener hijos antes para que me diera tiempo de un segundo hijo.

Me alegra que en ese entonces no supiera lo que sé ahora: lo agotador, atemorizante, duro, intenso y desgastante que es proveer y criar a un hijo. ¡Si lo hubiera sabido, quizás no lo habría tenido! Pero estoy muy contenta de haberlo hecho porque ha sido una experiencia dichosa, divertida, tierna y maravillosa. Lo que quiero decir acerca de la maternidad es que es lo mejor que he hecho para sacudir mi vida por completo. Mi existencia se convirtió en un desafío de un modo hermoso y difícil a la vez. No creo que exista una forma de explicárselo a quien no lo haya vivido, y si la hubiera nadie daría el paso; así de difícil es. ¡Y eso que yo tuve un niño fácil! Hay familias cuyos hijos están enfermos o tienen necesidades especiales, y que luchan y trabajan mucho más de lo que yo tuve que hacerlo. Es un increíble juego de azar.

Si comparamos mi vida de madre con la de mis padres, yo estoy mucho más presente y disponible para mi hijo. En mi familia no había ayuda de ningún tipo, y si pedía ayuda me la negaban. Así que aprendí a no pedirla. Mi hijo sabe que yo estoy ahí para ayudarlo. Le pongo más atención. Me interesa mucho conocerlo y saber quién es. Le doy una vida más estructurada y no lo agobio excesivamente con mis necesidades. Probablemente estoy en el extremo contrario —podría haberle pedido más y hacer que me complaciera. Hace poco me dijo: "Ese barco ya zarpó" (acerca de complacerme). ¡Pero él planea que sus hijos lo complazcan! Mi madrastra disfrutó a sus hijos y yo disfruto al mío. Somos una familia divertida y afectuosa, y mi hijo y yo nos la pasamos riendo todo el día. Me deleito mucho en mi hijo, siguiendo el ejemplo que me dio mi madrastra.

Tener un hijo abrió mi corazón a los hombres. Gracias a él comencé a enfrentar el daño que me causó la relación con mi padre, y empecé a ver a los hombres de nuevo como seres humanos y no solamente como motivos de sufrimiento. Mi pareja y yo nos divorciamos cuando mi hijo tenía siete. Varios años después comencé una relación de largo plazo con el hombre que hoy es mi marido. Yo diría que tener un hijo fue imprescindible para que pudiera sanar mis heridas causadas por los hombres.

Disfruto estar en este momento de mi vida. Mi hijo está a punto de irse a la universidad cuando termine este último año de bachillerato. Él se ha convertido en un gran ser humano. Me encanta su compañía, pero también me emociona la perspectiva de tener el nido vacío y de disponer de tiempo adicional cuando mi hijo no esté por aquí. Amo mi trabajo y a mis amigos. Mi vida es muy buena. Estoy segura de que pasaré por un duelo cuando termine la etapa de crianza, pero también tengo la certeza de que solamente durará algunos minutos. Siempre he tenido una vida plena y una magnífica profesión, así que ser madre no es mi única identidad.

Abigail siempre se sintió empoderada para elegir la maternidad. Era una parte importante de su cultura judía. Aunque fue fácil para ella tomar la decisión de convertirse en madre, le costó trabajo encontrar el momento oportuno. Ella quería estar preparada y dar a su hijo el mejor ambiente posible. Abigail se preparó emocionalmente, y atendió las heridas emocionales causadas por el abandono de su madre durante la infancia y por las necesidades que no fueron satisfechas al ser la hija mayor de su familia. Ella también esperó a que su carrera le diera una estabilidad financiera adecuada para mantener un hijo, y se aseguró de estar en una relación de pareja que se sintiera correcta.

Ella valora a sus amigos y a su pareja por haberla apoyado y motivado durante su embarazo y el nacimiento de su hijo. Su familia no aprobaba su elección de tener una pareja mujer, y Abigail se distanció de ellos durante los primeros años de la vida de su hijo. Los modelos a seguir de Abigail fueron otras mujeres y amigas lesbianas que también se convirtieron en madres. Ella aprendió cómo concebían, cómo pensaban y hablaban sobre la maternidad. Fue muy emocionante vivir el momento en que la sociedad empezó a aceptar cambios en las estructuras familiares.

En cuanto a las influencias negativas, Abigail dijo: "Tuve que enfrentarme a la desaprobación de mi familia y de algunas personas que pensaban que las lesbianas no debían tener bebés. Pero tuve grandes amistades y un sistema de apoyo adecuado. También tuve la firme convicción interior de que este era un buen camino para mí, así que no puedo decir que en verdad le haya prestado mucha atención a las cosas negativas que se dijeron".

Semana 10

Una mujer sabia

*"Examina bien tu interior y verás que hay una fuente
donde brota tu fuerza cada vez que la buscas".*
–Marco Aurelio[8]

Presentación

¡Bienvenida a la Semana 10! ¿Cómo te sientes después del trabajo de la semana pasada? ¿Lograste imaginar tu vida cinco y diez años en el futuro? Al explorar tu relación con el porvenir, ¿sentiste que las cosas podrían terminar siendo como tú quieres? ¿Te sentiste satisfecha, aunque no lograras imaginarte nada? ¿Disfrutaste el ejercicio de viajar un año al futuro para luego rememorar lo mejor de ese año? ¡Esperamos que así haya sido! Puedes repetir este ejercicio cuando sientas que algo anda mal. Sirve para alejarte de tus preocupaciones más inmediatas para que puedas obtener un punto de vista más centrado.

¿Cómo te fue al internarte en tus territorios inexplorados –los lugares emocionales que quizás sueles evitar? ¿Has seguido practicando la transformación de tus percepciones? ¿Ahora tu vaso te parece medio lleno más que medio vacío? Ya que has vuelto al presente, por favor haz tu mejor esfuerzo para seguir viviendo en el *No lo sé* un poco más de tiempo.

Aunque se acerca el final del programa, todavía necesitas realizar algunas actividades esenciales. No queremos abrumarte, pero ten presente que aún faltan más piezas del rompecabezas que te ayudarán a conocer tu deseo. Si te preocupa que el programa está por terminar y todavía no sientes cerca la claridad que buscas, intenta esto: Respira profundamente, relájate y vuelve a leer lo que has escrito desde el principio. ¿Ya viste lo mucho que has avanzado? La cantidad de trabajo emocional que has realizado es impresionante. ¡Date una palmada en la espalda! Felicítate en voz alta e inhala profundamente mientras recitas: "*Las respuestas ya están en camino*", y al exhalar, di en voz alta: "¡Yo *soy* una mujer maravillosa!" Repite estas frases al inhalar y exhalar dos veces más. Si "*maravillosa*" no es una palabra que tenga impacto y poder para hacerte sentir valiosa, elige tu propio superlativo, uno que tenga sentido para ti.

Visualización guiada de la Semana 10

(Adaptada e inspirada de "Wise Man" por John O. Stevens en el libro *Awareness: Exploring, Experimenting, Experiencing.* [El darse cuenta: sentir, imaginar, vivenciar]. *Boulder, Colorado: Real People Press*, 1971).

Estas visualizaciones llevarán al ámbito de la conciencia la información que se aloja en tu subconsciente. Confía en que tu mente enfocará su atención en donde sea necesario. Cuando tus ojos están cerrados funciona una parte de tu cerebro a la que no se accede fácilmente cuando tus ojos están abiertos. Pídele a alguien que te lea la visualización o grábala para que puedas escuchar con los ojos cerrados, pues su eficacia también requiere del elemento sorpresa. Si esto no es posible, grábala tú misma para que puedas escucharla con los ojos cerrados para profundizar la experiencia del lugar adonde te llevará el ejercicio. También puedes bajarla de la página: www.SerMadreEsParaMi.com. Si lees la visualización para ti misma, hazlo cuidadosa y muy lentamente para darte el tiempo suficiente de saborear la experiencia. De vez en cuando cierra los ojos y ábrete al poder de tu imaginación.

Recuerda que la experiencia que tengas es lo más importante y no hay forma incorrecta de hacer el ejercicio. Ten a la mano tu diario y pluma para que puedas apuntar de inmediato tus impresiones e imágenes.

Para prepararte, elige un lugar tranquilo y sin ruido donde la gente no te distraiga ni moleste. Escoge un momento en el que no tengas nada más que hacer y cuando nadie necesite de tu atención; este momento es única y exclusivamente para tu beneficio. Siéntate cómodamente en una silla o, si lo prefieres, acuéstate en el suelo.

Semana 10 – Una mujer sabia

Encuentro con tu mujer sabia

Ahora que ya estás lista, hazte consciente de tu respiración. Deja que tus ojos se cierren suavemente conforme respiras profundo y exhalas. Inhala y sostén tu respiración mientras cuentas hasta cinco. Luego exhala hasta que la mayor parte del aire haya salido de tus pulmones. Vuelve a inhalar y exhala lentamente, dejando salir un suspiro audible por tu boca mientras cuentas en silencio del diez al uno. Continúa respirando lenta y profundamente. Conforme respiras, te relajas. Permite que tu respiración natural te dé una sensación profunda de paz y bienestar. Siente la relajación de tu cuerpo y deja que tu mente flote libremente. R-e-s-p-i-r-a.

Ya sabes que tu interior encierra mucho más de lo que creías. Siente tu bondad innata y respira pensando en ella. Tu camino de descubrimientos continúa. Respira en el Mantra: *No lo sé. No sé por qué no sé. No es mi culpa no saber. Está bien no saber. Hay muchas cosas en la vida que he tenido bien claras. Es importante comprender lo que en verdad deseo y nadie lo puede descubrir mejor que yo. Yo me defino a mí misma. Las respuestas vendrán a mí porque nunca se fueron. Solo yo puedo saber lo que es verdad para mí... todo está en mi interior.*

Permite que tu respiración natural se reanude. Imagínate caminando por un sendero montañoso durante la noche. La luna llena y brillante te permite ver el camino y todos los detalles alrededor. ¿Cómo describirías la senda? ¿Qué más notas en el entorno? ¿Cómo te sientes al recorrer ese trayecto de montaña? Respira el aire nocturno. ¿Cómo se siente?

Un poco más adelante encuentras el comienzo de un sendero estrecho que conduce a la cueva donde vive una mujer muy sabia. Resulta que ella tiene el poder de contestar cualquier pregunta que le hagan. Decides seguir este sendero. Percibe cómo cambia el paisaje conforme te vas acercando al hogar de la mujer.

Al llegar frente a la cueva alcanzas a ver una pequeña fogata cuyas llamas parpadeantes te permiten divisar a la mujer sabia. Acércate al fuego, siéntate en silencio y r-e-s-p-i-r-a. Huele la lumbre. Escucha cómo crepita la leña. ¿Cómo se siente estar sentada en silencio cerca de la llama? Cuando el fuego resplandece más, puedes ver a la mujer con mayor claridad. Tómate un momento para observar su cuerpo, ropa, rostro y ojos. ¿Hay algo en la mujer sabia que te parece conocido? ¿Qué sientes cuando la observas con atención? R-e-s-p-i-r-a.

¿Qué te gustaría preguntarle? Siente tu pregunta. Inhala y exhala tu pregunta. Cuando estés lista, pídele a la mujer sabia que resuelva esta importante duda. Mírala fijamente para percibir cómo reacciona a tu solicitud. Quizás ella te contestará únicamente con palabras. O tal vez su réplica tomará la forma de un gesto o expresión facial. Posiblemente la respuesta será mostrarte algo. ¿Cómo te contesta? Nota cómo te sientes con respecto a la sabia y a su forma de responder. ¿Quieres contestarle de una manera en particular?

Examina cómo ha ido hasta ahora tu reunión con la mujer sabia. ¿Hay algo que quieras decirle antes de partir? Justo cuando estás por despedirte, la mujer sabia estira el brazo para buscar algo dentro de una antigua bolsa bordada que está a su lado. Saca un regalo muy especial que quiere darte para que te lo lleves a casa. Tómate un momento para examinar este obsequio. ¿Qué opinas ahora sobre la mujer sabia? Díselo y añade lo que quieras. Despídete de ella y permítele despedirse de ti. Escucha con cuidado cuando te dice: "Te invito a visitarme cuando lo desees. Siempre estaré disponible para ti".

Ahora guarda tu regalo y regresa por el sendero montañoso. Observa con cuidado los puntos más emblemáticos del camino, para que te ayuden a recordar cómo volver a la cueva de la mujer sabia cuando quieras visitarla de nuevo. Pon atención a tu entorno y a cómo te sientes.

Con los ojos todavía cerrados, deja que tu curiosidad te lleve a examinar tu regalo con más detalle. ¿Qué te dio? Dale vuelta en tus manos y míralo cuidadosamente. ¿Qué significa para ti? ¿Es un símbolo de algo? Guarda tu regalo con cuidado en un lugar seguro de tu memoria, y ten presente que puedes recuperarlo cuando quieras. Por ahora, despídete de él.

Mantén tus ojos cerrados mientras regresas al momento presente con lentitud, y permítete algunos momentos para estar con tus sensaciones emocionales y físicas. R-e-s-p-i-r-a.

Cuando estés lista, abre tus ojos lentamente y comienza a escribir en tu diario. Apunta los primeros pensamientos, sentimientos, intuiciones y cualquier otra cosa que desees plasmar acerca de tu experiencia con la visualización.

Primeras reflexiones después de la visualización guiada

En vez de escribir, algunas mujeres prefieren pintar o dibujar lo que vieron. No importa el medio de expresión que elijas para plasmar tu experiencia de esta visualización guiada, lo que importa es anotarla de inmediato para ayudarte a profundizar tu conexión con lo que sucedió. Incluso si no viste imágenes o si no fuiste consciente de sentimientos fáciles de reconocer, el acto de comenzar a escribir, pintar o dibujar suele estimular al subconsciente para que revele algo.

Continúa expresándote lo mejor que puedas. Hazlo ahora mismo, antes de seguir leyendo.

¿Cómo te sentiste al subir por el sendero montañoso durante la noche? ¿Te dio miedo? ¿Fue emocionante o pacífico? ¿Qué características de la mujer sabia te parecieron conocidas? ¿Qué le preguntaste? ¿Cómo te contestó y qué pensaste de su respuesta? Si te dio algo, ¿cómo te sentiste al recibir su regalo? ¿Qué sentiste durante la despedida? ¿Tienes la sensación de que puedes visitarla cuando quieras? *Tú y tu mujer sabia*: esta es una relación importante que te conviene sembrar, cuidar, regar y dejar florecer.

Cuando sientas que has terminado de escribir, observa cuál es tu estado emocional. ¿Tus sentimientos son manejables? Si te sientes abrumada, sigue las instrucciones a continuación:

Respira profundamente y luego exhala con la mayor lentitud posible, dejando que todo el aire salga de tus pulmones. Permite que tu cuerpo inhale por sí solo. Continúa haciendo esto varias veces hasta que sientas calma. Marca un ritmo con los pies en el suelo. A continuación, da palmaditas en la parte superior de tus muslos. Luego da palmadas en tus brazos. Aprieta los puños y luego libéralos. Estas acciones te ayudan a reconectarte con el presente y permiten aterrizarte. Hacer esto es importante, sobre todo cuando tus emociones te abruman o cuando no puedes manejarlas. Si sientes que necesitas hacer algo más para reconectarte o fijarte en el presente, ponte de pie y marcha en tu lugar. Luego alza tus brazos hacia el cielo y estírate.

Mira a tu alrededor e identifica los objetos que te hacen sonreír. ¿Tu atención está donde quieres que esté? ¿Tus emociones son manejables? Antes de continuar, asegúrate de que tu atención esté donde debe estar.

Qué sucederá en la Semana 10

Resumen

A estas alturas del programa es posible que hayan resurgido temas que ya considerabas resueltos. O quizás sientes que todavía hay muchos asuntos que compiten por tu atención y que se van solucionando con demasiada lentitud. Tal vez estás desanimada. Por favor, sé amable y compasiva contigo misma. Confía en que sigues avanzando hacia la dirección adecuada para ti.

Esta semana considerarás a *todas las mujeres sabias* en tu vida, incluyéndote a ti misma. También aprenderás que el *impulso para desarrollarte* es fundamental, sin importar las decisiones que tomes en la vida. Examinarás el significado de la resiliencia y cómo cultivarla fortalece tu impulso para desarrollarte. Por último, sopesarás cómo la vergüenza y el autosabotaje podrían estar obstaculizando tu camino.

Mujeres sabias

No hay nada más poderoso que tener a una mujer sabia en tu vida –puede ser una maestra, una amiga, tu tía, la abuela u otro familiar que te comparta su brillante sabiduría femenina y amor, como fue el caso de la amada tía de Sandra, Fabiola. ¿En estos momentos hay una mujer así en tu vida? ¿Hubo alguna mujer sabia en tu pasado?

Quizás creciste deseando que tu madre fuera tu mujer sabia. ¿Ella desempeñó este papel? Si no fue así, quizás se debió a que sus heridas le impidieron cumplir esta función en tu vida. Si te parece que nunca has tenido una mujer sabia en quien confiar, ¿esto te hace sentir decepcionada? Es posible que necesites enfrentar el dolor de no contar con la mujer sabia de tus sueños. Hacer duelo por esta posibilidad perdida puede ayudarte a seguir adelante para crear tú misma lo que quieres y necesitas.

Si todavía no tienes a tu mujer sabia, ¿hay alguien a quien te puedes imaginar pidiéndole consejo –quizás una persona de tu círculo de apoyo? Mientras trabajas para acercarte a tu verdad, podría aparecer una mujer con sabiduría para ti. Si no te viene a la mente una persona así y desearías que existiera, no es demasiado tarde para empezar. Uno de los ejercicios opcionales de esta semana te ayudará a encontrarla.

También puedes sostener una relación con tu mujer sabia *interior* y comunicarte con ella. ¿Qué sabiduría interna o intuición *ya* posees? ¿Qué has aprendido gracias a tus experiencias? Tu intuición siempre ha estado disponible para guiarte y darle forma a tus decisiones importantes, sentimientos y acciones cotidianas. Es cuestión de saber cómo acceder a ella. ¿Qué tan consciente eres de tu intuición? ¿Qué tan a menudo la escuchas? Desde que empezaste este programa, ¿has notado que le prestas un poco más de atención? Las visualizaciones guiadas están diseñadas para centrarse en ese lugar de tu interior donde se aloja la intuición. Aprovecha todos tus recursos innatos, confía en ellos y fortalécelos cuando se presente la oportunidad.

El impulso para desarrollarte

Todos nacemos programados para crecer en todos los aspectos. El afán de mejorar no está tan relacionado con lo que *haces* en la vida, sino más bien con *cómo te sientes en tu interior* antes y durante esa acción. Es esa aspiración urgente que te motiva a apreciar las cosas, avanzar en la vida y hasta a respirar con gusto. Está justamente ahí, en tu interior, inspirándote y apoyándote para que grites desde la montaña más difícil de escalar, para que tomes una clase de baile, tejas un suéter, corras una maratón, te lances en paracaídas, escribas un libro, abras tu propio restaurante, hagas voluntariado o aprendas otro idioma.

La depresión, los traumas, la ansiedad y el temor a lo desconocido (todos remanentes del pasado) pueden generar un tipo de dolor que debilita o frustra tu impulso para evolucionar y crecer. Otra condición que puede detener ese natural impulso para desarrollarte es el temor al arrepentimiento. Por ejemplo, el temor de nunca conocer la profunda satisfacción que piensas que traerá la experiencia de la maternidad puede hacerte sufrir muchísimo. Por otro lado, también es posible que te dé miedo mirar hacia atrás y desear nunca haber renunciado a tu preciada libertad y autonomía. De hecho, en vez de hacerle frente a la causa de su miedo, algunas mujeres eligen (subconscientemente y sin que sea su culpa) vivir con este dolor constante que genera el temor al arrepentimiento.

Creemos que tienes bien merecido el poder desarrollarte sin importar las elecciones que tomes o la dirección hacia la que se encauce tu vida. No es posible seguir dos caminos, pero puedes gozar de una vida rica con cualquier decisión que elijas, una vez que hayas conectado con la esencia de tu verdad. Después de descubrir tu deseo, podrás tomar una decisión consciente. Algún día, mirarás hacia el pasado y dirás: "No puedo creer que casi decidí tener un hijo. Amo mi vida sin hijos", o quizás pensarás: "Mi vida como madre es tan satisfactoria, que no me la puedo imaginar de otro modo". Ambas afirmaciones manan del bienestar y la satisfacción, y no del arrepentimiento. Tu afán de evolucionar está vivito y coleando. Eres lo suficientemente resiliente para encarar cualquier obstáculo que esté bloqueando tu impulso para desarrollarte.

Cultivar la resiliencia

La resiliencia nos ayuda a mantener una conexión saludable con nuestro deseo natural de desarrollarnos. Pero la resiliencia significa mucho más que solo ser flexibles ante los sucesos de la vida; es un conjunto de procesos químicos en el cerebro que mejoran tu habilidad para adaptarte a los cambios y para superar el próximo reto que se te presente. Esta elasticidad te ayuda a enfrentar los altibajos naturales de la existencia de manera consistente y con un esfuerzo mínimo, y también a afrontar la ansiedad asociada con tomar decisiones difíciles.

Es posible fomentar esta habilidad a través de la práctica. De hecho, ya lo has estado haciendo cada semana cuando trabajas en este programa. Transformar tus percepciones fortalece tu capacidad de ajustarte a las circunstancias cambiantes. Cada vez que te animas a apreciarte a ti misma con el corazón abierto, estás fomentando la resiliencia.

Incluso si últimamente te has sentido desanimada o de plano totalmente abatida, es un hecho que la capacidad de resiliencia sigue latiendo en la médula de tu ser. Solamente has perdido contacto con esa parte de ti.

Al trabajar en su programa de recuperación, Elena logró comprender cómo había perdido contacto con su resiliencia interior. El sistema familiar en el que creció le hizo creer que las dificultades de la vida la perseguían. Acabó sintiéndose atrapada y sin control sobre lo que le sucedía. A los seis meses del comienzo de su proceso de recuperación, Elena comprendió más profundamente la sabiduría de estas palabras:

> *Dame la serenidad para aceptar las cosas que no puedo cambiar,*
> *el valor para cambiar las cosas que puedo,*
> *y sabiduría para reconocer la diferencia.*
> –Reinhold Niebuhr[9]

Así como El Mantra te ha ayudado a mantenerte abierta a la incertidumbre, la cita anterior se convirtió en el pilar que ayudó a Elena a reconectarse con su resiliencia interior, una conexión que todavía sigue influyendo sus elecciones cotidianas, tanto las grandes como las pequeñas. Además, cada vez que distingue las cosas que puede cambiar de las que no puede cambiar, Elena fortalece aún más su capacidad para ser flexible.

Si has perdido tu habilidad para recuperarte de las desgracias de la vida, puedes reconectarte con ella aprendiendo algo nuevo, descubriendo alguno de tus territorios inexplorados o haciéndole frente a alguno de tus temores. Cada vez que miras al miedo de frente, fomentas tu resiliencia. Cada vez que decides hacer algo que crees que no puedes hacer, fomentas tu resiliencia. Sabemos que tú también tienes la fortaleza interna necesaria para viajar bien y alcanzar el destino que deseas.

Semana 10 – Una mujer sabia

Ten cuidado con la vergüenza y el autosabotaje

Puedes tomar decisiones conscientes cuando tu vida interna es justamente así – consciente. La vergüenza y el autosabotaje ponen en peligro las partes en tu interior que necesitan salir a la luz y tomar aire para que puedas tomar decisiones saludables y bien pensadas.

Hasta cierto punto, todos hemos experimentado la vergüenza y sufrido por su causa, y cuanto menos reconocemos o hablamos sobre nuestra vida interior, más probable es que la vergüenza siga oculta (convirtiéndose en un territorio inexplorado). Sin embargo, la vergüenza de la que hablamos aquí es tóxica y tiene el mensaje *No importo* o *Estoy hecha de mala madera*. Este tipo de vergüenza puede distorsionar tu perspectiva sobre prácticamente toda tu existencia.

Puede ser difícil identificar la vergüenza porque está ligada a otras emociones. Cuando la vergüenza está vinculada con la rabia, el temor o la decepción, para sanar primero será necesario identificar y separar cada uno de estos sentimientos. Si no estás tan segura de que exista vergüenza dentro de la compleja maraña de emociones en tu interior, pregúntate si hay algún sentimiento que no puedes compartir con los seres amados en quienes más confías. Si tu respuesta es sí, es muy probable que tengas algo de vergüenza que debe ser desenterrada y resuelta.

La incapacidad de la madre de Eva para ver a su hija como un ser distinto con necesidades propias, hizo que Eva asimilara la creencia de que no era digna de amor. Al explorar sus heridas de apego de la infancia descubrió que cargaba un enorme lastre de vergüenza. A la larga y con la ayuda de su terapeuta, Eva pudo separar las hebras de dolor de las hebras de vergüenza que surgieron como consecuencia de ese dolor. Al final, el trabajo curativo que realizó en todas estas emociones le permitió comprender la verdad: que es digna de ser amada.

Es probable que en algunos ejercicios de este programa hayas chocado ya contra sentimientos de vergüenza. Quizás los reconociste o tal vez no. Si no lo hiciste, ahora puedes comenzar a separar tus emociones y ver dónde se ha estado alojando u ocultando la vergüenza. Si sientes que esto es demasiado difícil, no temas pedir ayuda. A veces, la forma más eficiente de combatir y destruir a la vergüenza es con la ayuda de un profesional.

El autosabotaje es otro obstáculo en el camino hacia las decisiones conscientes que mejorarán tu existencia. Si lo piensas suena extraño: ¿Por qué desearía alguien destruir algo positivo o bueno de su vida? El autosabotaje suele ser un acto subconsciente, así que es difícil reconocerlo y profundizar en él. Cuando logras ver más allá de las acciones de autosabotaje, descubres que la razón subyacente suele ser bien intencionada.

La parte de tu psique que responde a las crisis y dificultades desarrolla las mejores estrategias que se le ocurren en un momento dado. Si estas estrategias fueron creadas cuando eras muy pequeña, no están guiadas por la sabiduría y experiencia que se obtienen más adelante. Para la pequeñita en tu interior, que fue herida por alguien en quien confiaba, puede tener mucho sentido concluir que estar sola es más seguro que arriesgarse a ser lastimada por alguien nuevo. Esta estrategia puede continuar saboteando cualquier relación en desarrollo de manera subconsciente. Incluso si la intención de mantenerte a salvo fue buena en un principio, más tarde la misma estrategia puede obstaculizar tu camino hacia la realización personal y el bienestar.

¡Es tan importante tener claridad sobre el hacerte o no hacerte madre! No necesitas obstáculos innecesarios en tu camino. El autosabotaje no solamente te ralentiza, sino que también puede pararte por completo. Si sientes que el autosabotaje está jugando un papel en tu vida, es importante que realices el ejercicio opcional de esta semana. Si sientes que este es un tema muy importante para ti, considera pedir ayuda profesional. Puede ahorrarte tiempo crucial que podrías utilizar mejor siguiendo lo que verdaderamente deseas con un corazón abierto.

Sé curiosa: tareas para la Semana 10

Esperamos que ya hayas establecido una rutina agradable para realizar tus ejercicios, y que escribir lo que se te viene a la mente haya revelado muchas claves y piezas del rompecabezas. Continúa dejando que vengan a ti las revelaciones, y no te sorprendas si esta semana se asoman nuevos sentimientos y pensamientos.

1. La selección de la lectora

    Este ejercicio te permite elegir el tema de tu escritura. Lee lo que escribiste inmediatamente después de la visualización guiada y contesta lo siguiente: ¿Consideras necesario explorar o ampliar más la pregunta que le hiciste a la mujer sabia? ¿En tu texto resalta algún tema que te llame la atención? ¿Consideras que todavía cargas con suposiciones o creencias obsoletas acerca de ti misma? Percibe si alguna de las siguientes frases persiste en tu mente de manera particular:

Nunca tuve la oportunidad de ser niña.
Siento que hago un papel deficiente como ser humana.
¿Alguna vez le importaré a alguien?
Mis sueños nunca se cumplirán.
Nunca me he aceptado a mí misma.

Quizás la pregunta que le hiciste a la mujer sabia o la respuesta que te dio te permitió experimentar algo muy positivo. Examina tu mundo interior y zambúllete más en el lugar que genera este tipo de energía. Tú mejor que nadie sabes lo que necesitas investigar más a fondo. ¡Lánzate! Sé incansablemente curiosa y completa el enunciado a continuación hasta que lo hayas expresado todo. ¡Estás lista para hacerlo!

Para ver adónde me lleva la pluma, necesito escribir acerca de...

2. Mi regalo

La mujer sabia te dio un regalo. ¿Qué es? Descríbelo. ¿Qué significado tiene para ti en particular? El mensaje o simbolismo que transmite el obsequio, ¿te causó sorpresa o confusión? ¿Querías que te diera otra cosa? Puede ser que comprendas poco o nada del regalo que recibiste de la mujer sabia. Si tu experiencia del obsequio te dejó con más preguntas que respuestas, por favor no te preocupes ni descartes este ejercicio. El significado del regalo se revelará a su debido tiempo, y a menudo sucede después de un rato de estar sentada en silencio, escribiendo, dibujando o pintando.

Escribe, dibuja o pinta el regalo que te dio la mujer sabia.

3. Para desarrollarte

Escribe acerca de tu impulso para evolucionar. ¿Lo percibes en tu mundo interior? ¿En tu mundo exterior? ¿Hay algo que esté bloqueando ese impulso? ¿Sabes lo que es? ¿Sientes que necesitas tener un hijo para poder prosperar? O, por el contrario, ¿sientes que tener hijos ahogará tu impulso de crecimiento personal? Examina más de cerca lo que desarrollarte significa para ti –por dentro y por fuera.

Para mí, el desarrollo personal significa...

Cuando me siento conectada, mi vida se ve y se siente...

Siento que mi impulso para evolucionar está bloqueado o debilitado. Pienso que la causa podría ser....

4. Gratitud

Estar en contacto con las cosas que más valoras influye muchísimo en cómo te sientes cada día. También fortalece tu impulso para prosperar y te ayuda en el proceso de buscar la claridad. Si sueles ver tu vaso medio vacío, haz una lista de todas las cosas y personas que te inspiran agradecimiento. Todos los días, agrega nuevos elementos a tu lista de gratitud. Al final de cada jornada, reflexiona acerca de cómo te fue y enfócate en lo agradable. Si realizaste el ejercicio opcional de la Semana 1, que consistía en anotar los acontecimientos importantes de tu vida, puedes consultarlo en este momento para obtener más ideas. También puedes comenzar con los agradecimientos que te vengan a la mente justo ahora.

Estoy agradecida con...

Estoy agradecida por _____ debido a que _____.

Exploración adicional y descubrimientos

Aléjate un tiempo del ejercicio "La selección de la lectora". Puede ser unas horas, un día o dos. Después vuelve a leer lo que escribiste, considerando cada una de las preguntas contenidas en "Tu lista para reflexionar", ubicada en el Apéndice I.

¿Cómo te sentiste mientras hacías este ejercicio? ¿Te fue fácil encontrar un punto de partida? ¿Te sirvió escribir libremente? ¿Estás satisfecha con el lugar adonde te llevó el ejercicio? ¿Encontraste algunas sorpresas? ¿Qué tan consciente eres de tu sabiduría interior? Este ejercicio suele revelar un *cambio en tu perspectiva*, que puede ser sutil pero poderoso.

Mientras hacía el ejercicio "La selección de la lectora", Beatriz modificó su perspectiva de manera impresionante. Comenzó escribiendo así: "Para ver adónde me lleva la pluma, necesito escribir acerca de..." y se sorprendió con lo siguiente que escribió: "Fe". Hasta ese momento, las piezas principales del rompecabezas durante el programa habían sido la presión de sus padres que

Semana 10 – Una mujer sabia

querían ser abuelos; el apoyo de su esposo, quien estaba abierto a cualquier elección; su roce con el cáncer a principios de sus treinta años y la satisfacción con su trabajo. No se había dado cuenta de lo mucho que la nutría su sistema de creencias. A Beatriz no se le había ocurrido recurrir a su fe para guiarla por el proceso del programa, a pesar de que esa fe la ayudó mientras pasaba por su tratamiento contra el cáncer. El ejercicio de escribir que hizo Beatriz reveló la gran fortaleza que le daba su fe. Este descubrimiento le permitió confiar en que su deseo saldría a la luz y podría tomar su decisión, para luego dejar que la naturaleza tomara su rumbo. Ella se siente tranquila al considerar las posibles consecuencias de su elección, y la ansiedad y prisa que sentía se han desvanecido.

Si este ejercicio en particular no te pareció de mucha utilidad o no se te ocurrió algo específico con lo cual comenzar, aquí hay tres opciones que podrían servirte. (1) Revisa todos los ejercicios de las semanas previas y repite aquellos que te costó trabajo hacer. ¡Hablamos en serio! La dificultad representa otra pieza más del rompecabezas llamando a tu puerta. (2) Vuelve a escuchar la visualización guiada de esta semana y observa si tu mente te lleva a un lugar distinto. Quizás es justamente el sitio adonde necesitas ir. (3) Trata de escribir una respuesta más larga para la pregunta que le hiciste a la mujer sabia.

¿Qué tan conectada te sientes con la mujer sabia? ¿Qué te hace sentir el regalo que te dio? ¿Comprendes mejor por qué la mujer sabia te dio este regalo en particular? Sea lo que sea que estés sintiendo, ve si puedes profundizar más en ello. Puedes encontrar información útil en todos tus sentimientos y pensamientos, así que no subestimes nada.

¿Tus ganas de crecimiento personal están funcionando bien? Examina qué tan resiliente te sientes en este momento en una escala del 1 al 10, donde 1 significa *no mucho* y 10 significa *muchísimo*. Hemos notado que muchas mujeres suelen no reconocer sus capacidades y recursos; así que de verdad tómate el tiempo de hacer una evaluación objetiva.

¿Te fue fácil recordar las cosas que te hacen sentir agradecida? Practicar la transformación de tus percepciones te ayuda a ver el vaso medio lleno más a menudo que medio vacío. De la misma manera, apreciar a las cosas que te importan y sentirte cautivada por lo bien que te hacen sentir te ayudará a cultivar tu capacidad para la gratitud, y contribuirá a una sensación general de bienestar.

Sé más curiosa: ejercicios opcionales

Si tienes tiempo y ganas de continuar explorando, aquí te damos unas sugerencias:

1. Piensa en una mujer que consideres sabia. Puede ser un personaje ficticio o alguien real, ya sea que esté con vida o no. Escríbele para contarle o preguntarle lo que quieras.

2. Si ya conoces a alguien que pueda compartirte su sabiduría de la vida, considera contactarla en este momento. Si te sientes renuente a hacerlo, pregúntate por qué. Recuerda que te mereces tener contactos saludables, y cultivar la conexión con una mujer a quien consideres sabia puede beneficiarlas a ambas. Invitar a esta mujer a tomar un café o a comer puede ser una manera más informal de conectar con ella. Compártele tus pensamientos o sentimientos agradables. Si piensas que ella es sabia en el tema de este programa –el deseo y la decisión de convertirte o no en madre– pregúntale respetuosamente lo que consideres importante. No te limites. Si necesitas seguir buscando a la mujer sabia que te hace falta, no te rindas hasta que la hayas encontrado. Y si sientes que por el momento es demasiado pronto para realizar este ejercicio, espera hasta que sientas que es el momento adecuado. Confía en tus instintos.

Te damos estas dos sugerencias para que trabajes con la vergüenza y con tu saboteadora interior. Interceptar a la vergüenza con diálogo y hablarle a tu saboteadora interior es un trabajo introspectivo muy importante, porque saca a la luz tus vulnerabilidades y es una manera formidable de sanar.

3. La vergüenza es un sentimiento incómodo que se puede desmantelar de muchas formas. Aquí te damos un comienzo. Escribe una carta que inicie más o menos como se indica a continuación, y luego sigue escribiendo con tus propias palabras.

    Querida Vergüenza,

    Has formado parte de mi vida durante mucho tiempo. Llegaste sin invitación. Llegaste cuando alguien de mi vida sintió vergüenza y me la transmitió. Pero ahora debemos despedirnos. Ya no puedo dejar que envenenes una parte de mi existencia. Sé que no quieres irte, pero es necesario. En vez de cargarte por todos lados, elijo mi camino de desarrollo personal [continúa con tus propias palabras]...

4. Si notas que las cosas buenas de tu vida son saboteadas por tus pensamientos o acciones, entra en contacto con tu saboteadora interior. Escríbele una carta o continúa escribiendo el inicio que te presentamos a continuación.

    Querida Saboteadora,

    Hemos estado juntas durante demasiado tiempo. No debería sorprenderte que estemos por separarnos. Nuestra relación termina aquí y ahora. Es posible que al principio hayas tenido buenas intenciones y que hayas querido ayudarme. Te lo agradezco, pero ya no te necesito. Quiero que me devuelvas mi vida y quiero seguir mi camino de desarrollo personal. De ahora en adelante mi vida sin ti será así...

5. Una nueva mirada a la ceremonia de homenaje

    Si la semana pasada celebraste una ceremonia, vuelve a imaginar tu altar curativo. Pídele a la mujer sabia que tome asiento a tu lado y pregúntale si quiere darte algo para incluir en el altar, pueden ser palabras, expresiones o quizás un objeto guardado en su bolso. Aprovecha su presencia de un modo que te ayude a sanar el pasado para que puedas avanzar libre de dolor, vergüenza y arrepentimiento, con una sensación de bienestar general.

Esta semana quédate con esto

Esta semana sé particularmente amable contigo misma. Si te es posible, muévete un poco más lento de lo normal y dedica más tiempo a mimarte. Siente la valentía que has tenido para encarar los asuntos que has estado trabajando. Siente la sabiduría interior que llevas a todas partes cada día. Si descubres que tu deseo está inclinándote hacia el sí o el no, trata de dejar ahí esos sentimientos sin sacar conclusiones.

Durante esta semana, sé consciente de cómo tu mujer sabia interior te sigue por todas partes, y trata de conectarte con ella. Considera el regalo que te dio. Haz memoria de todos los regalos que has recibido durante tu vida. Date el permiso de sentir que eres un regalo para este planeta. Piensa en qué cambios, grandes o pequeños, tienen que ocurrir para que puedas acceder más completamente a tu impulso para continuar tu camino de desarrollo personal. Si te has acordado de alguna vergüenza que anda por ahí, o se ha aparecido tu saboteadora interior, comprométete a enfrentarlas para que puedas sanar más completamente.

Al reflexionar acerca de tus relaciones con familiares y amigos al día de hoy, pregúntate si son como quieres que sean. ¿Hay algunas relaciones que necesiten una manita de gato? ¿Tienes relaciones que ya no te vienen bien? ¿Sientes que necesitas decirle algo a alguien? No es necesario que hagas nada en este preciso instante; usa tu diario para apuntar lo que surja, y así podrás tomar acciones más adelante si así lo prefieres.

Cuidado de ti misma

Esta semana te ofrecemos dos sugerencias para cuidar de ti misma. Puedes hacer una o ambas, al mismo tiempo o en diferentes momentos, o elegir una actividad distinta para cuidar de ti misma.

1. Date un respiro de la tecnología

    Si puedes, desconéctate de tu teléfono, computadora, televisión, automóvil, etcétera, durante al menos veinticuatro horas. Intenta realizar actividades sencillas como leer, cocinar, caminar y hablar con otras personas cara a cara. Aprovecha esta interrupción tecnológica para conectarte con sonidos en vivo, ya sea generándolos o escuchándolos. Por ejemplo, puedes tocar campanas o cuencos tibetanos, recitar mantras, sonar un diapasón, tararear, chiflar o ¡incluso cantar en voz alta, dentro o fuera de la ducha! Algunos sonidos son profundamente curativos. Explora. Disfruta. Recupérate. Renuévate.

2. Vive la naturaleza

    Pasa una mañana, tarde o noche en la naturaleza. Sal a pasear. Explora una zona silvestre. Camina descalza en la playa. Observa a las aves. Anda descalza en el pasto. Encuentra árboles abrazables y ¡abrázalos! Baila bajo la luz de la luna. Encuéntrate con tu mujer sabia para platicar frente a una fogata.

    Las investigaciones científicas demuestran que gozar la naturaleza tiene beneficios muy concretos. Si necesitas usar un automóvil para llegar a un sitio con naturaleza, empaca bocadillos o una comida completa, y no olvides llevar contigo algo caliente o frío para saciar la sed.

El cuidado personal que hice para mí misma esta semana fue…

No estás sola

Sara y su esposo acordaron un límite para la realización de tratamientos de fertilidad. Para Lorena, el haber sido adoptada a las tres semanas de vida fue un aspecto importante de su decisión. Lee sus historias cuando lo prefieras.

La historia de Sara

Yo diría que la infertilidad fue la razón más importante para decidir no tener hijos, aun si desde el principio yo sabía que ni la fertilización in vitro ni la inseminación intrauterina eran para mí. Yo no quería tomar hormonas ni hacer nada invasivo, y mi esposo estaba convencido de que era mi cuerpo y mi decisión. Aunque todavía me pesan un poco las presiones de la familia, la gente que más deseaba verme embarazada murió antes de que me importara ese tema. A mi padre le gustaría tener nietos, pero es muy comprensivo y me apoya.

Tomé la decisión en el transcurso de unos meses, pero no antes de haber intentado quedar embarazada durante más de un año. Como me sentí muy aliviada, por supuesto que compartimos la noticia. Muchas personas, tanto amigos como familiares, tenían curiosidad. No me sentí sola porque mi esposo y yo pasamos por todo esto juntos. Yo estaba orgullosa de nosotros por ser tan conscientes.

Sí, me sentí aliviada. Y sí, también pasé por un poco de duelo y aún lo hago. Todavía, a veces, me dan un poco de envidia los amigos que tienen un nuevo bebé o un hijo que hace algo absolutamente adorable. Pero cuando los niños se portan mal, me siento aliviada de no tener que lidiar con eso. No creo que el duelo desaparecerá por completo, pero sé que elegimos lo mejor para nosotros.

Por supuesto que decir esto es muy fácil porque no soy madre, pero mi mamá se preocupaba mucho y a veces era muy crítica. Creo que quizás yo sería igual que ella, pero me gusta pensar que he aprendido de lo que no me gustó en su estilo de maternidad. A la vez, nunca dudé que yo fuera lo más importante de su vida, y siempre estaré agradecida por eso. El tema principal de nuestras peleas durante mi vida adulta fue que no me esforzaba lo suficiente para conocer a alguien en plan romántico. Para ella fue muy difícil que yo siguiera soltera a principios de mis años treinta, como si de algún modo eso la hiciera quedar mal. Esto me sacaba de quicio, y peleábamos mucho porque mi madre no sabía cómo guardar silencio al respecto. Falleció cuando yo tenía treinta y tres años, y yo conocí a mi esposo cuando tenía treinta y cinco. A veces me pregunto si su afán de que tuviera pareja de alguna manera impedía que sucediera.

Me caen bien algunos de los hijos de mis amigos, pero no todos. No soy una de esas personas amantes de los niños. Aunque me gusta ver crecer a los hijos de mis amigos, no me gusta pasar mucho tiempo con los más pequeños.

Sara vive con su esposo en una zona urbana, en el oeste de Estados Unidos. Llevaban tres años de casados cuando ella dejó de intentar embarazarse. Ninguno estaba interesado en recurrir a intervenciones médicas para aumentar la probabilidad de que Sara quedara embarazada. Ella dijo: "Mi esposo llegó a la claridad a través del programa: *Ser padres, ¿es para nosotros?* Él dijo que si ambos no sentíamos: *'tenemos* que hacer esto', la conclusión era que no lo hiciéramos, y debo decir que yo estaba de acuerdo con él. Empecé sintiéndome ambivalente y me quedé ambivalente".

Sara conversaba a menudo con una amiga cercana a su madre que había intentado quedar embarazada durante años sin éxito. Esta mujer mayor había pasado por tratamientos de fertilidad y le contó a Sara lo horribles que fueron. Al final, la mujer y su esposo decidieron no adoptar y llevaron una vida sin hijos. Esta amistad sigue proporciónandole a Sara aliento y consejo. Es posible que esta mujer mayor valore su amistad como una oportunidad para ser mentora de una mujer más joven. Sara encuentra en ella un modelo a seguir y a otra figura materna en su vida. Ella le recomienda a las mujeres que se encuentran en una situación similar: "Busca hablar con otras mujeres sin hijos para que te cuenten cómo va cambiando su situación conforme envejecen".

Sara y su esposo valoran su estilo de vida libre e independiente como un beneficio permanente de su decisión. "Tenemos una libertad que muchos de nuestros amigos no poseen. En realidad, amamos la buena comida, el vino y los viajes. Por supuesto, las vidas y vacaciones de nuestros amigos están mucho más centradas en los niños". Algunos de sus amigos con hijos le dicen que es muy valiente por haber tomado esa decisión. Ella se pregunta si esa frase tiene un significado más profundo de lo que aparenta. Sus amigos con hijos tienen menos libertad para reunirse con ella –y en ocasiones de plano no tienen tiempo para ello. A veces, Sara detecta algo de envidia por parte de sus amigos con hijos, que no tienen la autonomía que ella y su esposo disfrutan.

Sandra se siente cercana a su padre, pero recuerda una época de su adolescencia en que se distanciaron. Ella siente que su padre no sabía cómo responder a su mal humor y falta de comunicación que son típicos en los adolescentes. Él era profesor y siempre le preguntaba qué estaba aprendiendo en la escuela. Aunque sus calificaciones escolares eran perfectamente aceptables, él se preocupaba porque ella no daba señas de estar interesada en lo académico. Cuando Sandra entró a la universidad, su padre vio cómo ella empezó a emocionarse con el aprendizaje, y esto hizo que mejorara la relación entre los dos.

Aunque la madre de Sara ya no vivía cuando tomó su decisión, su padre siempre le ha demostrado apoyo por la elección que ella y su esposo tomaron. Cuando Sara tenía veintitantos años se enteró de que su padre tuvo problemas de infertilidad que pudieron haber impedido una fecundación natural. Sus padres se sorprendieron mucho cuando concibieron inmediatamente al dejar de utilizar un método de control natal, aunque Sara fue la única hija que tuvieron.

Nunca sabemos lo que traerá el futuro. Sara compartió que ahora está enfrentando incertidumbre con respecto a su profesión, al intentar equilibrar dos carreras distintas. ¿Prefiere más una de ellas, o debería tratar de hacer algo completamente diferente? En nuestra experiencia, cuando una mujer logra la claridad en su elección de ser o no madre, también es capaz de avanzar en otras elecciones de vida pendientes o cuya respuesta hasta entonces había sido difícil de encontrar.

La historia de Lorena

Aunque he tenido la fortuna suficiente de tener relaciones cercanas, significativas y honestas, todo el tiempo ha persistido en mí la sensación de estar sola. Quizás es un recuerdo sensorial que me viene por ser un bebé recién nacido que fue entregado en adopción –pero quizás no. Quizás es solo una excusa. Siempre he sido una persona muy independiente, pero también he sentido una buena dosis de ansiedad de separación cuando alguien me deja —incluso si solamente es para decir buenas noches después de cenar con amigos. Me encanta la gente, y amo el sentimiento de pertenecerle a alguien, a un grupo, o a un ideal. Añoro la membresía al club y la sensación de seguridad de una relación comprometida —la seguridad de saber que siempre habrá alguien respaldándome.

Por un lado, valoro esta parte de mí misma, pero por otro lado sé que me ha hecho parecer necesitada y encimosa en el pasado. Irónicamente, cuando alguien lastima mis sentimientos, tengo la capacidad de eliminarlo por completo de mi vida —y de mi corazón— sin pensarlo dos veces. Hasta que llegué a mediados de mis treintas, esta necesidad de ser pegajosa con otros era un misterio para mí.

Tenía treinta y cinco, era soltera y llevaba cinco semanas de embarazo cuando declaré en voz alta que quería ser mamá. Estaba sentada en la oficina del médico, contándole a la enfermera lo mucho que quería ser madre, pero solamente bajo las circunstancias correctas. Y esas no eran las circunstancias correctas. No tenía dinero, y no estaba enamorada del chico con quien salía, si es que a eso que teníamos podía llamársele "salir". Era trabajadora independiente, y esporádicamente me contrataban como productora de televisión. Vivía en un pequeño apartamento de una recámara y me costaba mucho trabajo pagar el alquiler a fin de mes. Quería ofrecerle más a un hijo.

¿Qué quería ofrecerle? La lista comenzaba con dos padres, un ingreso fijo, un hogar con patio trasero, y un tutor francés que le diera clases los jueves. Desafortunadamente, mi situación en ese momento era muy distinta de lo que yo deseaba, así que le pedí a una amiga que me llevara a la clínica del centro. Tuve que caminar por la clásica pasarela, entre manifestantes conservadores con pancartas anti aborto que siempre están afuera de estas clínicas. Pagué los 20 dólares que no cubría el seguro médico y le puse fin al crecimiento de ese racimo de células milimétricas. Nada de bebé ni de arrepentimientos.

Ahora tengo cuarenta y dos años y tengo más autoconfianza. He aprendido mucho sobre mí misma durante la búsqueda del padre perfecto para mi hijo biológico. Me he dado cuenta de que sería una madre bastante buena, incluso sin pareja. Y he aprendido que no quiero ser coprogenitora con alguien más por las razones equivocadas.

Semana 10 – Una mujer sabia

Cuando decidí que quería ser mamá, tuve que "salir del clóset" y contarle a mi madre que me tomo muy en serio esto de tener un hijo. Hacerlo fue más difícil que cuando le revelé que soy gay a los veinticinco años, lo cual ella aceptó inmediatamente. La plática de "Quiero ser mamá" fue la conversación más íntima jamás sostenida con mi madre. Le conté sobre mi aborto y por qué quería romper con mi novia del momento: yo deseaba ser mamá y ella no quería hijos. A mi madre le caía muy bien mi novia. Desde el punto de vista de mis padres, ella y yo habíamos tenido una vida idílica con una casa bonita, dinero, dos perros, vacaciones geniales y una relación estable de cuatro años y medio. Mi mamá trató de hacerme cambiar de opinión: "Querida, tienes dos perros y los perros son maravillosos –¡tú amas a los perros! ¿Por qué no simplemente te sigues consiguiendo más perros?

Mi mamá y mi papá tenían veintiún años cuando se casaron, y deseaban mucho tener hijos. Mi madre quedó devastada cuando no pudieron embarazarse. Le echó la culpa a mi padre. Yo sé que adoptarme no era su plan ideal porque la adopción era su plan B. Nos adoptaron a mi hermano y a mí cuando estaban en sus treintas. Siempre he creído que nuestra familia tiene un origen ancestral y espiritual que va más allá de la sangre. Sin embargo, quiero tener mi propio hijo biológico.

Mi madre y yo fuimos muy cercanas durante mi infancia. Ella me alentaba mucho y me daba cariño. Quería que explorara el mundo y la diversidad que hay en él. A mí me interesaban la música y el teatro, y ella se involucró en mi escuela para ayudarnos a mis compañeros y a mí a explorar estas disciplinas. Mi mamá trabajaba menos para poder pasar más tiempo con sus hijos. Mis dos padres son muy inteligentes y nos transmitieron que hay un mundo gigantesco allá afuera. Fueron tolerantes y siempre nos enseñaron a evitar prejuicios y a aceptar la diversidad humana.

Mi madre es quizás mi mayor ejemplo a seguir. Tiene sus defectos, pero fue una madre genial. Ahora tiene setenta y cuatro años. Tengo un par de buenos amigos que han tenido hijos y que también tienen buenos patrones de conducta.

En casi todos los aspectos, me gustaría ser como mi madre fue conmigo y no como fue con mi hermano, pues nos crió de manera distinta. Lo positivo fue que nos dio amor incondicional. Tenía una mente rebosante de curiosidad y me alentó a ser así también. Ella tenía mucha chispa y se involucró en mis actividades escolares. Me llevaba a eventos culturales. Una de mis actividades favoritas de siempre ha sido ir al cine con mi madre. Me encanta escuchar su opinión después de ver juntas una película. Mi mamá es la razón principal por la que decidí trabajar en la industria del espectáculo. Ella es una mujer de espíritu libre, universalmente espiritual y de cultura judía. A mí me gustaría que me describan así.

Su lado negativo es que no es muy paciente, y con mi hijo yo tendría que trabajar más en esto. Ella no me disciplinaba mucho, y eso tuvo un impacto que me gustaría evitarle a mi propio hijo. Al crecer no tuve muchas reglas, expectativas, tareas o responsabilidades. No me ofreció una educación espiritual. Como madre, yo le presentaría a mi hijo una disciplina espiritual, con hincapié en la meditación y la oración. Tendría expectativas claras y libres de prejuicios. En mi opinión, mi madre facilitó la espiral descendente de adicción que atrapó a mi hermano, y continúa permitiendo que se hunda más. Mi hermano y yo tuvimos una muy buena relación antes de que él descubriera las drogas. No nos hemos hablado en diez años.

Al avanzar hacia la decisión de convertirme en madre, me sentía al mismo tiempo emocionada y solitaria por no compartir la experiencia con otra persona. Soy optimista. Quiero lo que tuvieron mis padres: la clásica cerca de piquete blanca alrededor de la casa, estar enamorada, casarme y tener una familia. A veces también me siento abrumada y luego triste y luego otra vez valiente. Me muevo por todas estas emociones. En una ocasión intenté la inseminación intrauterina y quiero volverla a probar.

He notado algo curioso. Cuando vivía en pareja, la gente siempre nos preguntaba: "¿Cuándo van a tener hijos?" Ahora que estoy soltera, me preguntan: "¿Por qué quieres ser madre?" Cuando me preguntan por qué quiero tener un hijo biológico, les contesto: "Quiero ser madre porque siento que quiero serlo. Deseo ser una madre biológica porque no he experimentado este tipo de conexión con nadie, y me gustaría saber qué se siente tener a alguien biológicamente emparentado conmigo". Siempre he tenido envidia de las familias que se parecen, sobre todo de aquellas donde los hermanos son similares entre sí.

A menudo he tenido el pensamiento irracional de que debí haberme quedado con un novio del pasado, porque al menos ya sería madre. A veces he culpado a los años setenta por empoderar a las chicas jóvenes para ser lo que quisieran: "¡Libre para ser tú misma y para ser yo misma!" Cuando llegué a mis años veinte, crecía cada vez más la rebelión contra ser solo esposa y madre. Yo declaré: "Voy a ser una profesionista". Ser una mamá ama de casa era lo peor que podías ser. Mis compañeros de trabajo y yo éramos criticonas de nuestras amigas de la preparatoria que se quedaron atrás y lo único que hicieron fue tener familias. Ahora eso es lo que quiero. Si mañana me ganara la lotería, sería una madre ama de casa.

Me da tristeza recordar cómo fue mi papá cuando era niña, porque al parecer voy a perderme la experiencia de tener un compañero para criar a mi hijo. Mi papá actuaba de acuerdo con el estereotipo del padre fuerte que se la pasa arreglando cosas en la casa. Siempre me sentí segura con él. Nos protegía mucho. Da la apariencia de ser introvertido, y quizás es una persona espiritual, aunque no me consta. Disfruto su compañía, aunque nunca he platicado con él sobre nada personal del modo en que lo hice con mi madre. Siempre estuvo presente y disponible, y me hacía sentir muy cómoda. Todavía es así.

Mi percepción de los hombres ha cambiado mucho. Esta transformación sucedió cuando tomé la decisión consciente de ser mamá, porque empecé a ver a los hombres como figuras paternas o como influencias en la vida de mi futuro hijo. Comencé a analizar cómo enfrentan el enojo, cómo son con los niños, cómo son con sus parejas, y si su apellido suena bonito si se junta con mis nombres de bebé favoritos. ¡Oh, vamos, déjenme en paz! ¡Todas las mujeres solteras que buscan ser madres hacen esto!

Soy la "madre" de mi perro. Siempre me han gustado los niños y tengo una actitud cándida hacia la vida. He realizado el esfuerzo consciente para ser niñera de mis amigos y un modelo a seguir. Las sobrinas de mi exnovia tienen una madre que se distrae con facilidad y no está interesada en ser mamá, así que me involucré en sus vidas. Llevé a las niñas a comer dim sum al barrio chino, y les ayudé en sus proyectos escolares. He tratado de mostrarles una perspectiva de la vida más amplia de la han recibido hasta ahora.

Cuando Lorena tenía tres semanas de edad, fue adoptada por una pareja con ideas políticas liberales y una buena formación educativa, residentes de la zona urbana del norte de California. Dos años después adoptaron a un niño. Tanto

Ser madre, ¿es para mí?

Lorena como su hermano son el fruto de parejas de raza mixta. Los padres adoptivos de Lorena son caucásicos y siguen felizmente casados.

Hoy en día, Lorena está en sus años cuarentas e intenta concebir. Ella preferiría criar en el seno de una relación romántica, pero no esperará a que esto suceda. Le dolió mucho terminar su última relación de largo plazo porque ella quería un hijo y su pareja no. Lorena se identifica a sí misma como bisexual, pero rápidamente añadió: "Soy una persona sociable; el género nunca ha sido un prerrequisito para mí. Sin embargo, solamente me he enamorado de mujeres". Su ruptura de pareja sucedió hace un año. Desde entonces, Lorena ha pasado incontables horas entrevistando a posibles copadres, y ha aprendido que tiene lo que se necesita para ser una buena madre. Uno de sus prerrequisitos para la maternidad es la seguridad financiera. Y hoy en día no solamente cumple esta condición, sino que además sus compañeros de trabajo en la industria del espectáculo se han convertido en una acogedora familia que le permite disfrutar una sensación de pertenencia.

Ella quiere tener un hijo biológico, algo que su madre adoptiva no pudo tener. Le extraña algo el hecho de que ella pueda concebir y su madre no. Dicho esto, Lorena recalca que nunca se sintió no deseada o no amada sino justo lo contrario; ella y su hermano fueron criados para sentirse orgullosos de ser precisamente quienes son. Aunque Lorena siempre sintió que pertenecía a la familia donde creció, sí envidiaba a otras familias cuyos miembros se parecen entre sí. Ella dijo: "Una característica de la adopción es su elemento de azar. El temperamento viene de los genes. Por ejemplo, antes de conocer a mi madre biológica a los veintitrés años, adivinaba ya que ella sería artística, liberal, tranquila y que le gustaría reunirse conmigo sin sentimentalismos. Resultó que así fue. Ella es artista, madre y una buena persona".

Aunque Lorena no buscó ayuda profesional durante su proceso de decisión, asistió a grupos de copaternidad donde aprendió cuáles son los atributos más importantes a largo plazo para la crianza de niños. También tiene algo que ella denomina "el comité de niños", que es el grupo de amigas que la apoya emocionalmente. Ellas la apoyarán cuando se convierta en madre, porque Lorena es partidaria firme del principio de que se necesita una aldea para criar a un niño.

Lorena ofreció este consejo a otras mujeres que están todavía en la fase de tomar una decisión: "Escúchate a ti misma. Habla con otras personas, pero en última instancia escúchate a ti misma, porque al final del día debe ser tu propia decisión".

Semana 11

Preparándote para la llegada

"Simplemente confía en ti misma, y entonces sabrás cómo vivir".
–Johann Wolfgang von Goethe[10]

Presentación

¡Bienvenida a la Semana 11! Hoy eres más sabia que cuando comenzaste este programa. Si ya te *sientes* más sabia, ¡es maravilloso! Sin duda alguna has adquirido mayor sabiduría, aunque quizás aún no te das cuenta. Has estado comprometida con una investigación profunda, excavando en sitios nuevos y antiguos. Has sido valiente y esforzada, gracias a lo cual semana tras semana van surgiendo nuevos descubrimientos. También has estado frente a frente con la mujer sabia que vive en tu interior.

¿Cómo te fue la semana pasada? ¿Tu mujer sabia te acompañó en tus actividades semanales? ¿Pudiste convivir con ella? ¿Te entregó más perlas de sabiduría? ¿Le pusiste más atención a tus relaciones personales? ¿Detectaste cuáles son satisfactorias y cuáles no? ¿Qué aprendiste sobre ti misma al evaluar qué tan fuerte es tu impulso para desarrollarte? ¿Cómo te sentiste siendo más amable y cariñosa con ese maravilloso ser que eres tú misma?

Antes de comenzar las actividades de esta semana, eleva los hombros hacia tus orejas, mantenlos ahí durante unos segundos y luego déjalos caer. Haz esto varias veces más para liberar la tensión acumulada en la parte superior de tu cuerpo. Después frota tus palmas vigorosamente hasta que se calienten un poco y ponlas en el rostro, asegurándote de que las mejillas queden cubiertas por tus palmas. Ahora cierra los ojos y percibe la suavidad y delicadeza de tus manos acunando el rostro.

En esta posición, concéntrate en sentirte orgullosa de tus logros y regálate una hermosa sonrisa de oreja a oreja. Sigue sosteniendo tu bello rostro entre las manos, mientras disfrutas de la admiración y deleite que sientes estando contigo misma. Ahora date un abrazo mientras dices en voz alta: "Estoy muy orgullosa de mí misma y he logrado mucho para llegar a este punto en mi proceso de decisión".

Visualización guiada de la Semana 11

Antes de escuchar la visualización de esta semana, vuelve a leer lo que escribiste después de la visualización guiada de la Semana 2, titulada: "Que comience el viaje". ¿Qué era importante para ti en ese momento? ¿Qué esperanzas tenías?

Estas visualizaciones hacen emerger la información alojada en tu subconsciente. Confía en que tu mente enfocará su atención en donde sea necesario. Cuando tus ojos están cerrados funciona una parte de tu cerebro a la que no se accede fácilmente cuando tus ojos están abiertos. Pídele a alguien que te lea la visualización o grábala para que puedas escuchar con los ojos cerrados, pues su eficacia también requiere del elemento sorpresa. Si esto no es posible, grábala tú misma para que puedas escucharla con los ojos cerrados para profundizar la experiencia del lugar adonde te llevará el ejercicio. También puedes bajarla de la página: www.SerMadreEsParaMi.com. Si lees la visualización para ti misma, hazlo cuidadosa y muy lentamente para darte el tiempo suficiente de saborear la experiencia. De vez en cuando cierra los ojos y ábrete al poder de tu imaginación.

Recuerda que la experiencia que tengas es lo más importante y no hay forma incorrecta de hacer el ejercicio. Ten a la mano tu diario y pluma para que puedas apuntar de inmediato tus impresiones e imágenes.

Para prepararte, elige un lugar tranquilo y sin ruido donde la gente no te distraiga ni moleste. Escoge un momento en el que no tengas nada más que hacer y cuando nadie necesite de tu atención; este momento es única y exclusivamente para tu beneficio. Siéntate cómodamente en una silla o, si lo prefieres, acuéstate en el suelo.

Recuerdos de tu viaje

Ahora que ya estás lista, hazte consciente de tu respiración. Deja que tus ojos se cierren suavemente conforme respiras profundo y exhalas. Inhala y sostén tu respiración mientras cuentas hasta cinco. Luego exhala hasta que la mayor parte del aire haya salido de tus pulmones. Vuelve a inhalar y exhala lentamente, dejando salir un suspiro audible por tu boca mientras cuentas en silencio del diez al uno. Continúa respirando lenta y profundamente. Conforme respiras, te relajas. Permite que tu respiración natural te dé una sensación profunda de paz y bienestar. Siente la relajación de tu cuerpo y deja que tu mente flote libremente. R-e-s-p-i-r-a.

Imagina que nunca has sabido lo que es dudar de ti misma. Imagina que el concepto de cometer errores no existe. Imagina que vivir y crecer solamente tienen como objetivo el descubrimiento, el aprendizaje y el apreciarte a ti misma. Eres maravillosa justo como eres y punto.

Ahora imagina una pequeña alfombra frente a ti. Es gruesa y colorida, con un tejido pesado y exuberante. Admira su belleza. ¿Qué patrones y colores contiene?

Esta alfombra te está invitando a sentarte en ella para que te pongas cómoda y puedas descansar y hundirte en su suavidad. Exhala para sacar de ti cualquier tensión que todavía resida en tu cuerpo y mente.

Es hora de contarte un pequeño secreto. Esta alfombra tiene poderes mágicos: es intuitiva. Al sentarte en ella percibe lo que sientes. Absorbe tus pensamientos y sentimientos, los agradables y los desagradables, los claros y los confusos. Esta alfombra mágica sabe por lo que has pasado desde que comenzaste tu travesía, este camino de expansión, descubrimiento y tal vez también de preocupaciones. Esta alfombra mágica está de tu lado y quiere que seas capaz de verte a ti misma con amor y claridad.

La alfombra es mágica y puede llevarte adonde quieras, incluyendo el pasado y el futuro; es más, en este preciso momento se están formando pequeñas burbujas de aire debajo de ella. Las burbujas crecen y crecen hasta que comienzan a flotar. Deja que la alfombra mágica te lleve volando hasta el cielo. Estás al mando del timón, así que anímate y surca los aires como tú quieras.

Pronto estás volando muy alto y puedes ver desde arriba todo lo que has experimentado hasta ahora durante el programa. Has avanzado mucho desde que comenzaste el viaje. Podrías sentirte cansada, con energía, ambos, o algo totalmente distinto. ¿Qué percibes? ¿Te sientes en paz? ¿Estás relajada? ¿Te sientes decidida? ¿Estás ilusionada o indiferente? ¿Eres consciente de la presencia de ansiedad o preocupación? ¿Hay algo más que estés sintiendo? Lo que sea que sientas es justo lo que deberías estar experimentando en este momento. Deja que tus sentimientos te acompañen durante tu exploración.

Vuela hacia el pasado para poder verlo desde arriba. En la segunda semana de este programa te hemos pedido que te prepararas para un viaje que te llevará al lugar donde encontrarás claridad sobre tu deseo acerca de tener hijos o ser madre. Te hemos animado a darle la bienvenida a todos tus sentimientos sin juzgarlos. ¿Qué recuerdas acerca de esto? Está bien si no recuerdas nada, no te preocupes.

Con tu alfombra mágica flota sobre la playa donde hace tiempo conociste y caminaste con tu yo más joven, y observa desde arriba a tus dos "yos". ¿Qué descubrimientos hicieron juntas? ¿Sientes que ahora tienes una conexión más profunda con esa niña pequeña?

Después de pasar un rato en la playa con tu yo más joven, viste lo que pasaría al decir que sí o que no serías madre. Exploraste tus sentimientos al querer y desear. Hablaste con tu madre o padre, y comenzaste a hacer las reparaciones internas necesarias para avanzar hacia una vida más floreciente. Ahora que ves todo esto desde los aires, ¿qué más alcanzas a percibir?

A continuación, exploraste la decisión de vivir sin hijos, y la semana siguiente exploraste la decisión de convertirte en madre. Ambas posibilidades te provocaron sentimientos. Más adelante, te catapultamos veinte años al futuro. ¿Qué descubrimientos tuviste en ese momento?

Haz una pausa y deja tu alfombra flotando en el aire mientras abres los ojos para apuntar en tu diario *todos* los pensamientos, sentimientos y reflexiones que hayan emergido. Escribe durante todo el tiempo que quieras.

Cuando termines de escribir, regresa la atención a tu respiración normal. Siente cómo tu cuerpo se relaja un poco más con cada inhalación y exhalación. Cierra tus ojos y continua tu viaje en la alfombra mágica.

Percibe la frondosidad de la alfombra donde estás al tiempo que haces un inventario de los recursos internos que cultivaste durante tu viaje. Deja que tu alfombra mágica intensifique tu fortaleza y poder. Creaste un refugio seguro que te nutre, un lugar de confort interior. Invitaste a todos los seres que querías en tu círculo de apoyo. Leíste El Mantra una y otra vez con intención y propósito para relajarte ante la sensación del *No lo sé*, lo cual te permitió ser receptiva a la llegada de más información. Hiciste tiempo para cuidar de ti misma. Conociste a la mujer sabia que contestó tu importante pregunta y te dio un regalo muy especial con un significado que podría o no ser claro para ti. Respira y tómate unos momentos para absorber por completo la presencia de estos recursos internos, y para reconocerlos en tu vida.

Revisa tus sentimientos en este momento. ¿Te sientes en paz? ¿Crítica? ¿Emocionada? ¿Decepcionada? ¿Relajada? ¿O sientes algo más? ¿Puedes percibir tu propia valentía?

Semana 11 – Preparándote para la llegada

Hasta ahora, ¿qué ha sido importante para ti acerca de todo tu viaje? Conforme llega tu respuesta, respira en ella. ¿Qué *sabes* ahora que no sabías antes de comenzar? R-e-s-p-i-r-a. ¿Qué *sientes* ahora que no sentías antes de comenzar? R-e-s-p-i-r-a. Observa tus pensamientos y sentimientos. Por el momento no hay nada más que debas hacer, y todavía no hay conclusiones a las cuales debas llegar.

Ya es momento de descansar, así que vuela en tu alfombra mágica hacia el Hotel Celestial, donde ya tienes una reservación. Mientras te instalas en tu habitación, debes saber que este viaje de recuerdos ha terminado por ahora. Enrolla tu alfombra, guárdala y concéntrate en sentir un aprecio profundo hacia tu persona.

Sigue percibiendo cómo te sientes. Mantén tus ojos cerrados mientras lentamente regresas al momento presente, y permítete algunos momentos para estar con tus sensaciones emocionales y físicas. R-e-s-p-i-r-a.

Cuando estés lista, abre tus ojos lentamente y comienza a escribir en tu diario. Apunta los primeros pensamientos, sentimientos, intuiciones y cualquier otra cosa que desees plasmar acerca de tu experiencia con la visualización. Después relájate un poco. ¡Te lo mereces!

Primeras reflexiones después de la visualización guiada

Para darle concreción a lo que viste y lo que ocurrió en tu interior, pregúntate si hay algo más que necesitas expresar en este momento. Cuando termines de escribir, continúa leyendo.

Para ayudarte a profundizar tu experiencia de la visualización guiada, revisa amable y detalladamente tu condición física y emocional. ¿Qué percibes? Al comparar y contrastar cómo te sientes ahora con cómo te sentías durante la primera semana del programa, ¿qué diferencias detectas? ¿Qué cosas siguen iguales? ¿Qué sabes ahora que no sabías en ese entonces? ¿Qué no sabes todavía? Recuerda que incluso un cambio interno pequeño puede tener implicaciones profundas. Si han surgido nuevas reflexiones, tómate este momento para escribirlas en tu diario.

Cuando sientas que has terminado de escribir, observa cuál es tu estado emocional. ¿Tus sentimientos son manejables? Si te sientes abrumada, sigue las instrucciones a continuación:

Respira profundamente y luego exhala con la mayor lentitud posible, dejando que todo el aire salga de tus pulmones. Permite que tu cuerpo inhale por sí solo. Continúa haciendo esto varias veces hasta que sientas calma. Marca un ritmo con los pies en el suelo. A continuación, da palmaditas en la parte superior de tus muslos. Luego da palmadas en tus brazos. Aprieta los puños y luego libéralos. Estas acciones te ayudan a reconectarte con el presente y permiten aterrizarte. Hacer esto es importante, sobre todo cuando tus emociones te abruman o cuando no puedes manejarlas. Si sientes que necesitas hacer algo más para reconectarte o fijarte en el presente, ponte de pie y marcha en tu lugar. Luego alza tus brazos hacia el cielo y estírate.

Mira a tu alrededor e identifica los objetos que te hacen sonreír. ¿Tu atención está donde quieres que esté? ¿Tus emociones son manejables? Antes de continuar, asegúrate de que tu atención esté donde debe estar.

Qué sucederá en la Semana 11

Resumen

Se acerca el final de tu viaje, así que pasaremos esta semana revisando algunos de sus momentos principales. Te pedimos que saques tu frasco y vuelvas a repasar tus circunstancias externas y temores. Explorarás una aprensión experimentada por muchas mujeres cuando contestan a la pregunta de si quieren o no tener un hijo: *el miedo de arrepentirse*. También tomarás el pulso de tu deseo y, sin importar dónde te encuentras en el amplio espectro entre el sí y el no, comenzarás a cerrar un capítulo de tu vida para comenzar otro.

Reconsiderando tus circunstancias externas

Durante las últimas diez semanas te has esforzado para examinar desde todos los ángulos posibles tus deseos, creencias y miedos más recónditos. Has trabajado en tu vida interna con gran valor y determinación. Es muy probable que hayan salido a la luz asuntos no resueltos, y que algunos de ellos ya hayan sanado. Ahora es momento de revisar sistemáticamente tus circunstancias externas, aquellas situaciones de tu vida –finanzas, salud, edad, relaciones, red de apoyo, miedos, etc.- metidas en un frasco bien tapado para que pudieras enfocarte antes en tu mundo interno.

En la Semana 1 te sugerimos que durante algún tiempo dejaras tus circunstancias externas y temores en un frasco. Ahora abre ese frasco y coloca sobre la mesa los ítems que metiste ahí para no pensar en ellos. Por ahora, separa los temores y vuelve a meterlos al frasco. Pasa un rato considerando tus circunstancias externas y detecta qué te viene primero a la mente. ¿Todos estos elementos siguen pesando sobre ti? ¿Ha cambiado el enfoque que le das a alguno de ellos? ¿Resulta que alguno ya desapareció de tu mapa por completo? ¿Han aparecido circunstancias externas nuevas, distintas a las que metiste en el frasco? Al considerar cada una de las circunstancias externas que todavía son relevantes para ti, ¿las *sientes* distintas ahora? Descubre si hay cambios sutiles entre cómo te sentías antes con respecto a tus circunstancias y cómo te sientes ahora. ¿Qué notas? Tómate unos minutos para escribir tus observaciones inmediatas.

Después de haber escrito, profundiza un poco más. Enlista tus circunstancias externas en tu diario. Nota cuáles ya no aplican y cuáles han cambiado en importancia; pon atención especial a localizar las nuevas. *Lo más importante es que notes qué ha cambiado en tu interior y en tu vida exterior.* Quizás hoy ya tienes más claridad acerca de cuáles serán tus prioridades de ahora en adelante.

Las circunstancias personales, es decir, circunstancias externas, pueden variar muchísimo. Las tuyas son, por supuesto, muy relevantes para ti y para tu vida.

Aquí nos viene a la mente el caso de una mujer en particular. Ella comenzó este programa mientras estaba en una relación con alguien que declaró no querer convertirse en padre. Ella todavía no tenía claro lo que deseaba, pero sabía que si decidía ser madre tendría que hacer algo con la relación. En un principio la idea de romper la asustaba mucho. Cuando sintió que su deseo se inclinaba hacia el sí, reconoció que su relación posiblemente terminaría. El cambio que ocurrió en ella durante el programa y hasta llegar a la Semana 11 fue darse cuenta de que terminar la relación ya no era tan atemorizante como antes. Al principio, la idea de romper su relación por este tema le parecía imposible, pero ahora tenía una buena razón para considerar hacerlo.

Otra mujer, que ya se acercaba al final de su edad reproductiva, quería saber su verdad antes de que fuera demasiado tarde para concebir a un hijo biológico. A través de su trabajo en el programa intuyó que su deseo no era ser madre, sino ahondar más en su pasión creativa. Da la casualidad de que esta pasión era también su forma de ganarse la vida. Se deleitó al sentir la claridad de su deseo hasta el tuétano, y la presión falsa de la edad se disipó.

También está el caso de una mujer, cuyo deseo se inclinaba hacia ser madre soltera, pero que no tenía muchos amigos y estaba distanciada de su familia de origen. No sabía por qué se sentía angustiada ante la idea de ser madre soltera. Más adelante comprendió que hacer amigos era un reto mayor para ella que convertirse en madre. Al ser valiente durante su exploración, comprendió mejor por qué no tenía muchos amigos y el papel que ella misma jugaba en esa situación. Con este nuevo conocimiento pudo hacer los cambios necesarios para entablar amistades, y como consecuencia la idea de convertirse en madre fue menos abrumadora. Se dio cuenta de que *es* posible crear una red de apoyo. Ser una madre soltera ciertamente traería retos, incluso con una red de apoyo, pero ya no se sentía paralizada por el miedo ni completamente sola.

Bien pudiera ser que tus circunstancias externas más complejas y urgentes estén en tus relaciones con las personas importantes de tu vida. Estas relaciones pueden ser una fuerza poderosa que te aleje de tu conocimiento interior. Sin embargo, durante las últimas semanas has estado fortaleciendo el músculo que te permite diferenciarte a ti misma de tus amigos y familiares. Dales un buen vistazo a tus relaciones con todas las personas importantes en tu vida. Observa tu mapa familiar. ¿Qué comprensión nueva tienes ahora acerca de tu familia de origen? ¿Hay algo que todavía quieras entender mejor?

Durante la Semana 10, al analizar mejor tus relaciones con familiares y amigos, ¿encontraste algo que mejoraría si inviertes atención o cuidados cariñosos? ¿Algo se siente fuera de balance? ¿Hay cosas que necesitan decirse? No tienes que hacer nada al respecto en este momento, pero apunta en tu diario lo que se te venga a la mente para que puedas trabajarlo más adelante. Enlista las relaciones que quisieras cambiar; incluso puedes incluir a personas fallecidas o imposibles de contactar. Escribe qué cambio te gustaría que sucediera, si ya lo tienes claro. Si sabes cuál es el próximo paso a seguir, anótalo también.

Por ejemplo, supongamos que durante el programa la pieza del rompecabezas más difícil es la relación que tienes con tu madre. Es posible que las tensiones hayan comenzado durante tu niñez, y aunque tal vez hoy en día tengan un trato cordial, quizás le falta la naturalidad y profundidad que tanto anhelas. Tú sabes que no es realista esperar una solución inmediata, pero puedes hacer algunos cambios para mover la relación en el sentido que deseas. Considera escribirle una serie de cartas con el propósito de entregarle la última. En esta última carta le contarás tres cosas que aprecias de ella y de su relación, seguidas de tres cosas que te gustaría que fueran diferentes entre ustedes. Enfócate en cambios pequeños y alcanzables, y recuerda escribir la carta evitando usar un lenguaje crítico. Si tu madre ya ha fallecido, este ejercicio sigue siendo muy valioso. Puedes leerle la última carta a una fotografía de tu madre.

Quizás quieras identificar dos amistades que se sienten fuera de balance. Necesitan tu atención y cuidados. Reflexiona sobre lo que necesitas obtener en cada una de estas amistades, y sobre los cambios que quieres ver en su relación. Incluso si no puedes predecir el resultado, puedes comenzar a tomar acciones para explorar estos cambios con tus amigos. Un siguiente paso podría ser que consultes libros acerca de cómo mejorar tus destrezas sociales y de relaciones humanas, o toma un taller para aprender habilidades de comunicación saludable que te ayuden a pedir con claridad lo que quieres.

Quizás en tu lista de relaciones identificaste a una hermana distanciada con la que te gustaría reconectarte. ¿Hay algún conflicto del pasado que te gustaría comentar con ella? ¿O simplemente se fueron distanciando poco a poco? Considera cómo te gustaría contactarla y entra en acción. Quizás hay un compañero de trabajo demasiado dispuesto a criticar tu trabajo. ¿Qué pequeño cambio podrías pedirle que haga? Es posible que esto involucre el riesgo de ser más abierta y de mostrarte vulnerable cuando le informes cómo te sientes cuando te critica. Si necesitas ayuda para pedir esto, ¿hay alguien en tu trabajo o en tu red de amistades que podría apoyarte? Quizás tienes un tío que no siempre ha sido respetuoso contigo en las reuniones familiares. Lo recordaste al crear tu mapa familiar. Él ha fallecido, pero de todas formas decides escribirle una carta para decirle con precisión cómo te sientes acerca de su maltrato. Escribe hasta que sientas que te has expresado y has defendido tu caso por completo.

Cambiar las relaciones personales *es* un trabajo duro. No pretenderemos lo contrario. Pero incluso la comunicación más difícil puede facilitarse con la práctica. Es más, cuando tú cambias, la gente a tu alrededor cambia también. Así que identifica las relaciones que te gustaría que cambiaran, crea un plan y comienza a moverte hacia relaciones humanas más profundas y satisfactorias.

Miedos

Al igual que hiciste con tus relaciones y tus circunstancias externas, mira hacia el camino que has recorrido durante este programa para ver qué miedos permanecen. Usa tu diario para enlistar los miedos que pusiste en tu frasco al principio del programa, si no lo hiciste en la sección "Exploración adicional y descubrimientos" de la Semana 1. Considera cada temor por separado y evalúa si cada uno de ellos sigue siendo relevante para ti. ¿Tienes información nueva? ¿Cómo han cambiado tus miedos? ¿Te hacen sentir cosas diferentes? ¿De qué maneras? ¿Detectas nuevos temores? Sigue leyendo. Es posible que podamos guiarte para poder avanzar con ellos.

Al principio del programa, el mayor temor de Eva tenía que ver con su deseo de conocer a una pareja de largo plazo. Se sentía ansiosa cuando pensaba en eso y, para ella, decidir si tener o no hijos estaba muy ligado con esta relación que le parecía tan fuera de su alcance. Lo que Eva descubrió mientras trabajaba en el programa fue que todavía no había desarrollado las habilidades interpersonales necesarias para mantener una relación romántica de largo plazo. Es por eso que la cuestión de tener una pareja le causaba ansiedad. Esa nueva conciencia de sí misma le permitió enfocar su atención en crear y perseguir objetivos muy concretos y a su alcance, metas que podían ayudarla a crear relaciones más satisfactorias. Esto borró un poco sus miedos relacionados con la urgencia de conocer a una pareja, y le ayudó a aceptar que su decisión de ser madre necesitaba tomarse más adelante; primero debía dedicarse a desarrollar habilidades que le ayudaran a relacionarse con otras personas de manera más profunda y satisfactoria. Cuando estuviera mejor preparada para enfrentarse a los retos de una relación, podría volver a sopesar su deseo de ser la madre de un niño. Para Eva, desenredar estos dos temas le permitió liberarse de este gran temor que la atenazaba.

Algunas mujeres se sienten incapaces de asegurar la satisfacción de sus propias necesidades físicas y emocionales, y esto se traduce en un temor a intentarlo. ¿Tú tienes este miedo? Si es así, analiza más a detalle tus circunstancias personales. ¿Es verdad que no puedes obtener lo que necesitas? ¿No sería más realista decir que no has sabido con exactitud cuáles han sido tus necesidades, o que no sabes *cómo* satisfacer tus necesidades y te vendría bien algo de ayuda para descubrirlo? Si te sientes *incapaz de pedir ayuda*, esto puede aunarse a la sensación de que no sabes *cómo* obtener lo que necesitas. Tener estos dos sentimientos simultáneamente puede ser confuso. Es posible que necesites aclarar tu percepción de ti misma.

Las mujeres que luchan contra el miedo a no saber si pueden satisfacer sus necesidades en la vida, a menudo descubren en el transcurso del programa que la satisfacción de necesidades durante su infancia estuvo plagada de complicaciones. Por ejemplo, era necesario cubrir las necesidades de alguien más o al menos debían satisfacerse antes de que sus propias necesidades fueran atendidas ¡o siquiera reconocidas! Las circunstancias que alimentan el temor pueden ser extremas. La negligencia y el abuso obstaculizan el desarrollo físico y emocional, además de que distorsionan los procesos internos que de manera natural te permiten reconocer y enunciar tus necesidades individuales. Si tus necesidades no fueron vistas o atendidas, es posible que tengas una voz interna (quizás subconsciente) diciéndote que nunca podrás atender tus propias necesidades y mucho menos las de alguien más.

Este es un tema importante, y por eso hay libros enteros que tratan de todas las cosas que pueden obstaculizar la satisfacción de tus propias necesidades. Si este es uno de tus temores, considera dos aspectos importantes: (1) No asumas que no puedes atender tus necesidades; y (2) no eres la única persona que tiene este temor. Vale la pena ahondar en estas ideas erróneas. Considera explorar este tema con un profesional, o pídele una opinión sincera a tus amigos, familiares o personas que te conozcan muy bien y en quienes confíes. Es muy probable que puedas cuidar de ti misma mejor de lo que imaginas. Es posible que para eliminar este temor solamente te haga falta comprender a qué está unido. E incluso si es verdad que necesitas *algo* de ayuda para satisfacer tus necesidades, eso es muy diferente a decir que no puedes valerte por ti misma para nada.

Durante su búsqueda de pareja, a Eva no le afectaba tanto este miedo en particular, pero de cualquier forma sí era uno de sus temores. Durante la Semana 8, cuando vivía como si fuera a convertirse en madre, "le flaquearon las piernas" al preguntarse cómo sería capaz de cuidar de ella misma y de un hijo al mismo tiempo. Estaba determinada a comprender este miedo y descubrió un resentimiento profundo hacia su madre, debido a todos los cuidados emocionales que debió darle, mismos que se incrementaron aún más después de la muerte de su padre. De niña, Eva aprendió a anticipar y a atender las necesidades de otras personas antes de poder considerar las propias. Nunca hubo alguien que reconociera y atendiera sus necesidades emocionales. Y jamás hubiera querido que su propio hijo tuviera la carga que le impusieron a ella. Al trabajar con los rescoldos de este enojo y reconsiderar lo que era capaz de conseguir, Eva pudo ver que *sí podría* cuidar de sí misma *y de un hijo*, si decidía tener uno.

El miedo a arrepentirse es compartido por muchas mujeres en el programa. En nuestra experiencia, también es el temor más incomprendido. Podríamos describirlo como el miedo a la posibilidad de perderte algo significativo o, en ocasiones, de vivir en un constante estado de pena si se toma la decisión "equivocada". Durante los años que hemos ayudado a las mujeres a desempacar su miedo a arrepentirse, hemos logrado identificar algunos temas frecuentes.

Lo que muchas mujeres descubren, es que tienen miedo de *estar atoradas para siempre* en un estado de arrepentimiento y miseria. El arrepentimiento *anticipado* se convierte en un pavor monolítico que parece querer mudarse a su casa y estacionarse permanentemente. Experimentar una anticipación de arrepentimiento casi paralizante es un buen indicio de que tu elección es muy importante para ti. Sin embargo, esto no implica que el arrepentimiento se convertirá en un estado mental y emocional duradero.

El arrepentimiento, al igual que las demás emociones, puede ser temporal *si te ocupas de él*. Es posible que sí *o que no* experimentes algo de arrepentimiento una vez que hayas tomado tu decisión sobre convertirte o no en madre. Pero de esto sí puedes estar segura: Cuando uses tus habilidades para sentir, expresar y luego procesar los sentimientos que tengas, esos sentimientos irán transformándose con el tiempo. *El arrepentimiento solamente persiste si no haces duelo por la pérdida que lo origina.*

Al principio, el mayor temor de Elena era que se arrepentiría de su elección más adelante, sin importar cual fuera su decisión. Aunque le sorprendía admitirlo, el miedo de arrepentirse todavía pesaba sobre ella durante la Semana 11. Se sentía atorada. Frente a las demás mujeres del grupo, ella describió su miedo de arrepentirse como "potencialmente devastador". Se dio cuenta de que el acto más compasivo que podía realizar por ella misma era regresar con su psicoterapeuta para tratar de llegar al fondo de este miedo.

Durante tan solo tres sesiones de terapia, Elena logró descubrir un recuerdo de su niñez, el terror relacionado con los arranques de ira de su padre cuando se emborrachaba, que podían durar horas. En esos momentos, Elena se escondía debajo de su cama sintiéndose atemorizada, sola e incapaz de consolarse a sí misma. Su cuerpo contenía estos recuerdos y su terapeuta usó técnicas somáticas (basadas en el cuerpo) que incluían respiración profunda dirigida hacia el terror mientras la terapeuta la acompañaba. Ese miedo "potencialmente devastador" de Elena resultó estar ligado con traumas de su infancia. Le tomó un tiempo realizar el trabajo de curación que requerían estas memorias dolorosas de su familia que habían estado escondidas en su cuerpo y en su banco de recuerdos, pero la recompensa llegó después en la forma de una nueva libertad. Después de trabajar con su psicoterapeuta, sus miedos ya no tenían el mismo poder sobre ella.

El temor a arrepentirse puede tener como origen una experiencia del pasado en que estuviste atorada en una situación intensamente desagradable, sola y sin ayuda, como fue el caso de Elena. Nuestros cuerpos recuerdan los traumas no resueltos. Si tú sientes que tienes temores o traumas no resueltos originados por algo que sucedió durante tu infancia, trabajar con un terapeuta especializado en traumas puede ayudarte a sanar y soltar la experiencia almacenada en tu cuerpo, liberándote para tomar decisiones basadas en tus circunstancias actuales. Sanar los traumas también ayuda a fomentar la autoestima, misma que a su vez te ayudará a enfrentar todos los retos que la vida inevitablemente plantea, ya sea que te conviertas o no en madre.

El miedo al arrepentimiento no tiene por qué ser una condena de por vida. Puede ser un indicio de que hay una creencia errónea, una pérdida que necesita su duelo o un evento no resuelto del pasado que quiere salir a la luz para sanar. Si el trabajo en este programa no te ayuda a resolver este asunto en particular, tu mejor opción es buscar la ayuda de amigos de confianza, familiares o profesionales para adentrarte en estos territorios inexplorados.

El pulso de tu deseo

¡Es momento de tomar el pulso de tu deseo! Poder hacer esto es la culminación de todo el trabajo duro que has estado realizando. Tomar el pulso de tu deseo requiere que te concentres en el aquí y ahora para entrar en contacto con tu verdad. Se trata de escuchar tu intuición –también conocida como corazonada, presentimiento, instinto o sensación visceral.

En esencia, medir tu deseo es simple: te hacemos una pregunta y tú ofreces una respuesta inmediata e intuitiva. Piensa que tu corazonada es una amiga que te dará la información más confiable.

Siéntate cómodamente en un lugar tranquilo donde nadie te moleste. Cierra tus ojos, respira profundo dos o tres veces y luego reanuda tu respiración normal. Calma tu mente. Relaja tus hombros, tu cuello y tus brazos. Permite que tu abdomen se suavice y que tus piernas se suelten. ¿Te sientes cómoda? ¿Tu mente está relajada?

Permanece sentada durante uno o dos minutos más hasta que te sepas consciente de ti misma. Cuando estés lista para continuar, abre tus ojos y continúa leyendo.

Lee en voz alta la pregunta a continuación:

¿Quiero ser mamá, madre, mami?

Cierra tus ojos y siente la respuesta.

¿Cuál es tu contestación inmediata –tu primer sentimiento, tu primer pensamiento?

¿Tienes algún atisbo de claridad?

Ser madre, ¿es para mí?

Si no encuentras una claridad absoluta, ¿tu respuesta tiene un aire de "Sí, pero..." o "No, pero..."? Tal vez surgieron pensamientos similares a estos:

Sí, pero en realidad quiero tener un bebé más que ser una mamá.
Sí, pero quiero embarazarme más que cualquier otra cosa.
Sí, pero simplemente no quiero estar embarazada.
No, pero ¿y si estoy cometiendo un gran error?

No te juzgues a ti misma si esto sucede. Por ahora simplemente regístralo.

Es posible que te sea de utilidad tomar tu pulso por segunda ocasión mientras te miras al espejo. Esta vez, trata de dirigirte a ti misma en segunda persona, otra vez en voz alta:

¿Quieres ser mamá?

Vuelve a cerrar tus ojos durante algunos momentos y hazte consciente de ti misma. ¿Qué sientes física y emocionalmente? ¿Cuál es el pulso de tu deseo en este momento? ¿Dónde estás en el espectro entre el sí y el no? Quizás este es buen momento para abrir tu diario y escribir en él. Podrías comparar cómo te sientes ahora con respecto a tus sentimientos cuando comenzaste el programa. Si ya tienes claro tu deseo, ¿cómo te sientes ahora?

Si todavía no tienes una respuesta clara, quizás estás algo preocupada o desesperanzada. O tal vez eres neutral acerca de no saber porque *saber* ya no es tu mayor preocupación. Algunas mujeres acaban sintiéndose relajadas ante este *No lo sé* y dejan de estar ansiosas al respecto, porque su enfoque ha cambiado a otra cosa. Saben que la respuesta vendrá mientras centran su atención en otros problemas. No saber ya no tiene un efecto perjudicial en ellas.

Sandra se sintió paralizada cuando tomó el pulso de su deseo. Si lo recuerdas, ella se estaba inclinando hacia querer convertirse en madre. Al tomarse el pulso se sintió abrumada por un estado de embotamiento que nubló cualquier respuesta de sí o no. Esto la sorprendió y le preocupó. Al principio, exploró su insensibilidad escribiendo todo lo que se le viniera a la mente. Esto abrió la puerta a otra capa más profunda de tristeza que le pertenecía a la pequeña niña en su interior que nunca obtuvo los cuidados consistentes que anhelaba recibir de su madre. La Sandra adulta hizo duelo por su yo más joven y el embotamiento desapareció. Así logró salir de esa experiencia con la claridad que buscaba.

Al igual que Sandra, algunas mujeres que buscan la claridad se dan cuenta de que a veces la esperanza es seguida por un embotamiento general, como si de pronto el viento dejara de impulsar su velero. Esto no es una casualidad. Solo se necesita un instante para que un rayo de esperanza sea apagado por una ola de dolor. O quizás te has dado cuenta de que ha pasado mucho tiempo desde la última vez que sentiste esperanza alguna. Puede ser confuso, desorientador y podrías sentirte casi como si estuvieras retrocediendo. Si es así para ti, reconéctate contigo misma escribiendo sobre tus sentimientos. Si les das espacio y voz, ellos emergerán, se transformarán por sí mismos, y te abrirán la próxima puerta en tu camino.

Por lo tanto, si descubres que estás como embotada, haz una pausa para reconocerlo y permitirte la oportunidad de estar en paz con este embotamiento; dale la bienvenida y deja que te muestre de dónde viene. Sé paciente. Cambiará. Es posible que desentierres sentimientos de tristeza o pérdida enraizados en lo más hondo. Ten compasión por ti misma y date el permiso de hacer duelo. No es tu culpa que estos sentimientos estén saliendo a la superficie. Es una parte natural del proceso de curación. De hecho, es un paso necesario para avanzar hacia la claridad, aunque quizás a veces pueda parecer un desvío molesto.

Siéntete libre para revisar el pulso de tu deseo una y otra vez. Es muy enriquecedor afinar tu capacidad para escuchar detenidamente a tu cuerpo y a tu intuición.

Cerrar un capítulo para abrir otro

Anticipándote al final de este programa, ¿qué capítulo sientes que está terminando para ti y qué capítulo podría estarse abriendo?

El capítulo que se está cerrando para Elena es reconocer que el objetivo de su vida no debe ser servir a otros, y por lo tanto decir que sí no tiene que ser la respuesta automática a las peticiones que recibe. Por fin, ella sintió en lo más profundo de su ser el conocimiento de que no le debe nada a nadie y de que sí importa lo que *ella* quiere para su vida. Le quedó claro que la infelicidad de otras personas no es su culpa, y que no es su responsabilidad arreglarle la vida a nadie, a menos que *ella* elija hacerlo. Tal vez recordarás que su madre tuvo un aborto espontáneo cuando ella tenía tres años de edad. Después de eso, su madre se hundió en la depresión y dejó de estar emocionalmente disponible. Elena era demasiado joven para comprender lo que le estaba pasando, así que esta experiencia la hizo sentir que había hecho algo para causar el retraimiento de su mamá. El nuevo capítulo en la vida de Elena le dio permiso para negarse –incluso a la maternidad– sin tener que disculparse por ello.

Sandra ya podía sentir el cambio en su interior producido durante el programa cuando abrió el frasco con sus miedos y circunstancias externas. Aunque había estado inclinándose hacia querer ser madre, tenía miedo de mostrar a su hijo el mismo comportamiento que ella había visto en su madre. Ella nunca sabía qué versión de su madre iba a entrar por la puerta y no deseaba que su hijo sintiera el miedo que experimentó en esos momentos. Cuando era niña, a veces Sandra se quedaba despierta la mayor parte de la noche limpiando la casa, con la esperanza de que su madre dejara de llorar. Otros días, su madre llegaba a casa del trabajo con ganas de jugar con ella y con su hermano, pero tenía una exaltación que no se sentía para nada "divertida". Toda esta inestabilidad dejó a la joven Sandra sintiéndose titubeante. No quería que su propio hijo tuviera que pasar por eso. Esta comprensión le permitió abrir un nuevo capítulo y disolver el temor. En consecuencia, durante sus autoevaluaciones pudo reconocer que sería una madre lo suficientemente buena. Con su tía Fabiola metafóricamente de su lado, podría confiar en que su hijo tendría una experiencia muy distinta a la suya.

Al tomar el pulso de su deseo, Beatriz se dio cuenta de que su interior todavía no le daba una respuesta clara. Sin embargo, ya casi estaban colocadas en su lugar varias piezas clave del rompecabezas. Sentía más compasión hacia sus padres cuando comunicaban abiertamente su deseo de ser abuelos. Ella podía distinguir el deseo de ellos del propio, y gracias a esto evitó sentirse presionada. Al hacer el ejercicio "La selección de la lectora" en la Semana 10, creció en Beatriz la confianza de que su vida se desarrollaría y de que a fin de cuentas estaría en paz con lo que sucediera. Supo que su fe la apoyaba en esta nueva confianza, y aunque al cerrar el capítulo de exploración todavía no tenía un sí o no claro, sintió que este replanteamiento profundo le daba más claridad a su propósito. Beatriz se enfocaría en cultivar la resiliencia en su interior y en renovar el interés en su matrimonio y su carrera. Sintió que, como resultado de este enfoque, su decisión de tener o no un hijo pronto se aclararía por completo.

A estas alturas ya conoces tu deseo, estás muy cerca de conocerlo o te has dado cuenta de que todavía hay algo obstaculizando esa certeza. ¿Qué ha cambiado en tu vida desde que comenzaste esta investigación? ¿Qué ideas, piezas del rompecabezas e información concreta han llegado a ti? ¿Todavía estás buscando una pieza perdida? Si tu experiencia aún no se ha integrado para darte una pista que puedas reconocer, describir o asir, eso está perfectamente bien. Ya sucederá. Confía. Las tareas de la sección "Sé curiosa" de esta y la próxima semana están diseñadas para ayudarte.

Sin importar dónde estés ahora en el amplio espectro entre el *sí* y el *no*, has participado en una profunda exploración de sentimientos y posiblemente obtuviste información nueva que todavía te está guiando hacia donde quieres llegar. Este nuevo lugar se revelará a sí mismo. Siéntete orgullosa de todo el trabajo excelente que has hecho y complacida con el lugar adonde tu dura labor te ha traído.

Sé curiosa: tareas para la Semana 11

Desata tu subconsciente. Estírate. Date el permiso de ser espontánea, irracional o inapropiada.

1. ¡Es hora del collage!

   Ya es hora de reunir las imágenes, fotos y recortes de palabras que has estado guardando. Si todavía no tienes nada, este es un buen momento para desenfrenarte y hacer tu colección. Pídele fotos, revistas y otros recursos a amigos, familiares y vecinos. Busca en internet imágenes que te deleiten, perturben, provoquen, evoquen y toquen emociones relevantes para ti y para este tema.

   No pienses en el collage. Simplemente hazlo. Confía en tu creatividad. Siéntete libre para agregar elementos adicionales tales como tus propios dibujos, telas, pinturas o cualquier otra cosa que te inspire. Comienza con una base resistente del tamaño que quieras, grande o pequeña. Recuerda que el propósito es sanarte *a ti misma*. Si sientes que para hacer tu collage te servirá elegir un elemento de enfoque, elígelo pensando en lo que quieres para ti en el futuro. Coloca tu collage terminado donde puedas verlo para inspirarte. Quizás, al igual que un espejo, podrá reflejar aspectos de tu camino.

   Acomoda las imágenes y crea tu collage.

2. Intuición y deseo

   Cuando no haya nadie cerca y no sientas la presión de contestar algo en particular, cierra tus ojos, respira y piensa acerca de un tema totalmente distinto a si quieres o no ser mamá. Piensa acerca de tu lista del mercado, lo que vas a comer en el almuerzo, o lo que vas a usar esta tarde. Olvida que has estado trabajando duro para lograr la claridad y permite que tu mente divague tan lejos como quieras.

   Luego abre los ojos, mírate en el espejo y pregúntate en voz alta:

Ser madre, ¿es para mí?

¿Quieres ser madre?

Escribe la respuesta en tu diario *usando tu mano no dominante*. Reduce la velocidad para dejar que la contestación fluya. ¿Qué sale? ¿Qué sientes en tu cuerpo? ¿Qué sensaciones notas? ¿Qué dice tu intuición? Continúa escribiendo acerca de tu experiencia usando tu mano no dominante. ¡Es posible que te sorprendas con lo que aparezca! Si la forma en que está formulada la pregunta no te cuadra bien, hazle algunos cambios para que sea pertinente a tu caso. Algunas posibilidades serían: ¿Quieres ser mamá? ¿Escogerás la maternidad? ¿Quieres criar a un niño? Elije o crea la pregunta que funcione para ti.

3. Redacta tu historia *precisa* actual

   Es posible que todas las piezas del rompecabezas con la información reunida en las últimas semanas estén comenzando a encajar. Quizás se ha formado una imagen que ya tiene significado para ti, o tal vez la imagen todavía está construyéndose. La próxima actividad te ayudará a aclarar precisamente dónde estás.

   Abajo hay cuatro historias sobre el tema de la maternidad. Desde tu perspectiva actual, analiza si encuentras semejanzas con tu situación. Puede que te identifiques con una o todas las historias, o que encuentres un pedacito de ti misma en cada una.

   Historia 1:
   Nunca pensé mucho en eso. Me imaginé que un día simplemente lo sabría. Ese día nunca llegó, y ahora prácticamente tengo que decidir o la decisión se tomará sola. No es mi culpa que no sea de las que dicen: "yo simplemente sabía lo que quería", aunque muchas mujeres parecen tener una sensación fuerte de si desean o no convertirse en madres sin tener que angustiarse con la decisión. En este punto realmente quiero saber qué es mejor para mí.

   Historia 2:
   Siempre he querido tener hijos, pero nunca conocí a la persona correcta y no quería ser madre soltera. Ahora no sé qué quiero hacer. No estoy tan segura de que quiero hijos en este punto, aunque durante mucho tiempo sí quise. Por fin estoy en una relación que se siente bien como es. Me tomó tanto tiempo conocer a la persona correcta, que no sé si quiero hacer olas con un

hijo. *Estoy segura de que habría querido tener hijos si hubiera sucedido antes. El deseo de ser mamá estuvo ahí pero no la oportunidad. Ahora no creo que sea lo que quiero. Me da tristeza que las circunstancias no se hayan dado antes en mi caso.*

Historia 3:
Tener un hijo nunca figuró de veras en mi agenda, pero parece que tal vez debería estarlo. Mis padres quieren nietos, mi único hermano no desea hijos, disfruto de una buena relación con mi pareja, y sin duda poseemos una situación financiera adecuada para tener hijos. El único problema es que creo que no deseo hijos. Nunca he querido admitir eso ante nadie. A veces me pregunto si me perderé de algo importante. Mi pareja está de acuerdo con lo que yo decida. Aunque me siento bien no queriendo hijos, todavía no me siento bien admitiéndolo en público. No quiero ser criticada por no desear un hijo a pesar de tener los medios para darle una buena vida. También quiero liberarme de la presión social que dice que se supone que debo querer hijos.

Historia 4:
Siempre pensé que me convertiría en madre y realmente nunca se me ocurrió que no sucedería en mi caso. Nunca me imaginé que el camino que tomé me llevaría adonde me encuentro ahora. La relación que creí que tendría ahora no se ha materializado. No me siento financieramente estable yo sola, y ahora no sé si podría concebir si lo intentara. Siento la presión en mi interior porque no sé lo que haré si no puedo concebir. La preocupación no es enorme, pero estoy consciente de que existe. Deseo mucho, mucho, mucho poder cumplir mi sueño de ser madre. Cómo se vería eso precisamente, todavía no lo sé. Quiero comenzar a explorar las opciones que podrían todavía estar a mi alcance.

Dado que tú te defines a ti misma, nadie puede saber mejor que tú cuál es tu verdad. Redacta una historia amable y compasiva que describa fielmente quién eres y cuál es tu situación en este momento. Para hacerlo, podrías tomar alguna de las historias de arriba y modificarla para que encaje más con tu caso, o podrías crear tu propia historia usando tus propias palabras. La elección es tuya. Lo que importa es que el tono de tu historia esté completamente libre de culpa, vergüenza o prejuicios.

Ya has redactado tu historia, ¿cómo se siente verte a ti misma descrita con tanta exactitud? Si sientes que antes solías verte de manera *incorrecta*, o que otras personas no te perciben con claridad, ¿cómo te ha impactado eso? Ten tu historia a la mano y trata de actualizarla de vez en cuando. Cámbiala durante la semana si se te ocurren otras maneras de hacerla más exacta. La próxima semana tendrás la oportunidad de pulirla y llevarla al siguiente nivel.

4. Asuntos pendientes: las piezas faltantes del rompecabezas

    Ahora que falta poco más de una semana para terminar, es un buen momento para repasar de principio a fin las tareas de escritura y los apuntes de tu diario. Revisa la sección "Cosas para revisar más tarde" y considéralas ahora. Al releer lo que escribiste durante las semanas, ponte atenta para ver cambios sutiles en tus percepciones y actitudes. Observa si hay una pieza del rompecabezas que se sienta particularmente confusa o emocionalmente cargada. Quizás hay más de una. Revisa las tareas de las semanas previas, e identifica aquellas que te saltaste porque en ese momento no te parecieron apropiadas. Quizás ahora es un buen momento para intentar hacerlas. ¿Hay otros asuntos pendientes que quieras atender en este momento?

    ¿Qué sigue sintiéndose pendiente o sin terminar?

    ¿Qué ejercicio(s) me gustaría volver a realizar y por qué?

Exploración adicional y descubrimientos

Al concluir el proceso de repasar tu trabajo durante el programa, sugerimos que esperes un tiempo –podrían ser varias horas, un día o dos– antes de considerar las preguntas exploratorias contenidas en "Tu lista para reflexionar" en el Apéndice I. Después de esta pausa, reanuda tu trabajo de descubrimiento dando respuesta a las siguientes preguntas.

Examina detenidamente el collage de esta semana. ¿Te gusta? ¿Te divertiste creándolo? ¿Qué sentimientos surgieron mientras lo hacías? ¿Qué elemento resalta más? ¿Encontraste algunas conexiones que te sorprendieran? ¿Qué imagen despierta una mayor reacción en ti? ¿Hay imágenes que te recuerden alguna fantasía secreta? ¿Cómo le describirías tu collage a un extraño? De ser posible, ponlo en un lugar a la vista para que puedas usarlo como un espejo de tu deseo interno.

¿Qué has aprendido acerca del pulso de tu deseo? ¿Qué tan fácil fue hacer un espacio de silencio para poder escuchar tu intuición? ¿Te sorprendió algo de lo que escribiste con tu mano no dominante?

¿La forma en que describiste tu historia actual en la tercera tarea de la sección anterior se sintió pura, alineada y correcta? De no ser así, ¿puedes identificar qué necesitas pulir todavía? Incluso si la claridad aún está fuera de tu alcance, redactar tu historia te ayudará a seguir avanzando. Poder plasmar tu propia historia de manera precisa toma su tiempo. La próxima semana tendrás la oportunidad de pulirla todavía más.

Es muy importante revisar lo que has anotado durante el programa. A veces, lo que recuerdas haber escrito puede ser muy diferente de lo que escribiste en realidad. ¿Identificaste temas pendientes o piezas faltantes en tu rompecabezas?

Sé más curiosa: ejercicios opcionales

Si quieres hacer más, aquí te presentamos las sugerencias de esta semana:

1. Pon atención a tus sueños. Observa lo que surge de tu subconsciente. Dibuja, pinta o escribe acerca de las imágenes oníricas que llamaron más tu atención.

2. Imagina que tu mujer sabia te da este consejo: "¡Haz lo que te haga feliz!" ¿Qué significa para ti en estos momentos dejar a un lado lo que otras personas puedan pensar sobre esto? Dibuja, pinta o escribe al respecto.

3. Piensa en un tiempo en el que hayas recibido amor incondicional de otra persona o de un animal muy querido. Ahora evoca una época en la que hayas sentido amor incondicional por otro ser. Saborea los recuerdos de cómo te sentiste en ambas ocasiones. Si dedicas un par de minutos diarios a practicar este *ejercicio del corazón*, de preferencia poniendo la mano sobre tu pecho, se fortalecerá tu impulso para desarrollarte y crecerá tu aprecio hacia ti misma.

Esta semana quédate con esto

Antes que nada, ¡felicítate! *Querías* algo para ti misma y *decidiste* luchar por obtenerlo. Date una palmada en la espalda y aparta un tiempo de esta semana para saborear una verdadera sonrisa de orgullo en tu rostro. ¡Otórgate todo el crédito por contestar a preguntas muy difíciles!

¿Qué sigue? ¿Qué vas a dar por resuelto y qué necesita exploración todavía? Mientras realizas tu rutina diaria, observa qué surge en tu interior y regístralo en tu diario.

Un *tótem* es un objeto que representa o simboliza la esencia de alguien o algo. ¿Cuál es tu esencia? ¿Qué objeto simboliza la verdad sobre quién eres? Busca un objeto, símbolo o representación de un objeto que puedas considerar tu tótem personal. Puede ser cualquier cosa. Deja que tu intuición te guíe para decidir cuál será *tu esencia auténtica*. Ten cerca de ti a tu tótem cuando te sientes para comenzar los ejercicios de la Semana 12. Algo especial sucederá desde el momento en que elijas a tu tótem, así que comienza a buscarlo ahora.

Cuidado de ti misma

Haz algo divertido o enriquecedor cada día de esta semana. Aparta un tiempo para nutrir tu alma. Esperamos que durante las últimas semanas hayas ampliado tu repertorio de actividades para cuidar de ti misma. Esta semana te ofrecemos más sugerencias. Siéntete libre de ponerlas en práctica o de hacer algo diferente que te atraiga más. ¡Celebra la maravilla de ser tú!

1. Crea tu alfombra voladora

    Muy bien, ¡esta es tu oportunidad de divertirte haciendo manualidades! Crea una alfombra voladora pintando, dibujando o haciendo un collage. Si sabes cómo, ¡puedes tejerla! Después ponle encima imágenes de tus sueños, poemas, deseos favoritos o cualquier otra cosa que quieras. Si deseas pegar estos objetos en tu alfombra, hazlo. Cuélgala en un lugar especial o colócala cerca de otros objetos que te hagan sentir bien.

2. Tu propio Hotel Celestial

    Convierte tu recámara en un cuarto de hotel cinco estrellas. Es mejor hacerlo después de hacer la lavandería, cuando tus sábanas estén limpias y suaves. Pon uno o dos chocolates bajo tu almohada. Envíate servicio al cuarto en una bandeja preparada con tu bebida favorita, fruta y queso. Date permiso para quedarte un rato en la cama por la mañana.

3. Spa en casa

   Después de un largo día de trabajo o de alguna otra actividad fuera de casa, regresa a tu spa casero. Prepárate un baño especial y sales de baño o aceites esenciales. Baja las luces o enciende una vela. Pon música tranquila de fondo. Coloca un letrero de "No molestar" en la puerta y comienza tu baño terapéutico.

4. Pasa tiempo con tu amada mascota u otro animal

   Pasar tiempo con animales puede ser muy relajante. Si no tienes una mascota propia, visita al gato de un vecino y acuéstate junto a él, o pídele su perro a un amigo y salgan a caminar al bosque o, si dispones de poco tiempo, al menos den un paseo por la cuadra. Al caminar o acostarte junto a tu acompañante de cuatro patas, compártele tus pensamientos acerca de cómo te sientes ahora acerca de la maternidad. Los animales son muy buenos oyentes ☺.

   El cuidado personal que hice para mí misma esta semana fue...

No estás sola

Estas últimas historias pertenecen a Micaela y Catalina. Micaela ha decidido no convertirse en madre. ¡Ahora ella y su esposo son los orgullosos "padres" de un perro muy especial! Catalina todavía está en el proceso de decidir.

La historia de Micaela

Siempre di por sentado que tendría hijos. Seguí esperando a que sonara la alarma de mi reloj biológico, pero nunca sucedió. Siguieron pasando los años y yo quería desear tener hijos. Es lo que se supone que hace la gente. Esperé a que mi esposo comenzara a querer descendencia y así yo le seguiría la corriente, pero él llegó a la conclusión de que no deseaba tenerla. Me dijo que estaría bien si yo quería, pero él sería igual de feliz (o más feliz) sin ellos. Así que el tiempo siguió corriendo y yo comencé a debatirme con la elección. En algún punto incluso deseé ser infértil para no tener que decidir. Me petrificaba el posible arrepentimiento que podría sentir cuando llegara a los sesenta años. Eso me paralizaba, creo. No confiaba en mis sentimientos y, de hecho, deseaba (y quizás todavía deseo) sentir algo diferente. Yo quería desear tener hijos, y seguí queriendo que llegara ese sentimiento, pero nunca llegó.

Las razones por las que deseaba querer hijos, aunque fueran malas razones para procrear, nunca desaparecerán:

- Quería ponerle a alguien el nombre de mi tía abuela. (Es una tradición judía poner a los niños el nombre de familiares fallecidos; ahora mi perra se llama como mi tía abuela, Esther).
- Quería tener a alguien a quien transmitirle mi historia familiar y mis bienes materiales.
- Quería tener a alguien con quien pasar las vacaciones y que cuidara de mí cuando fuera vieja.
- Quería tener a alguien que me recordara y que continuara perpetuando la descendencia familiar después de mi muerte.
- Quería tener a alguien que se pusiera de luto y me extrañara cuando yo muera.

Sabía que ninguna de las anteriores era una buena razón para tener un hijo. Aprendí que siempre estaré triste por no tener estas cosas, pero tengo que vivir con eso.

Creo que el primer indicio de que tal vez no sería madre me llegó a finales de mis años veinte o principios de mis treinta; aunque mi madre te dirá que fue cuando era una adolescente y le dije que no iba a tener hijos porque no quería exponerlos a su presencia. No siempre fui amable con ella.

Mi madre dice que le encantó estar embarazada. Me cuenta que salí pateando y gritando. Mi mamá me hizo sentir valorada y apoyada; nunca dudé de su amor. Pero siempre me dijeron que fui una niña difícil. Mi relación con mi madre fue y es cercana, aunque volátil; nos peleábamos mucho, pero disfrutábamos hacer cosas juntas, como ir de compras. Cuando me fui a la universidad nos volvimos más cercanas. Al entrar en contacto con diferentes normas culturales, comencé a darme cuenta de lo afortunada que soy de tener una madre que se preocupa por mí y que me apoya tanto. También nos llevamos mucho mejor cuando no estamos viviendo juntas. Todavía me siento culpable de que solamente sea abuela de un perro. Mis padres querían nietos, y yo

Semana 11 – Preparándote para la llegada

tengo un hermano gay que es menos probable que se convierta en padre.

He llegado a darme cuenta de que prefiero vivir sintiéndome triste por no tener hijos que vivir con niños reales. Simplemente tuve que aceptar que la tristeza y pérdida siempre estarán conmigo, y que de algún modo todo estará bien.

El programa de doce semanas fue el elemento más decisivo para reconocer y aceptar mi realidad. Muchos ejercicios me resultaron muy útiles, incluyendo el de escribir una carta para el niño que nunca tendré. Tuve una revelación en la meditación guiada que pide imaginar a una anciana en el bosque. Me imaginé la choza de la anciana de Blanca Nieves. La mujer sabia me dio un regalo y cuando Ann (la terapeuta) me preguntó cuál era, vi con claridad una fotografía enmarcada de la hija que nunca tendría. Fue entonces cuando me di cuenta de que ya había tomado mi decisión. Pasé por mi duelo como parte del programa. Hacerlo era una de las tareas y me sentí mejor después de haber llorado por la hija que no tendré.

De cierto modo me sentí sola. Puede ser más difícil ser amiga de mujeres que tienen hijos, a menos que ya se tenga una amistad muy sólida o que les interese desarrollarse en más ámbitos que el de simplemente ser madres. Tengo una buena amiga que está casada y eligió no tener hijos, pero acogió a dos hijastros y la verdad esto me enfadó mucho.

Yo deseaba desesperadamente hallar un grupo de apoyo, pero no podía. Leí todos los libros que pude encontrar, la mayoría de los cuales me parecía que tenían un sesgo hacia tener hijos. La mayoría de los perfiles de las personas sin hijos seguían mencionando que les gustan los niños y que encontraban maneras de tenerlos en sus vidas, como si fuera inaceptable que no te gusten los niños. Bueno, a mí no me gustan los niños y realmente no quiero estar muy cerca de ellos. Aunque soy una excelente tía falsa (y madrina de un excepcional chico de ocho años), esto no se debe a que necesite estar cerca de niños. El libro que me pareció más útil fue escrito en los años setenta y tenía la perspectiva de los primeros años del feminismo; aunque era una publicación antigua, ¡me funcionó!

Me gusta mi matrimonio y la estructura de mi vida. Yo no quería arriesgarme a afectar negativamente a ninguno de los dos. También

> me aterrorizaba la posibilidad de tener un hijo con necesidades especiales. Después de tomar mi decisión, tengo aún menos paciencia hacia los niños y me disgustan todavía más. Me molesta que todo gire alrededor de las familias con niños, desde los impuestos hasta los billetes de avión. Prefiero que los niños se queden en casa. Habiendo dejado esto claro, ¡pienso que mi perro debería poder entrar a todos lados!

La postura actual de Micaela es que, si tuviera la oportunidad de volver al pasado, trataría de tomar una decisión definitiva antes. Así se habría ahorrado entre diez y quince años de angustia (en sus palabras). Ella pidió consejos a todas las personas que pudo. Algunos de sus conocidos parecían insatisfechos por no tener hijos. Pero también tiene varias amistades que parecen ser infelices en su papel como progenitores. Ella se sentía culpable con la posibilidad de no tener hijos cuando la consideraba a la luz de su familia y religión: "Siento el deber de evitar que mi religión se extinga, y en la estructura religiosa no hay un lugar definido para las personas o parejas sin hijos". Después de asumir su elección consciente de no tener hijos, ella y su esposo adoptaron un perro que tratan como si fuera su "hijo único superconsentido". El consejo que le daría a una amiga indecisa sería: "Lee libros; concluye el programa *Ser Madre, ¿es para mí?* y date el permiso de decidir".

La historia de Catalina

> Yo diría que solamente en los últimos meses me preocupó la edad, y la futura posibilidad de no ser capaz de tener hijos se convirtió en enojo. Esto lo desencadenó, de hecho, la sugerencia de una amiga (que tiene un gran deseo de tener hijos) que me dijo que congelara mis óvulos. ¿Por qué tengo que preocuparme por esto ahora? He decidido eliminar más estrés de mi vida y no tener hijos. Pero debo ser honesta y decir que esta decisión se debe a varios factores: No estoy casada ni tengo novio en estos momentos. No tengo empleo ni seguridad financiera en estos momentos. Tampoco tengo una sensación de inquietud o urgencia de tener un bebé o niño que sea mi responsabilidad o que deba cuidar. Pienso que traer a otro ser a este mundo es algo muy serio. Dado que apenas puedo cuidar de mí misma, creo que tener un

hijo ahora sería muy irresponsable, y me enoja que en algún lugar (¿de mi mente?) haya una señal de alarma encendida que me dice que mis óvulos están envejeciendo y que más me vale encontrar una carrera, un hombre y poner manos a la obra ¡pronto! Esa es mi situación actual.

No sé cómo hablaría de este tema con un futuro esposo. Tengo muchos deseos de casarme. Pienso que hay muchas cosas que quiero lograr y que harían que criar un hijo fuera muy difícil, porque creo que los padres deben estar realmente presentes para su pequeño.

En algún punto del futuro, si me convierto en madre porque las circunstancias lo permiten y quiero un hijo y todavía puedo reproducirme, incorporaría algunos de los elementos de la maternidad de mi propia madre. Dicho esto, debo añadir que definitivamente hubo cosas que yo haría de manera distinta. Dado que yo misma fui una niña muy sensible, pienso que yo estaría mucho más en sintonía con las necesidades de un hijo sensible.

Tuve una infancia difícil. Nunca fui una chica popular en la escuela, maduré tarde (quizás todavía estoy madurando) y mi mamá sabía todo esto, pero solamente hizo lo que pudo. Había pocas opciones de escuela en aquel entonces. Yo era una chica tímida y sensible creciendo en Los Ángeles, así que mis padres me inscribieron donde creo que pensaron que era bueno para mí. Seguí teniendo problemas sociales, se burlaban de mí y me dejaban fuera de actividades (como bailes), etc., aunque estuviera en escuelas privadas. Con respecto a la ayuda de mis padres para que me sintiera mejor, mi madre me apoyó, pero mi papá no tanto. Sea como sea, mi autoestima no tuvo un buen comienzo.

Yo creo que no todos necesitan tener hijos, y si decido que no es lo correcto para mí, eso no significa que yo sea egoísta por no querer dedicarme por completo a otra persona. Esto de hecho no es para nada egoísta porque yo estaría decidiendo que no quiero esa responsabilidad después de considerar qué clase de madre sería y sabiendo que los niños necesitan crecer felices, saludables, bien adaptados y con confianza. Además, nunca sabes quién o cómo será tu hijo, y simplemente no sé si tengo vocación para la maternidad y todo lo que implica. Finalmente, hay muchas mujeres como yo que han pasado por lo mismo que yo en su adolescencia y años veinte, y también necesitan amor, empatía, compasión, cariño y cuidados. Quién dice que yo no podría abrazarlas, sostenerlas, amarlas y cuidarlas para poder sanar sus heridas. Esto es algo en lo que todavía estoy trabajando: sanar las heridas internas.

Catalina todavía está tratando de contestar a la pregunta "¿A qué me debo dedicar para poder prosperar?", y se califica a sí misma como "de maduración lenta". Ha sido lenta para encontrar una carrera que le agrade y que le ayude a lograr la independencia. Ella decidió no tener hijos al menos por ahora; no quiere tener ese asunto en su lista de pendientes, porque ya hay muchas cosas ahí: ser soltera queriendo no serlo; no trabajar y sentirse ansiosa al respecto.

Llenó nuestro cuestionario poco después de mudarse a otra región y de celebrar su cumpleaños número treinta y seis. Tenía dificultades para encontrar un empleo satisfactorio. Mudarse fue algo positivo desde la perspectiva emocional, porque está cerca de una amiga muy querida con una hija pequeña que Catalina disfruta muchísimo. Sin embargo, la transición requirió de ajustes que le demandaron mucho tiempo y recursos internos.

Catalina está muy unida a su mamá y puede platicar con ella sobre la mayoría de los temas, incluyendo también cómo se siente acerca de la maternidad. Dijo que su madre aceptaría cualquier decisión que tomara, aunque también intuye que desea ser abuela. Su relación con su padre es más problemática y casi siempre lo ha sido. Ahora comprende que su padre sabía cómo criar y cuidar a una bebé y niña pequeña, pero conforme se iba convirtiendo en una niña mayor y cuando comenzó a tener problemas en la escuela, él no supo qué decir o hacer. Como psiquiatra, tenía la preparación profesional, pero Catalina fue testigo de sus defectos como ser humano y de sus propios retos personales con la forma en que lo criaron. Además, su padre tiene mal genio y eso hace que a ella le dé un poco de miedo. Siente una tristeza residual por lo que le falta en su relación. Tiene un hermano tres años menor que es abogado. A menudo, siente que él es el hijo estrella en la familia –o al menos así la hace sentir el comportamiento de su padre.

Catalina percibe cómo se siente cuando hay personas con niños cerca: "Me doy cuenta de que cuando estoy con niños, en general, no siento que el útero brinque con deseo ☺. Adonde me acabo de mudar tengo una querida amiga con una hija de año y medio que es simplemente adorable. Disfruto cargarla y verla tratar de levantarse, caminar, etcétera". El consejo de Catalina a otras mujeres que enfrentan este tema es: "Ve cómo te sientes cerca de los niños. Mira tu vida. Mira lo que has hecho y lo que quieres lograr todavía. ¿Tienes una necesidad desesperada de un bebé o un enorme deseo de cuidar un hijo?"

Semana 11 – Preparándote para la llegada

Mientras Catalina continúa su exploración por las capas más profundas de su ambivalencia, y se desconecta de la presión de que se le acabe el tiempo, podría descubrir que le gustaría tener un hijo, y entonces puede hacer que suceda; o también puede decidir no actuar para hacer realidad este deseo dadas sus circunstancias. Catalina describió algunos sueños donde se entera de que está embrazada, o donde nota que está creciendo su panza, y estas imágenes oníricas le parecen adorables. Quizás significan que Catalina desea tener un hijo biológico. ¿O serán símbolos del proceso de creación de su vida adulta y de su capacidad para cuidar a otros? Por supuesto que podría haber elementos de ambas interpretaciones en sus sueños. Solo el tiempo lo dirá.

Semana 12

El fin de este camino

Recuérdalo siempre, tú eres la capitana de tu vida.

Presentación

Ya estás en la última semana del programa *Ser madre, ¿es para mí?* Mientras avanzabas hacia una decisión has aumentado el conocimiento de ti misma. La semana pasada consideraste las situaciones externas y los temores identificados durante la Semana 1. ¿Cómo te sentiste? Al examinarlos por separado, ¿cuáles seguían siendo relevantes para ti? ¿Hubo alguno que te preocupara? ¿Te sorprendió saber que el arrepentimiento no debe inspirar temor?

Le tomaste el pulso a tu deseo. ¿Qué se manifestó? También escribiste tu historia personal para comunicar una imagen actualizada y precisa de dónde te encuentras en este momento. ¿Pudiste escribir tu historia de manera objetiva y evitando usar un tono crítico? Al releer tu escrito, ¿sentiste que da en el clavo? ¿Esto te produjo alivio? Si no fue así, esta semana tendrás la oportunidad de mejorarlo.

¿Qué hay de tu collage? ¿Te divertiste haciéndolo? ¿Crearlo te ayudó a acomodar más piezas del rompecabezas en su lugar? ¿Sentiste inspiración al buscar tu tótem? ¿Pudiste encontrar un objeto o símbolo que capturara la esencia de ser tú? Si también te tomaste el tiempo de revisar lo que has escrito hasta ahora, quizás emergieron más reflexiones. Incluso es posible que quisieras repetir algún ejercicio.

¿Cómo te sentiste al leer las historias de las veinte mujeres (en las Semanas 2 a la 11) que generosamente compartieron sus viajes? Al igual que tú, ellas buscaban la claridad. ¿Reconociste algunos aspectos de ti misma en sus vidas e historias?

¡Has llegado muy lejos en este camino! Solo te falta trabajar un poco más para terminar el proceso. Al concluir esta semana finalizará también la parte guiada de tu viaje de exploración y descubrimientos. Tal vez tu rompecabezas ya ha comenzado a tomar forma, pero es importante seguir abierta a la posibilidad de que aún haya perlas de sabiduría por desenterrar; perlas que contribuirán a darte un panorama más amplio de ti y de tu vida.

No importa cuál es tu posición en el amplio espectro entre el *sí* y el *no*, debes recordar que tu proceso de exploración no ha terminado. Las emociones seguirán brotando. El camino del autoconocimiento jamás concluye, pues no deja de cambiar y evolucionar. Aunque la Semana 12 indica el fin de tu camino con el programa, el comienzo de un nuevo capítulo en tu vida está a la vuelta de la esquina. ¡Dale la bienvenida!

Encuentra un lugar libre de interrupciones para realizar la visualización guiada de esta semana. Tómate unos momentos para centrarte en tu respiración. Permite que tu mente se calme mientras inhalas y exhalas. Hazte consciente de la maravillosa simplicidad y naturalidad de tu respiración, que se da sin esfuerzo alguno. Después, con tus ojos cerrados, recuerda algo hermoso que hayas presenciado durante esta última semana. Haz una pausa para recrear con detalle la escena y disfrútala.

Visualización guiada de la Semana 12

Al igual que antes, durante esta última visualización solamente es necesario que te dejes guiar y que te sumerjas en las imágenes y sentimientos que salgan a la luz. A estas alturas ya habrás notado que estos ejercicios son pequeñas joyas cuya función es transportar la información de tu subconsciente hacia tu consciente.

Confía en que tu mente enfocará su atención en donde sea necesario. Cuando tus ojos están cerrados funciona una parte de tu cerebro a la que no se accede fácilmente cuando tus ojos están abiertos. Pídele a alguien que te lea la visualización o grábala para que puedas escuchar con los ojos cerrados, pues su eficacia también requiere del elemento sorpresa. Si esto no es posible, grábala tú misma para que puedas escucharla con los ojos cerrados para profundizar la experiencia del lugar adonde te llevará el ejercicio. También puedes bajarla de la página: www.SerMadreEsParaMi. Si lees la visualización para ti misma, hazlo cuidadosa y muy lentamente para darte el tiempo suficiente de saborear la experiencia. De vez en cuando cierra los ojos y ábrete al poder de tu imaginación.

Recuerda que la experiencia que tengas es lo más importante y no hay forma incorrecta de hacer el ejercicio. Ten a la mano tu diario y pluma para que puedas apuntar de inmediato tus impresiones e imágenes.

Para prepararte, elige un lugar tranquilo y sin ruido donde la gente no te distraiga ni moleste. Escoge un momento en el que no tengas nada más que hacer y cuando nadie necesite de tu atención; este momento es única y exclusivamente para tu beneficio. Siéntate cómodamente en una silla o, si lo prefieres, acuéstate en el suelo.

Regresa al hogar en tu interior

Ahora que ya estás lista, hazte consciente de tu respiración. Deja que tus ojos se cierren suavemente conforme respiras profundo y exhalas. Inhala y sostén tu respiración mientras cuentas hasta cinco. Luego exhala hasta que la mayor parte del aire haya salido de tus pulmones. Vuelve a inhalar y exhala lentamente, dejando salir un suspiro audible por tu boca mientras cuentas en silencio del diez al uno. Continúa respirando lenta y profundamente. Conforme respiras, te relajas. Permite que tu respiración natural te dé una sensación profunda de paz y bienestar. Siente la relajación de tu cuerpo y deja que tu mente flote libremente. R-e-s-p-i-r-a.

Imagina que estás arropada dentro de un capullo de luz blanca que te llena de calidez y amor. Mientras estás envuelta en esta manta de luz blanca, acude a un lugar de tu interior donde sientas ese amor y aprecio por ti misma que son tu derecho natural. Ábrete por completo y respira en este lugar íntimo. A estas alturas ya eres una experta en abrir tu mente y tu corazón a lo que se va manifestando.

Enfoca tu atención en el Hotel Celestial, el lugar donde tu comodidad ha sido siempre la prioridad número uno. Has vuelto al lobby del hotel. Como estás lista para más descubrimientos, es momento de volar de nuevo. Busca tu alfombra mágica, desenróllala y siéntate en su exuberante belleza afelpada. Observa cómo se van formando pequeñas burbujas de aire debajo de ella. Las burbujas crecen más y más hasta que son tan grandes que la alfombra sale volando del hotel.

Mientras te alejas del Hotel Celestial, mira el paisaje debajo de ti. R-e-s-p-i-r-a. ¿Qué alcanzas a percibir desde el aire? ¿Qué piezas del rompecabezas ya están instaladas? Al examinar los resultados de tu duro trabajo, ¿qué piezas del rompecabezas consideras ya puedes acomodar en su lugar? ¿Qué piezas te faltan todavía? Respira para percibir los sentimientos que se presentan en este momento y permite que deambulen por tu corazón y tu cuerpo sin apresurarte a sacar conclusiones.

Recuerda que estás al mando de tu alfombra mágica voladora. Maniobra como tú quieras. Disfruta de esta sensación de libertad. ¿Cómo te sientes? Cuando miras hacia abajo, ¿puedes sentir amplitud en tu interior? ¿Qué te ha quedado más claro que el agua? ¿Qué sigue llamando tu atención? Al surcar los cielos, ¿qué alcanzas a ver en el horizonte del futuro? ¿Hay situaciones externas que todavía necesitas resolver? ¿Qué temores siguen esperándote en la oscuridad? Tómate un momento para *sentir* lo que se manifieste, sea lo que sea: alivio, alegría, tristeza, confusión, o algo totalmente distinto.

Ahora vuela con tu alfombra sobre el collage que creaste la semana pasada. Desde esta visión aérea percibe qué mensajes hay ahí. ¿Qué te está llamando?

Revisa el pulso de tu deseo dejando que te llegue la información sin tener que esforzarte ni pensar. ¿Quieres ser mamá? ¿Quieres vivir sin hijos? ¿Adónde va tu corazón? ¿Adónde va tu mente?

¿Qué revelación obtienes cuando piensas acerca de lo que sigue para ti? Pon atención a tus pensamientos y sentimientos inmediatos.

¿Hay alguna conversación que quisieras entablar con alguien? ¿Necesitas más tiempo para asimilar todo lo que has experimentado? ¿En qué punto de tu proceso te encuentras ahora? ¿Cuál será el *paso más inmediato* que tomarás a continuación? No hay un próximo paso *correcto* o *incorrecto*, solamente existe *tu* próximo paso, a secas. Si tu mente se queda en blanco y no se te ocurre nada, no te preocupes.

No olvides que tu alfombra mágica es intuitiva y recuerda todo lo que has experimentado hasta ahora. Imagina que durante unos minutos *le permites* tomar el control. ¿Adónde desea llevarte? ¿Qué quiere que veas? ¿La alfombra mágica quiere que visites a alguien? ¿Hay algo especial que esté tratando de decirte? R-e-s-p-i-r-a.

Después de un rato de ceder el mando a tu alfombra mágica, vuelve a retomar el control. Haz hecho tu trabajo. ¡Puedes estar orgullosa de ti misma! ¿Qué se siente estar cerrando este capítulo? R-e-s-p-i-r-a.

Recuerda siempre que tú eres la capitana de tu vida. No subestimes el poder de los numerosos recursos que tienes disponibles. Tampoco subestimes lo que ha sucedido en estas últimas semanas. Tu férrea determinación para descubrir tu verdadero deseo te hizo avanzar mucho. También recuerda que *no estás sola*. Siempre hay y habrá algo o alguien disponible para guiarte. No importa adónde te ha llevado tu exploración, puedes estar segura de que tu camino de descubrimiento interior no termina aquí.

Es el momento de que tu alfombra te lleve al lugar de partida. Aterriza suavemente mientras regresas a tu hogar, a ti misma. Ponte de pie, baja de la alfombra, enróllala y guárdala en un lugar seguro de tu memoria. Puedes volver a sacarla cuando tú quieras para explorar lugares nuevos o visitar territorios conocidos. Tu alfombra mágica intuitiva siempre estará esperándote. ¡Buen trabajo!

Mantén tus ojos cerrados mientras lentamente regresas al momento presente, y permítete algunos momentos para estar con tus sensaciones emocionales y físicas. R-e-s-p-i-r-a.

Cuando estés lista, abre tus ojos lentamente y comienza a escribir en tu diario. Apunta los primeros pensamientos, sentimientos, intuiciones y cualquier otra cosa que desees plasmar acerca de tu experiencia con la visualización.

Primeras reflexiones después de la visualización guiada

Confía en que todo lo que ha ocurrido tiene un significado. Sigue leyendo al terminar de escribir.

Cuando estabas en tu alfombra mágica, ¿recordaste las experiencias que has tenido durante el programa? ¿Brotaron nuevos pensamientos o ideas? ¿Qué piezas adicionales del rompecabezas se revelaron? ¿Pudiste armar más piezas?

Puedes experimentar esta última visualización guiada cuantas veces quieras. Elevarte en tu alfombra mágica sobre el terreno que cubriste te ayudará a retener y construir una imagen coherente de tu proceso.

Cuando sientas que has terminado de escribir, observa cuál es tu estado emocional. ¿Tus sentimientos son manejables? Si te sientes abrumada, sigue las instrucciones a continuación:

Respira profundamente y luego exhala con la mayor lentitud posible, dejando que todo el aire salga de tus pulmones. Permite que tu cuerpo inhale por sí solo. Continúa haciendo esto varias veces hasta que sientas calma. Marca un ritmo con los pies en el suelo. A continuación, da palmaditas en la parte superior de tus muslos. Luego da palmadas en tus brazos. Aprieta los puños y luego libéralos. Estas acciones te ayudan a reconectarte con el presente y permiten aterrizarte. Hacer esto es importante, sobre todo cuando tus emociones te abruman o cuando no puedes manejarlas. Si sientes que necesitas hacer algo más para reconectarte o fijarte en el presente, ponte de pie y marcha en tu lugar. Luego alza tus brazos hacia el cielo y estírate.

Mira a tu alrededor e identifica los objetos que te hacen sonreír. ¿Tu atención está donde quieres que esté? ¿Tus emociones son manejables? Antes de continuar, asegúrate de que tu atención esté donde debe estar.

Qué sucederá en la Semana 12

Resumen

La semana pasada redactaste el primer borrador de tu historia. Esta semana te pedimos que la perfecciones y embellezcas. Una parte crucial del trabajo de la semana consiste en profundizar tu conexión con tu tótem y en sintonizarte mejor con tu verdadera naturaleza. Cerraremos el programa describiendo los distintos lugares adonde este método ha llevado a otras mujeres. Obtendrás una perspectiva privilegiada de la trayectoria que tomaron sus caminos. Verás cómo avanzaron los procesos que las llevaron a obtener una nueva conciencia que más adelante influyó en sus decisiones y siguientes pasos. Leer las historias de estas mujeres te ayudará a pensar acerca de *tus próximos pasos*. Las actividades presentadas en las secciones "Sé curiosa" y "Sé más curiosa" están diseñadas para cerrar este capítulo ayudándote a emprender la próxima parte de tu camino personal. ¡Disfruta!

Trabaja en tu historia actualizada

Queremos que comprendas por qué es importante tener una historia actualizada, que te describa a ti y a tu situación de manera objetiva.

Cuando tienes una historia *precisa, justa y amable* de ti misma y de tu camino, es menos probable que te influyan (*o lastimen*) las opiniones de otras personas o sus creencias. Es muy posible que ya hayas recibido opiniones y juicios cargados de emociones sobre si deberías o no convertirte en madre. Mientras tu vida sigue evolucionando y tu comprensión sobre ella crece, seguir puliendo tu historia te ayudará a aumentar la amplitud en tu interior. Gracias a esto podrás estar más segura de ti misma sin importar tus circunstancias y podrás también poner distancia a las opiniones de otras personas. A continuación, te daremos consejos para mejorar y embellecer tu historia.

Abajo verás el tercer ejemplo de historia que te hemos presentado en la Semana 11, seguido por su versión actualizada. Como verás, en la versión revisada la mujer comunica con mayor claridad su certeza y cambio de circunstancias. Ella terminó de pulir el texto unas semanas después de terminar el programa. A veces, es necesario darle tiempo al proceso para que todo quede más claro. Después de leer el ejemplo, pregúntate qué opinas sobre los cambios que hizo y determina si puedes identificarte con alguna parte de su historia.

Semana 12 – El fin de este camino

Historia original, Semana 11:

> Tener un hijo nunca estuvo realmente en mi agenda, pero parece que tal vez debería estarlo. Mis padres quieren nietos, mi único hermano no desea hijos, disfruto de una buena relación con mi pareja, y sin duda poseemos una situación financiera adecuada para tener hijos. El único problema es que creo que no deseo hijos. Nunca he querido admitir eso ante nadie. A veces me pregunto si me perderé de algo importante. Mi pareja está de acuerdo con lo que yo decida. Aunque me siento bien no queriendo hijos, todavía no me siento bien admitiéndolo en público. No quiero ser criticada por no desear un hijo a pesar de tener los medios para darle una buena vida. También quiero liberarme de la presión social que dice que se supone que debo querer hijos.

Versión pulida y mejorada:

> Siempre pensé que debía querer hijos, y cuando más adelante me encontré en una relación estable con seguridad financiera, se fortaleció la creencia de que se supone que debo tenerlos. La gente me decía que era egoísta por no tener hijos. No creí que tuviera la opción de no ser madre, así que cuando sopesaba esa posibilidad, sentía que debía detenerme y dejar de pensar en eso. Ahora sé que mi deseo y mi decisión es tener una vida sin hijos, y cada fibra de mi ser sabe que eso no es egoísta. Mi pareja y yo hemos acordado dar la misma respuesta cuando nos pregunten si tenemos hijos. Planeamos contestar con orgullo y confianza: "No, no tenemos hijos". Es posible que demos más detalles, según quién pregunte. Al mismo tiempo, también sé que seguirá siendo importante para mí tener buenas relaciones con la gente joven, pues me encanta ser una influencia positiva en sus vidas. Conforme pasa el tiempo, siento una mayor libertad interior con respecto a mi deseo y a mi decisión.

Por otra parte, Elena, la autora del mapa familiar que vimos como ejemplo en la Semana 1, modificó su historia de esta manera:

> Hace años quise ser madre. Desearía haber recibido ayuda para lograr la claridad de mi deseo en ese entonces. Habría terminado antes la relación en la que estuve durante mis treintas para buscar a una pareja que quisiera hijos. También habría pasado menos tiempo

atendiendo las necesidades emocionales de mis dos padres. Para cuando supe más acerca de los límites interpersonales y de cómo impacta mi vida el ser la hija adulta de un alcohólico, las cosas ya habían cambiado para mí. Ahora mi vida es diferente, y tengo una edad mayor de la que hubiera deseado tener cuando me convirtiera en madre. Así veo que hoy no es mi camino ser madre, aunque hace tiempo sí quería serlo. Cuando la gente me ve sin hijos, no quiero que crean que yo no quise tenerlos. Por supuesto que no tengo control sobre lo que piensen. Todavía estoy trabajando en mi tristeza por cómo sucedió todo, pero la aflicción está disminuyendo y ya no me culpo a mí misma ni a mis padres. La tristeza que todavía siento no me impide avanzar con mi vida. Ahora quiero enfocarme en crear una relación sana en la que tanto mi pareja como yo podamos crecer. Tengo sobrinas y un sobrino y quiero cultivar esas relaciones.

Mientras tanto, la historia de Sandra quedó afinada así:

Considerar mi historia de familia me hacía sospechar que no sería una buena madre. Nunca creí que querría hijos, y pensé que sería una mala idea tenerlos si resultaba que los deseaba. Ahora comprendo de dónde viene esa mentalidad. Verdaderamente creo con todo mi corazón que soy capaz de ser una madre suficientemente buena y que haré lo correcto con mi hijo. Lo que quiero es tener un hijo. Ya no siento el mismo nivel de temor por la carga de cuidar a un niño. Me entusiasma el futuro.

Para finalizar, te mostraremos cómo precisó su historia otra participante del programa que no hemos mencionado antes:

Ser mamá nunca estuvo en mi lista de prioridades. Aunque me inclinaba hacia decidir no ser madre, nunca fue una negativa muy firme. Mi prioridad en la vida ha sido mi carrera. Y durante mucho tiempo me molestaba que la gente cuestionara mi indecisión. Superé eso cuando participé en el programa *Ser madre, ¿es para mí?* Tenía la confianza de que sería una buena madre si optaba por ese camino, pero primero quería una carrera estimulante y una pareja. Cuando conocí a un hombre con ganas de tener hijos y que evidentemente sería un buen padre, supe que deseaba acompañarlo en ese viaje. Es la mejor relación que he tenido, y ahora cuento con una madurez emocional que no poseía a principios de mis treintas. He decidido decir que sí a la maternidad, y sé que daré lo mejor de mí. Siento que ahora estoy realmente convencida de esta decisión. También sé que si me atoro o me frustro durante el camino, hay recursos a mi disposición para salir adelante.

En la sección "Sé curiosa" de esta semana, tendrás la oportunidad de llevar tu historia al siguiente nivel. Entre más auténtico e informado sea tu autoanálisis, más convicción sentirás en tu interior. La nueva descripción de ti misma y de tus circunstancias, redactada con precisión y compasión, le dará un bien merecido impulso a tu confianza y te ayudará seguir creyendo en ti misma. Esto te permitirá poner en perspectiva las opiniones y juicios que otras personas pudieran emitir. Estarás orgullosa de conocer tu verdadero deseo. Solamente *tú* sabes lo que es correcto para ti.

Tu tótem

La semana pasada te pedimos que buscaras un objeto que represente tu esencia. Antes de continuar leyendo, échale un vistazo. ¿Por qué encarna o simboliza la verdad de quién eres?

En todos los años de guiar mujeres con este programa, nunca se ha repetido el mismo tótem dos veces. ¡Imagínate eso! Algunas mujeres afirman con orgullo que su tótem representa sus mejores cualidades: flexible, de gran corazón, brillante, con una solidez silenciosa, profundamente inteligente, conectada con la naturaleza y los animales, intrépida, adorable, majestuosa, sensual, ferozmente protectora, intuitiva, carismática, una fuente de energía que da vida a quienes la rodean, con determinación innata, creada para volar, una tomadora de riesgos… y la lista sigue y sigue.

Tener un objeto sagrado en forma física permite que la maravillosa verdad de *ti misma* esté simbólicamente disponible, y que puedas verla con facilidad o mostrársela a otros si así lo decides. El tótem puede ayudarte a apreciar tu gran valor como persona si esto no se te da con naturalidad. Durante los momentos en que te sientas confundida o triste, o cuando hayas perdido de vista tu verdadera identidad, tener cerca a tu tótem te recordará fuerte y claro cuál es tu esencia.

Observa tu tótem en este instante. ¿Puedes ver cómo refleja tu belleza y fuerza? En los ejercicios "Sé curiosa" de esta semana te invitamos a explorar aún más tu tótem.

Para concluir

Este programa surge de nuestro compromiso para ayudarte a descubrir la verdad de tu deseo, para poder tomar la decisión consciente de embarcarte en la maternidad o de elegir una vida libre de hijos. Saber lo que es correcto para *ti* es tu *derecho*.

Al final de este proceso, cada lectora estará en un lugar ligeramente distinto. No podría ser de otro modo. Tú eres única y tus circunstancias también lo son.

Muchas mujeres comienzan el programa con una confusión cuya intensidad puede ir desde una curiosidad persistente hasta una profunda ansiedad que atormenta cada aspecto de sus vidas. A continuación encontrarás los resultados más comunes que obtuvieron.

Verás cómo el *proceso* del programa contribuyó a guiar el camino de cada una de ellas. Descubrirás que hay una gran variedad de desenlaces. Esperamos que puedas identificarte con una de las historias o, al menos, con ciertos fragmentos de ellas.

Te presentamos primero los desenlaces que ocurren más a menudo, y después los que ocurren menos seguido. Estos resultados no son incompatibles entre sí, y notarás que hay algunas coincidencias entre ellos. Después del resumen incluimos explicaciones más largas con ejemplos.

Una mujer que ha concluido el programa puede encajar en alguno de estos perfiles:

1. Tiene absolutamente claro lo que *desea*: la *decisión* está sin lugar a dudas a la vista o emergiendo. Sin importar el camino que haya elegido, la mujer tiene una sensación de paz y ya no hay ansiedad.

2. Tiene totalmente claro lo que *desea*: todavía no sabe cuál será la *decisión*, pero confía completamente en que pronto lo sabrá. Aquí también, sin importar el camino que haya elegido, la mujer tiene una sensación de paz y está libre de ansiedad.

3. Logra tener claro lo que quiere: aunque sabe cuál es su *deseo* y la *decisión* está clara, no coinciden. Esta paradoja no molesta a la mujer; está cómoda y puede reconocer tanto el deseo como la decisión sin que uno anule a la otra.

4. Una minoría de mujeres *todavía* no conoce con claridad su deseo; sin embargo, por lo general la mujer se siente bien con la incógnita pues ya sabe *por qué* la elude la claridad. Es posible que ya conozca el próximo paso. Sabe que el proceso de descubrimiento ha concluido y que la claridad

del deseo *está* cerca. Algunas mujeres siguen preocupadas, ansiosas o decepcionadas porque la claridad todavía está fuera de su alcance.

1) El grupo más grande de mujeres que concluyen el programa tiene bien claro cuál es su deseo. Una mujer en esta categoría siente que el peso de la incertidumbre se ha levantado de sus hombros y está lista para tomar una decisión. Sin importar lo que elija dentro del amplio espectro entre el sí y el no, siente que su determinación final será la correcta; tomará una decisión consciente, sólida y confiable que se siente correcta.

Elena logró conocer su deseo. Aunque habría querido que su pasado fuera distinto, ahora tenía claro que no quería ser madre, y a este descubrimiento le siguió la decisión de no tener hijos. Pudo elegir con rapidez porque sintió que tenía *permiso* de negarse a la maternidad. Muy en el fondo, Elena sabía que ya no quería tener hijos. Estaba lista para dejar ir ese sueño y seguir avanzando para crear otros sueños nuevos.

Las amistades de Elena sabían que estaba pasando por este intenso programa y estaban deseosas de saber cómo le había ido. Después de compartir con ellas sus descubrimientos, decidió organizar su propia ceremonia de no-habrá-bebé, que terminó convirtiéndose en una gran fiesta. Ella había trabajado duro para llegar a este conocimiento en su interior, y quería celebrarlo con sus amigas más íntimas. Estas amistades estaban muy felices por ella, aplaudieron su tenacidad y se sintieron honradas de poder participar en la celebración. Por fin, Elena pudo ponerse en primer lugar; había aprendido a cuidar de sí misma sin dejar de ayudar a otros de todo corazón, en vez de ayudar porque era lo que se esperaba que hiciera. Se sintió segura. Disfrutó mucho ser el centro de atención. Ella sabía exactamente cómo quería que fuera su fiesta de no-habrá-bebé y no olvidó ningún detalle.

Escribió la "Oración de la serenidad" en un letrero grande, y repartió marcadores de colores para que sus amistades anotaran ahí los puntos fuertes que veían en ella o cualquier otra cosa que expresara lo que Elena significaba en sus vidas. Contrató a dos masajistas que instalaron las mesas de masaje en habitaciones distintas de su casa y pusieron música relajante de fondo. Tomaron turnos hasta que todas recibieron sus masajes terapéuticos, y después se sentaron para comer alimentos preparados por un chef local. Acto seguido, Elena ofreció su postre favorito, que había preparado para la ocasión. Esto le produjo un gran placer.

Después de consentirse con un masaje y de saciarse con comida deliciosa y nutritiva, comenzó a sonar la música. Bailaron durante horas. Este fue el comienzo de un nuevo capítulo en la vida de Elena, y sabía muy bien cómo seguir avanzando.

El siguiente paso al terminar la ceremonia fue concluir su proceso haciendo el último acto de duelo por su infancia. Escribió cartas al yo más joven que vive en su interior. También practicó el reconocer con amabilidad, en vez de suprimir, los sentimientos de dolor que seguían habitando su corazón. Continuó construyendo mejores límites con sus familiares y amigos. Aumentó su confianza en sí misma y llegó a comprender que estaba a su alcance una vida floreciente centrada en *su propia* felicidad, y no en la felicidad de otras personas a costa suya. Estar atorada en un ciclo de indecisión le había demandado una tremenda cantidad de energía mental, y cuando eso acabó se sintió muy aliviada. No sentía que tuviera que defender su elección. Ya no le importaba lo que otros opinaran. Por primera vez en su vida, Elena sintió paz y amplitud interior.

Sandra también descubrió su deseo y estaba lista para tomar su decisión. Elisa, su pareja, no cursó con ella el programa, y Sandra no estaba segura de cómo o dónde comenzar a compartir con ella un proceso tan sensible y potencialmente cargado de emociones. Elisa estaba impaciente por conocer los descubrimientos de Sandra, dado que el resultado de su claridad tendría un impacto para ambas.

Con el apoyo de los modelos contenidos en el Apéndice III: "Herramientas para compartir el proceso", Sandra pudo contarle a Elisa que ya no tenía miedo de transmitirle a su bebé las heridas que sufrió durante la infancia. Le dijo que después de reconocer su falta de confianza en sí misma, había llegado a la certeza de que sería una madre lo suficientemente buena. Elisa estaba impresionada con los muchos logros de Sandra, y finalmente ¡también se integró al programa! Aunque ya se estaba inclinando hacia la maternidad, Elisa quería llegar a su propia claridad, en vez de simplemente dejar que fuera un reflejo de lo que quería su pareja. Sandra, por su parte, estaba encantada con que Elisa quisiera estar segura de su propio deseo y decisión. Si iban a criar juntas un hijo, deseaba que ambas estuvieran totalmente comprometidas, porque así podrían navegar con más facilidad cualesquiera obstáculos que se presentaran.

2) El segundo grupo más grande de mujeres descubre su deseo, aunque siga sin conocer su decisión. Al tener más claro lo que quiere, una mujer en esta categoría siente que puede continuar el viaje de elegir a su propio ritmo, sin resistencia ni ansiedad. Tratar de descubrir su deseo *y* su decisión *al mismo tiempo* le causaba una angustia indecible. Cuando separó ambas y resolvió una, sintió un gran alivio. Para aquellas mujeres torturadas por la incertidumbre, la sola ausencia de ansiedad puede ser casi tan importante y liberador como tomar una decisión.

Beatriz está en este grupo. Ella concluyó que su verdadero deseo era no tener hijos, pero se sintió bien posponiendo la decisión definitiva durante un par de años. Al ser la hija de en medio, una de sus dificultades era sentir que estaba obligada a no hacer olas. Sus padres querían nietos y Beatriz no creía que sus hermanos fueran a tener hijos. Al trabajar en este programa y voltear todas las piedras que había en su interior, llegó a conocer *su* verdad. Ya no sentía que fuera su responsabilidad darles nietos a sus padres. Aceptó la realidad de que su deseo podía ser diferente al de ellos.

Aunque Beatriz no creía que eventualmente llegara a optar por la maternidad, estaba abierta a la posibilidad de que cambiara su deseo. Tomar una decisión definitiva era menos importante para ella en ese momento, y por eso se sintió relajada y neutral al respecto. Quería disfrutar la vida con su esposo y sus perros mientras se concentraba en su carrera. El esposo de Beatriz la apoyaba en su deseo de no tener hijos. La pareja se sentía feliz de poder vivir la vida al máximo y de esperar unos años antes de tomar una decisión permanente. La presión había desaparecido.

El deseo de **Eva** fue evolucionando hasta convertirse en un sí definitivo a la maternidad. Aunque todavía no sabía cuál sería su decisión final, era suficiente para ella tener claro su deseo de ser madre. Con esto pudo determinar los próximos pasos: sanar las heridas psicológicas que le habían impedido desarrollar relaciones satisfactorias en general, y encontrar alguien con quien construir una relación de pareja saludable.

Aunque tenía treinta y siete años de edad, Eva ya no experimentaba la misma presión que había sentido cuando comenzó el programa. Ahora poseía un panorama claro de lo que le había impedido conocer su deseo. También conocía los pasos que necesitaba tomar para lograr una vida interna y externamente satisfactoria. Incluso estaba dispuesta a aceptar la posibilidad de que el tiempo necesario para hacer duelo y sanar le impidiera tener descendientes biológicos. Eva permaneció abierta a la idea de ser madre ya fuera a través del embarazo, la adopción o a través de una relación de pareja con alguien que ya tuviera niños. Sabía que no quería tener hijos biológicos a cualquier precio. *Ser mamá* era más importante para ella que serlo de un modo específico. Y estar en una relación de pareja satisfactoria y saludable era aún más importante que la maternidad. La claridad de su deseo le produjo un alivio que nunca antes había experimentado.

3) Algunas mujeres logran tener claro su deseo, aunque al final decidan ir en contra de él. ¿Cómo puede ser posible que alguien que *no* desea ser madre elija *sí* serlo, o que alguien que *sí* desea ser madre tome la decisión *opuesta* sin arrepentimiento ni resentimiento? Esta situación es a veces difícil de concebir y comprender a cabalidad, sin embargo, suele explicar el conflicto o ambivalencia inicial. A continuación, verás cómo las circunstancias particulares de una mujer pueden llevarla a avanzar en la decisión de *sí* ser madre, aunque *no* desea serlo, y viceversa.

Se puede llegar a un deseo de *no* y una decisión de *sí* cuando un miembro de la pareja quiere tener hijos sin reservas, mientras que el otro no siente eso, pero también quiere tomar en cuenta el deseo de su pareja. Convertirse en madre *no* es una situación en la que se pueda acceder con renuencia: "Ash, está bien, lo haré". Cuando esta categoría de mujer en particular decide convertirse en madre, aunque quizás no lo desea, es capaz y está dispuesta a cambiar de postura debido al trabajo interno que ha realizado. Esta es su conclusión después de un proceso reflexivo, sincero y consciente. Al avanzar en el camino que conlleva esta decisión, es posible que la mujer todavía necesite hacer duelo por renunciar a una vida libre de hijos, del mismo modo en que lo haría otra mujer por la pérdida que representa el *no* convertirse en madre.

Si te encuentras en esta situación, el razonamiento detrás del deseo de *no* ser madre y la elección definitiva de *sí* serlo es asunto tuyo y de nadie más. Cuando has hecho tu trabajo interno y tienes claro que tu deseo es *no*, sigues siendo libre de decidir que *sí* serás madre con una postura consciente de autoridad sobre tu propia vida, en vez de hacerlo con una actitud reactiva o de enojo. Idealmente, el deseo de *no* ser madre seguido de una decisión de *sí* a la maternidad requiere que el corazón y la mente trabajen juntos.

También existe la posibilidad muy real de que se dé el caso contrario, el deseo de *sí* ser madre seguido de la decisión de *no* serlo. Esto lo demuestran algunas de las veinte mujeres que compartieron sus historias en este libro. En esta categoría está, por ejemplo, una mujer que tiene claro su deseo de ser madre a una edad avanzada, cuando su situación personal y circunstancias hacen que sea una elección inviable, imposible o poco realista. Cuando esto sucede, la decisión suele ser una negativa a la maternidad. Esta mujer llega a la dolorosa conclusión de que, si hubiera llegado antes a la claridad y si las condiciones hubieran sido adecuadas, habría elegido ser mamá. Esto le sucedió a **Elena**. Parte de su historia ya pulida y actualizada dice lo siguiente: "Hubiera querido ser madre hace años. Hoy, ser madre ya no es mi camino, aunque hace tiempo sí quería serlo". En este caso también es necesario hacer un duelo por lo que no llegó a ser y por las decepciones que todavía se llevan cargando.

Dos participantes en el programa experimentaron otras situaciones donde a pesar del deseo de *sí* ser madre, la decisión final fue *no* serlo. Una mujer quería ser madre, pero los médicos le diagnosticaron a su pareja una enfermedad terminal cuando su relación estaba comenzando. Ella decidió que su prioridad era pasar tiempo de calidad juntos. La segunda mujer quería hijos, pero también necesitaba tiempo para cuidar a sus padres ancianos y a su hermana discapacitada. Quizás estos compromisos familiares le impedirían criar un hijo como ella deseaba. Entonces decidió cuidar de sus padres y hermana y reorientar su vida para hacer una diferencia en el mundo. Aunque lamentó que su deseo de ser madre nunca se haría realidad, contemplar una vida sin hijos no le produjo arrepentimiento ni amargura.

La realidad es que cuando una mujer puede *apropiarse* de su verdadero deseo en vez de reprimirlo, tiene mayor libertad interior para tomar una decisión. Cuando una mujer puede separar de verdad su *deseo* de su *decisión*, y cuando comprende por completo la profundidad y significado de todos los detalles que conforman y contribuyen a su deseo, entonces no solamente es capaz de tomar una decisión diferente, sino también de reconciliarse con ella a pesar de ser distinta a su deseo. No es fácil elegir algo distinto a lo que quieres, pero sí se puede lograr, como ya lo han demostrado muchas mujeres muy valientes.

Compartir con otras personas tu nueva claridad es una experiencia muy personal. Decide por ti misma cuál es el momento adecuado. Algunas mujeres necesitan tiempo para estar a solas con su recién encontrado deseo, pues es un sentimiento desconocido. Nosotras apoyamos esta postura. Incluso si ya sospechas cuál será tu *decisión*, date la oportunidad de disfrutar un tiempo en privado la delicia de conocer la verdad de tu *deseo*. Otra opción sería compartir de inmediato la claridad de tu *deseo* con tu pareja o con otro ser querido, pero reservándote durante un tiempo tu *decisión* definitiva. Decide lo que resulte mejor para ti.

4) *Finalmente, hay mujeres que no logran tener claro su deseo.* La mayoría están cómodas con ese resultado porque sí tienen claro el siguiente paso que deben dar y están entusiasmadas por continuar el camino. Están avanzando *hacia* la claridad de su deseo. Algunas se sienten frustradas porque todavía no han obtenido el resultado que esperaban y no entienden bien por qué. Si este es tu caso, *anímate* y no subestimes lo que ha sucedido durante el programa. Es posible que todavía estés procesándolo. No saber cuál es tu deseo en este preciso instante no necesariamente significa que todavía te falta trabajar mucho en ello. Es posible que tu verdad se encuentre justo a la vuelta de la esquina.

Cuando una mujer sigue las indicaciones hasta terminar el programa y luego descubre que no tiene claro su deseo, pero por fin comprende la raíz de su ambivalencia, suele sentirse muy aliviada. En ese momento queda liberada y está ávida de dar el siguiente paso, porque sabe hacia dónde dirigirse. Si la torturaba la incertidumbre, eso ya no sucede. Las piedras que volteó y la curación que experimentó cuando trabajaba en el programa la han preparado para el próximo paso, que posiblemente sea el último, ¡ya está lista para tomarlo!

Para dar el último paso hacia la claridad, quizás sea necesario aceptar o sanar cualquiera de las siguientes áreas: baja autoestima; culpa o resentimiento hacia uno o ambos padres por los sufrimientos vividos durante la infancia; un trauma bien identificado (como negligencia, o abuso físico, emocional o sexual); dolor no resuelto por la muerte de hermanos o padres; una adicción de cualquier tipo; o una necesidad no atendida durante la infancia (por ejemplo, la necesidad de sentirse considerada, cuidada o segura) que se ha congelado en el tiempo.

Si te sientes identificada con alguna de las situaciones mencionadas en el párrafo anterior, ten por seguro que no estás sola. Todos los problemas mencionados arriba se han presentado como mínimo en una ocasión y con al menos una participante del programa. Identificar los próximos pasos te permite avanzar y superar los sentimientos del pasado que podrías estar cargando sobre los hombros sin saberlo.

Quizás todavía no tienes claridad, pero esto no te preocupa porque sabes que hay otros asuntos más urgentes que requieren tu atención. Nos referimos a las circunstancias externas de tu vida. Al trabajar en el programa, atendiste los problemas no resueltos que salieron a la luz. Gracias a esa experiencia sabes que te será más fácil determinar tu deseo o decisión cuando llegue el momento. Tienes confianza y eres fuerte porque ejercitaste tus músculos haciendo el trabajo necesario para llegar aquí. Quizás eres lo suficientemente joven como para sentir que tienes tiempo; quieres viajar, cambiar de carrera o encontrar a una pareja idónea. Tal vez deseas adoptar una mascota o pasar más tiempo con tu cónyuge.

Es posible que ya hayas volteado todas las piedras y acomodado las piezas del rompecabezas, solo para descubrir que conocer tu deseo acerca de la maternidad ya no es un asunto tan urgente, al menos no en este preciso momento. Te sientes libre. Aceptas las cosas como son y sigues adelante. El problema de no saber se va desdibujando y eso está bien, porque este no es el momento adecuado para explorar este deseo o decisión. Tú sabrás cuándo *es* el tiempo perfecto para ti.

Si a pesar de todo el trabajo que has hecho sigues teniendo dificultades, *por favor* reconoce que has progresado. Luego r-e-s-p-i-r-a. Está bien sentirte un poco decepcionada si percibes que todavía hay más por hacer. Pero lo que has hecho hasta ahora es muy valioso, ¡y mereces disfrutar tu recompensa!

A veces solo se necesita un poco de paciencia para que todo el proceso rinda fruto. No hay nada mejor que darle tiempo a las cosas, sobre todo cuando sientes que *algo* ha cambiado, pero no sabes precisamente qué hacer al respecto. Mientras tanto, intenta darte permiso para relajarte acerca de *todavía* no haber llegado a la claridad de tu deseo, y confía en tu fortaleza interior. Puedes repetir algunos ejercicios, o simplemente tomarte un periodo de descanso absoluto.

También es posible que necesites atender un problema todavía no resuelto para que pueda manifestarse la claridad de tu deseo. Esto puede sorprender y decepcionar a aquellas mujeres que llegan al final de este programa sintiéndose todavía ambivalentes. Un comentario frecuente es: "Pero si he trabajado en mí misma; he sanado mis viejas heridas". Es posible que hayas superado varios retos personales; sin embargo, el desarrollo emocional rara vez es lineal, y cuando se manifiesta una fuente grande de estrés, o cuando estás ante una elección de vida crucial, tal como la decisión de tener o no hijos, las capas todavía inexploradas de un problema antiguo pueden emerger a la superficie y reclamar un nuevo nivel de atención. Aunque excavar *otra vez* en ese lugar doloroso puede exponerte a más sufrimiento, no hacerlo conllevará un tipo distinto de malestar, uno que te puede bloquear el acceso a la parte más profunda y auténtica de ti misma.

Antes de que determines tajantemente que no conoces tu deseo, te animamos a realizar las tareas de las secciones "Sé curiosa" y "Sé más curiosa" de esta semana. Si después de terminarlas aún sigues sintiéndote insatisfecha, te guiaremos con algunas actividades más que esperamos te ayuden a obtener la claridad que buscas.

Sé curiosa: tareas para la Semana 12

Muchas de las mujeres que *todavía* están indecisas en esta etapa del programa obtienen la claridad repentinamente al realizar estas últimas actividades. A menudo, un pequeño impulso o idea logra cambiar la situación, y entonces

¡eureka! Recuerda que tal vez está sucediendo mucho más bajo la superficie de lo que puedes percibir. Estos últimos ejercicios también son muy valiosos si ya sabes lo que quieres, porque te permiten reafirmar lo que has aprendido. ¡Ponles todo tu empeño!

1. Abriendo el corazón

    A continuación, te presentamos dos grupos de preguntas. Sé franca al contestarlas. Recuerda que tus respuestas no te comprometen a nada. Esta es solamente una exploración más cuyo propósito es facilitar la llegada de más información. Las respuestas son únicamente para ti. Inspírate en estas palabras del poeta inglés William Wordsworth: "Llena el papel con las respiraciones de tu corazón".[11]

    ¿Qué tendría que suceder o cambiar en mi interior para que elija la maternidad? ¿Qué más debería saber o creer sobre mí misma para decidir ser madre? ¿Qué se necesitaría para que me sienta bien diciéndole SÍ a la maternidad?

    ¿Qué tendría que suceder o cambiar en mi interior para que elija una vida sin hijos? ¿Qué más debería saber o creer sobre mí misma para decidir no tener hijos? ¿Qué se necesitaría para que me sienta bien diciéndole NO a la maternidad?

2. Mejora y embellece la historia de tu vida

    Durante la Semana 11 creaste un borrador fiel de tu historia personal. Ahora toma lo que escribiste y desarróllalo todavía más. ¿Cómo se vería la historia de tu vida más honesta, objetiva y sin juicios que puedes escribir? Piensa tus palabras con cuidado, y redacta una historia que sea amable, dulce y precisa al mismo tiempo. Asegúrate de mencionar todos los factores que juegan un papel en tu situación en particular, incluso algunas de tus vivencias durante este programa y tus situaciones externas más relevantes: las positivas y las difíciles también. Pule tu historia hasta que la narración sea tan certera que leerla en voz alta te haga sentir alivio. Si es de ayuda, consulta los ejemplos de las historias de otras mujeres, y sigue reescribiendo tu historia tan a menudo como sientas que es necesario.

    Mi historia pulida y puesta a punto es...

3. Crea una ceremonia de honor e invita a tu tótem

   Mira tu tótem y absorbe su esencia. Si todavía no has encontrado uno, continúa buscándolo. Después de disfrutar un rato tu esencia, representada por tu tótem, descríbelo en tu diario. Detalla cómo lo elegiste. ¿Por qué seleccionaste este tótem en particular? ¿Cómo explicarías su naturaleza? ¿Por qué refleja tu esencia? ¿Te sorprende de algún modo? De ser así, ¿cómo? Si pudiera hablarte, ¿qué consejos te daría?

   Ahora coloca tu tótem en un lugar que consideres seguro o incluso sagrado. Con él vas a crear un altar o *nido de amor*, un espacio especial para honrarte *a ti misma*. Incluye una vela encendida y tal vez una flor o un buqué completo. Coloca junto a tu tótem al menos dos de las fotos favoritas donde aparezcas, una de tu infancia y otra de adulta. Aparta quince o veinte minutos para sentarte en silencio en tu nido de amor. R-e-s-p-i-r-a profundamente visualizando todo tu ser, y anota en los espacios en blanco los adjetivos que *te* describen con mayor precisión:

   Soy una mujer hermosa, _____, _____, _____, maravillosa y con integridad. Amo a la persona que soy y a la persona en quien me he convertido. Me acepto a mí misma con todo el corazón.

4. Evaluación de tu proceso

   Cuando se finaliza cualquier periodo de autodescubrimiento o aprendizaje, es muy útil mirar hacia atrás y evaluar cómo salió todo. Esta revisión te ayuda a comprender mejor lo que sucedió. Profundiza tu conciencia, confirma y hace más concreto lo ocurrido. Aprovecha este espacio para realizar tu valoración. Será mucho más beneficioso si contestas a las preguntas siguientes por escrito, en vez de simplemente pensar en la respuesta.

   ¿Qué admiro sobre mí misma por haber participado en este programa?

   ¿Qué elementos del programa disfruté?

   ¿Qué hubiera querido que fuera diferente en el programa?

   Sin juzgarme a mí misma, ¿hay algo que me gustaría haber hecho de manera distinta durante el programa?

   ¿Qué necesito ahora para avanzar hacia el próximo paso?

Exploración adicional y descubrimientos

Antes de releer lo que escribiste, tómate un descanso el tiempo que te parezca bien. Para ayudarte a profundizar tus respuestas y sacar a la luz las ideas que falten, considera las preguntas exploratorias contenidas en el Apéndice I, "Tu lista para reflexionar".

Cuando trabajaste el ejercicio "Abriendo el corazón", ¿tus respuestas iban llegando con facilidad o tenías que cavar más profundo para hallarlas? ¿Algunas respuestas se sentían forzadas? ¿Estabas sorprendida o encantada? ¿Las preguntas te invitaron a reflexionar? Si así fue, ¿de qué manera? ¿Tu escritura te llevó a querer saber más? ¿Lo que descubriste te hizo sentir agobiada? Tu respuesta a estas preguntas para abrir el corazón puede ir cambiando con el tiempo. Si todavía no tienes la claridad que buscas, te ayudaría volver a hacerte estas preguntas periódicamente.

Sigue mejorando tu historia hasta que sea tan precisa que puedas suspirar de alivio. Es posible que todavía debas enfrentar verdades dolorosas para que la escritura pueda conducirte a la claridad, pero vale la pena porque alinearte con la verdad te da una sensación de propósito y te impulsa a realizar cualquier curación que todavía se necesite. Esto aumentará aún más la amplitud en tu interior.

Visita a tu tótem. Al mirarlo, ¿sientes satisfacción o inspiración? Cuando comenzaste la búsqueda de tu tótem, ¿te vino algo a la mente de inmediato? Considera la posibilidad de que tu elección de tótem sea un símbolo que encierra un mensaje oculto que va más allá de lo obvio y de la razón principal por la cual lo elegiste.

¡Esperamos que te sientas orgullosa de ti misma! Recuerda todo lo bueno que has hecho durante el programa y lo valiente que debiste ser. Date una palmada de felicitación en la espalda. Si detectas juicios o decepción, ya sea de ti misma o del programa, ¿por qué no canalizar estos sentimientos por escrito y ver adónde te llevan? Considera si tus sentimientos actuales te resultan familiares. Explora cualquier desilusión restante relacionada con tu familia de origen o con eventos sucedidos durante tu primera infancia. Podrías terminar descubriendo que todavía hay más trabajo por hacer sobre un tema o evento en particular.

Sé más curiosa: ejercicios opcionales

Es posible que te atraigan uno o más de estos últimos ejercicios y, quién sabe, quizás al hacerlos llegará tu momento ¡eureka!

Semana 12 – El fin de este camino

1. Toma una hoja grande de papel y enlista diez cosas que te gustaría hacer o experimentar antes de morir. No lo pienses demasiado; solo diviértete. Identifica si hay algo en la lista que te asombre. ¿Sentiste que no podías hacer la lista hasta que tomaras una decisión definitiva sobre la maternidad? Si te sorprendes a ti misma haciendo suposiciones acerca de lo que puedes o no puedes hacer dependiendo de si tienes hijos o no, ve si logras cuestionar esas suposiciones. ¿Qué pasaría si pudieras ser madre o no tener hijos a *tu* modo y bajo *tus* propios términos? ¿Cómo cambia tu lista si asumes que ya has decidido tener un hijo? ¿Cómo cambia si asumes que ya has decidido vivir sin hijos?

2. Vuelve a admirar el collage que representa la síntesis de tus experiencias. Sácale provecho a tu conocimiento de ti misma. ¿Hay algo en particular que te llame la atención? ¿Hay algo que quieras agregar para sentirte inspirada cuando lo miras?

3. Haz una lista de todas las formas en que eres especial y valiosa. Escribe detalles sobre tus esfuerzos durante el programa, en qué áreas trabajaste y cómo lo hiciste. Valórate a ti misma por todo lo que has hecho y por todo lo que eres.

    Si concluiste estas tareas y la claridad de tu deseo aún no es tan nítida como te gustaría, a continuación te presentamos cuatro actividades adicionales para ayudarte a lograr el cambio interior que estás buscando. Puedes realizar estos ejercicios sola o con la ayuda de un profesional de confianza.

    - Escribe la historia de tu vida futura como te gustaría que sucediera. Trata de exagerar un poco lo positivo y lo hermoso.
    - Si durante las doce semanas te saltaste algunas tareas de escritura, regresa y hazlas ahora. Elige un ejercicio que en ese entonces te haya parecido demasiado difícil. O escoge uno que haya despertado tu interés, o te haya hecho sospechar que faltaban más cosas por descubrir, aunque ya lo hayas concluido. No importa que vuelvas a hacer una actividad porque ahora eres distinta y es probable que respondas algo diferente. Permanece abierta a la posibilidad de que emerja información nueva. Tómate tu tiempo. Date la oportunidad de continuar explorando.

- Vuelve a escribir las cartas a tus padres (de la Semana 5) usando tu mano no dominante.
- Invierte tiempo para dar la respuesta más larga que puedas a las preguntas siguientes:
  - ¿Durante cuánto tiempo has estado indecisa sobre la maternidad y cómo ha sido esa experiencia para ti? ¿Qué te ha costado tu indecisión?
  - En el transcurso de tu vida, ¿qué impacto ha tenido tu ambivalencia en tus relaciones personales?
  - Haz memoria. ¿Cuál es la primera vez que recuerdas haber experimentado indecisión (acerca de cualquier cosa)? ¿Te hicieron sentir avergonzada por estar vacilante? ¿Pediste ayuda para superarlo? (Si no pediste ayuda, es posible que todavía exista una herida inexplorada).
  - ¿Puedes precisar (y escribir sobre) qué piezas de tu rompecabezas te siguen faltando?

Para encontrar sugerencias adicionales, examina más detenidamente la sección "¿¡Todavía no lo sé!?" ubicada en el Apéndice IV, casi al final del libro. Ahí encontrarás más actividades y consejos útiles.

Este programa da resultados porque te ayuda a identificar precisamente qué cosas siguen requiriendo de tu atención en cada parte del proceso, para que así puedas determinar los próximos pasos. Si la claridad de tu deseo no se irradia hacia casi todas o todas las células de tu cuerpo, confía en que habrá una buena razón detrás de ello. Lo más probable es que solamente necesites más tiempo para permitir que tu verdadero deseo vaya saliendo a la superficie, o para cavar más a fondo en el territorio de los problemas no resueltos. Si sientes que en esta última fase te ayudaría tener una guía, te recomendamos buscar un buen consejero, psicólogo o psicoterapeuta. Solamente tú puedes saber lo que favorecerá más tu proceso. Recuerda que pedir ayuda no hace daño. Buscar quién te apoye es una señal de tu fortaleza y de que te preocupas por ti misma.

Al seguir con tu camino, deja que tu maravilloso ser se quede con esto

¡Mira todo lo que has hecho! Perteneces a un grupo muy especial de valientes exploradoras. Esperamos que este programa llegue a más y más mujeres como tú. El tiempo y la energía emocional que invertiste requirieron de un verdadero compromiso. Te has regalado a cambio una mayor conciencia, que te ayudará a evolucionar y también beneficiará a las personas que te rodean. Siéntete orgullosa de todos tus logros. Apréciate, ámate y hónrate como es debido.

Es posible que decidas realizar un ritual o ceremonia para destacar este, tu más reciente logro. Crea tu propia ceremonia privada o comparte tu celebración con otras personas. Si necesitas más ideas, puedes consultar algunas de las sugerencias semanales para el cuidado de ti misma. Aunque todavía no sepas cuál es tu deseo, tus logros merecen ser celebrados. Para comenzar, en este momento toma tu mano y ponla en tu corazón; sonríe y di las palabras: "Estoy muy orgullosa de mí misma por ser quien soy y lo que soy: un verdadero tesoro".

Recuerda que cuentas con un amplio abanico de recursos internos muy eficaces. En el transcurso de este programa, tuviste la oportunidad de construir un lugar de confort en tu interior, y al crear tu círculo de apoyo, reforzaste la certeza de que no estás sola. También usaste El Mantra para centrarte de nuevo cuando te sentías abrumada. Ahora posees una nave que puede llevarte al pasado o al futuro cuando tú quieras; una mujer sabia que te da respuestas y regalos; una alfombra mágica que puede volar bajo tu mando; un proceso de dos pasos –primero el deseo y luego la decisión– que puedes usar cuando te pidan algo; dominas la habilidad de replantear percepciones para construir resiliencia; y apuntaste en tu diario una visión del futuro que te ayudará a recuperar la perspectiva cuando sientas que la has perdido.

Es importante no subestimar el poder de lo que lograste durante las semanas que estuviste comprometida con el proceso. No tomes nada de esto a la ligera.

No hay *nada* que supere el darte suficiente tiempo para absorber todo lo que has aprendido. Mientras las cosas siguen acomodándose en su lugar, es posible que continúes experimentando sentimientos incómodos o inesperados. Esto no significa que algo anda mal. También es posible que te sorprendas a ti misma comportándote de manera distinta con personas cercanas o queridas. Esto es normal, debido a que tus descubrimientos internos continúan saliendo a la superficie desde las profundidades de tu psique. No te preocupes. Sé amable contigo misma. Si por casualidad entras en una crisis, por favor no la enfrentes sola. Busca y encuentra ayuda sin demora.

Te deseamos, con cariño y sinceridad, que seas feliz. Estamos orgullosas de ti por la valentía que tuviste al buscar el programa en primer lugar, y por el compromiso que demostraste al completarlo.

Esperamos que hayas encontrado, si no todo, por lo menos gran parte de lo que buscabas o necesitabas. Y ojalá hayas obtenido mucho más de lo que habías esperado.

¡Vas por buen camino! Te deseamos lo mejor ahora y para siempre.

Con amor,
Denise y Ann.

Apéndice I

Tu lista para reflexionar

Esta lista contiene preguntas diseñadas para ayudarte a considerar más a detalle lo que has escrito. Úsala durante el programa únicamente como guía. No te limites a estas preguntas, sobre todo si te sientes inspirada para formular preguntas propias.

Tu lista para reflexionar

- ☐ ¿Qué siento cuando leo en voz alta lo que escribí?
- ☐ ¿Me sorprende algo de lo que escribí? ¿Qué información nueva emergió?
- ☐ ¿Escribí sobre un tema y me gustaría extenderme un poco más en él? (Si es así, ¡no lo dudes y adelante!)
- ☐ Cuando releo lentamente lo que escribí, ¿noto sensaciones emocionales y físicas o cambios en mi cuerpo? ¿Qué frases o enunciados se sienten más cargados, jugosos, pesados o con más energía que los otros?
- ☐ ¿Hay algo que no tenga sentido para mí y que podría tener más sentido después?
- ☐ ¿Algo de lo que escribí me avergüenza?
- ☐ ¿Escribí algo sobre lo cual no había pensado en mucho tiempo?
- ☐ ¿Hay algún tema que podría querer platicar con un psicólogo, consejero, coach, mentor, asesor espiritual o amistad de confianza?

Apéndice II

El Mantra

Te invitamos a leer, respirar y vivir este mantra durante el programa. Su propósito es aliviar inmediatamente cualquier presión que sientas para resolver tu incertidumbre.

No lo sé.

No sé por qué no sé.

No es mi culpa no saber.

Está bien no saber.

Hay muchas cosas en la vida que he tenido bien claras.

Es importante comprender lo que en verdad deseo y nadie lo puede descubrir mejor que yo.

Yo me defino a mí misma.

Las respuestas vendrán a mí porque nunca se fueron.

Solo yo puedo saber lo que es verdad para mí… todo está en mi interior.

Apéndice III

Herramientas para compartir el proceso

A. Carta a tu pareja para compartir las recomendaciones del programa

Para sacarle más provecho al libro *Ser madre, ¿es para mí?* es esencial que puedas llevar tu propio proceso sin censura y sin compartir tu experiencia y pensamientos con tu pareja. Es todo un reto, en el mejor de los casos, tratar de descubrir *tu* verdad de cara a las preguntas, temores o ambivalencia de otra persona. Si tu pareja tiene claridad y tú no, solamente podrás escuchar su punto de vista. Por lo tanto, puede ser útil que alguien más le explique las recomendaciones del programa en el que estás por embarcarte.

Abajo encontrarás modelos para escribirle a tu pareja una carta que le comunique la importancia de aplazar la discusión de tener hijos, y que le explique por qué es mejor esperar hasta que hayan transcurrido las doce semanas para compartir los detalles de tu experiencia. Puedes usar una de estas cartas palabra por palabra o utilizarla como guía para escribir una propia. Primero te presentamos un modelo de carta cuyo remitente somos nosotras, las autoras del libro. Después encontrarás el ejemplo de la carta que firmarías tú. Decide cuál de las dos es más apropiada para tu relación de pareja o circunstancias.

Si no tienes pareja o no sientes la necesidad de escribir una carta, puedes ignorar esta sección. Por otra parte, si estás pasando por otra circunstancia en la que estas cartas podrían ser de provecho, utilízalas como tú quieras. Sin embargo, por favor ten en cuenta que están libres de suposiciones acerca de tu situación en particular, y no tienen como objetivo involucrarse en tu relación de pareja. Estas cartas y este programa están diseñados para que pueda usarlos toda la gente bajo todas las circunstancias sin importar el sexo, la orientación sexual o el contexto cultural.

Modelo de carta firmada por las autoras del libro

Querido(a) [la otra persona],

[Tu nombre] está por embarcarse en un proceso cuya duración prevista es de aproximadamente tres meses. Podría requerirse más tiempo o tal vez menos. [Tu nombre] ha decidido participar en el programa *Ser madre, ¿es para mí?* para más adelante hablar contigo acerca de la decisión de tener o no hijos.

La claridad de [Tu nombre] es esencial para que ella se sienta bien tomando una decisión consciente acerca de convertirse o no en madre. Cuando conozca su verdadero deseo, su conversación contigo será mucho más productiva de lo que ha sido hasta ahora.

Tenemos dos recomendaciones. La primera es que ambos pongan en pausa cualquier discusión de si quieren o no hijos hasta que [tu nombre] haya concluido el programa. La segunda es que [tu nombre] no comparta contigo sus sentimientos, ideas, ni ninguna de sus experiencias hasta que haya terminado todos los pasos sugeridos y esté lista para hablar contigo.

Algunas parejas se sienten aliviadas al dejar descansar el tema. Para sacarle el mayor provecho al proceso, las coautoras recomendamos encarecidamente que [tu nombre] tenga el tiempo y espacio necesarios para que su proceso avance separado del tuyo, con privacidad y libre de censura.

Mientras [tu nombre] está trabajando en las tareas de cada semana, podrías ser testigo de algunos cambios de humor. Es normal que broten las emociones. Incluso es posible que ella misma se sorprenda por sus descubrimientos. Está bien que te cuente cómo se está sintiendo en general y que acuda a ti para recibir apoyo, si estás en condiciones de dárselo. Lo que no recomendamos es que ella comparta contigo los detalles de su exploración interior o las causas de que surjan estas emociones. Durante el programa de doce semanas experimentará todo tipo de sentimientos y pensamientos, pero quizás sus hallazgos todavía estarán incompletos. Esto es natural, dado que el proceso no avanza de forma lineal. No queremos que ella comparta información contigo de manera prematura, porque luego tendría que justificar sus sentimientos o incluso interrumpir su viaje de

Apéndice III: Herramientas para compartir el proceso

exploración. Queremos que siga conectada consigo misma y con el trabajo que está haciendo para que pueda hacer los descubrimientos que tanto necesita.

Si te cuesta trabajo no intervenir en la experiencia de *[tu nombre]*, esperamos que se den un espacio para hablar sobre eso. Si *[tu nombre]* no está disponible o no se siente preparada para hablar contigo sobre tus sentimientos, te animamos a que encuentres una amistad de confianza o un profesional con quien platicar sobre el tema.

Atentamente,
– D. Carlini y A. Davidman.
Las coautoras del libro y del programa *Ser madre, ¿es para mí?*

Posdata:

Si los dos quieren trabajar en el programa al mismo tiempo, nuestras recomendaciones serían las mismas, sobre todo si ambos están indecisos acerca de ser padres. Cada uno de ustedes trabajará las doce semanas por separado y *no* compartirán los detalles entre ustedes conforme van avanzando. Al terminar el programa, podrán apoyarse en la guía que les damos más adelante para comunicar la experiencia de cada uno.

Platicar de tu proceso con tu pareja demasiado pronto puede complicar las cosas más de lo necesario. Descubrir tu verdadero deseo es una experiencia profundamente personal, y es muy fácil censurarte a ti misma sin pensarlo al tener que lidiar también con las opiniones o temores de tu pareja.

(*Ser madre, ¿es para mí?* fue escrito para mujeres. Es posible que las personas con identidades sexuales distintas deban adaptar algunos ejercicios para ajustarlos a su situación particular).

Modelo de carta firmada por ti

Querido(a) [la otra persona],

Para mí es difícil todavía no saber si quiero o no ser madre. Creí que a estas alturas la decisión ya se habría resuelto por sí misma, pero no ha sido así. El programa *Ser madre, ¿es para mí?* guía a las mujeres paso a paso para que obtengan claridad sobre este tema. He decidido trabajar en el proceso que plantea este libro. Quiero compartir contigo las recomendaciones de las autoras para sacarle provecho a lo que estoy a punto de emprender.

Ellas señalan que es muy difícil decidir si se intenta descubrir el deseo y tomar la decisión al mismo tiempo. Este programa contiene una amplia variedad de ejercicios que me ayudarán a determinar si quiero o no ser madre. Cuando lo tenga claro, será más fácil tomar los pasos que me llevarán a elegir. Al concluir el proceso, nuestra conversación sobre ser o no padres será mucho más productiva que hasta ahora.

Te escribo esta carta para contarte sobre dos recomendaciones que las escritoras explican en el libro. Ellas han guiado con este programa a mujeres (y también a hombres) durante décadas.

La primera recomendación es que tú y yo pongamos en pausa el tema de tener o no tener hijos. Esto significa que decidamos suspender esa conversación y que dejemos de argumentar en favor o en contra. Significa que ya no hablemos de las opciones a nuestro alcance. Significa que elijamos darle un descanso al asunto mientras yo me embarco en un programa estructurado que me ayudará a desarrollar una mayor claridad de la que tengo actualmente.

La segunda recomendación es que no comparta contigo detalles de mi experiencia mientras participo en el programa. El proceso no tiene un avance lineal, lo cual significa que durante las doce semanas tendré muchas ideas y pensamientos incompletos. Las autoras indican que compartir contigo pensamientos e ideas incompletos quizás se prestaría a malas interpretaciones y dificultades. Y esto podría nublar o confundir mi exploración.

Cada semana realizaré ejercicios y tareas de escritura. Al terminar el programa, compartiré contigo todos los detalles que considere útiles.

Este proceso podría despertar distintos sentimientos, así que quizás me ponga más sensible que de costumbre. Si mis reacciones emocionales complican nuestro día a día, compartiré contigo información general de lo que me está pasando sin entrar en detalles. Cuéntame si percibes que me estoy alejando de ti. No quiero que sientas que nos estamos distanciando. Por favor, no dudes en hablar conmigo cuando así te lo parezca.

Con amor,
[Tu nombre]

Apéndice III: Herramientas para compartir el proceso

B. Guías para compartir tu experiencia con tu pareja

A las participantes les ha servido contar con una guía para la conversación con su pareja cuando terminan el programa. Si eliges compartir tu experiencia, no querrás simplemente soltar de golpe tu decisión sin haber realizado antes un trabajo preliminar para prepararte y asegurarte de que tu pareja esté lista para escuchar lo que has descubierto.

Es probable que tu pareja no haya hecho un viaje de descubrimiento parecido al tuyo, y que esté esperando conocer tus hallazgos. Por supuesto, esto no siempre es el caso; algunas parejas hacen este programa al mismo tiempo o trabajan hacia la claridad usando otras herramientas. También es posible que tu pareja ya haya tomado su decisión sobre el tema y que esta sea una de las razones por las cuales te interesaste en este libro.

Abajo encontrarás dos guías. Una está diseñada para parejas que *no* han pasado por este u otro proceso guiado, y la otra para aquellas que *sí* han participado en el programa.

Al principio del libro hicimos hincapié en la importancia de guardar para ti tu propia experiencia privada y sin censura. Incluso si todavía hay temas por resolver, sin duda estás en un lugar distinto que cuando comenzaste. Eres libre de decidir si vas o no a compartir tu experiencia, nosotras no queremos influir ni involucrarnos en eso. *Si* deseas comunicarla, será tu decisión *qué* quieres compartir y *cuándo*. A algunas mujeres les gusta revelar de inmediato lo que han descubierto, y a otras les gusta dejar marinar el asunto un poco más antes de hacerlo.

Cuando ha llegado el momento de compartir su experiencia, no todas saben por dónde empezar. Las guías a continuación son solamente pautas generales. Por supuesto que puedes adaptarlas a tus circunstancias. El orden de la conversación es solo una sugerencia.

Cómo compartir tu proceso con una pareja que no ha participado en el programa

Esperamos que esta guía te ayude cuando estés lista para compartir. En primer lugar, busca un momento en que tu pareja se encuentre dispuesta y quiera escuchar sobre tu proceso. Es importante que tengas toda su atención. Recuerda que eres tú quien ha pasado por la experiencia; tu pareja no ha hecho la autoexploración que acabas de concluir. Aunque es posible que ambos estuvieran en condiciones parecidas cuando comenzaste, quizás ahora se encuentran en lugares muy distintos.

Eres libre de fotocopiar esta guía para que ambos puedan adaptarla a sus estilos personales de comunicación. Solo te damos pautas, y no funcionarán para todos los casos, pero son una buena base para comenzar la conversación de manera cuidadosa.

Cuando ambos estén listos, pregúntale a tu pareja cómo la pasó mientras estuviste trabajando en el programa.

> Tú: "¿Cómo has estado mientras yo estuve ocupada con este proceso?"

> (Escucha con atención y responde demostrándole a tu pareja que estás escuchando).

> Tú: "Necesité mucho valor para terminar este programa. Fue necesario que explorara en mi interior".

> (Informa a tu pareja que estás muy orgullosa de ti misma. No le restes importancia a la experiencia. Hiciste una tarea enorme. Podrías compartir cómo te sentías antes de la Semana 1 y cómo te sientes después de terminar la Semana 12).

Después, comparte tu experiencia en el siguiente orden:

> Tú: "Esto es lo que aprendí sobre mí misma:_____".

> (Haz un silencio para escuchar sus comentarios. También puedes preguntar: "¿Cómo te sientes al escuchar esto?")

> Tú: "Algunas de mis percepciones han sido:_____".

> Tú: *"Quisiera compartir contigo varias cosas que he escrito. ¿Quieres escucharlas?"*

> (Esta parte solo es pertinente si quieres revelar lo que has escrito. De lo contrario, no la menciones. También consulta con tu pareja si desea o está lista para escucharte).

Apéndice III: Herramientas para compartir el proceso

> Tú: *"¿Cómo te sientes? ¿Puedo seguir hablando? ¿Necesitas una pausa o quieres decir algo antes de que continúe?"*
>
> Tú: *"¿Quieres saber cuál es mi deseo en este momento, aunque pudiera no ser mi decisión definitiva?*
>
> (Haz una pausa para escuchar la respuesta de tu pareja).
>
> Tú: *"¿Quieres saber cuál sería mi elección si solamente dependiera de mí? Si no estás listo(a) para eso, ¿cuándo sería un buen momento para compartirla contigo?"*

En este momento haz una breve pausa para examinar cómo se sienten. ¿Ambos quieren continuar el diálogo? Si cualquiera de ustedes pide una pausa, respeten ese deseo. Continúa solo si ambos están listos.

Pregúntale a tu pareja lo siguiente:

> Tú: *"¿Cuál es tu deseo y qué decidirías si la decisión solamente dependiera de ti?"*
>
> *"¿Crees que podrías cambiar de opinión?"*
>
> *"Si no has llegado a una decisión, ¿sientes que todavía debes aclarar algo antes de poder tomarla?"*
>
> *"¿Necesitas que haga o diga algo?"*

Cómo compartir tu proceso con tu pareja cuando ambos han terminado el programa

En primer lugar, reconozcan el gran trabajo y la perseverancia que cada uno ha demostrado. En segundo lugar, felicítense por su valentía al enfrentar sentimientos incómodos y aventurarse en lugares que mucha gente no se atreve a explorar.

Después, tomen turnos para preguntarse uno al otro lo siguiente:

> ¿Qué aprendiste sobre ti mismo(a)?
>
> ¿Comenzaste a considerar de forma distinta algún aspecto de ti mismo(a)?
>
> ¿Te sientes igual o distinto(a) que cuando comenzaste?

Ser madre, ¿es para mí?

¿Quieres compartir conmigo algo de lo que escribiste?

(Si lo desean, léanse mutuamente o intercambien sus diarios)

¿Cuál es tu *deseo* en este momento? (No lo confundan con su *decisión*).

¿Quieres saber qué camino elegiría si solamente dependiera de mí?

Si no estás listo(a) para escuchar mi decisión, ¿cuándo sería un buen momento para compartirla contigo?

Si estás listo(a) para compartir:

¿Cuál es tu decisión?

¿Crees que podrías cambiar de opinión?

¿Sientes que todavía debes aclarar algo antes de poder tomar una decisión?

¿Qué más te gustaría comentar o añadir acerca de tu experiencia?

Para terminar, sería genial si ambos pudieran compartir una cosa que valoran de la otra persona.

Apéndice IV

"¿¡Todavía no lo sé!?" – Los siguientes pasos

"No ayudarás a crecer a las plantas jóvenes jalándolas hacia arriba".
—揠苗助长 (Yà miáo zhù zhǎng)[12]

Si estás leyendo esta sección es probable que, a pesar de haber terminado el programa de doce semanas, aún sientas que te falta la claridad que esperabas. O quizás tienes un poco de ansiedad porque de hecho sí sabes, pero temes enfrentar la verdad de lo que sabes. Si terminaste el programa hace una hora o incluso hace un día, deja que lo vivido se asiente un poco más en tu interior. Si después de unas semanas todavía sigues en la oscuridad o indecisa, considera las opciones que te presentamos a continuación. Al menos alguna de ellas será relevante para ti.

Recuerda que primero estás tratando de identificar lo que *quieres*. En este proceso, la parte de *decidir* viene después de conocer tu *deseo*. Si intentas hacer ambos simultáneamente, podrías estancarte. Primero identifica lo que quieres. Tomar una decisión es muy diferente cuando ya conoces, sientes y asimilas la claridad de tu deseo.

¿Estás segura de que todavía no lo sabes?

Una mujer declara tener cierta claridad durante la Semana 9 o 10, pero al final del programa dice, "No tengo idea de lo que quiero. Estoy en el mismo lugar que cuando comencé". Luego, después de explorar un poco más, la claridad regresa. Esto sucede con mayor frecuencia de lo que te imaginas.

Si has vivido con la incertidumbre durante mucho tiempo, esta puede convertirse en tu respuesta automática, a pesar de no corresponder con tus verdaderos sentimientos del momento.

Recuerda cómo te sentías hace algunas semanas. ¿En ese entonces creías que tenías claridad? Vale la pena examinarte a ti misma para cerciorarte de que realmente sea cierto que no sabes. Regresa y lee tus respuestas en las tareas de escritura. Incluso si crees que no ha cambiado nada o que no estás más cerca de lo que buscas, considera la posibilidad de que en realidad te *sientes* distinta ahora si te comparas con cómo te sentías en la Semana 1. Este nuevo sentimiento puede ser desconocido o molesto, así que todavía no sabes qué hacer con él. Si en el pasado has experimentado incomodidad y ahora también te sientes incómoda, no asumas que la razón es necesariamente la misma. La causa de tu malestar actual podría ser diferente.

Hay mujeres que sienten o piensan que no les ha pasado gran cosa, al tiempo que las otras participantes del programa en su grupo perciben lo contrario de ella. El mero hecho de que no *sientas* que ha pasado algo, no significa que no ha sucedido nada. Si trabajaste el programa a solas, no tienes la ventaja de escuchar las observaciones de otras personas.

Descansa para permitir que el proceso se desenvuelva – ¡ten confianza!

Concédete un periodo de gestación o descanso de tres meses enteros. Nada puede sustituir el paso del tiempo y el dejar que las cosas se vayan revelando lentamente por sí mismas. Aunque es más fácil decirlo que hacerlo, darte este tiempo es muy importante y eficaz para fomentar la confianza en tu propio proceso interno. El ejercicio de abajo podría ser justamente lo que necesitas para percibir los cambios en tu interior que ya han ocurrido.

Pon una nota en tu agenda o en tu calendario para recordarte cuando hayan transcurrido exactamente tres meses a partir de este día. No hagas nada más. Sigue con tu vida. Enfócate en otras actividades, sobre todo en aquellas que te gustan y te producen alegría. Retoma un pasatiempo que tengas abandonado o búscate otro nuevo. Pon manos a la obra. Sé feliz. Por supuesto, mientras sigues con tus actividades cotidianas, pon atención si tienes un sueño muy vívido o si percibes las cosas de manera distinta, pero no trates de aclarar tu deseo de manera activa.

Cuando llegue la fecha, siéntate en un lugar tranquilo. Elige alguna actividad que te enriquezca, como beber una taza de té, escuchar música tranquila, encender

Apéndice IV: "¿¡Todavía no lo sé!?" – Los siguientes pasos

una vela o algo más que te ayude a hacer de ese momento algo especial. Ten a la mano tu diario o papel para escribir, y completa el enunciado a continuación sin pensar. Simplemente comienza a escribir. Llena una página o, mejor aún, tres páginas. No hay un límite máximo.

Si cualquier cosa fuera posible, la vida que construiría se vería así…

Cuando hayas terminado de redactar, siéntate en silencio durante algunos momentos, cierra tus ojos y respira más lentamente. Ponte cómoda. Después de hacer esta pausa, lee en voz alta lo que escribiste. Es importante que lo hagas. Está bien si quieres leerlo más de una vez.

Advierte lo que sientes en tu cuerpo y en tu corazón mientras estás leyendo. ¿Aparecen imágenes en tu mente? Tómalas en cuenta. Observa qué información tienes ahora. ¿Qué estás sintiendo? ¿Hay cosas nuevas? ¿Qué elemento o tema clave se manifiesta? Date permiso absoluto para aceptar lo que acuda a ti. Dale la bienvenida a todo, incluso si algunos pensamientos son juicios o dudas persistentes que intentan salir a la luz. Ve si ahora tienes algo más que te ayude a avanzar.

Si quieres llevar este ejercicio un paso más allá, puedes grabar en audio lo que escribiste y luego escucharlo para ver si detectas algo distinto al escuchar el sonido de tu voz.

Lo grande se esconde en lo pequeño – agita las aguas

Si presientes que un pequeño empujón podría ser suficiente para llegar a la meta, revisa las tareas opcionales en la sección "Sé más curiosa" de cada semana. Tómate el tiempo para hacer una o varias más. Elige las que te parecieron muy difíciles en el momento (podrían ser justamente lo que necesitas ahora) o las que alborotan tus emociones con el solo hecho de *considerar* hacerlas.

Por qué no volver a realizar las visualizaciones guiadas, sobre todo aquellas contenidas en las Semanas 3, 7, 8, 9 y 10. Al terminarlas, escribe en tu diario. Esta vez podrías tener una experiencia totalmente distinta.

Vuelve a la segunda tarea de escritura de la Semana 9 titulada: "Mi anotación en el diario", donde te pedimos escribir en tu diario con una fecha dentro de un año. Comienza así: *"Cuando echo un vistazo al año pasado, me complace recordar que…"* Pon atención a lo que se va revelando cuando escribes libremente y sin inhibiciones. Después lee en voz alta tu texto.

Socializa tu proceso

Reflexiona acerca de las mujeres que conoces (o que te gustaría conocer) y pregúntales acerca de su propia experiencia al decidir sobre este tema. Consulta a mujeres que admires, ya sea por las decisiones que han tomado durante sus vidas o porque parecen vivir con integridad. Tómate un tiempo para escuchar de primera mano las vidas de otras personas.

Lee o vuelve a leer las veinte historias de mujeres reales presentadas en las Semanas 2 a la 11 y considera cómo encajas tú en sus narrativas.

Plantéate organizar tu propio grupo de apoyo para que puedas repetir algunas de las actividades del programa en compañía de otras mujeres. Será una experiencia muy distinta a la de trabajar tú sola.

Si descubriste que necesitas sanar algo

Si has detectado algún asunto sin resolver o un aspecto de tu vida que no ha sanado todavía, haz un plan de acción para atenderlo y para atenderte. Es totalmente natural y frecuente buscar ayuda profesional para enfrentar este tipo de reto. Puede que tu plan de acción tenga un plazo determinado. Podría parecerse a los ejemplos presentados a continuación:

> *Durante los próximos seis meses, mi objetivo principal será sanar la herida que me hace sentir que no le importo a nadie.*

> *Voy a pasar una temporada aprendiendo cómo enfrentar la intensa ansiedad que me aqueja la mayor parte del tiempo.*

> *Quiero concentrarme en cambiar mi necesidad desmesurada de controlar lo que sucede en mi vida.*

Quizás no resolverás por completo estas situaciones, pero progresar ligeramente podría marcar la diferencia entre conocer y no conocer tu deseo. Un poco de trabajo o incluso un leve cambio en tu interior podría ser suficiente para que algo haga clic y se abra la puerta que restringe el acceso a tu deseo.

Apéndice IV: "¿¡Todavía no lo sé!?" – Los siguientes pasos

Pide ayuda

Continúa tu exploración con la ayuda de un psicoterapeuta, consejero o *coach*.

Si hablas inglés, considera la posibilidad de trabajar en sesiones individuales, presenciales o grupales en línea con la autora Ann Davidman, terapeuta familiar y matrimonial con licencia. Para conocer más información, contáctala directamente a través de su sitio web: www.MotherhoodIsItForMe.com.

Cree en ti misma. Confía en tus habilidades. Cultiva el amor propio y la compasión. Cuídate mucho. *Tú* eres tu principal prioridad.

Apéndice V

Índice de visualizaciones guiadas

Puedes escuchar las visualizaciones narradas en el sitio www.SerMadreEsParaMi.com.

	Tema	Capítulo
1	Crea bienestar en tu interior	1
2	Crea tu círculo de apoyo	1
3	Que comience el viaje	2
4	Un encuentro sorpresivo… con tu niña interior	3
5	Recuerda una ocasión en que… dijiste que sí, pero quisiste decir que no	4
6	Tiempo de elegir… diálogo con tu madre o con tu padre	5
7	El diálogo… con el progenitor que elegiste	5
8	Parte I – Madre… Preguntas para mi madre	6
9	Parte II – Madre e hija… Mi relación con mi madre	6
10	¿Sí? ¿No? ¿Quizás?… La decisión de no	7
11	Ser decidida… La decisión de sí	8
12	Un desvío sorpresa… viaje en la máquina del tiempo	9
13	Encuentro con tu mujer sabia	10
14	Recuerdos de tu viaje… sube a la alfombra mágica	11
15	Regresa al hogar en tu interior… toma el pulso de tu deseo	12

Referencias

1. Frost, Robert. Título original del poema en inglés: "The Road not Taken". *Selected Poems of Robert Frost* (Poemas selectos de Robert Frost). Holt, Rinehart y Winston, 1969. Libro en formato físico. Poema traducido por Ian Mackey.

2. "Lao Tzu". BrainyQuote.com. Xplore Inc., 2016. 18 de agosto de 2021. http://www.brainyquote.com/quotes/quotes/l/laotzu386562.html.

3. Brontë, Charlotte. *Jane Eyre*. Brainyquote.com. Xplore Inc., 2016. 18 de agosto de 2021. http://www.brainyquote.com/quotes/quotes/c/charlotteb388605.html.

4. Ziman Tobin, Phyllis O. *Motherhood Optional: A Psychological Journey* (La maternidad es opcional: un viaje psicológico). Jason Aronson, 1998. Libro en formato físico.

5. Ibid.

6. Winnicott, D. W. "The capacity to be alone" (La habilidad de estar solo) en *The Maturational Processes and the Facilitating Environment* (Los procesos de maduración y el ambiente facilitador) (pp. 29-36). Londres: Hogarth Press y el Institute of Psycho-Analysis. 1965. Libro en formato físico.

7. Ireland, Mardy S. *Reconceiving Women: Separating Motherhood from Female Identity* (Repensando a las mujeres: separando la maternidad de la identidad femenina). Copyright Guilford Press. Nueva York: Guilford, 1993. Libro en formato físico. Reimpreso con el permiso de Guilford Press.

8. Caesar Marcus Aurelius Antoninus Augustus. Meditaciones. *101Sharequotes.com.* 18 de agosto de 2021. http://101sharequotes.com/quote/marcus-aurelius-antoninus-look-well-into-thyself-there-is-320576.

9. Reinhold Niebuhr, Karl Paul. BrainyQuote.com. Xplore Inc., 2016. 18 de agosto de 2021. http://www.brainyquote.com/quotes/quotes/r/reinholdni100884.html.

10. *von Goethe, Johann Wolfgang. Quotes.net.* STANDS4 LLC, 2016. Web. 18 de agosto de 2021. http://www.quotes.net/quote/1203.

11. Wordsworth, William. BrainyQuote.com. Xplore Inc., 2016. 18 de agosto de 2021. http://www.brainyquote.com/quotes/quotes/w/williamwor108633.html.

12. Yà miáo zhù zhǎng. Proverbio chino. Haiwang Yuan. 18 de agosto de 2021. https://people.wku.edu/haiwang.yuan/China/proverbs/y.html.

Glosario

atención consciente. Un estado mental producido cuando se enfoca la atención en el momento presente, reconociendo y aceptando con calma los sentimientos, pensamientos y sensaciones corporales que emergen.

circunstancias externas. Condiciones del entorno como, por ejemplo, responsabilidades de trabajo o carrera, preocupaciones financieras, estado de salud, presiones familiares, mensajes culturales, relaciones interpersonales y cualquier otra cosa que no forme parte de tu mundo interior, ese lugar donde residen los deseos.

consciente. Estar alerta y receptiva hacia ti misma en el aspecto psicológico y emocional.

contención del proceso o contener tu experiencia. Término usado en la psicología para describir un tipo de protección fundamental; físicamente, se manifiesta cuando le das importancia, atención y respeto a dónde, cuándo y cómo realizas el trabajo introspectivo que tú te mereces; emocionalmente, se manifiesta también en tu manera de protegerte a ti misma de opiniones no solicitadas o improductivas provenientes de otras personas. Una forma de protección es evitar revelar detalles de tu proceso mientras está desenvolviéndose.

cuidado de ti misma. En la práctica, consiste en apartar un tiempo en tu vida ajetreada para dedicártelo a ti misma y evaluar cómo estás física, emocional y mentalmente, para después enfocarte en una actividad o una práctica que te proporcione relajación, paz, alegría y una sensación general de bienestar.

disponibilidad emocional. La capacidad de una persona para escuchar y responder apropiadamente y con atención. Normalmente, una persona que está emocionalmente disponible tiene suficientes recursos internos, mismos que le dan la libertad de poner atención a otros con empatía.

duelo. El proceso natural de sentir arrepentimiento o tristeza por la pérdida o desaparición de algo; el duelo puede ser un proceso largo y asimismo puede sacar a la luz acontecimientos relacionados con ese algo o con otras pérdidas; también puede ser incómodo, pero en ocasiones es necesario para poder seguir adelante y viajar ligero.

impulso para desarrollarte. La fuerza vital de una persona, que al verse libre de traumas o de los efectos negativos de la negligencia, busca de manera instintiva el crecimiento y desarrollo que le permitirán florecer y prosperar.

intuición. Saber algo instintivamente, en lugar de conocerlo debido al razonamiento consciente; es cuando te habla una corazonada o tienes un impulso.

límites interpersonales. Son "fronteras o límites" invisibles que marcan dónde termina tu sentido de ti misma (incluyendo pensamientos, sentimientos, necesidades y deseos) y dónde comienza el de otra persona; estos límites también incluyen qué tan consciente estás de su existencia y cómo los estableces (o no) cuando interactúas con otras personas; los límites que no están bien definidos o que chocan con los de alguien más pueden causar problemas en las relaciones interpersonales.

madre suficientemente buena. En vez de ser perfecta, la madre suficientemente buena es auténtica, sincera y, por lo general, consistente en sus intenciones de cuidar a su hijo. Este tipo de mamá tiene días buenos y malos, pero su deseo de amar y atender al niño es evidente. Ella dispone de un nivel razonable de recursos internos y externos que usa para darle continuidad a sus cuidados maternales. Esto permite que su pequeño esté más relajado.

necesidad congelada en el tiempo. También puede considerarse como un remanente o vestigio de un trauma o de una falta de atención durante los primeros años de vida, y es un recordatorio de una necesidad física, emocional o interpersonal que no se satisfizo apropiadamente. Por ejemplo, una bebé que llora sin parar toda la noche sin que nadie acuda a su llamado, al crecer podría sentirse desconectada de su propia necesidad, humana y muy real, de apego y conexión.

piezas del rompecabezas. Muchas piezas distintas que se combinan para revelar deseos, apetitos, necesidades y otros aspectos de tu vida interior en un contexto más profundo. Todas tus piezas del rompecabezas son valiosas, pues al reunirse te dan un panorama más amplio, lo cual facilita una mayor comprensión y una mejor perspectiva de ti misma.

proceso no lineal. Las actividades de introspección que te invitamos a hacer en este programa no siempre siguen un camino claramente definido que avanza de un lugar específico al siguiente. En vez de eso, es posible que te sumerjas en un proceso emocional que salta al azar de un lugar a otro, y en ocasiones podría incluso parecer que retrocede. Es un camino serpenteante, pero sigue dirigiéndose hacia la meta: la claridad de tu deseo.

pulso de tu deseo. El pulso de tu deseo es lo que te dice tu intuición, libre de cualquier influencia externa.

resiliencia. La capacidad para recuperarte rápidamente de las dificultades, o la habilidad de superar los retos utilizando una amplia gama de recursos internos; flexibilidad y adaptabilidad.

ritual. Suele asociarse con acontecimientos religiosos, pero nosotras usamos la palabra para referirnos a algo que tú misma construyes: una serie de acciones realizadas de un modo determinado que tiene sentido para ti. Es posible que se sienta sagrado o con un ritmo distinto al de la vida cotidiana, pero su meta principal es simbolizar algo (o a alguien, incluso a ti misma) de un modo especial.

subconsciente. La parte de los procesos de pensamiento que reside debajo de la superficie de la atención cotidiana; puede estar fuera de la percepción de tu conciencia.

territorio inexplorado. Las partes de tu vida interior o de tu personalidad de las que no te has percatado; también pueden ser zonas de ti misma que has evitado conocer.

tótem. Un objeto natural o creado por ti que sientes que representa la esencia de tu yo más profundo; puede ser simple o extravagante y puede ir cambiando conforme tú evolucionas.

tu yo más joven. También se le conoce como "la niña interior" y es la parte de ti misma más temprana, desde el punto de vista psicológico y emocional. Esta niña interior ha viajado contigo todos los años de tu vida y todavía es parte de quien eres. Este "tú" puede ayudarte a comprender cómo y por qué interactúas con otras personas del modo en que lo haces.

tu verdad. Tus creencias más profundas acerca de ti misma y de lo que es importante en tu vida; son intocables por otros y solamente te pertenecen a ti.

visualizaciones guiadas. Historias o actividades contenidas en este programa con el propósito de ser escuchadas mientras estás relajada y en silencio; han sido creadas para facilitarte el acceso a información importante sobre ti misma y tu situación.

Agradecimientos

En esta versión en español, agradecemos sobre todo a Edith Esquivel Eguiguren por traducir nuestro libro con tanta empatía y fidelidad; y a Ian Mackey, por su empeño como editor y revisor y por su apoyo en general. Significa mucho para nosotras que, a partir de ahora, muchas más mujeres tendrán acceso a este programa único en su género, cuyo propósito es facilitar la elección, a veces difícil, de ser o no ser madre.

El corazón de este libro depende de todas las mujeres que han confiado en nosotras y en el proceso que hemos compartido con ellas a través de los años. Muchas nos dieron consejos valiosos que ayudaron a mejorar el programa. Queremos agradecer sobre todo a las veinte mujeres que generosamente nos dieron de su tiempo para contestar un largo cuestionario, y luego esperaron años para poder ver los resultados; sus historias son el alma de este libro, que no sería el mismo sin ellas. Sus voces facilitan la creación de un diálogo muy necesario. También estamos muy agradecidas por la fortuna de haber conocido a Jane Waxman, nuestra primera editora quien, con amabilidad y profesionalismo, logró el prodigio de unir dos voces en una sola, navegando al mismo tiempo el propio proceso de adopción de un hijo de cinco años.

Agradecimientos de Denise

Si se necesita de un pueblo entero para criar a un niño, entonces se requiere de al menos una pequeña ciudad para producir un libro dedicado a ayudar a las mujeres a tomar la decisión más crucial de su vida. Son numerosas las personas, amistades y colegas que, directa o indirectamente, han apoyado este proyecto durante los años, muchas más de las que caben en este espacio. Pero intentaré mencionar a la mayoría. En primer lugar, quiero agradecer a mi pareja Ian, quien creyó en el valor de este libro y durante varios años generó un ambiente propicio para su continuación en los momentos de trabajo y en los de pausa. En segundo lugar, estoy en deuda con todas las mujeres ambivalentes hacia la maternidad que asistieron a mi consulta de psicoterapia. Ellas fueron la inspiración original que me llevó a crear este programa. También, sin seguir un orden determinado, gracias a Gloria Steinem, quien ha sido un modelo a seguir muy importante durante toda mi vida adulta; a otras autoras que prepararon el camino para nuestro programa; a mi colega y colaboradora Ann Davidman; y a mi familia, incluyendo mis ancestros, mi familia de origen, y aquellos que tuvieron las agallas de casarse con alguno de sus miembros. Mi reconocimiento a todas y cada una de las siguientes personas, por darme justo lo que necesitaba cuando más lo necesitaba, en algunos casos ¡en repetidas ocasiones! Ann M., Ann W., Arna, Carin, Carol, Denise, Jacquie, Jessie, Joyce, Kevin, Lisa, Laura, Linda, Louise, Mary, Mia, Minoo, Miriam, Nazila, Paula, Peter A., Peter B., Sarah, Sharon, Susan, Roberta, Ronnie D., Rosa y Val. No sería la persona que soy sin el bálsamo que recibo constantemente en mi corazón al ofrecer acogida temporal a perros abandonados. Estoy pensando en particular en el noble Teddy Rey y en Pancho, este último ciego de nacimiento, que fue la inspiración para el cambio de último minuto en el título de la Semana 4. Finalmente, quiero agradecer a todas las personas que me han maternado de tantas maneras. Sin ellas, esto no hubiera sido posible. Hago una reverencia ante cada una de ustedes con la mayor gratitud.

Agradecimientos de Ann

El nacimiento de este libro tuvo un periodo gestacional mucho más largo de lo que imaginé, y estoy agradecida con todas las personas que me apoyaron para que viera la luz.

Agradezco sobre todo el amor incondicional de mi abuela, Myrtle Rodbard, por inculcarme la tenacidad necesaria para concluir este proyecto. También quiero agradecer a mi pareja, Nancy Patten, por celebrar conmigo cada paso del camino.

Estoy agradecida con Denise L. Carlini, colega, cocreadora y coautora de este programa, por haber iniciado además el proyecto de una versión en castellano del libro. A la incontable cantidad de mujeres que me honraron con su confianza mientras caminaban hacia la claridad con este programa, gracias por su contribución para enriquecer este libro. Mi más sincero reconocimiento a toda la gente que hizo su parte para ayudar a que esta obra llegara a buen término, incluyendo a Angie, Brenda, Erdmut, Jan S., Jeff C., Kim, Mai L., Mara, Molly H., Nancy C., Patricia, Peter, Shari L., Sharon, Tom, y todo el clan Cody.

Agradecimientos

Mi más sentido aprecio a mis padres Sherry, Bob, Naomi y Blackie; a mis hermanos Linda, Larry, Aaron y Rachel; y un agradecimiento especial a Alya, mi primera sobrina. Reciban mi mayor respeto y gratitud por apoyarme tras bambalinas y de muchas maneras distintas para poder escribir esta obra. Muchas gracias también al resto de mis sobrinas y sobrino, Amy, Elizabeth, Jessica, David, Rebecca, Hannah, Zoe, Autumn, Olimpia, Evelyn y Josephine, a todas sus parejas y a toda mi familia extendida. Gracias por amarme así. También quiero agradecer a estas tres mujeres fuertes y formidables en quienes siempre pude contar para guiarme y ayudarme a mantener el rumbo: mi tía Bernice, mi tía Francine y mi prima Nancy M.

Y finalmente, un mensaje a todas las personas jóvenes presentes en mi vida: ustedes me inspiran a seguir pensando acerca de la próxima generación, incluso antes de que llegue al mundo. Mi amor e interés por su bienestar nunca desaparecerá. Y para cada mujer que se está preguntando si ser madre es lo que quiere: mereces ser reconocida y celebrada por preguntártelo. Ojalá nunca te sientas sola si no sabes de inmediato qué contestar o lo que es correcto para ti.

Sobre el proceso de traducción

El libro *Ser madre, ¿es para mí?* es único en su tipo. Y no solamente por la forma en que te ayuda a enfrentarte a la decisión de ser madre, sino también por cómo ha llegado a tus manos su versión en español.

Normalmente, un autor o la editorial acuden al traductor de su preferencia para realizar el trabajo. Aquí fue al revés. Todo comenzó conmigo, una traductora inmovilizada por la ambivalencia, cuando pensé: "Si la humanidad ha llegado a la Luna, seguramente tiene también algún método para desempantanarse de esta decisión vital e imposible de posponer indefinidamente".

Al embarcarme en la búsqueda, no encontré ni un solo libro en español que abordara de frente la indecisión ante la maternidad. Hallé unos pocos textos en inglés sobre el tema, pero la mayoría se centraban en validar la opción de no ser madre, no en la incertidumbre. Otros se enfocaban en describir con detalle los retos que enfrentan los padres. Me ayudó leerlos porque yo era experta en vivir sin hijos, pero totalmente ajena al tipo de existencia que llevan los padres; sin embargo, aunque mis lecturas me ayudaron a comprender más a fondo lo que implicaba cada elección, mi verdadero deseo seguía oculto. Sabía que podría ser feliz con ambas vidas, pero ¿cuál elegir?

Finalmente encontré lo que necesitaba; el libro *Motherhood-Is It For Me?* me abrazó con delicadeza para revelarme que antes de conocer mi verdad debía hacer un viaje hacia mi interior. En el trayecto no solamente pude conocer mi deseo, sino que además encontré el camino en otras áreas de mi vida que seguían atoradas.

Muy emocionada y agradecida por mi recién hallada claridad, contacté a las autoras para sugerirles su traducción al español. Me pareció que mis hermanas hispanohablantes también se merecían el regalo único que esta obra representa, como una alternativa a caminar solas y sedientas por el vasto desierto de la indecisión.

Pasó un tiempo para que la propuesta se hiciera realidad. Cuando Ann y Denise me contactaron, yo ya había decidido, me había embarazado y tenía en casa un hijo de 18 meses de edad que ocupaba la mayor parte de mi día. No obstante, a pesar del reto que implica trabajar y *maternar*, no pude resistirme a formar parte de un proyecto tan importante. Sucedió además algo inusual en este oficio: las autoras no tenían prisa y me permitieron tomar todo el tiempo necesario para hacer el trabajo. Ese proceso, que nos llevó más de un año de labor artesanal, es el corazón de este libro y también distó mucho de ser el método cerrado tan habitual en la industria.

Tuve el honor de sentarme a la mesa con Denise y su pareja Ian para trabajar en equipo cada palabra y cada coma. Ann nos siguió de cerca y dio su aporte donde era necesario. Esta manera de traducir toma mucho más tiempo que la labor solitaria y centrada en la productividad que normalmente se impone en el mundo editorial, pero el resultado es un libro que en ocasiones incluso supera a su original en inglés. Esto se debe a que, al reabrirse el portal de autoría, sus creadoras tuvieron la oportunidad de pulir, renovar y precisar. También es producto de la libertad para proponer que me dieron y aproveché; donde antes había abuelas y tías maternas, ahora hay también paternas; donde existían tinas ahora se proponen regaderazos; donde se paseaban perros aparecieron también gatos.

La escritora y traductora mexicana Paula Abramo dice lo siguiente: "El traductor es el escritor en el idioma, siempre que leemos un texto traducido estamos leyendo una doble creación".

Pero detrás de esta obra también está el respaldo de toda una comunidad en los testimonios de lectores hispanohablantes; la participación de Ian y su versión del poema de Robert Frost, que además fue comentada también por miembros de mi taller literario; el apoyo de mis asesores gramaticales, Felipe León y Jesús Zavaleta; y la ayuda de mi *coach* de ensayo, Alejandra Eme, para concebir este texto en el que doy cuenta de mi proceso como traductora.

Si *Ser madre, ¿es para mí?* es una obra extraordinaria, innovadora y revolucionaria, es porque sus autoras también lo son, y al darle al proceso de traducción de su libro la importancia que merece han logrado que también el nacimiento de su versión en español lo sea. Es difícil encontrar en el mundo editorial este nivel de congruencia entre el autor, su obra y la traducción de su obra. Espero que esta creación pionera sirva para allanar el camino de muchas más.

Edith Esquivel Eguiguren

Índice general

Opiniones del libro *Ser madre, ¿es para mí?* v
Opinión de los participantes del programa *Ser madre, ¿es para mí?* xii

El camino no tomado, por Robert Frost xvii

Prólogo, por Mardy S. Ireland 1

Introducción..3

Información sobre las autoras 5

Cómo usar el programa *Ser madre, ¿es para mí?* 7
  Resumen 7
  Distintas maneras de trabajar este programa..7
    Trabajo individual 7
    Trabajo con otra mujer 7
    Trabajo con un grupo de mujeres...8
    Trabajo con un profesional 8
    Trabajo con tu cónyuge o pareja: no se recomienda..................................8
    Otras circunstancias especiales 9
  Cómo sacar el mayor provecho al programa 9
    Un enfoque cuerpo-mente para el descubrimiento y la curación 9
    "Tener hijos" y "convertirse en madre" 10
    Circunstancias externas 10
    Contención del proceso 11
    Motivación cuando el camino se torne difícil 12
    Marcando el ritmo..13
    Nuestro objetivo: ¡tu claridad! 14
  Qué esperar cada semana...14

Semana 1: Preparación para el viaje 19
    Presentación 19
    Qué sucederá en la Semana 1 20
        Resumen 20
        Tu diario 21
        Tu mapa familiar 22
        Creación de tu mapa familiar 24
        Conoce a las cuatro mujeres 31
        Un poco más sobre las circunstancias externas 32
        Trabajo con visualizaciones guiadas 33
    Primera visualización guiada de la Semana 1 34
        Crea bienestar en tu interior 35
        Primeras reflexiones después de la visualización guiada 36
    Sé curiosa: tareas para la Semana 1 36
    Exploración adicional y descubrimientos 38
        Tu lista para reflexionar 39
    Segunda visualización guiada de la Semana 1 41
        Crea tu círculo de apoyo 42
        Primeras reflexiones después de la visualización guiada 43
    Sé más curiosa: ejercicios opcionales 43
    Esta semana quédate con esto 44
    Cuidado de ti misma 45

Semana 2: Tu viaje comienza – ¡Empaca y prepárate para salir! 47
    Presentación 47
    Visualización guiada de la Semana 2 48
        Que comience el viaje 49
        Primeras reflexiones después de la visualización guiada 50
    Qué sucederá en la Semana 2 50
        Resumen 50
        El Mantra 51
        Es un gran proyecto, pero no un gran esfuerzo 56
    Sé curiosa: tareas para la Semana 2 56
    Exploración adicional y descubrimientos 57

Sé más curiosa: ejercicios opcionales 58
Esta semana quédate con esto 59
Cuidado de ti misma 59
No estás sola 60
    La historia de Sofía 60
    La historia de Gabriela 63

Semana 3: Un encuentro sorpresivo 67
Presentación 67
Visualización guiada de la Semana 3 68
    Un encuentro sorpresivo 68
    Primeras reflexiones después de la visualización guiada 71
Qué sucederá en la Semana 3 73
    Resumen 73
    Nunca es demasiado tarde para sanar 73
    Libertad interior 74
Sé curiosa: tareas para la Semana 3 75
Exploración adicional y descubrimientos 77
Sé más curiosa: ejercicios opcionales 79
Esta semana quédate con esto 80
Cuidado de ti misma 81
No estás sola 82
    La historia de Ana Paula 82
    La historia de Luisa 86

Semana 4: Define el rumbo y calibra tu brújula 91
Presentación 91
Visualización guiada de la Semana 4 92
    Recuerda una ocasión en que… 93
    Primeras reflexiones después de la visualización guiada 95
Qué sucederá en la Semana 4 96
    Resumen 96
    Siente el sí 97

  Di que no 98
  Consecuencias de no poder decir que no 99
  Enfrentando la decepción 99
  Cómo tomar decisiones en dos pasos 100
 Sé curiosa: tareas para la Semana 4 102
 Exploración adicional y descubrimientos 104
 Sé más curiosa: ejercicios opcionales 105
 Esta semana quédate con esto 107
 Cuidado de ti misma 107
 No estás sola 108
  La historia de Tatiana 108
  La historia de Gisela 111

Semana 5: El diálogo 115
 Presentación 115
 Visualización guiada de la Semana 5 116
  Tiempo de elegir 117
  El diálogo 118
  Primeras reflexiones después de la visualización guiada 120
 Qué sucederá en la Semana 5 121
  Resumen 121
  Volver a visitar problemas no resueltos 122
  Comprender las necesidades congeladas en el tiempo 123
  Herencia generacional 125
 Sé curiosa: tareas para la Semana 5 126
 Exploración adicional y descubrimientos 130
 Sé más curiosa: ejercicios opcionales 131
 Esta semana quédate con esto 131
 Cuidado de ti misma 132
 No estás sola 133
  La historia de Matilde 133
  La historia de Isabel 136

Semana 6: ¿Qué tan bien conoces a tu madre? 141
Presentación 141
Visualización guiada de la Semana 6 142
    Parte I – Madre 143
    Parte II – Madre e hija 144
    Primeras reflexiones después de la visualización guiada 145
Qué sucederá en la Semana 6 146
    Resumen 146
    Volver a visitar la herencia generacional 147
    Mensajes asimilados 148
    Heridas de apego 149
    Límites personales 151
    El ritual de transición de una mujer 154
    Cambiando tu historia 155
Sé curiosa: tareas para la Semana 6 155
Exploración adicional y descubrimientos 157
Sé más curiosa: ejercicios opcionales 158
Esta semana quédate con esto 159
Cuidado de ti misma 160
No estás sola 160
    La historia de Noemí 160
    La historia de Natalia 164

Semana 7: Sí, no, quizás 167
Presentación 167
Visualización guiada de la Semana 7 168
    ¿Sí? ¿No? ¿Quizás? 169
    Primeras reflexiones después de la visualización guiada 170
Qué sucederá en la Semana 7 171
    Resumen 171
    Tomar una decisión 172
    Comprendiendo el papel de la ambivalencia 172
    Presiones o juicios procedentes de ti misma o de otras personas 173
Sé curiosa: tareas para la Semana 7 174

Exploración adicional y descubrimientos 178
Sé más curiosa: ejercicios opcionales 180
Esta semana quédate con esto 180
Cuidado de ti misma 182
No estás sola 183
    La historia de Daniela 183
    La historia de Silvia 186

Semana 8: Ser decidida 191
Presentación 191
Visualización guiada de la Semana 8 191
    Ser decidida 192
    Primeras reflexiones después de la visualización guiada 193
Qué sucederá en la Semana 8 194
    Resumen 194
    Hablemos más sobre el proceso de tomar una decisión 195
    Celebrando una decisión 196
    Más acerca del papel de la ambivalencia 196
    La elección invita a la pérdida 198
Sé curiosa: tareas para la Semana 8 199
Exploración adicional y descubrimientos 201
Sé más curiosa: ejercicios opcionales 202
Esta semana quédate con esto 202
Cuidado de ti misma 203
No estás sola 204
    La historia de Susana 204
    La historia de Mónica 206

Semana 9: Cómo lograr una mejor perspectiva 209
Presentación 209
Visualización guiada de la Semana 9 210
    Un desvío sorpresa 210
    Primeras reflexiones después de la visualización guiada 212

Qué sucederá en la Semana 9.. 214
    Resumen 214
    Cómo lograr una mejor perspectiva 214
    Territorio inexplorado 215
    Transformando tus percepciones 216
Sé curiosa: tareas para la Semana 9 219
Exploración adicional y descubrimientos 222
Sé más curiosa: ejercicios opcionales 223
Esta semana quédate con esto... 226
Cuidado de ti misma.. 227
No estás sola 227
    La historia de Cecilia 227
    La historia de Abigail 230

Semana 10: Una mujer sabia..**235**
Presentación 235
Visualización guiada de la Semana 10 236
    Encuentro con tu mujer sabia 237
    Primeras reflexiones después de la visualización guiada................... 238
Qué sucederá en la Semana 10 239
    Resumen 239
    Mujeres sabias 240
    El impulso para desarrollarte 241
    Cultivar la resiliencia.. 241
    Ten cuidado con la vergüenza y el autosabotaje 243
Sé curiosa: tareas para la Semana 10 244
Exploración adicional y descubrimientos 246
Sé más curiosa: ejercicios opcionales 248
Esta semana quédate con esto... 249
Cuidado de ti misma.. 250
No estás sola 251
    La historia de Sara 251
    La historia de Lorena.. 253

Semana 11: Preparándote para la llegada **259**
    Presentación 259
    Visualización guiada de la Semana 11 260
        Recuerdos de tu viaje 260
        Primeras reflexiones después de la visualización guiada 263
    Qué sucederá en la Semana 11 264
        Resumen 264
        Reconsiderando tus circunstancias externas 264
        Miedos 267
        El pulso de tu deseo 271
        Cerrar un capítulo para abrir otro 273
    Sé curiosa: tareas para la Semana 11 275
    Exploración adicional y descubrimientos 278
    Sé más curiosa: ejercicios opcionales 279
    Esta semana quédate con esto 279
    Cuidado de ti misma 280
    No estás sola 281
        La historia de Micaela 281
        La historia de Catalina 284

Semana 12: El fin de este camino **289**
    Presentación 289
    Visualización guiada de la Semana 12 290
        Regresa al hogar en tu interior 291
        Primeras reflexiones después de la visualización guiada 293
    Qué sucederá en la Semana 12 294
        Resumen 294
        Trabaja en tu historia actualizada 294
        Tu tótem 297
        Para concluir 298
    Sé curiosa: tareas para la Semana 12 305
    Exploración adicional y descubrimientos 308
    Sé más curiosa: ejercicios opcionales 308
    Al seguir con tu camino, deja que tu maravilloso ser se quede con esto 311

Índice general

Apéndice I: Tu lista para reflexionar 313

Apéndice II: El Mantra 315

Apéndice III: Herramientas para compartir el proceso 317
    A. Carta a tu pareja para compartir las recomendaciones del programa 317
    B. Guías para compartir tu experiencia con tu pareja 321

Apéndice IV: "¿¡Todavía no lo sé!?" – Los siguientes pasos 325

Apéndice V: Índice de visualizaciones guiadas 331

Referencias 333

Glosario 335

Agradecimientos 339

Sobre el proceso de traducción 343

www.ingramcontent.com/pod-product-compliance
Lightning Source LLC
Chambersburg PA
CBHW081152070526
44583CB00021B/2802